독자의 1초를 아껴주는 정성!

세상이 아무리 바쁘게 돌아가더라도
책까지 아무렇게나 빨리 만들 수는 없습니다.
인스턴트 식품 같은 책보다는
오래 익힌 술이나 장맛이 밴 책을 만들고 싶습니다.

땀 흘리며 일하는 당신을 위해
한 권 한 권 마음을 다해 만들겠습니다.
마지막 페이지에서 만날 새로운 당신을 위해
더 나은 길을 준비하겠습니다.

독자의 1초를 아껴주는
정성을 만나보십시오.

미리 책을 읽고 따라해 본 2만 베타테스터 여러분과
무따기 체험단, 길벗스쿨 엄마 기획단,
시나공 평가단, 토익 배틀, 대학생 기자단까지!

믿을 수 있는 책을 함께 만들어주신 독자 여러분께 감사드립니다.

(주)도서출판 길벗 www.gilbut.co.kr
길벗이지톡 www.eztok.co.kr
길벗스쿨 www.gilbutschool.co.kr

중국
상식
사전

중국 상식사전
Common Sense Dictionary of China

초판 발행 · 2018년 4월 5일
개정 1판 발행 · 2020년 2월 15일

지은이 · 이승진
발행인 · 이종원
발행처 · (주)도서출판 길벗
출판사 등록일 · 1990년 12월 24일
주소 · 서울시 마포구 월드컵로 10길 56(서교동)
주문 전화 · 02)332-0931 | **팩스** · 02)323-0586
홈페이지 · www.gilbut.co.kr | **이메일** · gilbut@gilbut.co.kr

기획 및 책임 편집 · 박윤경(yoon@gilbut.co.kr) | **디자인** · 장기춘 | **영업마케팅** · 정경원, 최명주
웹마케팅 · 이정, 김진영 | **제작** · 손일순 | **영업관리** · 김명자 | **독자지원** · 송혜란, 홍혜진

교정교열 및 편집 진행 · 김동화 | **전산편집** · 예다움
CTP 출력 및 인쇄 · 예림인쇄 | **제본** · 예림바인딩

© 이승진, 2020
ISBN 979-11-6521-052-6 13320
(길벗 도서번호 070434)

가격 19,000원

독자의 1초를 아껴주는 정성 **길벗출판사**

길벗 IT실용서, IT/일반 수험서, IT전문서, 경제실용서, 취미실용서, 건강실용서, 자녀교육서
더퀘스트 인문교양서, 비즈니스서
길벗이지톡 어학단행본, 어학수험서
길벗스쿨 국어학습서, 수학학습서, 유아학습서, 어학학습서, 어린이교양서, 교과서

네이버포스트 • https://post.naver.com/gilbutzigy
유튜브 • https://www.youtube.com/ilovegilbut
페이스북 • https://www.facebook.com/gilbutzigy

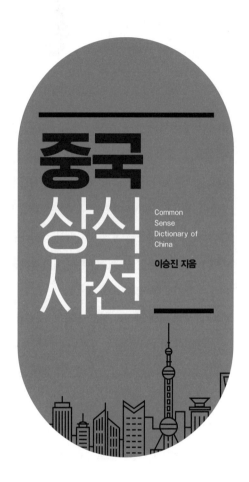

중국

상식

사전

Common
Sense
Dictionary of
China

이승진 지음

2004년, 중국어도 할 줄 모르면서 배낭 하나 걸쳐 메고 중국 대련으로 향하는 배에 올랐다. 창업을 생각하는 대부분의 사람이 그러하듯 필자도 단순히 '중국 인구 14억 명에게 젓가락 하나씩만 팔아도 얼마야?'라는 생각만 가지고 중국을 선택했다. 중국에 첫발을 내디딘 이후 여행, 공부, 장사, 직장생활 등을 하며 근 15년을 보냈다. 급속히 성장하는 중국의 新소비시장과 하루가 다르게 변화하는 경제 패러다임 속에서 '중국이 과연 사람들이 흔히 이야기하는 만만디(慢慢的)의 나라인가?'라는 의심이 들기도 한다.

한때 한국에 비해 발전의 정도가 낮고, 소수의 한류 콘텐츠가 사랑받으며, 지리적으로 우리와 인접하다는 몇 가지 단순한 이유로 중국은 우리에게 매력적인 파트너였다. 중국도 한국에 호의적인 태도를 보여 그 기회를 타고 무수히 많은 우리 기업들이 중국으로 진출했다.

하지만 2000년 이후 급속히 발전한 오늘날의 중국은 상상 이상으로 많이 변했다. 오히려 자금력과 기술력으로 중무장한 중국 기업들의 경쟁에 밀려 우리뿐 아니라 해외 글로벌 기업들까지도 중국 시장에서 설 자리를 잃고 다른 국가로 눈을 돌리고 있는 실정이다.

세상이 이렇게 변했음에도 불구하고 여전히 14억 중국 시장만 보고 중국으로 향하는 우리 기업들이 많다.

그동안 우리가 놓치고 있었던 것은 무엇일까?

중국 사업을 이야기할 때면 항상 '현지화'가 언급된다. 어쩌면 우리는 현지화가 필요하다는 것을 잘 알면서도 겉모습만 현지화하고 있었던 것은 아닐까? 현지화는 단순히 인력만 현지인으로 대체하는 것이 아니다. 중국인과 중국 문화를 이해하고 그러한 이해를 사업으로 연결시켜야 한다.

그들이 달리면 왜 달리는지 파악해 함께 달리고, 그들이 걸으면 왜 속도를 늦추는지 파악해 함께 걸어야 한다. 하지만 우리는 그들이 걸으면 기회라고 생각하고 혼자 뛴다. 그리고 튀어나온 돌뿌리에 걸려 넘어지곤 한다.

이 책은 중국 문화에 대한 이해를 전달하고자 집필했다. 비록 필자가 중국 문화를 전문적으로 공부한 학자는 아니지만, 길다면 길고 짧다면 짧은 10여 년의 시간 동안 중국에서 보고 듣고 느낀 것을 기초로 요즘 시대를 살아가는 중국인들의 생각을 최대한 반영하려고 노력했다.

많은 독자들이 필자의 경험을 참고하여 자신만의 중국 문화에 대한 이해를 설계해 보길 바란다.

이승진

차
례

첫 째 마 당
중국은 어떤 나라인가

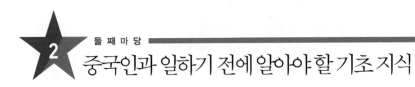

둘 째 마 당

중국인과 일하기 전에 알아야 할 기초 지식

셋 째 마 당

3 중국의 오늘을 읽는 키워드

넷 째 마 당

중국 성장의 새로운 동력, IT 산업

다섯째마당

5 중국, 역사와 문화를 알면 더 잘 보인다

중국은 어떤 나라인가

반강제적이었던
중국의 개항

황제로 태어나 식물원 정원사로 일생을 마감한 중국 마지막 황제 푸이(溥仪)
의 자전적 이야기를 담은 영화 〈마지막 황제〉 스토리는 아직도 많은 사람의
기억 속에 생생히 남아 있다. 중국의 근대사는 〈마지막 황제〉의 시대적 배경
이었던 청나라 때 발생한 아편전쟁과 함께 시작된다.

영국은 19세기에 광저우 항구를 통해 청나라와 교역했다. 영국은 청나라
에 주로 면화를 수출했고, 청나라는 영국에 홍차와 비단, 도자기 등을 수출했
다. 당시 영국에서는 차를 마시는 문화가 유행했는데, 차 중에서도 특히 홍차
의 인기가 높아 영국은 은(銀)으로 청나라의 홍차를 대량으로 사들이곤 했다.
하지만 청나라에서는 영국의 물건들이 그다지 인기가 없어 수입량이 얼마 되
지 않았다. 더욱이 당시 청나라는 특정 상인들만 영국과 거래할 수 있도록 무
역에 제한을 두어 영국은 청나라와의 무역에서 큰 손해를 보고 있는 상황이
었다.

무역 거래가 불합리하다고 여긴 영국은 수출량을 늘리기 위해 청나라에 교역할 수 있는 항구를 더 개항해 달라고 요청했다. 하지만 청나라는 영국의 제안을 완강히 거절했다. 무역으로 인한 손해가 점점 증가하자 영국은 이를 해결할 궁리를 한 끝에 해서는 안 될 일을 했다. 바로 인도에서 재배한 아편을 청나라에 밀반입하여 중국인들에게 판매한 것이다.

영국의 아편이 청나라에 들어오자 청나라에는 아편 중독자가 걷잡을 수 없이 빠르게 증가했고, 홍차 수출보다 아편 수입량이 많아지면서 청나라 경제가 흔들리기 시작했다. 청나라는 아편 수입 금지령을 내리고 임칙서(林則徐)를 광저우로 보내 영국 상인들의 아편을 빼앗아 불태워버렸다. 영국은 이 사건을 빌미로 영국 원정군을 청나라에 파견 보냈고, 결국 전쟁이 발발했다. 이것이 바로 1840년에 벌어진 아편전쟁이다.

부패하고 무능력했던 청나라는 1842년에 아편전쟁에서 패배하고 말았다. 그리고 그 대가로 불합리한 난징조약을 체결하게 되었다. 청나라는 난징조약에 따라 막대한 전쟁 비용을 배상하고, 5개의 항구(광저우, 샤먼, 푸저우, 닝보, 상하이)를 강제로 개항해야 했으며, 홍콩섬(香港島)까지 빼앗겼다. 하지만 그럼에도 불구하고 청나라가 영국으로부터 수입하는 물량은 여전히 적었다. 영국과의 전쟁에서 패배한 이후 청나라 내에서 영국에 대항하는 민중운동이 빈번하게 일어났기 때문이다. 일종의 영국 제품 불매운동이었던 셈이다.

난징조약을 통해 이렇다 할 수확을 얻지 못한 영국이 프랑스와 힘을 합쳐 다시 청나라를 침략하면서 제2차 아편전쟁(1956년)이 시작되었다. 청나라는 이번에도 전쟁에서 패배했고, 베이징(북경)까지 점령당했다. 그로 인해 청나라는 기존 5개 항구 이외에 추가로 10개의 항구를 더 개항하게 되었고, 전쟁 배상금도 더욱 가중되었다.

■ 중국 근대사 주요 사건 연대표

제1차 아편전쟁(1840~1842)
- 임칙서의 아편 몰수로 인해 발발한 영국과의 전쟁에서 청나라가 패배
- 영국에 홍콩섬을 넘겨줌
- 5개 항구 강제 개항(광저우, 샤먼, 푸저우, 닝보, 상하이)

의화단 사건
서양 세력의 침탈에 맞서 민중들이 벌인 반기독교 운동이었으나, 서양 연합 세력은 공사관을 지킨다는 명분으로 베이징을 함락했고 청나라는 서구 열강의 반식민지로 전락함

5·4운동
- 제차 세계대전에서 패배한 독일의 조차지인 칭다오를 일본이 장악
- 베이징 청년들을 중심으로 시작되어 중국 전역에서 일어난 반일 애국운동

양무운동
- 청나라에서 일어난 근대화 운동으로, 서양식 신식 무기 제조 기술 등을 도입하고 관련 공업을 진흥하여 부국강병을 이루려 함
- 중국 산업화의 기원을 이룸

신해혁명
- 중국의 민주화 혁명으로, 청나라가 무너지고 중화민국 탄생
- 쑨원이 임시 대총통에 취임했으나 1912년에 위안스카이에게 임시 대총통 자리를 내줌

```
1840    1856    1868    1894    1899    1905    1911    1919    1921
```

청일전쟁(1894~1895)
조선의 지배권을 놓고 청나라와 일본이 벌인 전쟁으로, 일본이 압도적으로 승리함

공산당 창당 및 제1차 국공합작
- 5·4운동의 영향으로 중국 세력의 주체는 민중이라는 인식이 형성됨
- 소련 마르크스 사상의 영향으로 공산주의 그룹이 형성되어 중국에도 공산당이 창당됨
- 공산당 창당 후 제국주의와 군벌을 타도하기 위해 국민당과의 합작이 발족되었으나 장제스의 배신으로 국공합작은 결렬되고 국공내전으로 전개됨

제2차 아편전쟁(1956~1860)
- 영국, 프랑스 연합 세력과의 전쟁에서 패한 청나라는 주룽반도를 영국에 넘겨줌
- 전쟁 패배로 인해 떠안게 된 막대한 배상금이 세금으로 전가되어 국민들의 국가 자강(自强) 공감대가 형성됨

중국혁명동맹회 결성
의화단 사건으로 인해 청나라가 서양 세력의 꼭두각시가 되자 나라를 구하기 위해 쑨원이 중국혁명동맹회 결성

일본 항복과 제2차 국공내전

- 히로시마와 나가사키 원자폭탄 투하로 제2차 세계대전 종전. 일본은 중국과 한국의 침략전쟁에서도 항복
- 일본의 항복 이후 국민당과 공산당은 평화협정을 맺었으나 국민당의 평화협정 번복으로 제2차 국공내전 시작
- 430만 명의 병력을 가지고 있었던 국민당이 120만 명밖에 안 되는 공산당에게 패배한 후 타이완으로 후퇴

개혁개방 정책

덩샤오핑은 '먼저 부유해질 수 있는 사람부터 부유해져라'라는 뜻인 선부론(先富論)과 '검은 고양이든 흰 고양이든 쥐만 잘 잡으면 그게 좋은 고양이다'라는 뜻인 흑묘백묘론(黑猫百猫論) 등 실용주의를 내세워 정치 체제는 공산주의지만 경제 체제는 시장자유경제 체제를 도입함

대장정(1934~1936)

- 마오쩌둥은 장제스가 이끄는 국민당의 공격을 피해 10만 명의 홍군을 이끌고 1만 5천여 킬로미터를 도망 다님
- 대장정 10개월 후 공산당의 근거지로 삼은 옌안에 도착했을 때 생존자는 8천 명 정도였음

문화대혁명(1966~1976)

- 대약진운동의 실패로 주석 자리에서 내려온 마오쩌둥이 자신의 권력을 다시 찾기 위해 학생들을 중심으로 공산주의 이상을 내세워 일으킨 문화혁명
- 학생들은 홍위병에 가담하여 문화재는 물론 과거의 낡은 것들을 파괴하고 지식인과 학자를 학대함

1925   1931   1935   1937   1945   1949   1958   1966   1976   1978

쑨원 사망

중일전쟁과 제2차 국공합작

만주사변 이후 일본의 세력이 지속적으로 확대되자 국민당과 공산당은 내전을 멈추고 국공합작으로 일본 침략에 대응하기로 합의

중화인민공화국 수립

마오쩌둥을 주석으로 한 중화인민공화국 수립

천안문 사태

1차(1976년)

- 대약진운동의 실패와 문화대혁명의 씻을 수 없는 아픔을 남긴 마오쩌둥의 독재 체제에 대한 민중의 민주화 저항 사건
- 저우언라이 총리의 사망을 추도하기 위해 모인 군중을 탄압

2차(1989년)

- 공산당 총서기를 지냈던 후야오방의 명예 회복을 요구하는 민중의 의지가 꺾이자 베이징 학생들을 중심으로 대규모 시위가 발생함
- 덩샤오핑은 학생 시위를 난동으로 규정하고 계엄령 선포, 강경 진압으로 50일 동안 수천 명이 희생됨

만주사변

- 만주를 침략한 일본이 만주국 수립
- 일본은 청나라의 마지막 황제였던 푸이를 만주국의 초대 황제 자리에 앉힘

대약진운동(1958~1960)

- 마오쩌둥이 공업화를 통해 경제 성장을 이룬다는 목표 아래 과도하게 노동력을 투입한 경제 성장 운동
- 과도한 공업 생산 목표 설정으로 인한 노동력 착출로 농업 생산량이 부족한 상황에서 자연재해까지 겹쳐 2천만 명 이상의 아사자가 발생해 실패로 끝남

이 사건을 계기로 외세 침입에 대비해야 할 필요성을 느낀 청나라는 군사력을 강화했다. 하지만 청나라의 허점은 금세 드러났다. 1894년에 조선의 지배를 두고 일본과 청일전쟁을 벌였는데, 작은 섬나라라고 얕보았던 일본에게도 패배한 것이다. 청나라는 청일전쟁의 대가로 조선은 물론 대만까지 일본에게 빼앗기게 되었다.

이 혼란스러운 시기를 엿보고 1900년에 영국, 미국, 일본, 러시아, 독일, 프랑스, 오스트리아, 이탈리아로 구성된 8강 연합군이 청나라의 수도인 베이징을 점령하고 외국 군대의 베이징 주둔을 허용하는 불평등조약을 체결했다. 청나라는 사실상 주권을 상실하고 꼭두각시처럼 서구 열강들에 의해 좌지우지되는 형국이 되었다.

청나라가 외세에 의해 반식민지 상태가 되자 사회 여러 계층에서 국가의 통일과 주권을 찾으려는 노력이 시도되었다. 쑨원(孫文, 손문)도 그런 인물 중 하나였다. 쑨원은 삼민주의(三民主義)를 내세웠다. 삼민이란 ①민족주의적 한족 국가를 세우겠다는 민족(民族), ②인민들의 권리가 보장되는 민주주의의 민권(民權), ③인민들이 안정적으로 생활할 수 있는 경제 정책의 민생(民生)을 말한다. 쑨원은 삼민주의로 다시 나라를 바로 세우겠다는 의지를 가지고 중국혁명동맹회(中國革命同盟會)를 결성하여 민주공화국 수립을 위한 혁명운동을 시작했다. 국민들도 청나라 정부의 부패와 무력함을 비판하고 쑨원의 혁명에 가담하면서 혁명운동은 순식간에 중국 전역으로 퍼져 나갔다.

중국혁명동맹회의 혁명운동은 점점 청나라 정부를 압박했다. 궁지에 몰린 청나라 정부는 위안스카이(袁世凱, 원세개)에게 모든 권한을 부여하고 혁명군을 타파하라는 임무를 내렸다. 하지만 욕망이 강했던 위안스카이는 중국혁명동맹회에 의해 새로 건설될 중화민국의 대총통(大總統) 자리를 넘겨받는 조건으로 쑨원과 거래를 하고 청나라를 배신했다. 위안스카이의 배신이 결정적 역할을 하면서 2천 년 동안 이어졌던 중국 절대왕조의 시대는 막을 내리게 되었다. 1911년 신해년(辛亥年)에 발생한 이 혁명은 오늘날 신해혁명이라 불리고 있다.

중화민국의 대총통이 된 위안스카이의 욕망은 끝이 없었다. 위안스카이는 쑨원과의 약속을 깨고 중화민국을 중화제국으로 바꾼 뒤, 스스로를 황제라고 칭했다. 하지만 청나라 군주제에 환멸을 느끼고 혁명운동에 가담했던 국민들은 위안스카이의 황제제도에 동의하지 않았다. 결국 국민들의 반발과 주변 강대국들의 반대에 위안스카이는 제위를 포기할 수밖에 없었고, 얼마 지나지 않아 병으로 세상을 떠났다(1916년).

위안스카이가 사망한 이후, 중국의 군벌들은 혼란스러운 틈을 노려 각자의 세력으로 분열되기 시작했고, 중국은 또다시 대혼란에 빠져들었다. 쑨원은 분열된 중국을 통일시키기 위해 민주주의 혁명 세력을 모아 국민당이라 이름 짓고 대총통으로 취임했다.

1914년에 오스트리아와 독일이 세르비아를 침공하면서 시작된 제1차 세계대전이 1918년, 독일의 항복으로 끝이 났다. 제1차 세계대전의 승전국이었던 일본이 독일이 점령하고 있던 중국 산둥성 청도 지역을 차지하려고 하자 이듬해인 1919년에 베이징 청년들을 중심으로 5·4운동이 일어났다. 당시 청년들은 러시아 혁명의 중심인 마르크스 사상을 학습하고 공산주의 이념을 받아들였다. 5·4운동 이후 공산주의 운동이 더욱 박차를 가하면서 1921년, 중국에도 마르크스 사상에 입각한 공산당이 창설되었다. 그 중심에는 마오쩌둥이 있었다.

쑨원은 여러 군벌에 의해 뿔뿔이 분열된 중국을 다시 통일시키기 위해 북벌을 전개할 계획을 세웠다. 하지만 군벌의 세력은 너무 막강했다. 국민당만의 힘으로는 난립하는 군벌들을 정벌하기 어렵다고 생각한 쑨원은 비록 정치적 이념은 다르지만 중국 통일이라는 큰 뜻 아래 힘을 하나로 합쳐 북벌전쟁을 추진할 것을 공산당에 제안했다. 공산당도 통일이라는 대의에는 공감했다. 당시 국민당의 세력이 공산당에 비해 월등히 높았으므로 공산당의 핵심 간부들은 공산당 소속이 아닌 개인의 자격으로 국민당에 입당했다. 마오쩌둥도 국공합작을 위해 후보 위원으로 국민당에 입당하였고, 장제스(蔣介石, 장개석)는 북벌을 추진하기 위한 군사학교의 교장이 되었다.

쑨원과 달리
공산당 소탕에 치중한 극우파 장제스

북벌을 준비하던 쑨원이 1925년에 암으로 갑작스럽게 사망하자 그의 후계자였던 장제스가 쑨원의 뜻을 이어받아 북벌전쟁을 추진하게 되었다. 하지만 장제스는 쑨원과 달리 공산당과의 합작을 달가워하지 않는 극우파였다. 장제스는 국공합작으로 북벌전쟁을 전개하면서 한편으로 공산당을 배척할 명분을 만들기 위해 사건을 조작했다.

장제스는 공산당원 지휘하에 있던 군함인 중산함에 은밀하게 회항을 명령했다. 그리고는 함장이 마음대로 군함을 회항했다고 모함하여 이를 빌미로 공산당 세력을 축출하려 했다. 하지만 국민당 주석이었던 왕자오밍(汪兆銘, 왕조명)이 장제스의 조작 사건에 반발해 국민당을 떠나는 것으로 일단락되었다. 장제스 입장에서는 공산당을 축출하지 못한 아쉬운 결과였지만, 이 사건을 계기로 장제스는 국민당의 최고 실권을 거머쥐게 되었다.

국공연합군은 1926년부터 진행된 북벌전쟁으로 양쯔강 이남을 평정하고 1927년에 상하이에 입성했다. 자본민주주의인 국민당이 공산당과 합작하는 것을 이상하게 여긴 상하이의 상공인과 부유층 세력이 장제스에게 국민당의 정체성을 언급하자 장제스는 난처한 상황에 빠지게 되었다. 장제스는 국민당의 정체성을 명분으로 내세우며 1927년 4월 12일에 공산당을 대거 숙청했다. 이 사건으로 공산당의 우두머리였던 리다자오(李大釗)가 사망하자 국공합작은 깨졌고, 공산당과 국민당의 내전이 시작되었다. 1927년에 시작된, 공산당의 씨를 말리기 위한 국민당과 공산당 간의 생사를 내건 국공내전은 10년간 지속되었다.

국민당에 비해 보잘것없는 규모였던 공산당은 농촌 지역을 중심으로 세력을 확대해나갔다. 마오쩌둥이 이끄는 공산당은 농촌을 점령하면 지주에게서 몰수한 토지를 농민들에게 분배하는 토지개혁을 실시했다. 그로 인해 공산당은 농민들의 지지를 받았고, 농민들은 자발적으로 공산당의 홍군이 되었다. 공산당은 국민당에 비해 병력과 무기가 열악했음에도 불구하고 전략적으로 싸워 국민당을 곧잘 막아내며 세력을 점점 확장해나갔다.

중국이 국민당과 공산당의 균열과 전투로 정신 없는 사이, 일본은 중국을 침략할 기회를 엿보고 있었다. 일본은 1931년에 무력으로 만주를 점령하고 청나라의 마지막 황제인 푸이를 내세워 만주국을 건립했다. 중국 침략을 위한 거점으로 초석을 다진 것이다. 이런 상황에도 장제스는 아랑곳하지 않고 공산당 소탕에만 전념했다. 내부의 적을 없애고 난 다음에 일본을 소탕해야 한다는 것이 그의 주장이었다.

장제스는 50만 병력을 동원해 포위망을 좁혀갔다. 고작 10만 명밖에 되지 않았던 공산당 홍군은 포위망을 뚫고 도망치기 바빴고, 국민당은 공산당을 맹렬히 추격했다. 국민당과의 전투로 이미 많은 사상자를 낸 공산당은 국민당을 피해 8만 5천여 명의 병력을 이끌고 18개의 산맥과 17개의 강을 건너 도망쳤다. 흔히 말하는 작전상 후퇴였다. 그렇게 시작된 공산당의 후퇴는 17개월이라는 긴 시간과 더불어 이동 거리도 자그마치 1만 5천 킬로미터에 달했다. 이 사건을 '대장정'이라고 부른다. 대장정의 과정에서 지도자로서의 면모를 확실히 보여준 마오쩌둥은 공산당의 확고부동한 지도자로서 입지를 굳혔다. 하지만 공산당이 산시성 옌안(陝西省 延安)에 도착했을 때 홍군의 병력은 고작 8천여 명밖에 남지 않았다.

일본의 침략에 맞선 국민당과 공산당의 항일전쟁

국민당이 공산당을 쫓고 있는 와중에도 일본의 중국 침략은 계속되었다. 옌안에 주둔하던 공산당 세력의 토벌 임무를 맡고 있던 국민당의 장쉐량(張學良, 장학량)은 외세 침략보다 공산당 소탕을 우선시하는 장제스에게 불만을 가지고 있었다. 마침 장제스가 옌안에서 멀지 않은 시안(서안)에 주둔하고 있던 장쉐량의 부대를 찾아오자 장쉐량은 장제스를 강제로 감금하고 '당장 내전을 중지하고 항일투쟁에 나설 것'을 요구했다. 장쉐량의 강력한 요구에 장제스는 이를 수용하고 공산당과 다시 연합하여 항일전쟁에 나섰다.

1937년에 국민당 정부의 수도인 난징(南京)이 일본군에 점령당했다. 정부는 난민들과 주민들을 남겨둔 채 무한으로 줄행랑쳤고, 무방비로 남겨진 난징 주민들은 약 2개월 동안 일본군에 의해 잔혹하게 학살되었다(난징대학살).

국민당과 공산당이 힘을 합쳐 일본에 대항해 싸우기는 했지만 국민당의 군대는 일본과의 전쟁에서 대부분 패배했다. 국가로부터 버림받은 민중들은 하는 수 없이 스스로의 힘으로 항일조직을 만들어 일본군에 저항할 수밖에 없었다. 반면 마오쩌둥이 이끄는 공산당은 산촌의 지형을 잘 활용한 게릴라전을 펼쳐 전투를 승리로 이끌었다. 공산당은 일본군과의 전투에서 승리한 농민과 화전민을 다시 공산당군으로 받아들이며 점차 병력을 확대해나갔다.

일본은 중국과 전쟁을 치르는 와중에도 독일, 이탈리아와 동맹을 맺고 제2차 세계대전에 참전했다. 제2차 세계대전은 약 6년간 계속되었다. 독일과 이탈리아는 1945년에 항복했지만 일본은 끝까지 항복하지 않고 대항했다. 일본은 미국이 일본의 히로시마와 나가사키에 원자폭탄을 투하하고 나서야 항복했고, 1945년 8월 15일, 중국과 한국의 침략전쟁에 대해서도 항복했다.

1949년 10월 1일에 수립된 중화인민공화국

중일전쟁이 끝나자 1945년 10월 10일, 마오쩌둥과 장제스는 충칭(重慶)에서 회담을 갖고 평화협정을 맺었다. 그러나 두 지도자의 마음속에는 서로에 대한 불신이 남아 있었다. 회담이 끝난 지 얼마 지나지 않아 국민당은 일방적으로 평화협정을 번복했다. 공산당은 이에 반발했고, 결국 국민당과 공산당의 제2차 국공내전이 시작되었다. 당시 국민당의 병력은 430만 명이었던 반면, 공산당의 병력은 120만 명밖에 되지 않았다. 게다가 국민당은 미국의 지원을 받고 있었기 때문에 병력뿐 아니라 무기에서도 압도적으로 우세했다. 이 싸움의 결과는 불 보듯 뻔해 보였다.

내전이 시작되자 국민당은 압도적인 전력으로 도처에서 승리를 거두었고,

공산당은 패배와 후퇴를 거듭하며 국민당에게 쫓기는 상황에 처했다. 전쟁이 장기화되면서 국민당은 경제 손실을 막기 위해 대량으로 화폐를 발행하기 시작했고, 그로 인해 인플레이션이 발생했다. 거기에 혼란한 분위기를 틈타 부를 축적하려는 관료들의 부정부패가 심각해져 미국으로부터 지원받은 자원이 제대로 사용되지 못했다. 불안정한 경기 속에서 국민당은 민심을 잃어갔다. 반면 공산당은 점령지 지주의 땅을 농민들에게 나누어주고 사회, 경제 개혁을 실시해 공산당에 대한 농민들의 충성심과 민심을 더욱 확고하게 쌓아나갔다.

전술적인 측면에서도 국민당과 공산당은 많은 차이가 있었다. 국민당은 무리하게 점령지를 늘려나가 병력을 분산시키는 전략적 오류를 범하고, 전투에서도 잔여 병력을 염두에 두지 않고 병력을 총동원하는 전면전을 펼쳤다. 반면 공산당은 전장에서 전술적인 게릴라전을 펼치며 적은 병력으로도 전쟁을 승리로 이끌었다. 전쟁이 길어질수록 430만 병력을 가지고 있던 국민당은 점점 병력을 잃어 149만 명까지 감소했지만 고작 120만 명에 불과했던 공산당의 병력은 400만 명까지 증가했다. 병력적으로 우세한 위치에 오른 공산당이 총공격에 나서면서 장제스가 이끌던 국민당은 결국 패배했다. 장제스와 국민당은 패잔병을 이끌고 정부를 타이완(대만)으로 옮겨 후퇴했고, 전쟁에서 승리한 마오쩌둥은 1949년 10월 1일, 베이징에서 중화인민공화국 수립을 선포했다.

중국의 힘,
넓은 국토와 14억 인구

위키피디아의 자료에 의하면 중국의 국토는 러시아, 캐나다에 이어 세계에서 세 번째로 넓다고 한다. 국토가 자그마치 964만 제곱킬로미터로, 이는 한국 국토의 약 100배에 해당하는 엄청난 크기다. 중국을 직접 여행해보지 않은 사람들은 그 크기를 가늠하기조차 어려울 것이다. 예를 들어 중국 동쪽에 위치한 베이징에서 서쪽 끝부분인 우루무치(乌鲁木齐)까지의 거리는 무려 3천 킬로미터가 넘는다. 비행기를 타고 가더라도 4시간 30분가량 소요되는 먼 거리다.

그럼에도 불구하고 베이징과 우루무치는 같은 시간대를 사용한다. 중국과 국토 크기가 비슷한 미국이 4개의 표준시간대를 사용하는 것과 비교하면 아이러니한 일이다. 중국이 원래부터 같은 표준시간대를 사용했던 것은 아니다. 1912년 중화민국 시기에 중앙기상청은 국제 표준시간대를 적용하여 중국

베이징에서 우루무치까지의 거리는 3천 킬로미터 이상이다.

을 5개의 시간대[1]로 나누었다. 그러나 1949년에 중화인민공화국이 건립되면서 전국의 시간을 베이징을 기준으로 통일시켰다.

당시 중국 정부는 서부 지역 국민들의 교육 수준이 낮고 문맹률이 높아 여러 시간대를 사용하면 국민들이 불편하고, 중국 동-서부의 인구 밀도 격차 및 지역 간의 경제적 불균형 등이 초래된다는 이유로 중국 전역의 시간대를 하나로 통일했다고 밝혔다. 하지만 5개의 시간대를 사용했던 중화민국 시대에도 별 탈 없었던 것을 보면 시간대 통일은 정치적 이유가 더 강했던 것이 아닐까 싶다.

---

1 5개의 시간대: 중원(中原, GMT+8), 롱슈(隴蜀, GMT+7), 신장(新藏, GMT+6), 쿤룬(昆侖, GMT+5:30), 창바이(長白, GMT+8:30)

중국인들은 넓은 국토에 살고 있어서 그런지 거리에 대한 개념도 우리와 사뭇 다르다. 필자가 2004년에 중국을 배낭여행했을 때 종종 중국인들에게 길을 묻곤 했다. 어느 날 한 중국인이 손가락으로 방향을 가리키며 '금방 도착한다'라는 뜻인 "마샹따오(马上到)"라고 대답해 '조금만 걸어가면 도착하겠지'라고 생각했는데, 3시간가량을 걷고 나서야 겨우 목적지에 도착할 수 있었다.

　중국은 넓은 국토뿐 아니라 인구 대국으로도 유명하다. 중국과 비즈니스를 하는 사람들은 종종 "젓가락 하나를 1위안에 팔아도 14억 위안이다"라는 농담을 하곤 한다. 실제로 중국에 큰 자연재해가 발생하면 전국 각지에서 모금운동이 일어나는데, 때로는 그 모금 규모가 상상을 초월하기도 한다. 2008년에 중국 쓰촨성에서 발생한 강도 7.9의 대지진으로 40만 명이 넘는 사상자가 발생했다. 경제적 피해만 해도 1천 5백억 위안에 달했다. 모금운동을 통해 전국 각지에서 보내온 성금이 650억 위안(한화 약 10조 원)이나 될 정도였으니 14억 인구의 십시일반이 얼마나 대단한지 느껴질 것이다.

　중국 국가통계청의 자료에 의하면 2018년, 홍콩, 마카오 및 해외에 거주 중인 화교[2]를 빼고도 중국 인구는 자그마치 13억 9,538만 명에 달한다고 한다. '한 자녀 정책' 위반 벌금을 피하기 위해서나 미혼모의 자녀, 호적 등기 기피 등의 이유로 호적 등록을 하지 않은 무호적자(黑户)가 전체 인구의 1%가량이라고 하니 사실상 중국 인구는 14억 명이 넘는다.

　중국은 4개 직할시와 우리의 도(道)에 해당하는 23개의 성(省), 5개의 소수민족 자치구를 비롯해 홍콩과 마카오의 특별행정구 등 총 34개의 행정구역으로

---

2 화교(華僑): 중국을 떠나 해외에서 살고 있는 중국인

직할시	북경시, 천진시, 상해시, 중경시
성(省)	하북성, 산서성, 강소성, 절강성, 안휘성, 복건성, 강서성, 산동성, 하남성, 호북성, 호남성, 광동성, 해남성, 요녕성, 길림성, 흑룡강성, 섬서성, 감숙성, 청해성, 사천성, 귀주성, 운남성, 대만성
자치구	내몽고자치구, 광서장족자치구, 영하회족자치구, 신장위구르자치구, 서장자치구, 홍콩특별행정구, 마카오특별행정구

중국 전도

나뉘어져 있다.

 국토가 크다 보니 각 성(省)의 규모 또한 만만치가 않다. 성(省)은 우리로 치면 도(道)에 해당하고, 미국으로 치면 주(州)에 해당하는 행정 단위다. 각 성(省)은 면적과 인구가 대부분 한국보다 넓고 많다. 그래서 지역마다 각기 다른 특색과 문화를 가지고 있다. 때로는 심한 사투리로 인해 서로 의사소통이 원활하지 않은 경우도 있다. 중국 사회과학원 연구소의 자료에 의하면 중국에는 총 129개의 사투리가 있다고 한다. 56개 민족밖에 없는데 사투리가 129개나 되는 것이 이상하게 느껴질 것이다. 일부 소수민족이 2가지 이상의 언어를 사용하는 경우도 있기 때문에 그렇다고 한다.

지역 행사나 박람회 등과 같이 중국 전역 사람들이 모이는 행사에 가보면 중국 사람끼리도 서로의 말을 알아듣지 못하는 상황을 종종 목격하게 된다. 그런 모습을 보면 각각의 도시가 마치 하나의 독립된 국가처럼 느껴지기도 한다. 이렇게 각기 다른 문화와 언어를 가진 수많은 지역과 56개의 다양한 민족을 통일시킨 중국의 체제가 오늘날까지 유지되고, 경제적으로도 급속히 성장하는 것을 보면 중국이 참 대단한 나라라는 생각이 든다.

넓은 중국의 국토, 지역적으로 무엇이 다를까

언젠가 한국의 한 방송 프로그램이 중국 SNS에서 논란이 되었다. 한국어를 유창하게 하는 외국인들이 출연하는 방송에서 중국인 출연자가 중국의 대학입학시험인 '까오카오(高考)'에 대해 이야기했다. 그는 "중국은 부정행위를 단속하기 위해 시험장 입구에 검색대를 설치하고 특공대가 실탄이 든 총을 들고 감시한다", "시험 도중에 화장실에 가려면 까다로운 검사를 받아야 해서 기저귀를 차고 시험을 보는 수험생들도 있다"라고 말했다. 중국 네티즌들은 그의 발언이 중국의 국제적 이미지를 실추시켰다며 SNS에 비난의 글을 올렸다.

비록 중국 네티즌들은 절대 그런 일이 없다며 반발했지만, 중국 뉴스를 꾸준히 봐온 필자의 경험상 출연자의 말이 다소 과장되기는 했지만 틀린 말도 아니었다. 길림성에서 부정행위를 방지하기 위해 여성 수험생에게 브래지어 착용을 금지해 논란이 된 적도 있으니 말이다. 견문이 좁아 세상 돌아가는 이치를 잘 모르는 것을 가리켜 '우물 안의 개구리'라고 표현하는데, 중국은 세상이 너무 커 옆 동네 사정까지 알기 어려운 '호수 안의 개구리'라고 표현해야 하는 것은 아닌지 모르겠다.

우리나라도 강원도, 전라도, 경상도 등 지역별로 각기 다른 사투리, 풍습, 문화를 가지고 있듯 중국도 지역과 도시에 따라 서로 다른 문화와 특징을 가지고 있다. 그러나 중국의 지역 특징을 모두 열거하기에는 책 한 권 분량으로도 모자라기 때문에 이 책에서는 간략히 중국의 허리라고 할 수 있는 '진령회하'3를 기준으로 나눈 북방과 남방의 차이와 몇몇 대도시의 특징을 살펴보려 한다.

진령회하

---

3 진령회하(秦岭淮河): 남방과 북방으로 가르는 진령(秦岭)산맥과 회하(淮河)를 일컫는 말

북방과 남방 사람들의 차이를 이야기할 때 빠지지 않고 나오는 것이 바로 외모적인 차이다. 북방 사람들은 비교적 키가 크고 늘씬하며 긴 팔다리를 가지고 있다. 또한 피부색이 하얗고 콧날이 곧으며, 입술이 얇은 편이다. 우리의 외모와 비교했을 때 대체로 조금 더 마르고 팔다리가 길다는 것을 제외하면 큰 차이가 나지 않는다. 반면 남방 사람들은 키가 다소 작고 통통한 체형이 많으며 큰 눈에 둥글고 넓은 코, 두꺼운 입술을 가지고 있다. 언뜻 보면 동남아시아 사람들과 생김새가 비슷하다. 같은 한족임에도 불구하고 북방과 남방 사람은 외모가 확연히 구분된다.

일부 사람은 남방과 북방 사람의 외모 차이가 식습관에서 왔다고 설명하기도 한다. 북방은 적은 강수량과 건조한 기후로 인해 밀농사가 발달하여 밀을 이용해 만든 찐빵과 전병을 많이 먹고, 남방은 수자원이 많고 고온 다습하여 쌀농사를 짓기에 적합한 기후를 가지고 있어 쌀을 주식으로 먹는다. 이런 식습관의 차이가 외모에 영향을 미쳤다는 주장이다. 그러나 중국 학계에서는 북방과 남방 사람의 외모적인 차이를 식습관이 아니라 남방 사람들이 고온 다습한 기후 환경에 맞춰 몸의 열 발산이 용이하도록 신체가 진화했기 때문이라 분석하고 있다.

북방과 남방은 언어에서도 차이가 있다. 북방에도 사투리가 존재하기는 하지만 지역 간에 서로 의사소통이 되지 않을 정도로 심하지는 않다. 북방 지역은 지리적으로 산이 적고 대체로 넓은 평야지대로 이루어져 있어 오래전부터 주변 지역들과 교류가 많았다. 그러다 보니 의사소통에 지장이 없는 표준어를 많이 사용하고, 사투리도 의사소통에 문제가 있을 정도로 상이하지 않았다. 하지만 남방 지역은 강과 호수, 산 등으로 인해 주변 지역과 단절되고 고립된 곳이 많다. 지역 간 왕래가 어렵다 보니 자연스럽게 지역마다 각기 다른 사투리가 발달했다. 오늘날에도 남방 지역은 사투리가 다양하고, 심한 경우 같은 남방 지역에서 생활한다 해도 서로의 말을 알아듣지 못하는 상황이 발생하기도 한다.

지방 사람들이 여전히 지역 사투리를 많이 사용하기는 하지만 대부분은 표준어를 알아듣고 사용할 줄 알기 때문에 우리 같은 외국인이 여행을 가거나 업무상 출장을 갈 때 소통으로 인한 어려움을 겪을 일은 그다지 많지 않다. 중국 사투리는 글자를 읽는 발음상의 사투리다. 문자는 같은 글자를 사용하므로 이메일을 주고받거나 메신저로 대화할 때 그 차이를 느끼지 못할 수도 있다.

남방과 북방 사람들은 외모와 언어뿐 아니라 성격에서도 차이가 난다. 남방 지역은 오래전부터 항구가 발달하여 해외의 여러 국가와 많은 교역을 해

북방의 사장님	• 가구를 살 때 브랜드를 물어보지 않고 어느 시대 골동품인지 물어본다. • 집을 살 때 집 면적보다 정원 면적을 먼저 물어본다. • 음식점에 가면 메뉴판을 보고 주문하지 않고 바로 주방장을 부른다. • 고급 승용차가 몇 대 있는지를 자랑하며, 기사가 몇 명인지 이야기한다. • 옷의 스타일을 보지 않고, 어떤 디자이너가 만든 것인지를 물어본다. • 배우자를 텔레비전에서 고른다.
남방의 사장님	• 창업을 시작하면 차고 있던 금목걸이가 염주로 바뀌어 있다. • 테이블 위의 술병들이 점차 차를 마시는 다기로 바뀐다. • 창업할 때 입었던 양복과 구두가 편한 옷과 운동화로 바뀐다. • 자동차 대신 자전거를 타고 출근한다. • 허물없이 놀던 죽마고우 모임에서 EMBA[4] 동창생 모임 위주로 바뀐다.

북방과 남방 사람의 성격 차이를 풍자한 설명(중국 인터넷 발췌)

---

4 EMBA(Executive MBA): 경영대학원에서 진행하는 최고 경영자 과정으로, 학습 목적 이외에도 인적 네트워크를 형성하기 위해 EMBA를 다니는 중간 관리자 및 경영자들이 많다.

왔다. 그래서 지역 경제가 타 지역보다 빨리 발전할 수 있었고, 사람들의 경제적 관념도 비교적 빠른 편이라고 한다. 중국의 유명한 기업가들이 대부분 남방 지역 출신인 것도 바로 그러한 이유 때문이라는 것이 중국인들의 설명이다.

　중국에서는 남방과 북방 사장님들의 차이를 이렇게 설명하기도 한다. 북방의 사장님들은 체면을 중시하여 허례허식이 강하지만, 남방의 사장님들은 겉치레보다 현실적인 실리를 추구한다는 것이다. 북방 사람들이 체면을 중시하는 모습은 소액권 화폐를 사용하는 모습에서도 발견할 수 있는데, 북방 사람들은 지폐를 선호하는 반면, 남방 사람들은 동전을 선호한다. 북방 사람들은 동전을 가지고 다니면 '잔돈이나 챙겨서 다니는 쩨쩨한 사람'으로 비춰져 동전을 꺼리는 반면, 남방 사람들은 육안으로 쉽게 확인이 가능하고 정확하게 셀 수 있는 동전을 선호한다.

　베이징에서 10여 년째 거주하고 있는 필자도 베이징에서 동전을 받아본 적이 거의 없다. 그러나 여행이나 출장으로 남방 지역에 가보면 확실히 동전

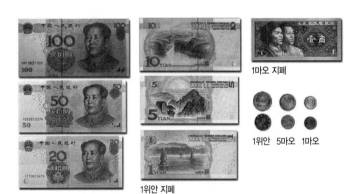

1마오 지폐

1위안　5마오　1마오

1위안 지폐

중국 인민폐

을 많이 사용한다.

남방 사람들은 합리와 융통성보다는 체면을 중시하는 북방 사람들을 가식
적이라고 손가락질하고, 북방 사람들은 남방 사람들이 돈만 밝힌다며 손가락
질한다. 모두가 같은 땅에서 살고 있는 중국인들이지만 이상향과 생활 패턴
에서는 이질감을 느끼는 것 같다.

하지만 평생을 고향에서 생활했던 과거와 달리 현대인들은 자녀 교육과
취업을 위해 고향을 떠나 도시에서 생활하는 경우가 많다. 그래서 요즘은 북
방과 남방 사람들이 모두 어우러져 살아가기 때문에 앞서 설명한 지역적 특
색이 많이 희석된 편이다. 우리 같은 이방인은 중국의 북방과 남방 지역을 여
행한다 해도 그 차이를 확연하게 실감하기 어려울 수 있지만 중국인들과 관
계를 가지고 오랜 시간 교류하다 보면 남방과 북방의 차이를 조금은 느낄 수
있을 것이다.

정치 중심지 베이징 vs 경제 중심지 상하이

중국을 크게 북방과 남방으로 나누어 비교하기도 하지만 중국인들은 정치
중심지인 베이징과 경제 중심지인 상하이를 놓고 비교하는 경우가 더 많다.
우리에게도 지역감정이 있듯 중국에도 대도시 간에 미묘한 감정 대립이 있는
데, 대표적인 곳이 바로 베이징과 상하이다.

베이징 사람들은 수도에 거주하는 것만으로도 큰 자부심을 가지고 있
다. 이는 서울에 거주하면 성공한 것처럼 비춰지던 우리의 과거 모습과 유사
한 것 같다. 베이징은 역사와 전통을 가진 수도답게 시민들도 정치적 · 역사

적·문화적인 우월감을 가지고 있는 편이다. 체면과 명예를 중시하기 때문인지 베이징 시민들은 대체로 격식을 많이 따지고 예의가 바르다. 존칭어가 따로 없는 중국어에서 유일하게 존재하는 '당신'이라는 뜻의 존칭어인 '닌(您)'을 베이징에서 많이 사용하는 것만 보더라도 어느 정도 일리가 있는 말 같다. 그러나 상하이 사람들은 겉모습과 겉치레를 중시하는 베이징 사람들을 '허례허식만 가득한 위선자들'이라며 경멸하곤 한다.

베이징과 더불어 중국을 대표하는 도시인 상하이는 항구 도시로서 중국 개혁개방의 밀물을 타고 급속도로 발전하여 오늘날 국제적인 금융·상업의 도시로 성장했다. 중국 최고의 경제 도시에 사는 사람들이라 그런지 상하이 사람들은 스스로를 중국 최상류층이라고 여긴다. 그래서 그들과 만나 이야기하다 보면 종종 비교 대상으로 베이징 사람들을 거론하며 자신들이 더욱 우월하다는 것을 은연중에 강조하기도 한다.

상하이 사람들은 타지에서 온 외지인을 무시하는 경향이 강하다. 우리의 이너서클에 해당하는 '취엔즈'5도 주로 상하이 사람들로만 구성되어 있다. 상하이 사람들이 중국의 금융시장을 이끌어가고 있는 이유도 상하이 사람들만 가입할 수 있는 금융 취엔즈 때문이라는 풍문이 있다.

국제적인 금융 도시답게 상하이 사람들은 두뇌 회전이 빠르고 경제관념이 매우 뚜렷하여 개인의 이익을 중시하는 것으로도 유명하다. 그러나 명예와 품위를 가장 중시하는 베이징 사람들의 눈에는 그저 돈만 밝히는 천박한 장사꾼처럼 보이나 보다.

---

5 취엔즈(圈子): 사전적 의미는 동그라미 또는 테두리이지만, 비즈니스에서는 돈독한 꽌시(관계)로 묶여 있는 사람들의 모임을 뜻한다.

직할시(인구)	도시 특징
베이징 (2,154만 명)	중국의 수도. 정치 및 문화의 중심지로, 교육이 발달했으며, 명문대가 많이 소재하고 있다. 인터넷 관련 산업이 많이 발달해 있으며, 대학생 및 청년 창업이 가장 활발한 도시다.
상하이 (2,424만 명)	개혁개방 이후에 발전했기 때문에 역사는 짧지만 급속히 성장한 국제적인 금융·상업 도시다. 문화적으로 포용적이고 개방적이다.
톈진 (1,560만 명)	북방 최대의 무역 항구. 중국 정부가 베이징을 중심으로 발전된 산업 및 자원을 주변 도시로 분산하여 균형적으로 발전하려는 프로젝트를 추진하면서 교통, 물류 인프라를 구축하고 있다.
충칭 (3,102만 명)	2000년대 초 서부개발정책의 핵심 지역으로 고속성장을 거듭하고 있으며, 최근 일대일로(一帶一路) 정책의 일환으로 중국 국내 기업 및 해외 자동차 기업의 생산 기지가 건설되면서 주요 자동차 산업 생산지로 성장했다. 공항, 항만, 철도 등 중국 서부의 교통 및 물류의 중심지로 발전했다.

　또한 상하이는 국제적인 도시로 발전해왔던 까닭에 시민들 역시 패션 감각이 뛰어나고 유행에 민감한데, 베이징 사람들은 상하이 사람들의 그런 모습을 보고 남의 눈을 의식하여 허영심만 채운다며 손가락질하기도 한다.

　이렇게 각기 다른 특색을 가진 지역들을 통일시키고 경제적으로 급속히 성장하는 중국이 대단해 보이기도 한다. 하지만 화려한 겉모습과 달리 그 내면에는 역사적 아픔과 분열이 존재하기도 한다.

재미로 읽는 중국 상식

지역별 성격 차이를 알 수 있는 이야기

중국 인터넷에 돌아다니는 이야기 중에 지역에 따른 사람들의 성격 차이를 재미있게 표현한 글이 있어 소개해볼까 한다. 남편이 바람을 핀 사실을 알게 된 아내들의 반응이 지역적으로 어떻게 다른지를 설명한 글이다.

베이징 여자
밤잠을 설친 아내는 아침이 밝자마자 사립 탐정 사무실에 찾아가 2천 위안을 내고 남편의 불륜 현장 사진 촬영을 의뢰한다. 일주일 후, 남편은 법원으로부터 이혼 소송 소환장을 받는다. 결국 남편의 귀책사유로 부부는 이혼하게 되고, 아내는 남편의 재산을 모두 넘겨받는다.

상하이 여자
밤잠을 설친 아내는 아침이 밝자마자 미용실에서 파마를 하고, 오후에는 피부 마사지를 받는다. 그리고 집으로 돌아오는 길에 속옷 매장에 들러 섹시한 속옷을 산다. 집에 도착한 뒤에는 근사한 저녁상을 차리고 테이블에 촛불까지 켜 무드를 잡는다. 이렇게 사용한 돈은 모두 400위안이다. 저녁에 남편이 집으로 돌아오자 아내는 섹시한 속옷만 입은 채 남편을 유혹한다. 남편은 아름다웠던 아내의 처녀 시절을 회상하며 자신의 잘못을 뉘우치고, 다시는 바람을 피지 않겠다고 다짐한다. 일주일 후, 아내는 잡지사에 '나는 어떻게 바람난 남편을 돌아오게 했는가?'라는 글을 기고해 500위안의 원고료를 받는다.

광둥 여자
밤잠을 설친 아내는 아침이 밝자마자 꽃단장을 하고 첫사랑에게 전화를 걸어 아직도 자신을 기억하는지 물어본다. 그리고 외롭다고 말하며 밤에 시간이 있는지 물어본다. 남편이 밖에서 바람 피우는 동안, 아내는 집에서 첫사랑과 바람을 핀다. 서로의 영역을 침범하지 않은 채 아무 일도 없었다는 듯 각자의 길을 갈 뿐이다.

쓰촨 여자

밤잠을 설친 아내는 아침이 밝자마자 집 안을 깨끗이 청소한다. 남편의 옷을 가지런히 개어 놓고 남편에게 약을 잘 챙겨 먹으라는 편지를 써 놓은 뒤 친정집으로 돌아간다. 편지를 본 남편은 자신의 잘못을 뉘우치고 아내를 찾아가 용서를 구한다. 함께 집으로 돌아온 부부는 다시 행복한 결혼생활을 한다.

후난 여자

밤잠을 설친 아내는 아침이 밝자마자 주방으로 달려가 식칼을 갈며 나지막이 "너 죽고, 나 죽자"라고 중얼거린다. 그 모습을 본 남편은 아내의 말을 잘 따른다.

산시 여자

밤잠을 설친 아내는 아침이 밝자마자 옷소매를 걷어붙이고 주방으로 간다. 평소에는 200그램짜리 면과 전병 하나만 먹지만, 이 날은 500그램짜리 면과 전병 10개를 먹어 치운다. 식사를 마친 아내는 불룩해진 배를 만지며 침대 모서리를 붙들고 큰 소리로 울기 시작한다. 6개월 후, 남편은 아내에게 이혼하자고 한다. 남편은 바람을 핀 여자 때문이 아니라 아내가 살이 쪄서 이혼하는 것이라고 말한다.

동베이 여자

밤잠을 설친 아내는 아침이 밝자마자 울면서 친정집으로 달려가 남편이 바람을 핀 사실을 자신의 남동생에게 털어놓는다. 남동생은 그 사실을 사촌들에게 전한다. 화가 난 사촌들은 몽둥이를 들고 귀가하는 남편을 찾아가 두들겨 패기 시작한다. 온몸에 멍이 든 남편은 법원에 가서 이혼소장을 제출한다. 법원은 양쪽에 귀책사유가 있다며 재산을 반으로 나눌 것을 명령하고, 아내에게 남편의 병원비를 배상하라고 판결한다.

산둥 여자

밤잠을 설친 아내는 남편의 회사로 가서 큰 소리로 울기 시작한다. 회사 사람들에게 남편과 젊은 여직원의 부적절한 관계를 폭로하여 회사가 두 사람을 처벌하도록 한다. 그런데 남편은 한술 더 떠서 아내와 이혼하고, 일주일 후에 여직원과 결혼식을 올린다.

03

중국 소수민족의
독립과 갈등

Common Sense Dictionary of China

당근과 채찍으로 관리되고 있는
중국의 소수민족

공산당은 국민당과의 내전에서 승리한 후 중국의 소수민족들을 무력으로 제압하여 통일시키고 중화인민공화국을 건립했다. 비록 중국이라는 큰 나라가 세워졌지만 소수민족은 자의와 상관없이 강제로 통합되었다. 더군다나 국민의 92%가 한족(汉族)으로 구성된 중국에 흡수된 것이기 때문에 소수민족에 대한 사회적·정치적 배려가 없었다. 그로 인해 소수민족의 불만이 커져만 갔다.

중국 정부는 소수민족의 불만이 더 커지기 전에 소수민족을 동화시키기 위한 정책을 펼치기 시작했다. 한족을 제외한 55개 민족을 공식적으로 '소수민족'이라 정의하고 5개 자치구(自治区), 30개 자치주(自治州), 120개 자치현(自治县) 등 총 155개의 크고 작은 소수민족 거주지를 자치지역으로 지정해 소수민족이 직접 자치제를 시행하도록 했다. 또한 중앙 정부의 주요 정책을 시행하는 데 있어서도 소수민족 자치구는 예외로 두거나 소수민족의 문자와 언어를 인

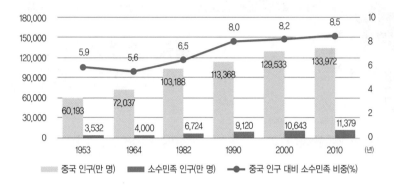

중국 인구와 소수민족 인구

정했고, 대학입시에도 가산점을 부여하거나 범죄자에 대한 처벌을 낮추는 등 소수민족을 위한 우대 정책도 실시했다.

소수민족에 대한 자치권 부여는 중국이 큰 테두리 안에서 전반적으로 지도하되, 소수민족 거주 지역에 대해서는 그들의 문화를 유지하고 한족과 동등한 대우를 받고 권리를 행사할 수 있도록 양보한 것이다. 그러나 명목상의 소수민족 자치제일 뿐, 자치제의 실권을 가진 최상위 지도자는 한족으로 구성하여 결국 최종적으로 한족이 통제하는 구조였다.

겉으로는 소수민족의 화합과 단결에 기초한 중화민족론을 내세우고, 안으로는 소수민족의 반발을 가라앉힘과 동시에 중국에 동화시키겠다는 중앙 정부의 전략이 숨어 있는 것이다. 이러한 중국의 입장은 2008년 베이징 올림픽 개막식에서 여실히 드러나 비판을 받기도 했다. 중국 56개 민족의 전통 의상을 입은 어린이들이 다함께 중국의 국기인 오성홍기(五星红旗)를 들고 경기장에 입장하며 '하나가 된 중국'을 연출했지만, 개막식에 동원된 어린이들은 모두 한족이었다. 이러한 모습은 오늘날 중국의 사회 구조를 대변한 것이 아닐까.

중국은 소수민족을 당근과 채찍으로 어르고 달래며 이끌어가고 있지만, 일부 지역에서는 독립에 대한 소수민족들의 움직임이 끊이지 않고 있다. 그 대표적인 사례가 바로 여행 위험 지역으로 알려진 신장위구르자치구와 티베트다.

중국에 맞서 독립투쟁을 벌이는 소수민족들

　　신장위구르자치구는 무슬림 독립 세력의 본거지로, 언제 터질지 모르는 중국의 화약고 라는 별명을 가지고 있다. 이곳은 소수민족 자치구로, 중국 서북쪽 국경지대에 위치해 있 으며 지리적으로는 몽골, 카자흐스탄, 아프가 니스탄, 파키스탄, 인도 등과 인접해 있다. 신 장위구르자치구는 중국 국토의 6분의 1을 차

위구르족은 터키계 민족으로, 중국 한족과는 외모부터 다르다.(출처: 바이두)

지할 정도로 광활한 영토를 보유하고 있으며, 과거 실크로드의 중심지로서 중국 과 서방을 연결하는 문화와 교역의 요충지였다. 그 유명세만큼이나 과거 주변국 들에 의해 침략과 독립이 잦았던 지역이기도 하다.

　　신장위구르자치구는 1949년에 인민해방군에 의해 강제로 편입된 이래 오늘날 까지 이를 받아들이지 않고 중국 정부와 대립적인 갈등을 이어오고 있다. 위구 르족의 입장에서는 1944년에 독립을 선언하고 동투르키스탄 인민공화국까지 수 립했는데, 5년 후에 갑작스럽게 중국의 침략을 받아 강제로 지배당한 것이다.

　　한국이 일본의 침략을 받아 일제 치하에서 독립운동을 벌였던 것과 마찬가

지로 위구르족도 중국 침략에 맞서 독립운동을 벌이고 있다. 신장위구르자치구는 중국 석유 총 매장량의 30%, 천연가스 34%, 석탄 30%가량의 방대한 지하자원을 보유하고 있는 지역이다. 중국 정부가 이런 노다지 땅을 포기하지 못하는 것은 어찌 보면 당연하다.

일본이 한국을 침략하면서 한국 문화를 단절시키고 자신들에게 동화시키기 위해 일본인들을 한국으로 이주시켰던 것과 마찬가지로 중국도 신장위구르자치구에 한족을 계속해서 이주시키고 있다. 오늘날 신장위구르자치구 인구의 절반 이상이 한족이다. 위구르족은 점차 늘어나는 한족으로 인해 자신들만의 생활 터전을 빼앗기고 문화와 전통이 단절되어 반정부 감정이 더욱 격화되고 있는 상황이다. 2009년 7월, 우루무치에서 위구르족이 한족을 무차별 공격하는 대규모 유혈폭동이 발생해 192명이 숨지고 1,721명이 부상당하는 사태가 벌어지기도 했다.

우리에게 티베트로 더욱 많이 알려져 있는 서장자치구 역시 중국 정부와 분쟁이 끊이지 않는 지역이다. 중국 서남부의 국경지대에 위치한 서장자치구는 인도, 네팔, 부탄, 미얀마 등의 나라들과 마주하고 있다. 과거 티베트는 정치와 종교가 함께 통치하는 정교합일(政敎合一)의 독립정부를 가진 작은 독립국가였지만 중국이 건립된 이듬해인 1950년에 중국이 티베트를 무력으로 점령했다. 중국은 티베트를 강제로 편입하는 과정에서 티베트인들의 사유재산을 몰수하고, 불교로 단결된 티베트인들을 분산시키기 위해 사원을 파괴하고 승려들을 투옥시켰다. 그로 인해 중국과 티베트인들의 갈등은 더욱 깊어졌다.

티베트인들은 최고 지도자이자 정신적 지주인 달라이 라마(达赖喇嘛, Dalai Lama)를 중심으로 티베트 독립투쟁을 계속했다. 1959년, 티베트인들은 독립을 외치며 반중 봉기를 일으켰지만 중국의 무력에 무자비하게 진압당했다. 달라이 라마와 지도 세력은 중국 정부의 강압적인 진압을 피해 인도로 도망가 망명했다. 달라이 라마는 인도에 망명정부를 수립한 이후로도 공산주의와 불교의 평화적 공존을 제안했다. 그러나 중국은 이를 받아들이지 않고 강경한 입장을 유지하고 있다.

중국 정부가 이렇게 끊임없이 당근과 채찍으로 소수민족을 이끌어가려는 데에는 그럴 만한 이유가 있다. 비록 소수민족이 차지하는 비율이 전체 인구의 8%밖에 되지 않지만 그들이 거주하고 있는 면적이 중국 국토의 60%나 되고, 매장되어 있는 지하자원도 매우 풍부할 뿐만 아니라 주변의 여러 국가와 마주하고 있어 지리적으로도 경제적 가치가 매우 높기 때문이다.

게다가 현재 불협화음으로 공존하고 있는 소수민족이 하나라도 독립하게 된다면 도미노 현상으로 중국은 대혼란 속에 분열될 가능성도 매우 높다. 그래서 중국의 소수민족은 언제 터질지 모르는 화약고와도 같다.

04

대만, 홍콩, 마카오와 중국의 관계

Common Sense Dictionary of China

중국의 품으로 다시 돌아온 홍콩과 마카오

중국은 청나라 때 영국과의 아편전쟁에서 패배하면서 홍콩섬과 주룽반도 (九龙半岛)를 영국에 내주었다. 당시 중국과 영국은 1898년 베이징조약에서 '영국이 99년간 홍콩을 임차한다'라는 협정을 맺었는데, 시간이 흘러 임차 만료 기간이 다가오자 영국은 1984년 '홍콩반환협정'을 통해 1997년 7월 1일, 홍콩을 중국에 반환하기로 합의했다. 그리고 1997년 7월 1일, 홍콩은 기대와 불안

1997년 7월 1일, 중국과 영국의 홍콩 정권 인수인계식(출처: 바이두)

신계지

구룡

카우 사이 차우

란타우섬

홍콩섬

라마섬

청차우섬

홍콩의 위치

이 교차되는 분위기 속에서 세계의 주목을 받으며 중국에 반환되었다.

오늘날 동양의 라스베이거스라 불리는 마카오는 원래 중국 광둥성의 일부였다. 포르투갈인들은 1500년대에 젖은 화물을 말린다는 명목으로 마카오로 들어왔다. 마카오가 중국 대륙과 교역할 무역 거점으로 안성맞춤이었기 때문에 포르투갈인들이 이곳을 탐내고 꼼수를 부린 것이다. 마카오로 들어온 포르투갈인들은 부패한 중국 관료들에게 뇌물을 주며 마카오의 거주권을 획득해 체류하기 시작했고, 결국 매년 뇌물을 건네는 조건으로 마카오를 넘겨받았다.

그 후로 마카오는 장장 440여 년을 포르투갈의 식민지로 유지되다가 1986년, 베이징에서 체결한 '마카오반환협정'을 통해 1999년 12월 20일에 중국에 반환되었다. 긴 시간 동안 포르투갈의 지배를 받았던 마카오는 동서양의 문화가 적절히 혼합된 독특한 문화를 가지고 있어 1990년대부터 국제적인 관광지로 인기를 끌기 시작했다. 마카오에 해외 관광객이 늘어나면서 자연스럽게 카지노가 발달하게 됐는데, 오늘날 카지노는 마카오 경제의 60%를 차지할 만큼 급속히 성장했다.

홍콩과 마카오는 비록 영국
과 포르투갈의 지배를 받긴 했
지만, 결국 황금알을 낳는 거위
가 되어 다시 중국의 품으로 돌
아왔다. 하지만 100년이 넘는
긴 시간 동안 민주주의와 자본

1999년 12월 20일 0시, 마카오 문화센터에 오성홍기가 게양되
었다.(출처: 신화사)

주의 체제로 살아왔던 홍콩과 마카오가 하루아침에 중국 사회주의를 받아들
이는 것은 쉬운 일이 아니었다.

마카오는 포르투갈 점령 당시 출생했거나 포르투갈 배우자와 혼인한 시
민에게는 포르투갈 국적을 부여했다. 마카오가 중국에 반환될 무렵, 포르투
갈과 중국 양국 정부는 공동성명을 통해 기존의 포르투갈 국적자들의 자의에
따라 중국 국적으로 변경하거나, 포르투갈 여권으로 계속 마카오에 거주할
수 있도록 조치했다. 마카오가 중국에 반환된 이후 대부분의 마카오 시민들
은 자발적으로 국적을 중국으로 바꾸었다.

하지만 홍콩의 중국 반환은 마카오와 사정이 달랐다. 영국은 홍콩을 반환
하면서 홍콩 시민들을 외면했다. 홍콩 시민들은 자신의 국적을 선택할 권리
가 없었다. 홍콩이 반환되면 중국의 국적을 강제로 받아들여야 하는 상황에
처한 것이다. 그래서 홍콩의 반환 시기가 다가오면서 일부 정치인들과 시민
들은 중국으로 반환되는 것을 반대하며 시위를 벌이기도 했다. 길다면 길고,
짧다면 짧은 영국 임차 기간 150년의 시간 속에서 홍콩 시민들은 영국의 민주
주의 시스템 안에서 성장했고, 자본주의 시장경제 체제에서 홍콩을 국제적인
도시로 발전시켰다. 그러므로 하루아침에 사회주의 체제의 중국에 흡수되는

것이 홍콩 시민들로서는 불안하고 받아들이기 힘든 현실이었을 것이다.

그나마 다행인 것은 마카오와 홍콩이 반환협정에 의해 50년간 기존의 민주자본주의 체제를 유지할 수 있다는 것이다. 즉 마카오와 홍콩은 2049년까지 중국이라는 국가 테두리 안에서 2가지 사회 체제가 존재하는 일국양제⁶의 시스템인 것이다.

화해 모드로 무르익은 대만과 중국의 관계

대만은 홍콩과 마카오와는 사정이 전혀 다르다. 대만은 외세의 침략이나 무력으로 빼앗긴 영토가 아니라 국공내전에서 공산당에게 패배한 국민당이 대만이라는 섬으로 도주하여 세운 독립정부다. 중국 공산당은 대만이 전쟁에서 패배했기 때문에 당연히 중국 대륙의 일부라고 여기고 있고, 대만의 국민당은 중국 입장에 동의하지 않고 독립된 국가라고 주장하고 있다.

국제 사회에서 대만의 입지는 매우 난처하다. 국제적 영향력이 커진 중국이 대만과 외교 관계를 갖는 국가는 중국과의 외교를 단절해야 한다고 으름장을 놓았기 때문이다. 대부분의 국가는 당연히 중국과의 우호적인 외교 관계를 선택하고 대만과 외교를 단절했다. 대한민국도 1992년에 중국과 수교를 맺으면서 대만과 외교 관계를 단절했다. 대만은 국제적으로 독립국가로 인정

---

6 일국양제(一国两制, One Country Two Systems): 하나의 국가에 2개의 체제를 허용한다는 뜻으로, 자본주의와 사회주의 체제가 공존하는 방식을 일컫는다. 덩샤오핑은 1982년에 영국과 홍콩주권반환회담을 하면서 일국양제를 제시했다. 홍콩의 주권 회복과 동시에 중국 대륙의 사회주의를 홍콩에 강요하지 않겠다는 조건이었고, 영국이 이를 받아들이면서 홍콩이 중국에 반환되도록 결정됐다.

받지 못하고 외교적으로도 고립된 것이다. 그러나 외교를 빼면 대만은 정부뿐 아니라 군대, 자체 화폐를 보유하는 등 독립국가로서 갖춰야 할 조건들을 모두 갖추고 있다.

정치적 이념이 다른 대만과 중국이 항상 서로를 향해 날카로운 이빨을 드러내고만 있던 것은 아니다. 한국과 북한이 하나가 되어 눈물 흘리며 시청했던 방송이 있다. 바로 남북 이산가족 상봉이다. 방송을 보는 내내 우리는 총칼을 앞세운 적대적인 관계가 아니라 한솥밥을 먹던 가족이었다. 중국과 대만도 그러했다.

중국과 대만에서 떨어져 지내던 일부 국민이 정부에 고향 방문과 이산가족 상봉을 요청했고, 중국과 대만이 이를 받아들여 중국과 대만의 교류가 시작되었다. 그렇게 시작된 중국과 대만의 인적 교류는 점차 무역으로 확대되었다.

1992년, 중국과 대만은 양국 간 교류를 위한 실무회담에서 '하나의 중국'이 되자는 것에 합의했다. 어제까지만 해도 서로 눈에 불을 켰던 적대적 관계가 '하나의 중국'이 되었으니, 중국과 대만 양쪽 모두에게 매우 큰 사건이었다. 이 협약은 1992년에 '하나의 중국을 공통으로 인식했다'고 하여 '92공식(九二共識)'이라고 부른다. 그러나 92공식은 공식적인 합의문을 거쳐 이루어진 협상 결과가 아니라 협상 과정에서 구두로 나온 합의이기 때문에 중국과 대만의 해석이 조금 다르다. 92공식을 양측이 어떻게 해석하고 이해했든 중국과 대만 사이에 숨통이 트였다는 데 그 의의가 있다.

과거의 양안 관계[7]에 있어서 양쪽의 정치 지도자 성향에 따라 긴장과 이완

---

7 양안 관계(兩岸): 대만(타이완) 해협을 두고 서안(西岸, 중국)과 동안(東岸, 대만)이 마주본다고 하여 중국과 대만의 관계를 일반적으로 부르는 말

의 관계를 반복했던 것만큼, 앞으로 양안 관계가 어떻게 전개될지 예측하기는 어렵겠지만, 2008년 대만 총통선거에서 대만 국민들이 자주정책을 추구했던 천수이벤(陈水扁) 전(前) 총통이 아닌 중국과 경제 협력을 공약으로 내세운 마잉주(马英九)를 총통으로 선택한 것을 보면 대만 국민들도 중국과의 우호적인 관계를 원하고 있는 것이 아닐까 추측된다.

국제 사회에서 대만의 입지와 외교 관계 등을 고려한다면 앞으로 대만도 '하나의 중국'이라는 슬로건 아래 홍콩이나 마카오와 같이 일국양제의 형태로 자연스럽게 중국에 흡수될 가능성도 있어 보인다.

중국 국기인 오성홍기는
어떻게 만들어졌을까

Common Sense Dictionary of China

붉은색 바탕에 5개의 황색 별이 그려진 중국의 국기 오성홍기는 세계 여러 나라의 국기 중에서도 돋보이고 강렬한 인상을 준다. 오성홍기의 빨간색 바탕은 공산주의와 혁명을 상징하고, 5개의 황색 별은 공산당과 공산당을 구성하고 있는 4개의

오성홍기

계급, 즉 노동자, 농민, 소자산 계급, 민족자산 계급을 상징한다. 그런데 이 오성홍기가 공모전을 통해 만들어졌다는 사실을 아는 사람은 많지 않다.

공모전을 통해 만들어진
중국의 오성홍기

1949년, 국공내전에서 중국 공산당을 승리로 이끈 마오쩌둥은 중화인민공화국을 건립하면서 국기(國旗)가 필요했다. 마오쩌둥은 중화인민공화국 건립을 발표하기 3개월 전에 신정치협상 회의에서 인민대표들과 중국 국기에 대한 논의를 했다. 아무리 고민해도 마땅한 대안이 나오지 않자 인민대표들은 공모전을 통해 국기를 채택하기로 결정했다. 중화인민공화국 최초로 진행된 국가 공모전이었다.

〈인민일보〉, 〈신민보〉, 〈광명일보〉 등 당시 중국의 대표 언론사들을 통해 국기 도안 공모전 광고를 게시하고, 11일 동안 응모를 진행했다. 국기 도안 공모전은 중국 국민들의 참여도가 상당히 높았다. 자신의 도안이 중국을 대표할 수도 있다는 자부심과 더불어 큰 상금이 걸려 있었기 때문이다.

단 11일 동안 진행된 공모전이었지만 전국 각지에서 3,012개의 도안이 접수되었다. 1차 심사에서 대부분이 탈락하고 최종적으로 38개의 도안만이 마오쩌둥과 인민대표들의 최종 선택을 기다리고 있었다.

마오쩌둥을 비롯한 대다수의 인민대표는 왼쪽 상단의 황색 별과 황색 가로줄이 있는 도안을 선택했다. 도안에 그려진 가로줄은 세계 4대 문명 중 하나였던 황하(黃河)를 상징하고, 큰 황색 별은 중국을 건국한 공산당을 의미했다. 그러나 인민대표 중 한 사람이었던 장즈중(張治中)이 반대 의견을 내세웠다. 그는 인민들의 힘을 하나로 단결시켜야 하는데 황색 가로줄이 국토의 분단을 의미하는 것처럼 보일 수도 있다고 주장했다. 장즈중의 이야기를 들은 일부 인민대표들은 국기가 국가의 지리적인 특성을 대표하는 것보다 통일된 중국

마오쩌둥이 선택했던 도안(왼쪽)과 청롄쑹이 디자인한 오성홍기 초안(가운데, 오른쪽)

을 강조하는 것이 더 중요하다며 장즈중의 의견에 동의했다.

홍지오성기에서 오성홍기로, 중국 국기의 탄생

국기 도안을 놓고 의견이 분분한 가운데, 톈한(田漢)이 다른 디자인의 도안을 추천했다. 톈한은 중국의 국가인 '의용군 진행곡'을 작사한 인물이다. 그는 인민대표들에게 비록 38개의 도안에는 선정되지 못했지만 상하이 주민인 청롄쑹(曾聯松)이 디자인한 홍지오성기(红地五星旗)는 어떠냐며 의견을 물었다. 붉은색 바탕에 5개의 별이 왼쪽 상단에 놓여 있는 도안이었다. 청롄쑹은 5개의 별 중 가장 큰 별에 노동자와 농민을 상징하는 낫과 망치를 삽입해 공산당을 상징적으로 잘 표현했다. 4개의 작은 별은 중국 인민을 구성하고 있는 노동자, 농민, 소자산 계급, 민족자산 계급을 상징했다. 그것은 마오쩌둥이 1949년에 중국 공산당 창설 28주년을 기념하여 쓴 〈논인민민주전정(论人民民主专政, 인민 민주독재를 논하다)〉에서 언급한, 공산당을 구성하고 있는 네 부류의 인민 계급이었다. 이 도안은 '공산당의 지도 아래 모든 인민이 대동단결한다'라는 의미를 담고 있었다.

톈한이 추천한 홍지오성기에 대한 설명을 들은 인민대표들은 중국의 정치사상과도 딱 맞아떨어져 적격이라며 찬성했다. 그러나 큰 별 안에 그려져 있던 낫과 망치는 소련의 국기를 연상시킨다고 하여 삭제하기로 했다. 저우언라이도 홍지오성기가 모든 인민이 공산당을 따라 단결하는 상징적 의미를 담고 있는 것이 마음에 든다며 찬성했다. 황하 도안을 선호했던 마오쩌둥까지 그 의견에 찬성하면서 홍지오성기는 만장일치로 중국의 국기로 채택되었다.

1949년 9월 27일, 중국인민정치협상회 전체회의에서 홍지오성기의 이름을 오성홍기로 바꾸고 중화인민공화국 건립 이틀 전에 〈인민일보〉를 통해 중국 국기가 채택되었음을 공표했다. 그리고 중화인민공화국이 설립되었음을 공식적으로 선포한 10월 1일, 천안문에 붉은색 오성홍기가 펄럭였다.

그렇다면 오성홍기를 디자인한 청롄쑹이 받은 공모전 상금은 얼마였을까? 1949년 당시 청롄쑹이 받은 공모전 상금은 500위안이었다. 당시의 500위안을 오늘날 화폐 가치로 환산하면 500만 위안(한화 약 8억 1,700만 원)가량 된다.

재미로 읽는 중국 상식

몽고 의사라고 불리는 돌팔이 의사

중국에서는 의료 사고가 많이 발생한다. 중국도 사람이 사는 곳이기 때문에 의료 시설이 잘 갖추어져 있기는 하지만 일부 병원에서는 돈벌이를 위해 작은 상처도 수술을 권하고 수술 후에는 의무적으로 입원실을 이용하도록 하고 있어서 일반 서민 환자들에게는 그 비용이 상당히 부담되기도 한다.

몇 년 전, 필자가 손가락을 다쳐 중국 병원에서 검사를 받았는데, 수술과 3일 입원비로 350만 원가량 견적이 나왔다. 그래서 하는 수 없이 한국으로 돌아와 병원을 찾았는데, 별도의 수술은 필요하지 않다고 하여 치료만 받았다. 필자도 중국에서 10년 이상 생활했지만, 이런 상황을 접하면 나도 모르게 씩씩거리게 된다. 중국에서는 돌팔이 의사를 몽고 의사(蒙古大夫)라고 부르곤 하는데, 그 유래는 다음 2가지 설이 유력하다.

환자의 상황을 지나치게 배려해준 의사의 처방

몽고의 유목민들은 광활한 초원과 사막에서 가축을 방목하며 살아간다. 유목민들은 몸이 아프더라도 주변에 병원이 없기 때문에 자연 치유적인 치료가 일상화되어 있다. 간혹 심하게 다치거나 큰 병이 의심되는 경우 먼 길을 달려가 의사를 찾기도 하는데, 의사를 만나러 가는 길이 멀고 고되기 때문에 의사는 환자가 수고스럽게 다시 병원을 방문하지 않도록 약효가 강한 약을 지어준다. 환자들은 자신의 병보다 강한 약을 복용하다 보니 당연히 부작용이 생겼고, 병을 고치러 갔다가 병을 얻어오는 경우도 생겼다. 그래서 몽고 의사가 지어주는 약을 먹으면 오히려 병에 걸린다고 하여 돌팔이라는 뜻이 되었다.

환자는 많고 의사는 부족했던 시대

몽고는 말(馬)이 많은 나라다. 유목민들에게 말은 재산이기 때문에 말을 치료하는 수의사 또한 많다. 과거 몽고는 세계 정복의 꿈을 안고 수많은 전쟁을 치르기도 했다. 전쟁으로 인해 항상 부상병들이 속출했지만 의사가 부족하여 할 수 없이 수의사들까지 동원되어 부상병을 치료했다. 그래서 의료 자격이 없는 돌팔이 의사를 몽고 의사라고 부르게 되었다.

공산당의 권력 구조를 알아야
중국이 보인다

한국보다 100배나 넓은 국토, 56개의 각기 다른 민족과 14억 명이라는 방대한 인구를 이끌어가고 있는 중국을 보고 있으면 참으로 놀랍다. 중국이 공산당이라는 일당 체제 속에서 이 많은 국민을 이끌어갈 수 있는 힘은 어쩌면 거미줄처럼 복잡하면서도 체계적으로 얽혀 있는 중국 공산당의 권력 구조가 아닐까 싶다.

중국의 권력 구조는 덩샤오핑이 설계한 피라미드 권력 구조가 오늘날까지 유지되고 있다. 중국은 역할에 따라 크게 정부(행정/입법/사법), 당(공산당 중앙위원회), 군(중앙군사위원회)으로 나뉘어져 있다. 하지만 각 권력 계층이 모두 공산당원으로 구성되어 있기 때문에 실질적으로 모든 권력은 공산당의 위계질서에 의해 지배를 받는다. 그래서 중국의 권력 구조를 이해할 때는 국가의 전반적인 구조를 파악하는 것보다 공산당의 권력 구조를 살펴보는 것이 도움이 된다.

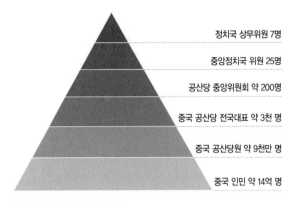

피라미드 형태의 공산당 지배 구조

14억 명의 중국 인구 중 공산당원은 9천만 명이 넘는다. 2019년 상반기 기준 9,059만 명이다. 9천만 명의 공산당원 중에서 각 지역별로 3천 명의 대표를 선출하게 되는데, 이들을 '중국 공산당 전국대표(中国共产党全国代表)'라고 부른다. 공산당 전국대표들은 '공산당 전국대표대회'[8]를 통해 공산당의 중대 사항을 검토하고 결정하는 역할을 한다. 하지만 3천 명의 공산당 대표가 한자리에 모이는 것은 쉬운 일이 아니다. 그래서 공산당 전국대표대회는 5년에 한 번씩만 개최되고, 대신 3천 명의 인민대표 중에서 선출된 약 200명의 중앙위원회가 공산당의 전반적인 업무를 관장한다.

중앙위원회의 심장부에는 25명으로 구성된 중앙정치국(中央政治局)이 있다. 중앙정치국 위원은 우리로 치면 장관급에 해당하는 높은 직책이다. 그리고

---

8 공산당 전국대표대회: '전국 인민대표대회'와 다르다. 공산당 전국대표대회는 전국에 분포되어 있는 공산당원 대표들이 당의 중대 사항을 결정하기 위해 진행하는 회의이고, 전국 인민대표대회는 국회와 같이 공산당뿐 아니라 민주당까지 모두 포함한 전국의 대표자들이 국정을 논의하기 위해 진행하는 회의다.

25명의 중앙정치국 위원 중에서 7명의 정치국 상무위원을 뽑는데, 정치국 상무위원 구성원 중에는 우리의 대통령에 해당하는 국가 주석과 국무원 총리도 있다. 즉 7명의 정치국 상무위원이 정, 당, 군을 모두 장악하고 있는 셈이다.

14억 명의 국민 중심에는 9천만 명의 공산당원이 있고, 공산당원의 중심에는 3천 명의 공산당 전국대표가 있고, 그 위로는 200명의 공산당 중앙위원회, 공산당 중앙위원회의 중심에는 25명의 중앙정치국위원, 그리고 마지막 최고 지위에는 7명으로 구성된 정치국 상무위원이 있는 것이다. 이러한 피라미드 지배 구조를 만들게 된 이유는 공산당 일당 체제를 안정적으로 유지하고 관리하기 위함이다. 9천만 명의 공산당원은 중국 전역의 인민들 생활 속까지 파고들어간다.

중국 아파트 단지의 게시판을 살펴보면 지역 공산당원이 누구인지, 동네의 지도자가 누구인지 등을 알 수 있는 조직도가 붙어 있곤 하다. 아파트 단지까지 공산당 세포 조직이 침투해 있다.

2018년, 중국의 포털 사이트 바이두에서 '당 위원회 서기'를 뽑는 구인 공고를 냈다. 이는 사회적인 이슈가 되었다. 중국 정부의 당서기가 아닌, 바이두의 당 위원회 서기를 구하는 공고였기 때문이다. 연봉은 자그마치 56만 위안, 한화로 9,200만 원이나 되었다. 비단 바이두만의 일이 아니다. 중국의 기업뿐 아니라 중국에 진출한 해외 기업들 역시 회사에 공산당원이 있다면 당 조직을 만들

필자가 살고 있는 동네에도 공산당 조직도가 비치되어 있다.

어야 한다. 그렇다면 기업들은 왜 회사 업무와 무관한 공산당 조직을 만드는 것일까?

시진핑 집권 2기가 시작되면서 시진핑은 '공산당원이 있는 곳이면 어디든 당 조직을 개설해야 한다'라고 강조했다. 시진핑의 이러한 전략은 공산당의 결속력을 더욱 단단하게 다지고, 기업이 공산당의 노선을 잘 따르고 있는지 감시하기 위한 것으로 풀이된다. 국영기업은 물론 민영기업들도 예외일 수 없다. 3명 이상의 당원이 모여 있다면 당지부(党支部), 50명 이상이면 당총지부(党总支), 100명 이상이면 당 위원회(党委)를 조직할 수 있다. 민영기업이라 할지라도 공산당의 눈치를 보며 당 조직을 개설하고 있다.

상무위원회는 공산당 대표인 총서기를 비롯해 부주석, 국무원 총리 및 부총리, 중앙군사위원회 주석, 중앙기율검사위원회 등 중국의 최고 권력자들이 집결되어 있는 조직으로, 공산당의 심장이라 할 수 있다. 이들이 중국 공산당과 중국을 움직이는 실질적인 핵심 권력층이다. 상무위원의 인원과 직권에 대해서는 따로 규정하지 않고 있다. 후진타오 집권 시기에는 일시적으로 9명으로 늘어나기도 했지만, 통상적으로 상무위원은 7명으로 구성된다. 중국 공산당 총서기와 국무원 총리는 정치국 상무위원에서 선출하도록 되어 있는데, 현재 공산당 총서기인 시진핑과 리커창도 후진타오 집권 당시 상무위원을 지냈다.

정치에 있어서 정치국 상무위원은 매우 특별한 지위를 가지고 있다. 우리 같은 대통령제의 경우, 정부와 군대까지 대통령의 권력이 영향을 미치지만 중국은 엄밀히 이야기하면 공산당의 내각제 형태이기 때문에 주석은 중대 결정을 하기 전에 반드시 정치국 상무위원들과 합의를 거쳐 승인을 받아야 한다. 7명의 정치국 상무위원을 기업으로 비유하면 지분을 소유한 대주주인 셈이다. 같은 공산당이 집권하는 사회주의 국가임에도 불구하고 최고 지도자 1명에 의해 국가가 지배되고 직위가 세습되는 북한과는 참 많이 대조되는 모습이다.

07

공청단은 있고
태자당과 상하이방은 없다

Common Sense Dictionary of China

마오쩌둥에서 장쩌민까지,
태자당에서 상하이방으로의 이전

중국 정치와 관련된 뉴스 기사를 보면 지도자의 이름 옆에 태자당(太子黨), 공청단(共靑团), 상하이방(上海帮)이라고 써 있는 것을 종종 볼 수 있다. 때로는 태자당의 끝에 '당'이라는 글자가 포함되어 있어 태자당을 마치 공산당 이외의 다른 정당으로 오해하기도 한다. 그러나 공청단을 뺀 나머지는 공식적으로 존재하는 조직이 아니라 중국을 이끌고 있는 지도자들의 출신과 성향을 대변하는 정도다.

마오쩌둥이 이끈 공산당은 국민당과의 국공내전에서 승리한 후 중화인민 공화국을 건립했다. 당시 공산당을 이끌던 지도자들인 마오쩌둥(毛泽东), 저우언라이(周恩来), 주더(朱德), 펑더화이(彭德怀), 린뱌오(林彪) 등은 공산당 1세대 지도자들로, 항일전쟁과 국공내전을 거쳐 지금의 중국을 있게 한, 《삼국지》에서나 볼 수 있을 법한 중국의 영웅들이다.

| 마오쩌둥 | 저우언라이 | 주더 | 펑더화이 | 린뱌오 |

공산당 혁명 1세대

이들 공산당 1세대의 후손들을 흔히 태자당[9]이라고 부른다. 시진핑 주석은 혁명원로인 시중쉰(习仲勋)의 아들로, 출생 신분으로만 따지면 태자당에 속한다고 할 수 있다.

마오쩌둥이 세상을 떠나자 차기 지도자로 덩샤오핑이 선출되었다. 덩샤오핑이 권력을 잡으면서 공산당 2세대가 시작되었다. 문화대혁명으로 숙청되었던 개혁개방파들이 복귀해 공산당 2세대를 이끌었다. 하지만 실세를 쥐고 있는 세력은 여전히 공산당 1세대의 혁명원로들이었다. 덩샤오핑이 이끈 개혁개방으로 중국에 자본주의 시장경제가 도입되면서 빈부 격차와 물가 폭등, 정치 체제의 모순 등이 발생했다. 그로 인해 1989년, 학생과 시민들이 민주화를 요구하는 제2차 천안문 사태가 터졌다.

덩샤오핑의 오른팔이었던 당서기 자오쯔양(赵紫阳)이 시위를 옹호하는 태도를 보이자 덩샤오핑과 공산당 1세대 세력들은 자오쯔양을 당서기에서 실각시키고, 그 자리에 상하이시 서기를 불러들였는데, 그 사람이 바로 장쩌민(江泽

---

9 태자당: 중국 공산당 혁명원로의 자제와 친인척으로 구성된 정치 계파로, 중국의 개혁개방을 이끈 부모의 후광을 제대로 받는 집단

덩샤오핑   자오쯔양   장쩌민   후진타오

民)이다.

　1993년에 장쩌민이 국가 주석에 오르면서 공산당 3세대가 시작되었다. 1997년에 덩샤오핑이 사망하자 자연스럽게 장쩌민이 중국의 실권을 거머쥐게 되었고, 상하이 출신의 장쩌민은 상하이 인사들을 중앙 정부에 대거 발탁해 상하이 세력을 구축했다. 이렇게 장쩌민과 그를 중심으로 모인 상하이 인사들을 가리켜 흔히 상하이방이라고 부른다.

　1990년대 초반부터 2000년대 초반까지 장쩌민의 집권 기간 동안 중국은 눈부시게 발전했지만 상하이를 중심으로 한 편파적인 경제 개발 추진으로 상하이 이외 지역의 반발과 견제를 받아 장쩌민은 정치계에서 물러나게 되었다. 또한 덩샤오핑의 세력과 태자당이 장쩌민의 장기 집권을 반대했기 때문에 장쩌민은 순순히 권력을 포기할 수밖에 없었다.

공청단 출신 후진타오, 개혁의 시대를 열다

　장쩌민 이후, 2003년에는 후진타오가 권력을 잡게 되었다. 후진타오는 공산당 1세대의 태자당이나 2세대의 상하이방이 아닌 공청단 출신이기 때문에 국제 사회에서는 중국이 내부적인 개혁으로 새로운 시대가 왔다고 여겼다.

공청단은 '중국공산주의 청년단(中國共產主義青年團)'의 약자다. 공청단은 공산당 산하의 청년 조직으로, 그들의 주요 역할은 청년층에 대한 정치 및 이념 교육이다.

공청단의 역사는 매우 깊다. 1920년, 공산당이 창당된 해에 공청단도 창설되었다. 공청단은 문화대혁명 때 잠시 암흑기를 지내기도 했지만 1978년에 다시 부활해 오늘날까지 유지되고 있다.

공청단은 조직원의 나이를 14~28세로 규정하고 있다. 28세가 된 후에 간부직을 맡지 못하면 자동으로 퇴출되는 시스템이다. 2017년 말, 중국 공청단원의 수는 8,125만 명에 달하고, 그중 학생 단원은 5,795만 명이다. 과거 공청단원의 수는 계속해서 증가했지만, 2016년부터는 우수 인재 영입과 조직 관리 차원에서 엄격한 심사를 통해 선발하고 있다.

이렇게 역대 공산당 최고 지도자를 태자당, 상하이방, 공청단으로 나눠 이야기하면 마치 이 3대 계파가 서로를 견제하며 공존하는 세력 집단 같이 느껴진다. 하지만 이는 우리가 중국 지도자의 출신이나 정치 성향을 대변하기 위해 편의상 나누는 기준일 뿐, 중국에서는 지도자들을 이러한 계파로 나누지 않는다. 공식적으로는 공청단만 존재한다.

1949년에 중국이 건국된 이래 현재까지 중국의 최고 지도자들과 대다수의 고위 인사는 공산당 1~2세대의 자녀들이다. 만약 출신 성분으로 계파를 나눈다면 지금까지의 지도자들은 대부분 공산당 1세대 자녀들이므로 태자당이라고 봐야 할 것이고, 그중에 상하이에서 정치 생활을 했다면 상하이방이라고도 봐야 할 것이다. 그러나 그들은 청년 시절에 공청단에도 가입했었다. 그렇다면 그들의 파벌은 도대체 어떻게 된단 말인가?

　중국의 권력은 파벌들의 세력 싸움이 아니라 공산당 내에서 오랜 시간 동안 검증된 지도자가 최고 지도자로 결정될 뿐이다. 우리가 중국의 지도자들을 태자당, 상하이방, 공청단으로 무 자르듯 나누고 그들이 마치 세력으로 간주되는 것을 볼 때면, 우리의 정치 형태를 기준으로 마음대로 해석하는 것이 아닌가 싶기도 하다.

08

중국의 개혁개방을 설계한 덩샤오핑

중국을 개혁하기 위해 나선 덩샤오핑

1949년에 중화인민공화국이 건립된 이후부터 문화대혁명이 끝난 1976년까지 중국은 마오쩌둥에 의해 통제되는 '마오쩌둥 사회주의' 국가였다. 마오쩌둥은 공산주의 경제 이론에 기반을 두고 모두가 함께 생산하고 똑같이 분배한다는 이상적인 계획경제를 실시했다. 그러나 대약진운동의 실패와 문화대혁명 등을 거치면서 마오쩌둥이 주장한 계획경제는 실패로 돌아갔고, 중국은 피폐해졌다.

1976년에 마오쩌둥이 사망한 후 공산당은 1978년 말에 개최된 중앙위원회 전체회의에서 중국 경제 체제 개혁과 대외개방 실시를 제안했다. 개혁개방을 주도한 사람은 덩샤오핑이었다. 덩샤오핑은 선부론[10]과 흑묘백묘론[11]을 주창

---

10 선부론(先富論): '부자가 될 수 있는 사람은 먼저 부자가 되어라. 그리고 낙오된 사람을 도와라'라는 의미

11 흑묘백묘론(黑猫白猫論): '검은 고양이든 흰 고양이든 쥐를 잘 잡는 고양이가 좋은 고양이다'라는 뜻으로, 자본주의든 공산주의든 상관없이 중국 인민을 잘 살게 하는 것을 제일로 여겼던 덩샤오핑의 실리주의 경제 정책

하며 실용주의 노선을 취했다. 덩샤오핑은 당내 실용주의 세력들을 정계에 포진시키고 개혁개방 정책을 본격적으로 추진했다.

개혁의 시작은 농촌이었다. 당시 농민들은 인민공사를 통해 집체 생산하고 공동분배를 해왔는데, 농민들은 자신이 일을 열심히 하든 하지 않든 똑같이 분배받았기 때문에 생산 효율은 당연히 많이 떨어졌다.

덩샤오핑은 이런 비효율적인 경제 체제를 개혁했다. 농민들의 생산 욕구를 증대시키기 위해 인민공사를 철폐하고 호구 단위의 생산도급제를 실시했다. 농민들이 생산한 만큼 소유할 수 있도록 하는 '농가생산책임제'를 시행하면서 농민들의 생산력을 혁신적으로 끌어올렸다. 열심히 일하면 그만큼 사유재산이 되었기 때문에 농민들이 열심히 일하게 된 것이다.

농가생산책임제로 전환되고 남는 잉여 노동력은 소규모 향진기업[12]에서 일했다. 향진기업은 능력에 따라 차등적으로 임금을 주었기 때문에 노동자들의 능률이 상당히 효과적이었다. 상업과 공업에서도 농가생산책임제와 마찬가지로 시장경제를 도입하여 개인의 기업 소유를 인정하고 자영업(个体户)을 개방했다.

덩샤오핑은 정치적으로는 사회주의를 고수하고, 경제적으로는 시장경제를 추구하는 사회주의 시장경제를 도입했다. 경제 체제의 개혁과 더불어 대외개방도 실시했다. 부족한 자본과 기술을 확보하기 위해 시장을 개방해 외국 자본과 선진 기술을 국내로 끌어들인 것이다. 항구를 통한 대외무역이 쉬운 동남연해를 중심으로 개발이 시작되었는데, 1980년대 초에 5곳(선전, 주하이,

---

12 향진기업(乡镇企业): 소규모 농촌 기업으로, 우리의 읍과 면에 해당하는 향진(乡镇) 마을 주민들이 공장을 공동으로 소유하고 이윤을 분배하는 공동 조직

샨터우, 아모이, 하이난성)에 경제특구를 설치한 것을 시작으로 1980년 중반에는 14개 연해도시(다롄, 톈진, 옌타이, 칭다오, 상하이, 닝보, 광저우 등)를 추가로 개방했다. 덩샤오핑이 주창한 선부론에 맞춰 부자가 될 수 있는 동남연해를 먼저 개발하고 개방한 것이다.

덩샤오핑의 대외개방 전략은 딱 들어맞았다. 이들 경제특구에 입주하는 해외 기업들에게 세금 혜택과 정부에서 제공하는 각종 특혜를 제공하자 많은 해외 기업이 중국으로 유입됐다. 특히 노동집약적인 제조 기업들은 생산 원가를 낮추기 위해 인건비가 저렴한 중국으로 생산 공장을 이전하면서 지역사회에 수많은 일자리가 창출됐고, 해외 기업과 협업하는 국내 하청업체들도 더불어 발전할 수 있었다. 그렇게 중국은 내부적으로 경제 성장과 산업 발전, 두 마리 토끼를 모두 잡았을 뿐만 아니라 '메이드 인 차이나'를 전 세계로 수출하며 세계의 공장이자 제조업 대국으로 입지를 굳혀나갔다. 오늘날 중국이 생산을 중단할 경우, 대부분의 나라에서 인플레이션이 발생할 것이라는 예측까지 나오고 있으니, 실로 대단한 영향력이 아닐 수 없다. 하지만 개혁개방 이후 급속한 경제 발전의 후면에는 여러 가지 부작용을 낳기도 했다.

급격한 경제 성장이 키운 불만, 천안문 사태

동남연해를 중심으로 진행된 개발과 발전은 도시와 농촌, 동부와 서부 지역 간의 경제적 격차를 심각하게 증대시켰다. 도시 밀집 현상으로 인해 임대료 및 물가가 폭등하고, 식료품이 부족해지는 등 사회적 문제가 발생했다. 이런 사회적인 문제를 인식하고 가격개혁과 임금개혁을 실시하기도 했지만, 결과적으로 큰 실효를 거두지 못하고, 오히려 사상 초유의 인플레이션이 발생하기도 했다.

빈부 격차도 심해졌다. 과거 마오쩌둥 시대에는 학비를 국가에서 모두 지원해줬지만 경제개혁으로 인해 인민들은 학비를 스스로 마련해야 했다. 돈이 없어 학교를 다니지 못하거나 병원비가 없어 아파도 병원에 가지 못하는 사람들이 생겨났다. 또한 일자리를 무조건 보장받았던 사회주의 체제와 달리 기업의 민영화는 구직 및 실업 문제로 연결되었고, 공산당과 꽌시(关系, 관계)가 좋은 사람들만 성공가도를 달리는 부정부패가 팽배해지면서 인민들의 불만과 원성은 점점 높아만 갔다.

그 와중에 정치계에서는 덩샤오핑의 오른팔이었던 후야오방 공산당 총서기가 시민들의 민주화에 동조하는 태도를 보이자, 공산당은 1987년에 그를 총서기에서 사임시키고 그 자리에 자오쯔양을 앉혔다. 그로부터 2년 후인 1989년, 후야오방은 정치국 회의 도중에 심장마비를 일으켜 사망했다.

후야오방을 추모하기 위해 천안문에 모인 학생과 시민들은 민주화를 요구하는 시위를 벌였다. 공산당은 이를 난동으로 규정하고 계엄령을 선포한 후 전차를 동원해 시민들을 향해 총기를 발포하며 강압적으로 진압했다.

천안문 사태에서 시위대를 향해 진격하는 탱크를 온몸으로 막은 한 남성의 사진이 외신을 통해 전 세계로 보도되면서 천안문 사태의 심각성이 널리 알려지게 되었다. 외신 보도 이후, 이 남성에 대한 소문이 무성했

천안문 사태

다. 심지어 처형설이 나돌기도 했다. 당시 24세였던 이 남성은 곧바로 현장에서 체포되어 무기징역을 선고받았으나, 후에 20년으로 감형을 받고 출소하여 현재 생존해 있는 것으로 확인되었다.

1989년 국제적으로 관심을 받은 천안문 사태 이후 중국은 정치 질서와 경제 환경을 정비하는 치리정돈(治理整頓)의 시기를 갖게 되었다. 국가가 지나치게 개입했던 시장경제를 조절하기 위해 경제적 긴축정책을 시도하기도 했지만, 이미 자생력을 잃은 시장경제는 오히려 생산 감소와 시장 침체만 야기시켰다.

1992년에 상하이, 선전, 주하이 등 중국의 남방 경제특구를 순회하던 덩샤오핑은 개혁개방을 더욱 강력히 추진해야 한다는 남순강화(南巡讲话) 담화를 발표했고, 중국은 다시 개혁개방 추진에 박차를 가하기 시작했다. 중국은 2001년에 세계무역기구(WTO)에 가입하면서 완전한 시장경제 체제에 돌입하게 되었다. WTO에 가입한 초기에는 반덤핑 문제로 인해 국제적 우려도 있었지만, 결과적으로 WTO 가입은 중국의 산업을 국제적인 수준으로 끌어올리는 발판이 되었다.

덩샤오핑의 선부론에 입각한 경제 정책은 결과적으로 중국의 비약적인 경제 성장을 이끌어냈다. 하지만 그 영광 이면에는 매우 심각한 지역 불균형과 빈부의 양극화를 야기시키기도 했다. 덩샤오핑 이후의 지도자들은 어떻게 선부론에서 균부론[13]으로 발전할 것인가의 숙제를 안고 있다.

---

13 균부론(均富論): 균형적 발전을 위해 모두가 다 같이 잘사는 사회

주석과 총리,
누가 더 높은 사람일까

Common Sense Dictionary of China

해외 뉴스를 보면 영국, 독일, 일본과 관련된 기사에 종종 '총리'라는 용어가 등장한다. 이들 국가에도 국왕이나 대통령 등 국가 원수가 존재하기는 하지만 정부 형태가 내각제이기 때문에 총리가 실질적인 정치적 권력을 가지고 있다. 내각제는 의회의 과반수 이상을 차지하는 정당이 정부를 구성하는 형태를 말한다.

중국은 대통령제일까, 내각제일까

우리는 흔히 중국을 '공산당 국가'라고 부른다. 필자가 초등학교에 다닐 때 '공산당은 우리의 주적'이라고 교육받았기 때문에 '공산당'은 무서운 사람들, 나쁜 사람들, 악랄한 사람들 등과 같이 부정적인 의미로 느껴진다. 하지만 공산당은 여러 당(黨) 중 한 종류일 뿐이다. 중국 국민이 모두 공산당원인 것도 아니다. 14억 명의 중국 인구 중 공산당원은 2019년 상반기 기준, 9,059만 명이다. 16명 중 1명만 공산당원인 셈이다.

공산당원이 되는 것은 쉬운 일이 아니다. 공산당원이 되기 위해서는 까다로운 절차와 심사를 거쳐야 한다. 공산당원 2명 이상의 추천을 받아야 가입 신청 자격이 주어지고, 공산당 위원회의 허가도 받아야 한다. 단지 입당 허가만 받는다고 해서 바로 당원이 되는 것도 아니다. 1년 동안 견습 기간을 거쳐야 한다. 신청자는 그 기간 동안 공산당원으로서의 강령과 규정, 조건, 의무와 권리 등을 공부해야 하고, 추천인은 공산당 조직 기관에 신청자에 대한 보고서를 제출해야 한다. 이러한 복잡한 과정을 모두 통과해야만 정식 공산당원이 될 수 있다.

우리가 중국을 공산당 국가라고 부르는 것은 국민 대부분이 공산당원이기 때문이 아니라 중국을 건국한 정당이 공산당(共産堂)이고, 공산당이 국가의 행정, 입법, 사법, 군사 등을 모두 관장하기 때문이다. 심지어 중국의 군사도 우리처럼 국군(国軍)이 아니라 당군(堂軍)이다. 국가는 군대가 없지만 공산당은 군사를 보유하고 있는 것만 보더라도 공산당이 국가를 장악하고 있다는 것을 알 수 있다.

중국에는 공산당 외에도 민주당이라고 불리는 8개 민주당파[14]가 존재한다. 의회를 모두 공산당이 차지하고 있는 것도 아니다. 우리의 국회의원에 해당하는 전국인민대표 중 70%가량만 공산당원이며, 전국인민대표대회에서는 공산당의 의석수를 50% 이상, 65% 이하로 제한하고 있다. 하지만 8개 소수정당은 공산당을 대체할 능력이 없어 형식적으로만 존재할 뿐이다. 공산당이 국가의 행정, 정치를 비롯해 군사까지 장악하고 있기 때문에 공산당 일당 독

---

14 8개 민주당파: 중국국민당혁명위원회, 중국민주동맹, 중국민주건국회, 중국민주촉진회, 중국농민민주당, 중국치공당, 구삼학사, 대만민주자치동맹

재 체제라고 봐도 무방하다.

대표적인 의원내각제 국가인 영국은 국왕, 일본은 천황, 독일은 대통령 등 국가 원수가 존재한다. 그러나 이들은 상징적인 국가 원수일 뿐, 모든 국정은 총리나 수상이 관장하는 형태다. 중국에도 국가 원수가 있다. 중국에서는 '국가 주석'이라고 부른다.

중국의 주석도 행정적 권한이 없는 얼굴마담과 같은 명예직일까

중국의 정부 형태는 표면적으로는 내각제로 되어 있지만 중국은 공산당 일당 독재 체제로 건국되고 발전해왔기 때문에 다른 국가의 내각제와 양상이 조금 다르다. 중국은 국가의 정당, 정부, 군사 등 모든 권력이 여러 정당에 의해 분립된 것이 아니라 모두 하나의 당(공산당)에서 출발한다. 그래서 다른 내각제 국가처럼 총리나 수상의 권력이 가장 높은 것이 아니라 공산당의 권력을 거머쥔 지도자가 실질적인 최고 권력인 셈이다.

중국의 최고 권력은 국가 주석, 공산당 총서기, 중앙군사위원회 주석으로 나뉘는데, 이 3개 권력 중 실질적으로 가장 힘이 막강한 것은 무력을 장악하고 있는 중앙군사위원회 주석이다.

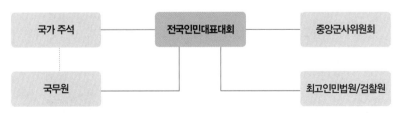

간략하게 표현한 중국의 권력 구조

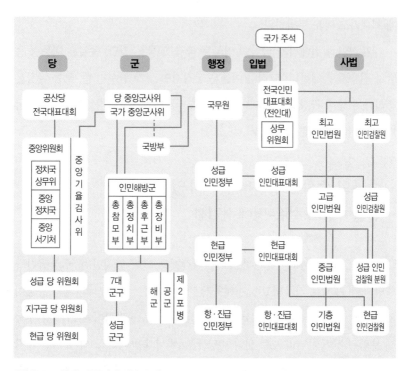

일반적으로 표현하는 중국의 당, 정부, 군 개요도

국가 주석, 공산당 총서기, 중앙군사위원회 주석 중 누가 가장 셀까

중국 역대 지도자들을 살펴보면 국가 주석, 공산당 총서기, 중앙군사위원회 주석, 이 3가지 권력을 모두 거머쥔 지도자도 있고, 그렇지 않은 지도자도 있다.

마오쩌둥, 덩샤오핑, 장쩌민, 후진타오, 시진핑 등은 언론에서 많이 접했던 인물들로, 우리에게도 익숙한 중국 최고 지도자들이다. 그런데 잘 살펴보면 중국 국민들이 손꼽는 지도자인 덩샤오핑은 국가 주석에 이름이 올라가 있지 않다. 덩샤오핑은 국가 주석이나 공산당 총서기를 지낸 적이 없다. 덩샤오핑은 중앙군사위원회 주석이었다. 덩샤오핑뿐 아니라 중국 역사에서 실질적인 권력을 행사했던 지도자들은 국가 주석이나 공산당 총서기를 지낸 적이 없지만 중앙군사위원회 주석에는 이름이 올라가 있다. 중국의 지도자로서 가질 수 있는 최고 권력은 국가 주석이 아니라 중앙군사위원회 주석이었던 것이다.

그러나 요즘에는 이런 3권을 분리해서 볼 필요가 없다. 장쩌민부터 국가 주석이 이 3가지 권력을 모두 승계받았기 때문이다. 당, 정부, 군사의 3가지 권력을 차기 지도자에게 승계할 때는 단계를 밟아야 한다. 장쩌민은 4년, 후진타오는 2년이 걸렸다. 그런데 시진핑은 집권과 동시에 모든 권력을 물려받았다. 중국을 건립한 마오쩌둥 이래 3개의 권력을 단번에 장악한 것은 시진핑이 처음이다. 해외 국가들이 시진핑을 역대 지도자들과 다르게 보는 것은 바로 이러한 이유 때문이기도 하다.

■ **중화인민공화국 수립 이후 중국 역대 지도자들**

국가 주석	공산당 총서기	중앙군사위원회 주석
1대 마오쩌둥(1949~1959)	1대 마오쩌둥(1945~1976)	1대 마오쩌둥(1949~1959)
2대 류사오치(1959~1968)	2대 화궈펑(1976~1981)	2대 류사오치(1959~1969)
3대 리셴녠(1983~1988)	3대 후야오방(1981~1987)	3대 마오쩌둥(1969~1976)
4대 양상쿤(1988~1993)	4대 자오쯔양(1987~1989)	4대 화궈펑(1976~1981)
5대 장쩌민(1993~2003)	5대 장쩌민(1989~2002)	5대 덩샤오핑(1981~1989)
6대 후진타오(2003~2013)	6대 후진타오(2002~2012)	6대 장쩌민(1989~2004)
7대 시진핑(2013~현재)	7대 시진핑(2012~현재)	7대 후진타오(2004~2012)
※1968~1981년 쑹칭링, 둥비우 등 부주석이 국가 주석 권한 대행		8대 시진핑(2012~현재)

시진핑과 함께 자주 언급되는
리커창 국무총리는 누구인가

주석이라는 자리가 아빠와 같은 역할이라고 한다면 국무총리는 집안 살림을 책임지는 엄마와 같은 역할이다. 해외 국가들이 리커창 총리에게 관심을 갖는 이유는 바로 경제와 관련이 깊기 때문이다. 어떻게 하면 중국 경제가 활성화되게 할 것인지, 어디를 개발하고 어떤 정책을 펼칠 것인지를 모두 엄마인 국무총리가 관장한다.

아빠와 엄마는 서로의 부족한 부분을 채워주며 가정을 안정적이고 행복하게 유지하는 상호보완적인 관계다. 그러나 엄마가 집안 살림, 자녀 교육, 재산 등을 제대로 돌보지 않고 가정 불화를 야기시킨다면, 아빠는 엄마와의 이혼을 고려할 수 있다. 또한 엄마가 특별한 잘못을 하지 않았다 하더라도 아빠와 성격 차가 심해 종종 마찰이 발생하는 경우에도 이혼을 고려할 수 있다.

주석과 국무총리의 관계도 이와 매우 비슷하다. 만약 국무총리가 국가의 살림을 제대로 하지 못하거나 주석과 정치적·경제적 이념 차이가 많이 발생하는 경우, 주석은 국무총리와 이혼할 수 있다.

'중국은 남녀가 평등하니까 아빠와 엄마의 위치도 평등하겠지!'라고 생각하면 큰 오산이다. 주석은 인민대표[15]가 선출하지만 국무총리는 주석이 지명한 후 전국인민대표의 동의를 거쳐 선출한다. 즉 공산당이라는 시대(?)안에서 헤

---

[15] 인민대표: 중국의 주석은 지역대표를 직접 투표하여 선출하고, 선출된 대표들이 직간접 선거를 통해 3천 명의 공산당 전국대표(흔히 '인민대표'라 칭함)를 선출한다. 3천 명의 인민대표를 통해 중앙위원회, 중앙정치국 위원, 상무위원, 국가 주석 등을 선출한다.

어지는 꼴이므로 가족들이 아빠 편을 드는 것이 당연하다. 그래서 국무총리는 국가 주석에 종속적인 관계일 수밖에 없다.

10

번체자와 간체자의 싸움

> 중국의 문맹률을 개선시킨
> 마오쩌둥의 문자개혁

갑골문자부터 시작해 3,600년의 긴 역사를 가지고 있는 중국의 한자(漢字)는 오늘날 아시아를 대표하는 문자가 되었다. 한자는 중국뿐 아니라 인접 국가인 한국과 일본, 베트남 등에도 큰 영향을 미쳤다. 우리도 한글이 사용되기 이전에는 중국의 한자를 사용했으며, 한글이 보급된 이후에도 한자와 한글을 병행해 사용했다. 지금은 교과 과정에서 한문이 선택 과목이지만 과거에는 중·고등학교 정규 과목이었다.

10여 년 전, 필자가 중국을 처음 여행할 때는 중국어를 전혀 할 줄 몰랐다. 당시 시중에 중국어 사전이 판매되고 있었지만 필자는 어차피 국어사전의 한글 옆에 한자가 표기되어 있으니 중국인에게 그것을 보여주면 될 것이라 생각하고 국어사전만 들고 중국으로 떠났다. 그러나 챙겨간 국어사전이 중국에서는 전혀 도움이 되지 않는다는 것을 중국에 도착한 첫날 알게 되었다. 중국에서는 간체자(簡體字)를 사용하지만, 국어사전에 표기되어 있는 한자는 번체자(繁體字)였기 때문이다. 중국에 대해 너무 몰라서 벌어진 웃지 못할 해프닝이었다.

	번체	간체
서적의 '서'	書	书
몸체의 '체'	體	体
출발의 '발'	發	发

우리가 사용하는 한자는 중국에서 건너온 문자인데 왜 중국인들은 자신들이 사용했던 문자를 알아보지 못하는 것일까? 과거 중국도 우리가 사용하는 한자와 똑같은 번체자를 사용했다. 중화인민공화국을 건립한 마오쩌둥은 당시 80%에 육박했던 문맹률을 낮추고, 정부의 행정 업무 능률을 개선하고자 문자개혁을 고민했다. 그는 '어떻게 하면 복잡한 한자를 인민들이 외우고 쓰게 할 수 있을까' 고민하다 한자를 간소화해야겠다고 생각했다.

마오쩌둥은 생각을 곧바로 실행에 옮겼다. 1954년, 마오쩌둥은 '중국 문자개혁 연구위원회(中国文字改革研究委员会)'를 조직하고 복잡한 번체자를 개혁하기 위한 연구를 시작했다. 문자개혁 연구를 시작한 지 2년 만에 일차적으로 번체자의 필획을 줄여 만든 571자의 간체자를 완성했다. 연구위원회는 '한자간화방안(汉字简化方案)'을 공포하고, 인민들에게 새로운 간체자를 사용하도록 권장했다. 하지만 당시 보급한 간체자는 반드시 사용해야 하는 의무 사항이 아니라 개인이 선택해서 사용할 수 있는 권장 사항이었다.

비록 한자가 간결하게 바뀌긴 했지만 기존의 한자를 익히는 것도 버거웠던 인민들은 새로운 문자를 또다시 공부해야 했기 때문에 간체자 보급이 쉽지 않았다. 한마디로 실패였다. 연구위원회는 그로부터 약 8년 후인 1964년에 한층 더 업그레이드된 '간화자총표(簡化字总表)'를 발표하면서 자주 사용하는 한자를 2,236자로 통폐합했다. 그리고 간체자를 중화인민공화국의 공식 문자로 채택해 모든 교과서와 공문서를 간체자로만 작성하게 했다.

교과서까지 모두 간체자로 바뀌었기 때문에 국민들은 간체자를 받아들이고 사용할 수밖에 없었다. 비록 보급 초기에 어려움을 겪기는 했지만 결과적으로 간체자의 보급은 획기적인 실효를 거두었다. 간체자 사용으로 인해 교육 능률도 많이 향상되었고, 80%에 달했던 중국의 문맹률은 15% 미만까지 떨어졌다.

여전히 계속되고 있는
번체자와 간체자의 논쟁

간체자 사용이 꼭 긍정적인 측면만 있는 것은 아니다. 간체자 사용이 시작된 이래 오늘날까지 간체자와 번체자의 찬반 논쟁이 끊임없이 이어지고 있다. 일부 학자들은 간체자 사용으로 인해 한자 고유의 멋이 훼손되고, 번체자로 기록되어 있는 고전 문학과 고서를 현대인들이 해독하기 어려워 고전 문화와 전통이 단절되고 맥이 끊겼다고 주장한다.

필자는 중국인 지인과 번체자와 간체자에 대한 이야기를 나눈 적이 있다. 지인은 간체자 교육을 받고 성장한 80허우[16] 청년이었음에도 불구하고 번체

---

16 80허우(80后): 중국에서 1980년대 이후 출생한 외동아들, 외동딸을 일컫는 말이다. 소황제(小皇帝), 소공주(小公主)라고도 부른다. 온 가족의 사랑을 받으며 부러울 것 없이 자란 세대다.

자 예찬론자였다. 그는 왜 번체자를 사용해야 하는지를 이야기하며 '사랑 애
(愛)'를 예로 들었다. 사랑이라는 감정에는 반드시 마음(心)이 들어가야 하는데,
간체자 爱에는 마음(心)이 빠져 있다는 것이다. 마음이 빠져 있는데 어떻게 사
랑한다는 뜻이 될 수 있느냐며 오히려 외국인인 필자에게 반문했다. 한자를
구성하고 있는 문자 하나하나가 뜻을 담고 있으며 여러 개의 뜻이 모여 하나
의 또 다른 뜻을 만들어내는데, 단지 실용성 때문에 일부를 없애게 되면 내포
된 의미가 와전된다는 것이다.

중국의 포털 사이트를 검색하면 간체자의 단점을 꼬집은 글들을 볼 수 있
다. 그중 하나를 소개하려 한다.

애[愛→爱] 相愛已無心意	사랑(愛)하지만 마음(心)이 없고
친[親→亲] 親人已不相見	친(親)하지만 볼(見) 수가 없다.
아[兒→儿] 兒已無臼首(智慧)	아이(兒)는 머리(臼)가 없고(지혜)
도[導→导] 領導者已無道	지도자(導)는 도(道)가 없네.

중국의 모든 지역이 간체자만 사용하는 것은 아니다. 홍콩, 대만, 마카오
는 물론, 이들 지역과 왕래가 많은 중국 광둥 지역에서도 여전히 번체자를 사
용하고 있다. 특히 대만 사람들은 번
체자에 대한 자부심이 각별하다. 중
국 공산당과의 전쟁에서 패배하면서
중국과 정치적 대립 관계를 가지고 있
는 대만은 간체자를 공산당의 산물이
라고 여겨 철저히 배척해왔다. 하지만

대만 야시장 노점에 걸려 있는 간판. 중국어 간체자와
대만 번체자를 병행해 사용했다.(출처: 바이두)

근래 중국과 인적 왕래를 비롯해 과학 기술, 문화 등 다양한 영역에서 교류가 활발해지면서 대만의 젊은이들도 대부분 간체자를 읽을 줄 알고, 대만의 길거리에서도 간체자로 된 간판들을 종종 발견할 수 있다.

11

세계 2위 국방비 지출국, 중국인민해방군

Common Sense Dictionary of China

모병제와 징병제를 병행하는
중국의 병역제도

종종 중국인들에게 이런 질문을 받는다.

"한국 남자들은 군입대가 의무라는데, 군대에 다녀왔어요?"

그럴 때면 취사병이었던 필자는 풀어놓을 군대 이야기가 별로 없어 남들에게 주워들은 사격이나 행군, 유격훈련 등의 이야기를 내가 경험한 것마냥 자랑스럽게 썰을 푼다.

"중국 남자들은 의무적으로 군대에 안 가나요?"

많은 중국인에게 이런 질문을 해봤는데, 의견이 분분했다. 대부분은 '자원 입대하는 모병제'라고 대답했지만, 일부 사람은 '중국도 한국과 똑같이 의무로 입대하는 징병제'라고 대답했다.

상이한 그들의 대답이 신기해 과연 중국의 병역제도가 어떻게 이루어져 있는지 궁금해졌다. 그래서 '중화인민공화국병역법(中华人民共 和国兵役法)'을 찾아 봤더니, 중국의 병역제도를 다음과 같이 명시하고 있었다.

> **제1조**
> 根据中華人民共和國憲法第五十五條 "保衛祖國、抵抗侵略是中華人民共和國每一
> 个公民的神圣職責。依照法律服兵役和參加民兵組織是中華人民共和國公民的光榮
> 義務"
> 중국인민공화국 헌법 제15조에 의거하여 조국 수호 및 침략 대항은 중국인민공화국 공
> 민의 본분이다. 법률에 의거하여 병역에 복무하고 민병 조직에 참가하는 것은 중화인민
> 공화국의 공민으로서 영예로운 의무다.
>
> **제2조**
> 中華人民共和國實行義務兵与志愿兵相結合、民兵与預備役相結合的兵役制度。
> 중화인민공화국은 의무병과 지원병을 병행하여 실시하고 있으며, 민병과 보충역이 서로
> 결합된 병역제도다.

　중국 병역법 제1조와 제2조를 살펴보면, 중국의 병역제도는 모병제와 징병제를 병행하고 있다는 것을 알 수 있다. 즉 모병제도 맞는 말이고, 징병제도 맞는 말이다. 징병된 의무병의 군 복무 기간은 2년이며, 복무 기간을 마친 후 계속 군대에 남을 의사가 있는 경우에는 군 당국의 심사를 거쳐 모병제로 전환할 수 있다. 우리의 군대가 사병으로 입대하여 일정 기간 복무한 후 하사관으로 지원 신청할 수 있는 제도와 흡사하다.

　전쟁으로 인해 추가 병력이 필요한 경우, 의무병 징병이 시행될 수도 있지만 현재 중국의 병력은 과포화 상태이기 때문에 징병제가 시행될 가능성은 매우 낮다. 과거 중국의 인민해방군은 627만 명에 달했고, 세계 최대 군 병력을 자랑하기도 했다. 그러나 국방 기술의 현대화와 경제 발전이라는 두 마리 토끼를 잡아야 했던 덩샤오핑은 1985년, 군 병력을 당시의 4분의 1 수준으로 줄이는 감군 초치를 시행했다. 중국은 그 후로도 오늘날까지 지속적으로 군 병력을 감축하고 있다. 현재 중국의 병력은 230만 명 수준까지 내려왔다. 하

지만 중국은 200만 병력을 목표로 더 줄여야 한다는 입장이다.

중국인 지인들과 중국 군대에 대한 이야기를 하면서 또 다른 궁금증이 생겼다. '현재 모병제가 시행되고 있다면, 젊은 청년들은 과연 군 입대를 원하는가?'라는 질문에도 역시 의견이 분분했다.

'군인의 월급이 낮아져 군 입대를 원하는 청년이 점점 줄어들고 있고, 군 입대보다는 대도시에 가서 취직하는 것을 더 선호한다'라는 의견과 '낙후된 지역에서는 먹고살기 힘들어 의식주가 보장되는 군대에 입대하기를 원하는 청년들이 많고, 제대 후에 군대가 직장을 찾아주거나 국영기업 취업이 용이해 아직도 군대에 가려는 청년들이 많다'라는 의견이 있었다.

군사훈련을 받는 중국의 대학생들

9월에 새 학기가 시작되면 중국의 대학교 운동장에는 흥미로운 광경이 펼쳐진다. 군복을 입은 수천 명의 대학생이 줄을 맞춰 제식훈련을 하는 모습을 볼 수 있는데, 대학교 신입생들의 군사훈련이다. '중화인민공화국 국방교육법(中华人民共和国国防教育法)'에 따르면 대학생뿐 아니라, 초·중·고등학생도 군사훈련을 받도록 되어 있다. 나이가 어린 초등학생과 중학생은 제식훈련 등 비교적 간단한 훈련을 받고, 고등학생은 내무 정리와 응급 대피 등 일상생활에 필요한 훈련과 국방 지식에 대한 교육을 받는다. 대학생들은 본격적으로 군복을 입고 군사훈련을 받는다. 대학교 신입생들은 매년 9월에 입학을 하자마자 군사훈련을 받는데, 남자와 여자를 나누어 남자는 10~30일, 여자는 일주일 정도 훈련을 받는다.

하지만 군사훈련을 받는 과정에서 가혹행위와 사건들이 종종 발생해 문제가 되고 있다. 2014년에는 만취한 교관이 여학생을 희롱해 학생들과 집단 난투극이 벌어지기도 했고, 광둥성의 한 대학교에서는 강도 높은 훈련을 받다가 학생이 숨지는 사건도 발생했다.

요즘 학생들에게는 중국의 군사훈련이 낯설게 느껴질 수도 있겠지만, 1970~1980년대까지만 해도 한국의 고등학생과 대학생도 교련복을 입고 총검술을 배웠다. 심지어는 대학로에서 행주산성까지 23킬로미터 행군을 하기도 했다.

대학생의 군사훈련(출처: 바이두)

다양한 혜택이 주어지는
중국의 군 입대

중국 인터넷에서 대학생 군 입대에 대한 추세를 찾아보았다. 2010년 글로벌 금융위기 이후 대학생들이 심각한 취업난을 겪으면서 군 입대가 늘고 있다고 한다. 대학교를 졸업해도 취업이 되지 않으니 마땅히 진로를 잡지 못한 학생들은 졸업을 연기하기 위해 휴학하고 군 입대를 한다는 것이다. 취업난으로 인해 졸업을 연기하고 휴학하는 모습은 우리의 모습과 참 많이 닮은 것 같다.

하지만 단지 대학교 졸업을 미루기 위한 대안으로만 군 입대를 하는 것은 아니다. 대학생이 군 입대를 하면 성적 우수자에게는 학자금 지원 및 등록금 감면의 혜택이 있고, 대학원 진학 시 가산점 부여, 제대 후 창업 시 세금 감면 및 대출 지원, 공무원 시험 응시 시 2년의 공무원 경력 인정 등 다양한 혜택이 주어진다. 그러나 단연 최고의 혜택은 이것이 아닐까 싶다. 성적 우수자는 군 복무 지역의 호구 취득 자격이 주어진다. 베이징과 상하이의 호구 취득은 그 자체만으로 상당한 메리트가 있다. 대도시의 호구는 암시장에서 거래되기도 하는데, 〈공인일보〉의 기사에 따르면 베이징 호구의 가치는 약 54만 위안(한화 약 9천만 원)에 달한다고 한다.

중국 군인의 기본 월급은 지역에 따라 다소 차이가 있기는 하지만 일반적으로 사병 1호봉 500위안, 2호봉 600위안, 하사 2천 위안, 중사 2천 8백 위안, 상사 3천 7백 위안, 4급 군사장 4천 6백 위안 정도라고 한다. 직위가 올라갈수록 기본 급여는 계속 상승하지만 장성급이라 하더라도 기본 급여는 2만 2천 위안 정도밖에 되지 않는다. 하지만 기본 급여 외에 누릴 수 있는 복리후생 종류가 30여 가지나 되고, 사회적인 대우와 암묵적인 혜택이 있기 때문에 결코 급여만 가지고서는 그 가치를 판단하기 어렵다. 참고로 복리후생 중 하나인 식비의 경우, 육군에게는 하루에 18위안(한화 약 3천 원)이 급여 외로 지급된다.

필자가 베이징에서 대학원을 다니던 2010년 무렵, 술집에서 알게 된 중국인이 있다. 그의 아버지는 공군 간부 출신이고, 그 역시 공군에서 일하고 있었다. 그가 어느 날 차를 바꿨기에 축하한다고 인사를 건넸는데, 그가 새 차를 사게 된 이유를 듣고 나니 참 많은 생각이 들었다.

그는 며칠 전에 술을 마시고 음주운전을 하다가 사람을 치었다고 했다. 사람이 많이 다치지 않았냐고 물어보니 술을 많이 마셔서 잘 모른다고 대답했다. 사고가 나자마자 부대에 전화해 뒷수습을 요청하고 자신은 그대로 집으로 돌아왔다는 것이다. 그리고 사람을 친 것이 재수가 없어 차를 버리고 새 차로 바꿨다고 했다. 음주운전으로 사람을 다치게 하고도 신변에 아무 문제가 없는 그를 보며 이런 게 중국 군대의 보이지 않는 복리후생인가 싶었다.

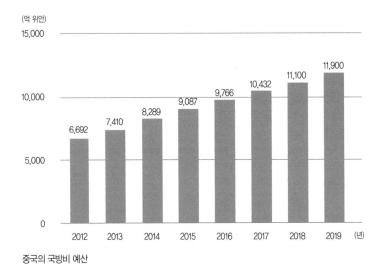

중국의 국방비 예산

중국은 매년 3월에 열리는 전국인민대표대회에서 그 해의 국방비 예산을 공개한다. 2019년 전국인민대표회의에서는 국방비 예산을 1조 1,900억 위안(한화 약 200조 원)이라고 발표했다. 하지만 중국 정부가 누락시켜 발표하지 않는 숨겨진 국방비가 있어 국제 사회는 중국의 실제 국방비 예산은 그보다 훨씬 높을 것이라고 추정하고 있다.

경제성장률이 하락하여 한 자릿수를 유지하고 있음에도 불구하고 '국방력 강화를 위해 군사비 증가 폭이 두 자릿수 이상이 되기를 바란다'는 시진핑의 의지를 보면 미국과의 국방력 자존심 싸움이 아닐까 싶기도 하다.

스톡홀름 국제평화연구소에 따르면 2019년, 미국은 약 7,330억 달러(한화 약 853조 원)의 국방비를 지출해 세계 1위 자리를 지키고 있고, 중국이 그 뒤를 이어 2위 자리를 지키고 있다.

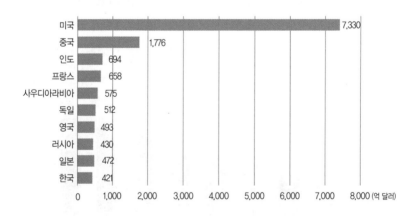

2019년 세계 각국의 국방비 예산

Common Sense Dictionary of China

중국 권력의 상징, 중난하이

공산당 지도자들의 거주지, 그들만의 세상

중국을 여행했던 흡연자라면 '중난하이(中南海)'라는 명칭이 친숙하게 느껴질 것이다. 중국에 있는 한국인이 가장 많이 피우는 중국 담배 중 하나가 '중난하이'이기 때문이다. 하지만 중국인들에게 중난하이는 담배 브랜드가 아닌 중국 최고 권력의 상징으로 통한다.

중난하이에는 중국 공산당 당사와 주요 정부기관들이 위치하고 있을 뿐 아니라 국가 주석을 비롯해 공산당 지도자들의 업무 공간과 생활 공간이 있다. 군이 비교하면 청와대나 백악관과 비슷한 개념이지만 대통령 외에 국가 지도층과 그 가족들도 들어가 생활할 수 있다는 점에서 입주 대상 범위가 더 광범위하다.

중난하이는 1949년에 중국이 건국되면서 중국 공산당 중앙위원회와 국무원 청사로 사용되었고, 마오쩌둥을 비롯해 중국 최고 지도자들이 생활했던 공간이다. 혁명원로인 시진핑의 부친 시중쉰도 중난하이에서 거주했는데, 중난하이에서 유년시절을 보낸 시진핑은 오늘날 중국 최고 지도자 자격으로 중난하이에서 생활하고 있다.

2013년에 중난하이의 확장 공사가 이슈가 된 적이 있다. 중난하이에 거주 공간과 업무 공간을 확보하기 위한 신축 공사가 진행되었는데, 중난하이 인근 거주민들과 마찰을 피하기 위해 정부가 주민들에게 시세보다 4배 가까이 높은 보상금을 지급했다는 것이다.

공산당 지도자들만 생활하는 이 비밀의 화원에 총 몇 명이 거주하고 있는지는 알려지지 않았다. 공산당 지도자들이 퇴임 후에도 계속 중난하이에 거주하고 있고, 규정에 당사자와 배우자가 숨지면 자녀들은 1년 이내에 거처를 옮겨야 한다고 되어 있지만 혁명원로를 존경하고 중요시하는 공산당의 전통 때문에 규정이 제대로 이행되지 않고 있다고 한다.

중국 지도층의 자녀들은 중난하이에서 함께 생활하며 그들만의 특별한 유대 관계를 형성한다. 그러니 중국 공산당의 권력은 그들만의 끈끈함으로 유지되고 계승되는 것이 아닌가 싶다.

3개의 호수, 지도층을 위한 비밀의 화원

중난하이(中南海) 명칭 끝에 '바다 해(海)' 자가 붙어 있어 외국인들은 중국의 남쪽 어딘가의 바다가 아닐까 오해하기도 한다. 여기서 하이(海)는 바다가 아니라 호수라는 뜻을 가진 몽골어(海子)에서 유래된 것이다.

중난하이는 자금성(고궁) 서쪽에 위치해 있는 황실 정원이다. 자금성 서쪽에는 총 3개의 호수가 있는데, 베이하이(北海), 중하이(中海), 난하이(南海) 중에서 중하이와 난하이를 합쳐 '중난하이'라고 부른다.

이는 모두 인공호수다. 원래는 베이하이와 중하이만 존재했으나 명나라 시대에 영락제가 자금성을 지으면서 난하이를 추가로 파내고, 파낸 흙으로 자금성 북쪽에 있는 징산(景山)을 만들었다.

베이하이는 현재 공원으로 일반인들에게 개방되어 있다. 하지만 중난하이는 중국 공산당 당사를 비롯해 국가

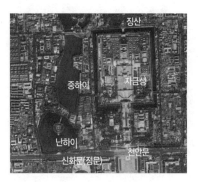
중난하이

기관 및 최고 지도자가 머무는 곳이기 때문에 일반인의 출입이 제한되어 있다. 실제로 그곳에 가보면 사복을 입은 경찰들이 골목마다 배치되어 있다.

2006년에 필자가 베이징으로 막 유학 왔을 때 알고 지낸 한 중국인 친구가 중난하이 바로 옆에 거주했다. 그에게 전화를 하면 전화 연결이 거의 되지 않았다. 어느 날 그 이유를 물어보니 중난하이에서 휴대폰 신호를 차단하는데, 인근 지역까지 영향을 받는다고 했다. 중난하이 안에서는 유선 전화기만 사용할 수 있다고 하니 중난하이가 얼마나 비밀스러운 곳인지 충분히 예상된다.

잠깐만요

귀빈을 접대하는 장소 '댜오위타이(钓鱼台)'

중난하이에서 서쪽으로 4킬로미터 정도 떨어진 곳에 베이징 댜오위타이(조어대)라는 장소가 있다. 이곳은 800년 전 금나라의 장종 황제가 낚시를 하던 곳으로, 중국어의 '낚시하다'의 댜오위(钓鱼)가 붙어 '댜오위타이'라는 명칭이 붙었다. 청나라 시대에는 건륭제가 이곳을 별궁으로 건립하여 왕실 정원으로 사용했고, 1959년 이후로는 국빈의 숙소와 회의 장소로 사용되고 있다.

댜오위타이

둘째마당

중국인과 일하기 전에
알아야 할 기초 지식

중국인은 왜
'뚜이부치'라는 말에 인색할까

어느 날, 택시에 타면서 기사에게 목적지를 말했는데, 그가 평소와 다른 길
로 택시를 몰았다. 처음에는 길이 막혀 조금 돌아가는 건가 싶어 가만히 지켜보
고 있었다. 그런데 계속해서 엉뚱한 길로 가는 것이 아닌가. 필자는 기사에게
"돌아가지 마세요"라고 말했다. 그러자 기사는 택시 운행 경력을 강조하며 돌
아가는 것이 아니라고 적반하장으로 화를 냈다. 기사와 실랑이를 벌이다가 목
적지에 도착하니 평소 35위안 정도 나오던 요금이 거의 두 배 가까이 나왔다.

기사에게 일부러 길을 돌아왔으니 35위안만 내겠다고 했지만 기사는 요금
이 나온 만큼 모두 내라고 했다. 휴대폰으로 조수석에 붙어 있는 택시 면허증
을 찍으며 회사에 클레임을 걸겠다고 하자 기사는 그제야 필자의 중국어 발
음을 탓하며 다른 지역과 헷갈렸다고 했다. 그러고는 '미안하다'라는 의미인
중국어 "不好意思(부하오이스)"라고 말하며 35위안만 지불하고 내리라고 했다.

필자가 다른 길로 가고 있다고 여러 차례 말했는데도 계속 길을 돌아갔으

니 기사는 '죄송하다'를 의미하는 "뚜이부치(对不起)"라고 말해야 하는데, '고의가 아니었다'라는 식으로 "부하오이스"라고 말하다니. 도대체 중국 사람들은 왜 '뚜이부치'라는 말에 인색한 것일까?

'뚜이부치'와 '부하오이스'는 일반적으로 모두 '죄송하다', '미안하다'라는 의미로 사용되지만 엄밀히 따지면 분명한 차이가 있다. '뚜이부치'는 '죄송(罪悚)하다'라는 뜻으로, 자신의 잘못을 인정하는 직접적인 의미가 내포되어 있지만, '부하오이스'는 '미안(未安)하다'라는 뜻으로, '얼굴을 대하기가 겸연쩍다'의 의미다. 즉 '부하오이스'는 잘못을 간접적으로 인정할 때 쓰는 말로, 잘못의 정도에 있어서 한 단계 낮은 표현이라고 할 수 있다.

필자는 중국인 친구들에게 이와 관련해서 질문을 한 적이 있다.

"중국인들은 잘못했을 때 왜 '뚜이부치'라고 하지 않는 거야?"

그들도 자신들이 '뚜이부치'보다 '부하오이스'라는 말을 더 많이 쓴다는 것을 알고 있었지만, 그 이유에 대해서는 잘 모르고 있었다. '혹시 이런 이유가 아닐까?'라며 이야기한 내용을 간추려보면 대략 3가지 이유 때문인 듯하다.

첫째, 문화대혁명 당시에는 말 한마디로 목숨이 왔다 갔다 했다고 한다. 그러다 보니 자신의 잘못을 인정하면 그에 대한 책임을 져야 하기 때문에 사람들은 어떻게든 책임을 회피하기 위해 잘못을 인정하지 않고 "어쩔 수 없는 상황이었다"라며 상황 탓으로 돌린다.

둘째, 비록 어릴 때 책을 통해 '뚜이부치'라는 말을 배우긴 했지만 일상생활에서 어른들이 '뚜이부치'라고 말하는 것을 들어보지 못했기 때문에 습관이 되지 않은 것이다.

셋째, 중국인들은 체면을 중시하기 때문에 자존심이 상하는 말을 잘 하지 않는다. 달리 표현하면 주변에서 나를 바라보는 시선에 대한 의식이 강하다는 뜻이다.

이유가 어찌되었든 중국인들은 대부분 자신의 잘못을 직접적으로 인정하지 않는다. 특히 비즈니스 관계에서는 '뚜이부치'라는 말을 듣기가 더 힘들다. 잘못을 인정하면 그에 대한 금전적 배상을 해야 하는 경우도 생기기 때문에 사과에 민감할 수밖에 없나 보다.

보통은 정말 사과해야 할 상황이 생기면 기록을 남길 수 있는 이메일이나 휴대폰 문자 메시지를 이용하지 않고 전화를 걸어 어쩔 수 없었던 사정을 구구절절 이야기하며 상대방에게 양해를 구한다. 그리고 대부분 끝인사로 "这不是故意的(이건 고의가 아닙니다)"라고 말한다. 필자도 이제는 그런 상황들이 익숙해졌는지 따지기보다는 "了解(이해합니다)"라고 수긍하곤 한다. 어차피 그들에게 스스로 잘못을 인정하도록 강요하는 것은 관계를 끊자는 이야기로밖에 들리지 않기 때문이다.

재미있는 것은 중국에서 10여 년을 산 필자도 이제는 '뚜이부치'라는 말을 잘 사용하지 않는다는 것이다. 그런데 더 놀라운 것은 그 말을 사용하지 않아도 중국인들과 어울려 생활하는 데 전혀 지장이 없다는 것이다. 어쩌면 '뚜이부치'는 중국에서 굳이 사용하지 않아도 서로에게 용인되는 말인지도 모르겠다.

중국인이 말하는 '마상'은 믿지 마라

Common Sense Dictionary of China

말하는 사람의 기준일 뿐인
마상

중국인들이 말을 아끼는 '뚜이부치'와 달리 중국에서 가장 많이 듣게 되는 말 중에 '마상(马上)'이 있다. 마상은 '말 마(马)' 자와 '윗 상(上)' 자가 결합된 단어로, '말 위에'라는 뜻이다. 옛날에는 말이 가장 빠른 교통수단이었다. 따라서 말 위에 있다는 것은 '곧' 도착하거나 '빨리' 간다는 의미다. 하지만 실제로 '마상(중국어 발음은 마샹)'은 여러 가지 함축적인 의미를 가지고 있다.

약속 시간이 다 되었는데도 나타나지 않는 중국인에게 전화를 걸어 "언제 도착하세요"라고 물으면 한결같이 "마상따오(马上到)", 즉 "곧 도착해요"라고 말한다. 또한 음식점에서 주문한 음식이 나오지 않아 종업원에게 음식을 재촉하면 역시나 "마상"이라는 대답이 돌아온다. 음식이 곧 나오니 기다리라는 말이다. 한국에서도 음식을 배달시킨 뒤 도착할 시간이 지났는데도 오지 않아 음식점에 전화를 걸면 "방금 막 출발했어요", "도착할 때 됐어요"라는 말을 듣지 않는가. 그와 비슷하다.

'마샹'은 딱히 정해진 기준이 없다. 말하는 사람의 기준일 뿐이다. 그래서 이제 막 출발했어도, 거의 도착할 때가 됐어도 똑같이 '마샹'이다. 일상생활에서 '마샹'이라는 말을 듣는 것은 기다리면 언젠가는 해결되는 일이기 때문에 그나마 괜찮다. 하지만 문제는 비즈니스 관계에서 발생한다. 분명 납기일이 정해져 있는데, 납기일을 어기고도 "마샹완청(马上完成)", 즉 "곧 완료됩니다"라는 대답으로 일관하는 중국 회사들과 함께 일하게 되면 정말 머리가 아프다.

필자도 중국 회사와 일하면서 거래처 담당자에게 "마샹완청"이라는 말을 듣고 회사에 금방 된다고 보고했다가 2주 이상 지체되어 큰 낭패를 본 적이 있다. 따라서 중국인과 업무적으로 대화할 때는 "언제 도착하나요?", "언제 완성되나요?"라고 묻는 것보다는 "몇 시에 도착하나요?", "몇 월 며칠에 완성되나요?"라고 구체적인 시간으로 묻는 것이 좋다.

중국인들이 구체적인 시간을 이야기하지 않고 '마샹'이라고 대답하는 데에는 또 다른 이유도 있다. 자신이 시간을 컨트롤할 수 있는 상황이 아니기 때문이다. 식당 종업원이 직접 요리를 하는 것이 아니기 때문에 음식이 나오는 시간을 정확하게 이야기할 수 없고, 제품을 생산하는 것 역시 자신이 직접 생산라인에서 제품을 만드는 것이 아니기 때문에 과거의 경험에 비추어 금방 될 것이라는 예측으로 답변하는 것이다.

중국인들의 특성상 자신에게 책임이 돌아가는 상황이 아니면 상당히 디테일하게 알려주기도 한다. "현장에 있는 담당자가 뭐라고 하는지 물어봐주세요"라고 요청한다면 현장 담당자에게 물어보고, 담당자의 대답을 그대로 전달해주기 때문에 비교적 정확한 시간을 알 수 있다.

会员系统正常开发进度结点预测				
日历日期	作日	预测结点		结点内容
				可同时进行的工作
8.1	1	逻辑梳理	技术沟通，实施	将各系统模块逻辑架构梳理完毕
8.2	2		技术沟通，实施	准备云服，https并调试
8.3	3		技术沟通，实施	
8.4	4	后台搭建	技术沟通，实施	
8.7	5		技术沟通，实施	
8.8	6		技术沟通，实施	
8.9	7		技术沟通，实施	
8.10	8		技术沟通，实施	
8.11	9		技术沟通，实施	两级管理系统，及会员功能模块搭建
8.14	10		技术沟通，实施	
8.15	11		技术沟通，实施	
8.16	12		技术沟通，实施	
8.17	13		技术沟通，实施	
8.18	14		技术沟通，实施	
8.21	15		技术沟通，实施	
8.22	16	云服配置	技术沟通，实施	配置云服测试参数
8.23	17	规则设定	技术沟通，实施	会员规则，等级逻辑设计
8.24	18		技术沟通，实施	会员规则添加，会员卡面图片素材等需品牌提供
8.25	19		技术沟通，实施	
8.28	20		技术沟通，实施	
8.29	21	内部测试	测试版本V1.0封版	

说明：此结点为预测结点，如在实施过程中遇到某一环节因为不在预测范围内的突发事件影响了进度，则相应完工时间顺延（该情况包括但不限于：由于沟通障碍，无法配合深夜测试或者服务器通信等客观影响进度情况）

중국인들과 사업을 할 때는 정확한 업무 스케줄 표를 가지고 소통하는 것이 안전하다.

위 표는 필자가 IT 시스템을 개발할 때 외주 회사에 요청한 프로젝트 스케줄 표다. 외주 회사는 프로젝트에 들어갈 때 20일이면 완료된다고 했지만 정확한 시간을 파악하기 위해 각 기술팀의 시간을 체크해 달라고 요청해서 받은 것이다. 각 기술팀의 작업이 완료될 때마다 일정에 변동이 없는지 다시 스케줄을 확인해야 하는 번거로움이 있었지만 진행 상황을 제대로 확인할 수 있는 안전장치 역할을 했다.

재미로 읽는 중국 상식

야진 천국, 중국

중국에는 야진(押金) 문화가 자리 잡고 있다. 야진은 우리로 치면 일종의 보증금이다. 중국에서는 호텔부터 워터파크, 온천 등과 같은 편의 시설은 물론, 심지어 피시방에서도 야진을 받는다. 일부 회사는 근로자가 사무실 집기를 가지고 도망가거나 시설을 훼손하고 사라질 것을 염려하여 월급의 일부를 야진으로 저당 잡는 경우도 있다. 중국에서 야진은 기업의 서비스뿐 아니라 개인과 개인 간의 거래에 있어서도 매우 보편화되어 있다.

중국에 선불과 보증금 문화가 발달한 이유는 우리의 신용카드와 같이 개인의 신용을 평가하고 보증할 방법이 없기 때문이다. 또한 인구가 많은 만큼 상식 이하의 사건이 많이 발생하기도 한다.

필자가 IT 회사에서 근무할 당시 다른 IT 회사에서 엽기적인 사건이 발생했다. 직원이 퇴사를 하면서 서버(server)를 들고 도망간 것이다. 다행히 메인서버가 아닌 보조서버를 들고 가 업무에 직접적인 피해는 없었지만 일반적인 상식으로는 상상조차 하기 힘든 사건이었다.

이와 같이 쌍방 간의 신뢰가 형성되지 않은 상황에서 야진은 쌍방의 신뢰를 구축하는 방법이라고 할 수 있다. 우리 같은 외국인에게는 중국의 이런 야진 문화가 낯설게 느껴지지만 중국인에게는 당연시되는 문화다.

특히 중국에 거주하는 외국인에게 아파트 야진은 매우 민감한 사안이다. 중국에는 전세라는 개념이 없기 때문에 세입자가 월세로 집을 임대해야 하는데, 세입자는 임대 계약을 할 때 월세 외에도 한 달 또는 두 달 치 월세에 해당하는 야진을 집주인에게 저당 잡히게 된다. 이는 계약 기간이 종료될 때 세입자에게 다시 돌려주는 우리의 월세 보증금과 같은 개념이다.

그러나 임대 계약이 만기되어 야진을 돌려받아야 할 때가 되면, 그동안 인자했던 집주인은 돌변하여 집 안에 흠집이 생긴 것을 이유로 야진을 돌려주지 않으려 하는 경우가 많이 발생한다. 더군다나 언어적 한계와 꽌시(관계)가 없는 외국인은 어디에 하소연하지도 못할 것을 잘 알기 때문에 집주인은 시간 끌기

필자의 집 임대 계약서(맨 왼쪽). 집주인과 협의한 모든 사항을 보충 계약서 형태로 증빙 자료를 남겼다.

작전으로 세입자가 야진을 포기할 때까지 막무가내로 나오기도 한다.

필자는 최근 집 안의 테이블과 소파를 처분하면서 안전장치로 집주인과 테이블 및 소파에 대한 보충 계약서를 추가로 작성했다.

이런 위험 부담을 줄이기 위해 중계 부동산을 통해 집을 계약하지만, 세입자와 집주인 간에 야진 문제로 분쟁이 발생했을 때 중계 부동산은 세입자에게 그다지 도움이 되지 않는다. 중계 부동산에게는 넘쳐나는 세입자보다 한정된 집주인이 더 큰 고객이기 때문이다.

후에 야진을 제대로 돌려받기 위해서는 번거롭더라도 계약서에 명시된 야진에 대한 조건을 명확히 읽어보고, 필요한 경우 증거 사진 등을 남긴 뒤 집주인에게 확인 사인을 받는 것이 좋다. 그런데도 야진을 돌려주지 않을 때 가장 최선의 조치는 지역 파출소에 연락하는 것이다. 경찰이 온다고 해서 결과가 크게 달라지지는 않지만, 필자의 경험상 파출소에 전화를 한다는 것만으로 지레 겁을 먹고 야진을 돌려주는 집주인이 많았다.

꽌시와 미엔즈,
중국인의 체면을 세워라

Common Sense Dictionary of China

꽌시,
중국의 대표적인 인맥 문화

중국 비즈니스를 이야기할 때 빠질 수 없는 소재가 바로 꽌시(关系)다. 일반적으로 꽌시를 이야기할 때면 많은 사람이 비리, 부정부패, 뒷돈, 편법 등과 같은 부정적인 단어를 먼저 연상하곤 한다. 그만큼 중국의 꽌시 문화가 우리에게 부정적인 측면만 부각되어 알려진 것이 아닌가 싶다. 꽌시로 인해 부정부패가 발생한다는 것을 부정할 수는 없지만 꽌시는 인맥을 중시하는 중국문화의 일부분이다.

사전에서 '꽌시'의 의미를 찾아보면 '사람과 사람 사이의 관계 또는 연줄'이라고 설명되어 있다. 하지만 중국에서의 꽌시를 이렇게 간략하게 정의하기는 어렵다. 중국인의 전반적인 생활과 문화에 깃들어 있는 꽌시의 의미는 매우 광범위하고 복잡하다.

꽌시의 '꽌(关)'은 '관문', '닫다'를 의미하고, '시(系)'는 '연결'을 의미한다. 우리말로 표현하면 '관문과 관문을 이어준다' 또는 '닫혀 있는 것을 이어준다'라는 의미다. 필자의 주관적인 경험과 생각으로 해석하면 전자의 '관문과 관문을 이어준다'라는 것은 '도움'이고, 후자의 '닫혀 있는 것을 이어준다'라는 것은 '편의'라고 여겨진다. 꽌시는 중국만의 문화가 아니라 우리에게도 존재하고 있는 지극히 일반적인 인맥 문화다. 다만 중국의 꽌시 문화가 우리와 조금 다른 점이 있다면 꽌시를 통해 풀어나갈 수 있는 일이 조금 더 많다는 것이다.

몇 년 전, 필자가 중국에서 대학원을 다닐 때 지인이 새벽에 사고가 나 급히 병원으로 후송되었다. 일분일초를 다투는 위급한 상황이었지만, 병원에서는 수십만 위안의 야진을 납부해야만 수술이 가능하다고 했다. 새벽에 그 큰돈을 구할 수도 없었고 시간이 촉박했기 때문에 함께 있던 일행은 급히 대학교 교수에게 연락하여 도움을 청했다. 그 교수는 새벽임에도 불구하고 자신의 인맥을 동원해 병원 관계자를 찾기 시작했고, 교수의 도움으로 지인은 불과 몇 분 만에 별도의 야진 없이 큰 수술을 받을 수 있었다.

여기서 꽌시는 '①환자의 일행 → ②대학교 교수 → ③병원 관계자'로 작용하면서 교수는 꽌시의 매개체가 되었다. 만약 교수가 직접적으로 병원 관계자를 알지 못했다면 꽌시는 두세 단계를 더 거쳤을지도 모른다. 환자와 환자의 일행, 교수, 병원 관계자는 모두 꽌시에 의해 움직였지만, 부정한 수단과 방법은 개입되지 않고 단지 인맥만 작용했다. 이런 경우가 '닫혀 있는 것을 이어준다'의 꽌시의 개념이 아닐까.

미엔즈,
체면을 중시하는 중국인들

그들은 어떻게 꽌시 하나만으로 정해진 절차를 무시하고 수술을 진행할 수 있었을까? 꽌시의 이면에는 중국인들이 중요하게 생각하는 미엔즈(面子)가 있기 때문이다. 미엔즈를 우리말로 풀이하면 '체면'이라는 뜻이다. '체면을 위해서라면 고통도 감수한다(死要面子活受罪)'라는 말이 있을 정도로 중국인들은 체면을 매우 중요하게 여긴다. 만약 중국인이 "어려운 일이 생기면 언제든 이야기해"라고 말했다면, 도움을 요청했을 때 반드시 도와준다. 자신이 내뱉은 말에 대한 책임은 곧 체면과 직결되기 때문이다.

중국 진출을 준비하는 한국 회사들은 리스크를 감소시키기 위해 함께 제휴할 중국 파트너를 찾는 경우가 많다. 필자도 종종 한국 회사들에게 중국 파트너를 소개해 달라는 부탁을 받는다. 한국 회사의 부탁을 받으면 필자도 관련 업종의 취엔즈 안에서 간략히 한국 회사를 소개하고 함께 제휴할 의사가 있는지 묻거나, 취엔즈 안의 인맥을 통해 다른 회사를 소개받기도 한다. 중국에서는 지인을 통해 파트너를 찾는 비즈니스 생태계가 매우 일반적이다. 꽌시가 형성되지 않은 일면식도 없는 회사에 일방적으로 접근해봐야 큰 기대를 할 수 없기 때문이다.

이런 경우가 앞서 설명한 꽌시의 개념 중 '관문과 관문을 이어준다'의 개념이라고 할 수 있다. 이렇게 인맥을 소개시켜주거나 지인을 통해 제3자를 소개하게 된다면, 그에 대한 경과를 소개자에게 공유해주고, 중간 소개자도 적절한 시점에 상대방에게 감사 인사를 전해야 한다.

그러나 중국의 비즈니스 문화를 잘 이해하지 못하는 한국 회사들은 소개를 해줄 때만 고맙다고 인사하고 그 뒤로는 깜깜무소식인 경우가 많다. 필자도 중국 회사에 부탁을 한 것이기 때문에 담당자의 체면을 살려주기 위해 감사 인사를 전해야 하는데, 진행 상황을 모르니 도리어 한국 회사에 어떻게 진행되고 있는지 상황을 물어보고 나서야 중국 회사에 인사를 전하게 되는 경우가 많다.

누군가에게 도움을 받았다고 해서 그것을 동급의 값어치로 갚을 필요는 없다. 중국인은 자신의 체면을 위해 선심을 베푼 것이고, 상대방은 감사 인사로 체면을 살려주면 그것으로도 충분하다.

한 한국 회사와 중국 회사를 소개해주는 자리에서 중국 회사가 근사한 저녁식사를 대접한 적이 있다. 실내가 황금으로 도금된 최고급 식당에서 즐겁게 식사를 마치고 돌아온 한국 회사 CEO는 고민에 빠졌다. 중국 회사에게 근사한 대접을 받았으니 다음번에 비슷한 수준으로 대접해야 할 텐데, 그것이 부담이라고 했다. 필자는 한국 회사 CEO에게 중국의 미엔즈 문화를 알려주면서 같은 수준으로 보답하기보다는 성의와 감사 인사를 전함으로써 상대방의 체면을 세워주라고 조언했다.

중국인들은 자신의 체면을 위해 투자를 아끼지 않는다. 만약 받은 만큼 똑같이 돌려준다면 접대한 중국인의 체면도 살지 않고, 관계가 청산되어버릴 수도 있으니 같은 가치로 되돌려주기보다는 상대방의 체면을 세워주는 것으로 감사를 표현하는 것이 현명한 방법이다. '말 한마디로 천 냥 빚을 갚는다'라는 말은 이럴 때 사용하는 것이 아닐까.

재미로 읽는 중국 상식

'房东', 방의 동쪽에 있는 사람이 집주인?

유학 또는 파견으로 중국에서 생활하게 되었을 때 가장 먼저 해야 할 일은 거주할 집을 구하는 것이다. 필자는 중국에서 처음 집을 구할 때 집주인을 어떻게 표현해야 할지 몰라 한국식 표현으로 집(房子)과 주인(主人)을 붙여 '房子主人(집주인)'이라고 말했다. 그런데 중개인은 눈치껏 알아들을 법도 한데, 내 말 뜻을 전혀 이해하지 못했다. 중국어에서 집주인을 가리키는 단어로는 '팡동(房东)'과 '예주(业主)'가 있다. '팡동'은 집의 주인을 의미하고, '예주'는 집주인, 사업주 등으로 좀 더 포괄적인 의미를 가지고 있다. 일반적으로는 '팡동'을 사용한다. '팡동'은 집의 동쪽이라는 표현인데, 어떻게 집주인이라는 뜻이 되었을까? 그 유래는 춘추전국 시대로 거슬러 올라간다. 춘추전국 시대는 무법천지의 전쟁이 난무한 시기였다. 간혹 두 나라가 손을 잡고 한 나라를 공격하기도 했고, 출전으로 비어 있는 나라를 침략하는 일명 '빈집털이'도 많았다.

중국 동부에 위치해 있던 정나라는 주변 세력과의 전쟁으로 득 볼 것이 없다고 판단했다. 그래서 출전하기 위해 정나라를 지나가는 세력이 있으면 그들에게 편의를 제공해주고, 그 대가로 전쟁을 모면할 수 있도록 동맹 관계를 맺었다.

정나라는 그러한 방법으로 외세의 침략을 모면하면서 '동쪽 길의 주인(东道主, 동도주)'이라는 별명을 가지게 되었다. 손님이 찾아오면 편의를 제공해주는 주인과 같다고 하여 동(东)쪽은 주인이라는 뜻으로 사용되었다.

청나라를 배경으로 한 영화들을 보면, 테이블을 사이에 두고 양쪽에 의자가 놓여 있는 장면이 종종 나오는데, 주인과 손님이 앉는 위치가 다르다. 오른쪽 의자에는 주인이 앉고, 왼쪽 의자에는 손님이 앉는다. 중국의 전통 예절을 기록한 책인 《예기(礼记)》를 보면 주인은 동쪽, 손님은 서쪽에 앉는 것이 예의라고 설명되어 있다.

과거에는 주인과 손님이 앉는 위치가 정해져 있었다.

'만만디'와 '빨리빨리'

Common Sense Dictionary of China

자신의 이익과
관계되지 않는다면 '만만디'

'不怕慢, 只怕停.'

'느린 것이 두려운 것이 아니라, 멈추는 것이 두렵다'라는 의미로, 중국에서 자주 사용하는 말이다. 중국에서 유학 생활을 하는 한국인 중에는 늦깎이 유학생이 더러 있다. 그래서인지 '시간에 조급해 하지 말고 천천히 하더라도 의지를 꿋꿋이 가지자'라는 의미로 이 말을 좌우명으로 삼는 이들이 많다.

반대로 한국으로 유학 온 외국인들이 가장 먼저 배우는 말은 '빨리빨리'라고 한다. 필자가 중국인들과 만나 한국인이라고 소개하면 중국인들은 농담 삼아 "빨리빨리"라고 말하며 자신이 알고 있는 어설픈 한국어로 인사를 전하기도 한다. 중국인들에게 한국의 '빨리빨리'가 강한 인상을 남겼나 보다. 한국인의 성격을 대표하는 말이 '빨리빨리'라고 한다면, 중국인의 성격을 대표하는 말은 '천천히'라는 뜻의 '만만디(漫漫地)'가 아닐까 싶다.

약속 시간에 늦을 것 같아 상대방에게 양해를 구하면 중국인은 대부분 "만

만라이(慢慢来, 천천히 오세요)"라고 대답한다. 그리고 식사를 하러 식당에 가도 종업원은 "칭만용(请慢用, 천천히 드세요)"이라고 말한다. '천천히'라는 말은 중국인의 일상적인 대화에서 쉽게 들을 수 있다. 중국인은 정말 느림의 미학을 추구하는 것일까?

업무상 중국인들과 일을 해본 한국인이라면 중국인들이 정말 느리다고 생각한 적이 있을 것이다. 하루 이틀이면 처리될 것 같은 간단한 일이 2주 이상 소요될 때도 있고, 미팅을 잡는 것처럼 작은 일조차 많은 시간이 소요되기도 한다.

중국인에게 많은 시간이 필요한 이유는 확인에 확인을 거듭하는 업무 문화가 자리 잡혀 있기 때문이다. 중국인들은 어릴 때부터 체계적인 시스템 속에서 조직적으로 행동하는 것을 교육받는다. 정해진 프로세스에 맞춰 움직이고, 자신에게 주어진 권한에서만 스스로 판단하는 것이 익숙한 중국인들에게는 당연한 일이다.

그러나 일부 사람은 이런 중국인과 중국 기업의 업무 시스템이 융통성 없고 느릿느릿 하다면서, 중국이 사회주의 국가이기 때문이라고 말한다. 하지만 필자는 중국인들의 이런 습성이 사회주의 체제에서 기인했다기보다는 단지 자신의 이익과 관계되지 않았기 때문이라고 생각한다. 굳이 정해져 있는 절차와 규칙을 깨면서까지 자신이 리스크를 지고 싶지 않은 것뿐이다. 업무 처리를 이렇게 하나 저렇게 하나 결과적으로 크게 달라지는 것도 없는데 굳이 자신이 리스크를 짊어지고 서둘러 빨리 처리하려다 일을 망칠 필요가 있겠는가.

여러 사람과 약속된 업무 질서 속에서 자신이 그 약속을 무시하고 한 단계 건너뛰거나 타인의 업무에 함부로 개입한다면 오해가 발생할 수도 있고, 나중에 일이 잘못되었을 때 그 책임을 본의 아니게 자신이 져야 할 수도 있다. 그들나름대로는 잘 돌아간다고 생각하는 체계적인 시스템을 우리와 다르다고 하여 중국 특유의 만만디 문화나 책임 회피라고 치부해버리는 것은 아닐까.

반대로 우리가 흔히 말하는 합리와 융통성을 중국인들이 어떻게 바라보는지도 생각해봐야 한다. 우리가 말하는 융통성은 좋게 해석하면 협동심과 배려이지만, 다르게 표현하면 오지랖이다. 필자도 업무 효율을 올리기 위해 가끔씩 융통성을 발휘해 중간 단계를 건너뛰고 업무를 진행할 때가 있다. 그럴 때면 중국인 동료는 이렇게 말한다.

"네가 그렇게 하면 일이 조금은 수월해질 수 있겠지만 대신 누군가는 자신의 업무 영역을 침범당해서 기분이 상할 수도 있어."

굳이 융통성을 부려야 할 만큼 비효율적인 프로세스라면 모두와 논의해 프로세스를 수정하는 것이 현명한 선택이 될 수도 있다.

만약 A회사와 B회사가 제휴를 하게 된다면 중국인들은 어떤 프로세스로 움직일까? A회사 영업팀 유비와 B회사 영업팀 조조가 공동 프로젝트를 진행하게 된다면, 두 사람은 A회사와 B회사의 전반적인 소통 채널이 된다. 제휴를 위한 계약서 진행부터 최종 결산 및 정산을 위한 협의까지 모두 이 두 사람을 통해 진행하게 된다. 즉 유비와 조조가 프로젝트 매니저(PM)가 되는 것이다.

각 회사 법무팀끼리 또는 재무팀끼리 직접 소통하면 일은 더욱 빨리 진행될 수도 있지만 그런 업무들도 반드시 유비와 조조를 통해 계약서를 주고받으며 업무를 진행한다. 만약 이들을 빼고 업무를 진행한다면 유비와 조조는 중간 진행 상황을 제대로 파악하지 못하고 담당 부서에 진행 상황을 여러 번 확인해야 한다. 때로는 업무 상황을 놓치는 일이 발생할 수도 있다.

유비가 속해 있는 영업팀 내부에도 그들만의 프로세스가 존재한다. 유비는 다른 부서와 소통하기 전에 미리 자신의 관리자에게 확인을 받은 후 전달해야 하며, 법무팀은 전달받은 계약서를 검토할 때 법무팀 내부의 별도 프로세스를 거쳐야 한다. 모든 구성원의 업무가 세분화되어 있고, 구체적인 업무 프로세스가 약속으로 정해져 있다.

매우 체계적인 업무 프로세스이지만 사람이 하는 일이 어찌 컴퓨터처럼 딱딱 맞아떨어지겠는가. 그러다 보니 작은 일을 진행할 때도 많은 시간과 노력이 투입된다. 중간에 담당자가 휴가라도 간다면 그가 돌아올 때까지 기다려야 하는 경우도 발생한다.

업무가 급해 융통성이 필요할 때 작용하는 것이 바로 꽌시다. 그러나 꽌시를 사용할 때는 반드시 그에 상응하는 가치가 따라야 한다. 그 가치는 평소의 대인 관계에서 형성된 정(情)일 수도 있고, 사적인 이득일 수도 있다. 그런 대가가 없다면 중국인은 굳이 자신의 미엔즈를 팔아가면서까지 리스크를 떠안으려 하지 않는다.

만약 B회사가 "오늘까지 계약서 전달이 되지 않으면 계약은 없는 것으로 하겠습니다"라고 통보했을 때 A회사가 아쉬운 입장이라면 그 계약서는 무슨 일이 있어도 오늘 내로 도장이 찍혀 나올 것이다. 이미 오너에게 프로젝트 보고를 마친 상황에서 일이 틀어지면 업무를 제대로 챙기지 못한 담당자에게 그 책임이 돌아가기 때문이다.

정서적 여유로움과 신중함을 담은 '만만디'

중국인들이 무조건 '만만디'를 추구하는 것은 아니다. 자신의 이익과 직접적인 연관이 있거나 일이 잘못되어 책임이 자신에게 돌아오거나 남들보다 먼저 움직이지 않으면 경쟁에서 밀려나는 등의 리스크가 발생하게 된다면 그들도 매우 빠르고 민첩하게 움직인다. 그런 때는 우리보다 더 '빨리빨리'의 자세를 취하기도 한다.

요즘 중국 기업의 변신 속도는 정말 빠르다. 특히 소비자에게 민감한 인터넷 영역에서는 유독 그 속도가 더 빠르다. 2010년 이후 전자상거래 소비자가 매년 급속히 증가하자 오프라인 유통 기업들이 앞다퉈 온라인 사업에 뛰어들었다. 일부는 기존에 하던 오프라인 매장 사업과 별개로 전자상거래 단독 법인을 설립하거나 중소 전자상거래 기업을 인수했으며, 심한 경우 기존의 오프라인 사업을 접고 온라인 사업으로 전향하기도 했다. 소비자의 소비 트렌드를 빨리 읽어내고 남들보다 뒤처지지 않기 위해 최대한 빨리 과감한 결정을 내린 것이다.

몇 년 전에 오프라인 유통을 하던 중국 중소기업의 젊은 CEO를 만나 온라인 쇼핑몰을 개설한 이유를 물어본 적이 있다. 그는 이렇게 말했다.

"대부분의 소비자가 모바일로 쇼핑을 하니 온라인 쇼핑몰을 개설하는 것이 당연하죠. 아직 온라인 쇼핑몰을 통해 돈을 벌지는 못했지만 기존에 오프라인 유통으로 버는 돈으로 계속 온라인 판매를 확대할 계획입니다."

그들은 새로운 사업을 시작할 때 시장을 미리 철저하게 분석하고 기획해서 시작하지 않는다. 일단 사업을 먼저 론칭한 뒤 여러 가지 방법을 시도하고 수정하면서 비즈니스 모델을 점차 완벽하게 만들어간다. 시작의 출발점이 완벽함이 아니라 시도하는 것에 큰 의미를 두기 때문에 결정과 시작이 빠를 수밖에 없다.

그렇다면 우리의 경우는 어떠한가. '돌다리도 두드려 보고 건너라'라는 옛 속담처럼 99% 확신을 가지고 있다 해도 1%의 리스크가 해소될 때까지 돌다리를 두드린다. 그리고 시장이 이미 성숙기에 접어들고 남들은 이미 결승선 코앞까지 다다랐을 때 그제야 안전하다는 것을 확인하고 사업을 시작한다. 과연 어느 쪽이 '만만디'이고 어느 쪽이 '빨리빨리'인지 다시 한 번 생각해볼 필요가 있다.

중국인들이 정말 '만만디'일 때의 상황은 따로 있다. 바로 사람에 대한 검증을 할 때다. 중국에서 사업을 할 때 중국인들이 늘 해주는 이야기가 있다.

"먼저 친구가 되고 난 후에 사업을 하라(先做朋友后做生意)."

서로에 대해 잘 모르는 상태에서 일을 서두르다 보면 일을 그르치게 된다는 것이다. 그래서인지 중국인은 상대방에 대한 탐색전과 검증에 많은 시간과 노력을 투자한다.

중국인과 함께 일하다 보면 종종 연애하는 기분이 들기도 한다. 남녀가 처음 만나면 함께 있는 순간이 가슴 설레고 모든 것이 다 아름다워 보이기 마련이다. 연애를 하면 달콤한 시간을 보낼 때도 있지만 때로는 밀당을 하거나 티격태격 다툴 때도 있다. 이런 과정을 통해 두 사람은 서로의 집안 환경부터 개인의 장단점을 파악하게 된다. 서로에 대한 파악이 끝나고 연애의 종착역인 결혼을 선택하게 된다면 그때부터 연인에서 가족이 되는 것이다. 두 사람이 가족이 되면 서로에 대한 신뢰를 바탕으로 무슨 일이든 함께할 수 있는 것과 마찬가지로 중국인은 일을 할 때도 장기적으로 함께할 수 있는 파트너를 찾으려 한다. 즐겁게 하루를 즐길 상대가 아니라 오랜 시간을 함께할 배우자를 찾는 것이라면 신중한 것이 당연하다.

'만만디'를 단어 그대로 받아들인다면 행동과 행위의 속도로 여기기 쉽다. 그러나 '만만디'를 행동의 속도가 아니라 중국인 특유의 정서적인 여유로움과 신중함이라고 바꿔 생각한다면 중국의 '만만디'를 이해하는 데 많은 도움이 될 것이다.

여성의 지위를 향상시킨 마오쩌둥

Common Sense Dictionary of China

중국 여성들은
왜 기가 셀까

많은 사람이 중국 여성을 생각하면 가장 먼저 '기(氣)가 센 여성'을 떠올린다.

먼저 중국 여성의 지위가 원래부터 높았는지에 대해 살펴보도록 하겠다. 중국의 전통 사상에서는 모범적인 부녀자의 규범을 '3종 4덕(三從四德)'이라 했다. 3종(三從)은 '출가하기 전에는 아버지를 따르고, 출가한 후에는 남편을 따르며, 남편이 죽은 뒤에는 아들을 따른다'라는 뜻이고, 4덕(四德)은 '부덕(婦德), 즉 정조를 지키고 남편에게 순종하고, 부언(婦言), 즉 아름답고 바른 말씨를 사용하며, 부용(婦容), 즉 단정한 의복과 외모를 유지하고, 부공(婦功), 즉 베 짜기, 자수 등 수공 기술을 가져야 한다'라는 뜻이다. 여성은 항상 남성을 따르고, 4가지 덕목, 즉 마음씨, 말씨, 맵씨, 솜씨를 가져야 한다는 의미다.

중국의 이 전통 사상은 2천 년의 세월 동안 여성이 반드시 지켜야 할 덕목으로 여겨졌고, 여성의 지위는 상당히 낮았다. 심지어 여성은 이름조차 없었다. 여성은 시집을 가면 그제야 이름이 생겼는데, 성은 남편의 성을 따르고, 이름은 아버지의 성을 사용했으며 마지막에는 '씨' 자를 붙였다. 남편이 '이 씨'이고, 아버지가 '김 씨'라면 여성의 이름은 '이김씨'가 되는 것이다. 여성이 남성에게 귀속되고 지위 또한 낮았으니 결혼 후 남편의 재산에 대한 권리는 말할 것도 없었다.

오늘날 길거리에서 남성을 무릎 꿇게 만드는 당찬 중국 여성의 파워를 생각한다면 도저히 믿기 힘든 이야기이지만, 기 센 중국 여성의 역사는 그다지 깊지 않다. 청나라 시대에 중국 근대화가 시작되면서 여성의 사회적 지위에 대한 문제점이 화두에 오르기 시작했다.

1911년 신해혁명 때 여성의 권리를 주장하는 여권신장운동이 일어나기도 했는데, 그 당시 여권신장운동의 6가지 조건은 ①교육의 권리, ②친구를 사귈 수 있는 사교의 권리, ③경영권, ④재산소유권, ⑤출입 자유권, ⑥결혼 자유권으로, 인간으로서 누려야 할 매우 기본적인 사항들이었다. 이것만 보더라도 그 당시 여성의 권리가 얼마나 제한적이었는지를 추측할 수 있다. 하지만 여권 신장운동의 노력에도 불구하고 6가지 조건은 개선되지 않았고, 겨우 전족[17]만 폐지되는 수준에 그쳤다.

마오쩌둥은 공산혁명 초기에 이렇게 말했다.

"농민과 여성을 중심으로 공산혁명을 추진해야 한다. 여성이 하늘의 절반을 떠받치고 있다!"

마오쩌둥이 이와 같이 말한 이유는 지위가 낮았던 여성을 남성들과 동등

---

17 전족: 송나라 때부터 청나라 때까지 유행했던 풍습으로, 작은 발을 가진 여성이 아름다움의 상징이 되어 성적인 호감을 위해 발을 천으로 꽁꽁 동여매 자라나지 못하게 했다. 전족을 한 여성의 발은 성인이 되어서도 10센티미터 내외였다.

하게 대우하고 인정해줌으로써 여성들이 자발적으로 혁명운동에 참여할 수 있도록 동기를 부여하고, 부족했던 노동력에 여성을 동참시키기 위함이었다.

新生事物春满园 妇女顶起半边天

"새 생명이 만개하는 봄이 왔다. 여성이 하늘의 절반을 떠받치고 있다."(출처: 바이두)

항일전쟁과 해방전쟁을 치르며 여성의 참여가 중요한 역할을 하자 여성의 권리를 향상시키는 각종 조례가 제정되었다. 그 이후로도 '중국 경제개발 5개년 계획(1953~1957년)'이 추진되는 동안 여성의 노동력이 적극적으로 활용되면서 실제로 여성의 사회적 권위가 대폭 향상되었다. 오늘날 중국의 여권신장에는 마오쩌둥의 힘이 가장 컸다.

세계적인 회계법인 회사 그랜트 쏜톤이 발표한 자료에 따르면 중국의 200여 기업에서 고위직에 오른 여성의 비율이 자그마치 51%에 달한다고 한다. 홍콩 30%, 미국 20%, 영국 19%보다 월등히 높은 수준이다.

세계 최대 전자상거래 기업인 알리바바의 수장 마윈도 한 언론 인터뷰를 통해 여성의 파워에 대해 언급한 적이 있다.

"알리바바의 성공 비법 중 하나는 알리바바에 수많은 여성 직원이 있다는 것입니다. 전체 직원의 47%를 차지하고 있죠. 고급 관리 간부의 33%, 최고 간부의 24%가 여성입니다. 그녀들과 함께 일하다 보면 편안함을 느낍니다. 현대 사회에서 당신이 성공하고 싶다면 여성들이 발휘하는 매우 중요한 작용을 생각해봐야 합니다. 저는 여성들이 자신에 대한 관심만큼 타인도 생각할 줄 안다는 것을 알게 되었습니다."

불과 100년도 채 되지 않은 여권신장의 역사 속에서 중국 여성의 권리는 완전히 탈바꿈되었다. 과거의 3종 4덕이 여성이 따라야 하는 덕목이었다면, 오늘날의 3종 4덕은 남편이 아내를 따라야 하는 덕목으로 활용되고 있다.

3종(三从)

跟从 아내가 외출하면 따라나서야 하고,

服从 아내가 명령하면 복종해야 하며,

盲从 아내가 잘못해도 그대로 따라야 한다.

4덕(四德)

等德 아내가 화장을 다 마칠 때까지 기다려야 하고,

记德 아내의 생일과 기념일을 기억해야 하며,

忍德 아내의 이해할 수 없는 행동에도 인내할 줄 알아야 하고,

舍德 아내가 쇼핑할 때는 돈을 아끼지 말아야 한다.

재미로 읽는 중국 상식

중국을 이끌어가고 있는 여성 리더들

중국에는 여성 경영자가 많은 편이다. 미국의 언론 매체 《포브스(Forbes)》는 기업 규모, 리더십, 영향력 등을 기준으로 '2017 중국의 영향력 있는 여성 리더'를 선정했는데, 상위 TOP20은 다음과 같다.

순위	이름	회사 및 직무	순위	이름	회사 및 직무
1	둥밍주 (董明珠)	거리전기 회장 (格力电器)	11	리당 (李谠)	중국통용기술 총경리 (中国通用技术)
2	쑨야팡 (孙亚芳)	화웨이 CEO (华为)	12	저우쥔칭 (周俊卿)	화룬전력 이사회회장 (华润电力)
3	펑레이 (彭蕾)	라자다 CEO (Lazada)	13	쭝푸리 (宗馥莉)	훙성음료 총재 (宏胜饮料)
4	양후이옌 (杨惠妍)	비꾸이웬그룹 CEO (碧桂园)	14	두쥔 (杜鹃)	궈메이 정책위원회장 (国美)
5	송광쥐 (宋广菊)	바오리그룹 회장 (保利地产)	15	쑨제 (孙洁)	시트립 CEO (携程)
6	왕펑인 (王凤英)	창청자동차 총재 (长城汽车)	16	왕샤오원 (王晓雯)	화챠오청A 총재 (华侨城A)
7	우야쥔 (吴亚军)	롱후그룹 회장 (龙湖地产)	17	쑨웨이 (孙玮)	모건스탠리 아시아 CEO (摩根士丹利)
8	멍완저우 (孟晚舟)	화웨이 CFO (华为)	18	왕라이춘 (王来春)	리쉰정밀 이사장 (立讯精密)
9	류창 (刘畅)	신시왕그룹 이사장 (新希望)	19	우나이펑 (吴酒峰)	텐스리그룹 지주사 총재 (天士力)
10	저우쥔페이 (周群飞)	란쓰과기 회장 (蓝思科技)	20	황시우훙 (黄秀虹)	궈메이 지주사 총재 (国美)

중국 최대 에어컨 기업인 거리전기의 둥밍주 회장은 36세 때 판매사원으로 회사에 입사해 11년 만에 거리그룹 최고 경영자가 된 전설적인 여성으로, 중국인이 뽑은 최고의 중국 기업인 1위에 선정된 이력도 있다. 필자도 그녀의 인터뷰를 영상으로 시청한 적이 있다. 그녀가 자신의 성공 비결에 대해 "기왕 할 거라면 최고로 잘해야 한다"라고 말한 것이 참 인상 깊었다.

화웨이 입사 10년 만에 CEO 자리에 오른 쑨야팡은 화웨이의 창업자인 런정페이(任正非)의 든든한 오른팔이자 화웨이의 국무총리 역할을 톡톡히 하고 있다. 쑨야팡은 화웨이가 자금난, 영업난 등으로 어려움을 겪을 때면 런정페이를 도와 문제를 해결하며 자신의 능력을 충분히 발휘하고 있다. 화웨이는 그녀의 지휘 아래 휴대폰 판매량 1억 대 돌파를 이끌어내기도 했다.

'마윈의 배후에는 펑레이가 있다'라는 말이 있을 정도로 알리바바 마윈의 신뢰를 한 몸에 받고 있는 펑레이는 알리바바 산하 앤트파이낸셜 회장을 거쳐, 알리바바가 인수한 동남아시아 전자상거래 기업 라자다의 CEO를 맡고 있다. 그녀는 절강재경학원에서 대학교수로 학생들을 가르치다가 알리바바의 창업 멤버였던 남편 쑨퉁위(孙彤宇)를 따라 알리바바에 입사했다. 펑레이는 알리바바의 수석 인사 책임자를 역임하며 알리바바그룹의 가치관 수립에 힘썼으며, 2010년에 알리페이 CEO를 겸직하면서 오늘날 7억 명 이상의 중국인이 사용하는 알리페이를 일구었다.

'가장 예쁜 억만장자'라는 별명을 가지고 있는 양후이옌은 중국 부동산 회사인 비꾸이웬그룹 양궈창(杨国强) 회장의 딸이다. 2007년 홍콩 증시 상장 이후 큰 성공을 거둔 후 양궈창 회장이 딸에게 대부분의 주식을 양도하면서 당시 25세였던 양후이옌은 최연소 억만장자가 되었다. 미국에서 대학을 졸업한 그녀는 비꾸이웬그룹에 합류해 현재 CEO를 맡고 있다.

군사 장비 유통으로 시작해 오늘날 중국에서 손꼽히는 부동산 그룹으로 성장한 바오리그룹을 이끌고 있는 송광쥐 회장은 직업군인 간부 출신이다. 그녀는 휴가를 제대로 쓰지 않는 것은 물론 주말에도 업무를 보는 지독한 일벌레로 알려져 있다.

화웨이의 최고재무책임자(CFO)인 멍완저우는 화웨이 창업자 런정페이 회장과 전부인 사이에서 태어난 딸로, 부모가 이혼한 뒤 어머니의 성으로 개명했다. 대학 졸업 후 건설은행을 다니던 그녀는 화웨이로 자리를 옮겨 자금을 관리하고 있다. 현재 화웨이의 후계자로 알려져 있다.

저우췬페이는 삼성전자와 애플에 스마트폰 유리 액정을 공급하는 란쓰과기 회사의 설립자로, 그녀는 돈을 벌기 위해 16세의 어린 나이에 학교를 자퇴하고 선전의 공장에서 일하기 시작했다. 그녀는 1993년에 란쓰과기를 창업해 연 매출 22억 달러의 회사로 성장시켰다. 전형적인 자수성가형 여장부다.

훙성음료의 쭝푸리 총재는 중국 최대 음료 기업인 와하하의 중칭허우(宗庆后) 회장 딸로도 유명하다. 그녀는 재벌 2세임에도 불구하고 아버지의 회사를 물려받지 않고 자신이 설립한 훙성음료를 이끌어가고 있다.

자유롭고 수평적인
중국의 조직 문화

"부장님, 이번 프로젝트는 이루나 대리가 제안한 방안이 좋지 않을까요?"

"이승진 과장! 내가 이 바닥에서 20년이야! 이런 제안은 보나마나 고객사에 안 통한다고!"

비록 요즘 직장 분위기가 예전과 비교해 많이 바뀌었다고는 하지만 아직도 상사와 부하 직원의 관계는 수직적이고 종속적이다. 누군가는 "요즘은 안 그래. 무조건 시킨다고 하는 사람이 어디 있어. 오히려 상사가 부하 직원의 눈치를 본다고"라고 말할 수도 있지만, 과거에 비해 많이 수평적으로 변했다는 것이지 완벽히 수평적 조직 문화가 구축되었다고 보기는 어렵다.

상사가 일을 시키면서 배경 설명을 충분히 해주지 않거나, 상사가 시켜서 작성하는 보고서가 나중에 어디서 어떻게 사용될지 명확히 모르거나, 회의 자리에서 자신의 생각을 아무 거리낌 없이 말하기 힘들다면 상사와 부하 직원이 수평적인 관계라고 말하기는 어렵다.

필자가 중국 회사들과 회의를 하면서 놀란 적이 한두 번이 아니다. 회의를 진행하다 보면 상사와 부하 직원의 의견이 다른 경우도 발생하는데, 거래처인 필자가 현장에 같이 있음에도 불구하고 그들은 필자의 눈치를 보지 않고 서로 자신의 생각을 허심탄회하게 이야기하며 의견을 조율했다.

우리는 일반적으로 외부 기업들과 함께하는 회의 자리에서 상사와 부하 직원이 의견 차이가 발생하면 상사는 매우 부끄럽거나 껄끄럽게 여기곤 한다. 외부 회사와 회의를 하기 전에 내부적으로 충분히 소통하고 공감대를 형성하는 것이 당연하지만 실제로 그렇지 않은 경우가 많다. 그래서 상사가 회의를 주도하고, 동석한 부하 직원은 회의 내용을 메모하는 모습을 쉽게 볼 수 있다. 비록 회의에 참석하지만 회의를 주도하거나 의견을 나누는 주체가 아니라 청중의 입장인 것이다.

중국 회사의 상사와 부하 직원의 수평적 관계가 새롭기도 하고 이색적이게 느껴져 호기심에 중국인들과 이야기를 나눠본 적이 있다. 그들은 우리와는 조금 다른 생각을 가지고 있었다.

"중국은 직장 근속연수가 짧고 이직률이 높아 상사와 부하 직원이 종속적인 관계가 되기 어렵다. 그렇기 때문에 상사의 눈치를 보기보다는 주도적으로 일을 추진하는 것이 개인에게 발전적이다. 또한 회사에서도 그런 주도적인 사람을 원한다."

직원이 주도적으로 아이디어를 내고 일을 적극적으로 추진해나가는 자세는 한국 회사들도 추구하는 인재상이고 경영자들이 원하는 회사 분위기다. 하지만 이상과 현실은 다르듯 주도적 업무 환경이 조성된 회사는 생각보다 많지 않다.

문득 필자가 몇 년 전에 들었던 이야기가 생각난다. 필자가 IT 회사에서 근무하던 때의 일이다. 친한 거래처 사람들과 함께 저녁 식사를 하는데, 한 사람이 필자에게 이 회사에서 얼마나 근무했는지 물었다. 당시에는 회사에서 일한 지 3년 정도밖에 되지 않아 멋쩍어 하며 3년이라고 말하자 상대방이 놀라며 말을 이었다.

"이 회사에서 3년이나 됐어요? 일을 잘하는 것 같은데 3년 동안 같은 회사에 있었다니! 이 회사에서 월급을 많이 주나 보네요."

상대방의 맥락은 필자가 능력이 좋다면 몸값을 올려 다른 회사로 이직했거나 다른 회사로부터 스카우트 제안을 받았어야 한다는 것이었다. 달리 말하면 한 회사에 장기 근속한다면 다른 회사보다 급여 조건이 월등히 좋거나 또는 능력이 없어서 이직하기 힘든 사람, 둘 중 하나라는 일침이었다. 그 당시 필자의 급여는 매우 적었으므로 결국 능력 없음을 인정하는 꼴이었다. 중국 직장인들은 자신의 몸값을 올릴 수 있는 기회가 오면 서슴없이 사직서를 내민다.

중국 IT 대기업으로 이직한 한국인 지인을 만나 중국의 기업 문화에 대해 물어본 적이 있다. 그는 이직 경험이 많았기 때문에 중국의 기업 문화에도 잘 적응하고 있을 것이라 생각했다. 그는 한국과 중국의 기업 문화가 많이 달라 처음에는 적응이 안 됐다고 했다. 그러면서 자신이 속한 팀의 조직도를 사례로 설명해주었는데, 팀을 총괄하는 리더가 1명 존재하고 20여 명의 직원은 모두 수평적인 관계라고 했다. 모두 경력이 다름에도 불구하고 똑같은 위치라는 것이다.

또한 회의 시간에 각자의 아이디어와 기획안을 공유하고 자유롭게 토론하면서 그중 가장 좋은 아이디어를 채택한다고 했다. 채택된 아이디어를 내놓은 사람이 프로젝트 매니저가 되고 나머지는 프로젝트 팀원이 되는 구조였다. 10년 차 직원이든 5년 차 직원이든 신입사원이든 누구에게나 발언할 기회가 평등하게 주어지고, 근속연수나 나이와 상관없이 리더로 인정하고 프로젝트를 진행한다는 이야기를 들으면서 그러한 업무 구조가 진정한 수평 구조라는 것을 느꼈다.

지인의 이야기를 들으면서 중국 기업들이 급성장할 수 있었던 것은 자발적으로 아이디어를 공유하는 분위기와 공정한 선의의 경쟁 때문이 아닐까 하는 생각이 들었다. 중국에 진출해 중국인들과 함께 일하거나 경쟁하게 될 회사라면 중국의 기업 문화를 더 깊이 이해해야 하지 않을까 싶다.

미국 회사에 다니는 중국인이 이런 이야기를 해준 적이 있다. 미국, 유럽, 중국의 기업 문화는 비슷한 반면, 일본과 한국의 기업 문화는 독특하다는 것이다. 그는 일본과 한국 사람들은 일보다 윗사람에게 잘 보이는 것에 집중한다고 말했다. 그의 말을 반박하기가 힘들었다.

부하 직원이 상급자인 당신의 주장과 대립되는 의견을 내놓는다면 당신은 부하 직원의 행동을 어떻게 받아들일 것인가? 당신이 원래부터 자유로운 소통을 추구했던 상사라면 즐겁게 발전적인 시간을 보내겠지만, 그렇지 않다면 부하 직원이 자신을 무시한다고 여기거나, 자신을 밟고 올라서려 한다고 여길 수도 있다. 어쩌면 모두 옳은 말일 수도 있다. 중국 회사에서는 입사한 지 얼마 안 된 직원이 별도의 꽌시도 없이 고속 승진하는 경우도 있다. 회사 오너에게 능력을 인정받아 하루아침에 상하 관계가 바뀌는 것이다.

바꿔 말하면 상사가 능력이 없으면 부하 직원에게 무시받을 수도 있고, 부하 직원에게 밀려 조직 내에서 인정받지 못할 수도 있다는 것이다. 다소 황당한 이야기처럼 들리겠지만 중국 회사에는 실제로 이런 경우가 비일비재하다.

중국의 평등한 조직 문화의 기원은
철저한 자본주의

중국에 진출한 한국 기업들의 조직 구조는 대부분 한국인을 간부로 앉히고, 그 밑에 중국인 팀원들을 거느리는 구조로 되어 있다. 중국인 직원들이 겉으로 표현하지는 않지만 그들은 속으로 중국 시장에 대한 이해가 부족한 한국인 상사들을 무시하곤 한다. 기업의 태생이 한국의 기업 문화를 가지고 있기 때문에 그들이 굳이 스스로 나서서 분위기를 바꾸려 하지도 않는다.

모든 직장인이 '오늘보다 더 나은 미래'를 위해 노력한다. 하지만 방법에 있어서는 한국인과 중국인이 조금 다른 것 같다. 이직률이 낮은 한국에서는 상사의 눈 밖에 벗어나지 않고 상사를 잘 보필하는 것이 출세의 방법이라 여기는 사람이 많다. 하지만 경쟁이 치열한 중국에서는 상사를 제치고 올라서거나 프로젝트를 주도하여 업계에서 인정받고 다른 회사의 높은 자리로 옮겨가는 것이 출세의 방법이라 여긴다.

필자가 중국에서 생활하고 중국 기업들과 함께 일하면서 가장 많이 느낀 점은 중국은 철저한 자본주의 시장이라는 것이다. 중국 개혁개방을 성공적으로 추진하여 중국이 급속히 발전할 수 있는 발판을 마련했던 덩샤오핑의 정책 기조인 '흑묘백묘론'만 보아도 중국이 얼마나 실리를 중시하는가를 알 수 있다.

중국인들의 직업관은 지극히 자본주의적이다. '회사가 근로자의 능력을 얼마나 인정해주고, 그에 상응하는 가치를 책정하느냐가 능력 있는 인재를 회사에 잡아둘 수 있는 안전장치다. 주변으로부터 인정받지 못하는 상사가 오래도록 자리를 지키고 있고, 그로 인해 자신에게 기회가 돌아오지 않는다면 그 회사에는 다달이 월급만 기다리는 저급 인력만 남는 것이 당연하다.

이러한 사례는 중국에 진출한 한국 기업들에서 종종 볼 수 있다. 아이를 둔 여직원들은 장기 근속하는 반면, 남직원들은 근속 기간이 그다지 길지 않다. 여직원들은 가정 경제에 도움이 되기 위해 출세보다는 적당히 일하며 꾸준히 월급 받는 것을 중요하게 생각한다. 반면 남직원들은 가정 경제를 주도적으로 책임져야 하기 때문에 빠른 출세와 높은 급여를 중요하게 생각한다. 하지만 한국 기업은 근로자의 능력과 무관하게 승진의 기회가 적어 장기적으로 일하기가 쉽지 않다. 또한 중국 기업과 비교했을 때 한국 기업의 급여가 결코 높지 않아 중국인의 입장에서는 한국 기업에서 일하는 것이 그다지 좋은 선택이 아니다.

승진의 기회와 적절한 처우 조건, 한국 기업은 이 2가지를 모두 채워주지 못하다 보니 능력 있는 고급 인력을 채용하기가 어렵다. 결국 능력 있고 주도적인 직원보다는 적당히 일하고 월급만 받으려는 부류의 중국 직원들만 회사에 남게 되어 한국 기업들의 악순환은 계속된다.

회사 사정상 적합한 처우를 해줄 수 없다면 승진의 기회라도 열어주어야 하지 않을까 싶다. 하지만 대다수의 한국 기업이 중국인은 믿지 못할 사람, 내성이 약한 사람, 다른 회사에서 돈을 더 주면 언제든 떠날 사람이라 여기기 때문에 그런 과감한 결단을 내리지 못한다.

여러 번 강조하지만 중국은 인력 시장마저도 철저히 자본주의다. "우리 회사는 가족 같은 회사입니다"라며 중국인들이 이해할 수 없는 사탕발림을 하기보다는 직원들이 떠나지 않도록 조직 분위기를 개선하고 근로자의 능력에 따라 적절한 대우를 해주는 것이 현명한 방법이다.

우리에겐 낯선
중국의 음주 문화

"나는 상대방에게 술을 받을 때 공손하게 두 손으로 받았는데, 내가 술을 따를 때 중국인은 술잔을 가만히 테이블 위에 올려놓고만 있었다."

"술잔에 술이 반이나 남아 있었는데 또 따라주려고 해서 남은 술을 다 마셔 버렸다. 중국인들은 왜 술을 억지로 먹이는지 모르겠다."

"술잔이 비어 있는데도 술을 따라주지 않아 자작을 했더니 테이블 건너편에 앉아 있던 중국인이 건방지게 검지와 중지로 테이블을 톡톡 두드렸다."

여행이나 출장 등으로 중국에 와서 중국인과 함께 술자리를 갖게 되면 독특하고 재미있는 경험을 하게 된다. 그중 우리에게 낯선 중국의 음주 문화에 대해 알아볼까 한다.

술을 받을 때는 테이블을 '톡톡' 두드려라

상대방에게 술을 받을 때 중국인들은 검지와 중지, 두 손가락으로 테이블을 '톡톡' 가볍게 두드리곤 한다. 필자도 처음 중국에 왔을 때 그 모습이 너무 재미있게 느껴져 중국인들에게 그 이유를 물어보았는데, '술을 따라줘서 감사하다'라는 의미라고 한다.

술을 받을 때 테이블을 두드리게 된 데에는 재미있는 유래가 있다. 중국 청나라 제6대 황제인 건륭제(乾隆帝)는 종종 서민처럼 옷을 입고 궁 밖으로 나가 민생을 살피는 미복잠행(微服潛行)을 했다. 대신들도 황제를 따라 평상복으로 갈아입고 황제를 보필했다.

황제와 대신들은 서민 행세를 하며 세간을 둘러보다 힘들면 차관(茶馆, 찻집)에 들러 쉬기도 했다. 궁에서는 황제가 차를 하사하면 대신들은 무릎을 꿇어 황제에게 감사를 표하고 하사받은 차를 마셔야 하지만, 미복잠행을 할 때는 황제의 신분을 노출시키면 안 되기 때문에 대신들은 무릎을 꿇을 수가 없었다.

건륭제는 대신들에게 무릎 꿇는 것을 손가락으로 테이블을 톡톡 두드리는 것으로 대신하라고 하였다. 이것이 오늘날까지 전해져 내려오면서 술을 받을 때 '감사하다'는 의미로 예의를 표현하는 방법이 되었다고 한다.

그렇다고 술을 받을 때 무조건 테이블을 두드리는 것은 아니다. 보통은 다른 사람이 술을 따라주려고 하면 술잔을 들어 술을 받는다. 그러나 중국에는 술잔이 비워지기 전에 술을 따라주는 첨잔 문화가 있기 때문에 술을 한 모금이라도 마셨다면 누가, 언제, 어디서 술을 따라줄지 가늠하기가 어렵다. 행여나 다른 사람이 술을 따라주었는데 늦게 발견해 술잔을 들 타이밍을 놓쳤다면 그때도 테이블을 가볍게 '톡톡' 두드려주면 된다.

술잔 돌리기는 금물

우리는 술잔을 맞대고 건배를 하기도 하고, 결속력을 다진다는 의미로 자신의 잔을 상대방에게 권하며 술잔을 돌려 마시기도 한다. 간혹 중국에 출장 온 한국인이 술에 거하게 취해 중국인에게 "의리!"를 외치며 한국 문화라고 소개하고 술잔을 권해 중국인을 당혹스럽게 만들기도 한다. 우리는 중국인이 잘 씻지 않고 위생과 거리가 멀다고 여기곤 하는데, 중국인은 입으로 들어가는 것의 위생에는 매우 민감하다. 그들은 절대 남이 사용하던 식기나 잔을 돌려 사용하지 않는다. 잘 지켜보면 캔 음료수도 직접 입을 대고 마시지 않고, 빨대를 쓰는 경우가 대부분이다.

왜 내 시선을 피하는 거지?

우리는 윗사람이 술을 권하면 잔을 부딪친 후 고개를 돌려 술을 마신다. 아이러니하게도 이 문화는 중국에서 유래되었다. 중국 송나라 수양서《소학(小學)》에는 '어른의 면전에서 술을 마시지 못하며, 돌아앉거나 몸을 뒤로 돌려 마신다'라고 명시되어 있다. 그러나 오늘날에는 술을 마실 때 고개를 돌려 시선을 회피하면 상대방에게 '당신이 불편하다'라는 의미로 전달될 수 있다. 술잔을 부딪치면서 상대방의 눈을 보며 함께 박자를 맞춰 술잔을 입에 대고 떼는 것이 좋다. 또한 혼자 빨리 마시는 것은 '당신과 술을 마시고 싶지 않다'라는 의미로 받아들여질 수도 있기 때문에 체면을 중시하는 중국인들에게는 큰 실례가 될 수 있다.

"건배"를 외쳤다면 원 샷!

술자리에서 "건배"를 제안했다면 잔을 비워야 한다. 건배(干杯)는 '마를 건' 자와 '잔 배' 자가 합해진 단어로, '잔을 비우다'라는 뜻이다. 우리의 '원 샷'을 의미한다. 그리고 누군가가 "건배"를 외쳤다면 같이 건배를 해주는 것이 에티켓이다. 그러나 술을 못 마신다면 상대방에게 양해를 구하고 음료수를 마셔도 된다. 술에 취해 주사를 부리는 사람을 고운 시선으로 바라보는 사람은 없다. 술은 기분 좋을 때까지만 적당히 마셔야 상대방과의 관계를 오래 유지할 수 있다.

중국인이 싫어하는 선물

중국어 발음을 이용한 언어유희, 해음현상

'사랑하는 연인에게 신발을 선물하면 멀리 도망간다'라는 말이 있다. 비록 미신이기는 하지만 이 속설로 인해 연인 사이에 신발을 선물하는 것은 금기시되고 있다. 연인끼리 신발을 선물하지 않는 것은 우리나라만 해당하는 것이 아니다. 미국, 캐나다, 영국 등도 같은 이유로 연인에게 신발을 선물하지 않는다.

이와 비슷하게 중국에도 금기 선물들이 있다. 그러나 속뜻의 풀이 방법은 우리와 다르다. 우리는 물건의 성질과 특징에 의미를 두고 해석하지만, 중국은 단어의 발음이 같거나 비슷해서 다른 글자가 연상되는 해음(諧音)현상으로 그 의미를 풀어낸다.

해음현상의 좋은 사례가 바로 알리바바의 B2B 전자상거래 도메인이다. 알리바바의 도메인 주소는 www.1688.com이다. 어떻게 1688이라는 4개의 숫자가 알리바바의 도메인이 되었을까? 1688의 중국어 발음은 '이루빠빠'인데,

'하는 일마다 돈 버세요'라는 뜻인 '一路发发'의 발음이 '이루파파'다. 오픈마켓 전자상거래인 알리바바에 입점한 판매자들이 돈을 많이 벌라는 알리바바의 기원이 담겨 있다.

또한 숫자 520의 발음은 '우얼링'인데, '사랑해'의 '워아이니(我爱你)'와 발음이 비슷하다고 하여 사랑하는 연인들이 자주 사용한다.

하지만 해음현상이 이렇게 다 좋은 뜻만 가지고 있는 것은 아니다. 때로는 해음현상으로 인해 좋지 않은 의미를 내포하는 경우도 있다. 좋은 마음으로 상대방에게 선물하는 것인데 괜한 오해를 살 수도 있으므로 몇 가지 선물은 피하는 것이 좋다.

탁상시계는 중국어로 '종(钟)'이라고 발음한다. '끝내다', '죽다'의 뜻을 가진 '마칠 종(终)'의 발음도 '종'이다. 만약 거래처에 탁상시계를 선물한다면 관계를 정리하자는 의미 혹은 사업이 망하라는 의미로 오해를 살 수도 있다.

그렇다면 손목시계는 괜찮을까? 탁상시계와 달리 손목시계는 '비아오(表)'라고 쓴다. 하지만 이는 매춘부를 일컫는 '비아오(婊)'와 발음이 똑같기 때문에 여성에게 손목시계를 선물하는 것은 상당한 실례가 될 수 있다. 하지만 명품시계라면 상대방은 매우 기쁘게 받을 것이다.

한국에서는 명절이면 지인들에게 과일 선물을 하곤 한다. 주로 큼지막한 사과나 배를 많이 선물하는데, 중국에서는 배를 선물하지 않는다. 배의 중국어 발음이 '리(梨)'인데, '이별하다'의 발음도 '리(离)'이기 때문이다. 만약 배를 반으로 잘라서 먹게 된다면 '나누다'라는 뜻의 '分'까지 붙게 된다. '분리(分离)'는 '헤어지다'라는 의미이므로 당연히 좋지 않은 뜻을 내포하고 있다.

과일 선물을 할 때는 사과를 선택하는 것이 좋다. '사과'의 중국어 발음은 '핑궈(苹果)'인데, '평안하다'의 '평안'(平安)과 발음이 비슷해 건강과 안녕을 기원한다는 의미를 내포하고 있다. 중국에서는 크리스마스이브를 '핑안예(平安夜)'라고 부른다. 그래서 중국인들은 크리스마스이브에 사과를 선물하곤 한다.

거북이를 선물하는 경우는 극히 드물겠지만 애완동물을 선물한다면 거북이는 피하는 것이 좋다. 장수를 상징하는 거북이가 중국에서 왜 안 좋은 의미로 받아들여질까? 중국어 욕 중에는 '왕빠단(王八蛋)'이라는 것이 있다. '왕빠(王八)'는 거북이나 자라를 가리키는 말이지만 기생집의 '기둥서방'이라는 뜻도 가지고 있다. 거기에 자식을 의미하는 '알(蛋)'이 붙었으니 우리말로 치면 '개자식'이라는 욕과 같이 부모와 자식을 일타양피로 욕보이는 말이다. 그러나 황금 거북이는 누구나 환영할 것이다.

우리는 결혼식이나 돌잔치에 참석한 하객들에게 감사의 인사로 우산을 선물하곤 한다. 그러나 중국에서는 우산 선물은 피하는 것이 좋다. 중국어에서 우산은 '싼(伞)'으로 발음되는데, '흩어지다' 또는 '헤어지다'도 '싼(散)'으로 발음되기 때문에 좋지 않은 의미로 전달될 수 있다.

반대로 이런 해음현상을 잘 이용하면 중국인에게 좋은 인상을 남길 수도 있다. 필자는 한때 88골드라는 한국 담배를 중국 거래처에 선물하곤 했다. 중국에서 8은 '빠(八)'로 발음되는데, '돈을 벌다'의 '파차이(发财)'의 '发'와 발음이 비슷하여 중국인들이 상당히 좋아했다. 8이 2개나 들어가 있고 옆에 금(金)까지 붙어 있으니 어찌 좋아하지 않겠는가.

중국에서 계약서를 작성할 때 주의할 점

중국에서는 계약서를 써야 법적 보호를 받는다

중국에는 매년 약 9억 장의 계약서가 생긴다는 통계가 있다. 그만큼 계약서 작성이 습관화되어 있다는 이야기다. 기업과 기업이 이미 협업 중이라 하더라도 내용이 조금 바뀌거나 업무 조정이 필요하면 변경된 내용에 대한 보충 계약서를 작성한다. 그러다 보니 장기간 제휴하는 기업의 경우, 계약서가 책 한 권 분량으로 늘어나는 상황도 종종 발생한다.

계약서가 추가될 때마다 며칠씩 소요되는 절차로 인해 업무가 지연되는 것을 참지 못하는 일부 한국 기업은 이런 중국의 계약서 문화가 책임 회피를 위한 중국인 특유의 고질병이라며 진저리를 치기도 하지만 어쩌면 중국에 진출하려는 한국 기업들이 배워야 할 꼼꼼함이 아닐까 싶기도 하다.

중국에도 엄연히 법이 존재한다. 하지만 해외 기업이 중국 기업과 법적 분쟁에서 승리하기는 쉽지 않다. 이처럼 법의 보호를 받지 못하는 중국에서 왜 계약을 체결해야 하는 것일까?

해외 기업이 중국 기업을 상대로 한 소송에서 법적 보호를 받는 것은 쉽지 않지만, 법적 분쟁에 휘말렸을 때 피해를 최소화하기 위해서라도 계약서는 반드시 필요하다.

"계약서 하나 주고받는 간단한 일이 왜 한 달씩 걸리는 거야? 일단 일 먼저 진행해!"

가끔 한국 기업들과 이야기하다 보면 안타까운 상황을 종종 접하게 된다. 중국에 대한 이해도가 떨어지는 오너의 성급한 판단과 그것을 우려하는 중국 직원들의 의견이 대립되곤 한다. 중국 직원들이 어떤 부분을 걱정하는지 몇 가지 사항을 짚고 넘어가려 한다.

구두 약속은 정식 계약이 아니다

14억 인구라는 방대한 내수시장에서 성공한 모습을 꿈꾸며 중국 진출을 준비하는 한국 기업이 상당히 많다. 정부기관을 통해 관련 중국 기업을 소개받기도 하고, 박람회 등을 통해 중국 기업들과 직접 교류하며 파트너를 물색하는 것이 일반적인 중국 진출의 첫 단추다. 협업 의사를 밝힌 중국 기업을 만나게 되면 상대방의 마음을 사로잡기 위해 함께 저녁 식사를 하고 자연스럽게 술자리를 갖기도 한다. 술잔을 기울이며 함께 일하자고 약속하고 기분 좋게 헤어진다 해도 다음 날 중국 기업은 언제 그랬냐는 듯 다른 말을 하는 경우도 있다.

한국에서는 구두 계약도 그에 대한 증거가 있다면 효력이 발생하기도 한다. 하지만 구두 계약은 중국인들이 가장 이해하지 못하는 한국의 계약 문화다. 술을 마시며 상대방 기분을 맞춰주려고 내뱉은 말을 계약이 성사된 것처럼 오해하는 한국 사장님들이 더러 있다.

"도움이 필요하면 언제든 내게 말해. 내가 중국에서 사업할 수 있도록 도와줄게!"

중국에서 이런 말을 들어보지 못한 사람은 없을 것이다. 자신과 상대방의 체면을 생각해 내뱉은 형식적인 인사였을 뿐이다. 중국에서는 지면으로 된 계약서에 쌍방이 날인한 것이 아니라면 계약으로 인정받을 수 없다는 것을 명심하자.

경영권을 확보하라

계약 문화에 다소 취약한 한국 기업들이 한국 방식으로 중국 시장에 접근해 종종 마찰이 발생하는 경우도 있다. 중국 기업과 제휴해 합작법인을 설립하는 경우, 한국 기업들은 지분 구조가 회사의 경영권이라고 오해하고 접근하는 경향이 있다. 한국 측의 투자 지분 비율이 높다고 하여 '이 회사는 내 회사이고, 내가 사장이다'라는 식의 단순한 접근은 매우 위험한 발상이라 할 수 있다.

해외 기업이 중국 기업과 함께 법인을 설립하는 방법으로는 합자기업(合资企业)과 합작기업(合作企业)이 있다. 합자기업은 지분에 의해 투자자 간의 관계가 정의된다. 벌어들인 수익을 투자 지분만큼 나눠 갖는 구조이므로 우리나라의 '유한 회사'와 비슷한 개념이다.

반면 합작기업은 우리나라에서 비슷한 유형을 찾을 수가 없다. 합작기업은 계약서에 의해 회사가 운영되고 이윤 분배 방식을 정하기 때문에 계약서를 어떻게 작성하느냐가 매우 중요하다. 합작기업의 경우, 계약서를 작성할 때 쌍방의 권리와 의무, 책임 항목에 경영권에 대한 명시를 정확히 해야 한다. 만약 계약서에 경영 주체에 대한 규정을 정확히 명시하지 못했다면 상대방의 동의를 구해 경영 주체에 대한 항목을 추가하고, 앞서 설명한 것과 같이 다시 관련 기관의 심사와 허가를 받아 그 효력을 발생시켜야 한다. 중국 측이 "회사 경영은 한국 측에서 하세요"라고 구두로 말했다고 해서 경영권이 넘어오는 것으로 착각해서는 안 된다. 반드시 경영권에 대한 주체를 계약서에 명시해야 한다.

중국에서 사용하는 동사장과 총경리 직책에 대한 개념이 다소 생소하게 느껴질 수 있다. 우리로 치면 동사장은 대표이사 또는 이사장, 총경리는 CEO 또는 사장이라고 해석하면 이해하기 쉬울 것이다.

과거 외국인 투자자 합자/합작 형태의 제휴 관계에서 동사장, 총경리에 대한 이해도가 부족하여 많은 분쟁이 발생하기도 했다. 동사장은 회사의 법정 대표, 총경리는 일선 경영 책임자로, 그 역할이 분명하게 나뉘어져 있다. 일반적으로 동사장은 회사의 최대주주로서 최고 권력을 가지고 있지만 동사장이 비상근일 경우에는 총경리에게 실질적인 권한을 모두 부여하는 경우도 있다.

중국의 직위와 기업 문화가 익숙하지 않은 한국 기업들은 '동사장'이 최고 권위자라고 생각해 동사장의 직위에 욕심을 내곤 한다. 과거 중국에 대한 이해도가 부족하던 시절, 중국 파트너가 이를 악용해 한국 파트너에게 동사장 직위를 양보하고 계약서 한쪽에 운영 주체를 총경리 경영제로 명시하거나 이사회를 중국 파트너의 지인들로 구성해 한국 투자자가 권한 없이 허울만 동사장이 되는 황당한 경우가 발생하기도 했다. 동사장이라는 직위를 욕심내 회사를 빼앗기는 일이 바로 이런 경우에 속한다고 보면 된다.

중국의 직책별 호칭

중국에서 비즈니스를 하면 실무 담당자인 '징리(经理)'를 가장 많이 접하게 되는데, 중국어를 잘 모르는 사람들은 간혹 한국어로 풀이하여 출납을 담당하는 경리와 착각하기도 한다. 중국에서 경리(经理)는 우리의 과장에 해당하는 직책이다.

중국에 체계적인 직책이 도입된 역사는 그리 길지 않다. 개혁개방 이전에는 민간기업이 없었고 국가 소유의 국유기업만 존재했기 때문에 사회주의 이념으로 모든 사람의 직책이 '혁명동지'로 통일되었다. 1979년 개혁개방 이후 민영기업들이 생겨나기 시작하면서 오늘날과 같은 직책이 사용되기 시작했다.

중국의 직책은 한국과 부르는 명칭이 달라 헷갈릴 수 있어 아래에 간략히 정리하였다. 중국의 직책은 한국과 마찬가지로 업종과 회사 규모에 따라 그 쓰임새가 조금씩 다르지만 일반적으로 많이 사용하는 직책을 나눈다면 다음과 같다.

董事长(동사장)	회장, 회사의 오너
总裁(총재) 总经理(총경리)	CEO 또는 사장의 직책으로, 일반적으로 많이 사용되는 것은 총경리이지 만 IT 업계에서는 총재라는 표현을 사용하기도 한다.
副总经理(부총경리)	부사장
总监(총감)	팀 또는 부서를 책임지는 우리의 부장에 해당하는 직책으로, 2000년 이 후 IT 업계에서 먼저 사용되었지만 오늘날 대부분의 회사에서 사용되고 있다.
经理(경리)	한국의 차장 또는 과장에 해당하는 직책이지만, 총감이 따로 없는 회사에 서는 팀장인 경우가 많다.
主管(주관) 主任(주임)	일반 기업에서는 대리에 해당하는 직책이다. 그러나 주임의 경우, 정부기 관에서는 한 부서의 총괄 책임자에 해당하기 때문에 상당히 높은 직책에 해당한다.
专员(전원)	사원
助理(조수)	비서 또는 조수를 담당하는 직책이지만 중국 비즈니스를 할 때 조심해야 하는 사람들이기도 하다. 동사장의 조수는 우리가 알고 있는 비서가 아니 라 조직에서 2인자에 해당하는 경우가 많다.

만약 상대방의 직책을 잘 모르거나 의도적으로 높여서 불러주고 싶다면 성(姓) 뒤에 总(zǒng, 종)을 붙이는 것이 좋다.

계약서의 모든 페이지에 날인하라

드라마를 보면 그룹 회장님이 계약을 체결할 때 고급 만년필로 계약서 마지막 페이지에 멋지게 자필 사인을 하곤 한다. 그런 모습이 멋져 보였는지 일부 한국 사장님들도 계약서 마지막 페이지에 날인을 하거나 회사 직인을 찍는 경우가 있다. 중국어 계약서는 내용을 읽어도 잘 모르니 직원의 말만 듣고 계약서의 마지막 페이지에 날인을 하는 것이다.

그러나 야속하게도 드라마와 현실은 참 많이 다르다. 현실에서는 계약서의 모든 페이지에 직인을 찍어야 계약서 내의 모든 내용이 법적 보호를 받을 수 있다. 그렇게 하지 않으면 직인이 없는 페이지가 바꿔치기 될 위험이 있다.

중국에서 회사 대 회사로 계약을 체결할 때는 모든 페이지에 직인을 찍고 계약서를 포개어 한 번 더 직인을 찍어야 계약이 안전하고 완벽해진다.

중요한 계약서는 공증을 받아라

계약서가 법적 보호를 받으려면 공증과 변호사 심사를 동시에 받는 것이 좋다. 공증을 받은 계약서는 법적 분쟁이 발생했을 경우 시비를 가릴 때 법원에서 인정받을 수 있으며, 변호사 심사를 추가로 받은 계약서는 분쟁 발생 시 유효한 계약서라는 것을 인정받을 수 있다. 중국은 법 체계가 정립되어 가고 있는 과정이다. 계약서가 법적 보호를 받기 위해서는 여러 단계의 안전장치가 필요하다. 중국 법에는 공증을 받아야만 유효하다고 명확히 규정되어 있지 않기 때문에 공증과 변호사 심사를 모두 받아놓아야 안전도가 높아진다.

재미로 읽는 중국 상식

한국 사장님들이 중국에서 망하는 지름길

중국어는 몰라도 된다?

누구나 '낫 놓고 기역 자도 모른다'라는 말의 뜻을 알고 있을 것이다. 낯선 중국에서 사업을 하는데 중국어를 모른다는 것은 말 그대로 낫 놓고 기역 자도 모르는 것이다.

중국에서 사업하는 사장님들 중에는 수년이 지나도 중국어를 하지 못하는 분들이 상당히 많다. 그런 사장님들은 공통점을 가지고 있다. 통역을 시키려는 것인지, 연애를 꿈꾸는 것인지 모르겠지만 예쁘장한 여직원을 데리고 다니며 모든 의사소통을 그녀에게만 의존한다.

계약서도 볼 줄 모르기 때문에 거래처가 제시한 불리한 계약서를 보고도 그지 배시시 웃으며 OK 사인을 보내는 우리의 사장님들을 볼 때면 마음이 아프다.

중국에는 없는 게 너무 많다?

필자가 중국을 처음 여행할 때는 눈에 보이는 모든 것이 돈으로 보였다. 한국에는 있는데 중국에는 없는 것이 너무 많았기 때문이다. 여행하는 내내 속으로 '한국에 있는 것을 내가 먼저 가지고 들어오면 대박인데!'를 수십 번도 더 되뇌었다. 그중에는 노래방 기기도 있었다.

'한국에는 노래방이 그렇게 많은데 중국에는 노래방이 없네? 노래방 기계를 유통하면 돈을 벌 수 있겠구나!'

그러나 필자가 현실을 인지하는 데는 그리 오래 걸리지 않았다. 노래방이 없는 것이 아니라 노래방의 형태가 우리와 다른 것이었다. 우리나라보다 유흥 문화가 더 발달된 중국에서는 노래방 기계만 가져다 놓는다고 해서 되는 것이 아니었다(중국의 노래방은 한국의 룸살롱 같은 형태다).

물론 중국에 정말 없는 것들도 있다. 그러나 그것은 중국 시장에 수요가 없어서 없는 것

뿐이었다. 마치 우리가 샹차이(고수)를 먹지 않고 중국인들이 깻잎을 먹지 않는 것과 마찬가지로 말이다.

회사의 정체성은 사장 마음대로다?

"우리 회사의 사장은 한국인이지만 회사는 현지화했습니다."

정확히 무엇을 현지화했다는 것인지는 잘 모르겠지만, 일단 직원의 국적과 급여 수준은 현지화가 되어 있다. 그러다 직원이 연차를 연이어 사용한다면 이런 말을 하기도 한다.

"한국에서는 꿈도 못 꿀 일이야. 한국에서는 이렇게 휴가 쓰고 출근하면 책상이 없어져 있어!"

어리둥절한 중국 직원들은 "그래서 저 사람이 이야기하는 건 우리 회사가 한국 회사라는 거야, 중국 회사라는 거야"라며 혼동을 느낀다. 중국 직원들에게 한국 회사인지 중국 회사인지 노선을 확실히 정하고 행동하라.

꽌시가 최고의 해결책이다?

중국의 꽌시는 비즈니스에서 중요한 역할을 한다. 그런데 그것이 사업의 전부라고 생각해서 일명 꽌시를 만든다는 명분으로 흥청망청 많은 돈을 쓰며 시간과 체력을 낭비하는 사람들이 있다.

꽌시라는 것은 어떻게든 만들 수 있겠지만, 중요한 것은 꽌시의 형성이 아니라 꽌시의 깊이와 실체다. 하지만 우리 사장님들은 공무원이라고 하면 간이며 쓸개며 다 빼주면서 "하오 펑요(好朋友, 좋은 친구)"를 외치며 놀기 바쁘다. 정작 도움이 필요할 때 그들은 알아보겠다고 말한 후 연락을 끊곤 한다.

진정한 꽌시를 만들고 친구가 되고 싶다면 그들과 비즈니스적으로 함께 일하면서 성공적인 합작 사례를 만드는 것이 더 중요하다.

일 처리가 빠른 편법을 선택한다?

중국은 행정 절차가 참 복잡하고 비효율적이어서 작은 일 처리도 번거롭고 오래 걸리는 경우가 많다. 부조리와 부정부패로 물들어 있는 중국 시장에서 이런 사업자들의 귀찮은 고민들을 자신의 꽌시로 신속하게 해결해주겠다고 나서는 브로커가 상당히 많다.

한국어도 통하고 같은 한국인으로서 답답한 내 마음도 알아주는 브로커의 친절함에 왠지 모를 신뢰감까지 형성된다. 결국 브로커에게 의존하여 비즈니스 컨설팅까지 받아가면서 사업 방향을 재설계하는 경우도 있다. 하지만 브로커의 목적은 수고료다. 브로커의 꿍꿍이에 휩쓸려 배가 산으로 가는 일은 없어야 한다.

거래처의 오너만 상대한다?

부하 직원이 머리를 긁적이며 어렵게 말을 꺼낸다.

"사장님, 중국 회사에 연락했는데 미팅에 경리가 나오겠다고 하는데요?"

"경리? 감히 경리 따위가 나를 상대하겠다고? 경리는 됐고 회사 대표 나오라 그래!"

우리의 높으신 사장님들, 중국까지 오셔서 자존심 구기셨다. 한국에서는 거래처의 신입 사원에게 머리를 조아리는 경우도 많은데, 중국에만 들어오면 하염없이 높으신 VIP가 된다.

인사 청탁이나 꽌시 소개 등 번거로운 부탁을 피하기 위해 표면적으로 드러나는 것을 싫어하는 중국의 사장님들도 있다. 그들은 경리나 총감 직급의 명함을 들고 다니기도 하고, 때로는 회사를 물려받을 2세나 가족, 친지가 직원으로 있는 경우도 많다. 비록 상대 회사 직원의 직급이 낮다고 하더라도 예의를 갖추고 업무 협의를 진행하는 것이 좋다.

해외 기업이 중국에서 할 수 있는 사업은 따로 있다?

해외 기업과 어깨를 나란히 하는 중국의 전략적 성장

중국 시장의 정책 변화를 지켜보고 있으면 때로는 올림픽 같다는 생각이 들곤 한다. 공산당이라는 땅 주인이 중국이라는 큰 운동장을 만들어놓고 올림픽을 개최하면 세계 각국의 선수들이 자유롭게 경기에 출전한다. 그러나 이 올림픽은 경기 종목에 따라 선수의 참가 자격이 조금씩 다르다.

중국이 대단하다고 여겨지는 것은 바로 경기 참가 자격의 분류 방법이다. 중국이 잘하는 종목은 해외 선수가 자유롭게 출전할 수 있도록 장려한다. 예를 들어 탁구와 같이 해외 선수가 출전해도 중국을 이기기 어려운 종목은 완전히 개방한다. 그렇다고 무조건 중국이 잘하는 종목만 장려하는 것은 아니다. 만약 새로운 경기 종목이 나왔는데 중국이 스스로 육성하기에 리스크가 있거나 자체적인 역량이 부족한 경우에는 해외 기업들이 중국에 체육관을 세우고 선수들을 배양할 수 있도록 장려한다.

그러나 중국 선수가 잘하는지 해외 선수가 잘하는지 애매한 종목은 해외 선수에게 불리한 제한을 두거나 중국인과 함께 팀을 조직해 참가하도록 제한한다. 또한 경기와 상관없는 운동장의 잔디나 운동 기구 같은 국가 기반 산업은 외국인이 절대 하지 못하도록 금지하고 있다. 이런 기반 산업을 외국인에게 개방하면 결과적으로 중국이 돈을 버는 게 아니라 외국인이 돈을 버는 꼴이 되기 때문이다.

이렇게 해외 선수의 올림픽 참가 규칙을 만들어놓은 것을 '외상투자산업지도목록(外商投资产业指导目录)'이라고 한다. 크게 3가지, 즉 해외 선수가 혼자 출전할 수 있는 종목, 중국 선수와 함께 팀을 만들어 출전할 수 있는 종목, 해외 선수는 절대 출전할 수 없는 종목으로 분류하고 있는데, '외상투자산업지도목록'에서는 해외 기업의 중국 사업에 대한 장려 산업, 제한 산업, 금지 산업으로 표현한다.

인터넷 관련 사업을 예로 들면, 중국에서 인터넷 관련 사업을 하려면 ICP라는 '전신 업무 경영 허가증'이 반드시 필요하다. ICP는 'Internet contents

---

중국에 진출하고 싶다면 '외상투자산업지도목록'을 봐라!

구분	산업 종류
장려 산업	제한 산업과 금지 산업을 제외한 대부분의 업종이 장려 산업에 속한다.
제한 산업	출판물 인쇄, 자동차 및 오토바이, 에너지 생산과 공급, 교통 운송 및 창고 저장, 소프트웨어와 정보 기술 서비스업, 주유소, 금융업, 교육, 과학 연구와 기술 서비스업, 의료 기구, 문화, 체육, 오락 관련업 등
금지 산업	무기 및 탄약, 우편물 국내 택배 업무, 담배, 중국 법률 자문, 의무 교육기관, 도서·신문·정기 간행물의 출판, 음반, TV 방송 프로그램 제작, 영화 제작 및 배급사, 네트워크 출판 서비스 등

provider'의 약자로, 우리의 '부가통신사업신고'나 '통신판매업신고'와 같이 '인터넷으로 수익을 내려면 관련 허가증 신고 및 허가를 취득해서 진행해야 한다'라는 정책이다.

ICP는 불과 2014년까지만 해도 해외 기업이 단독적으로 취득할 수 없었다. 그래서 인터넷 관련 사업을 하려면 리스크를 안고 편법으로 중국 회사 명의를 취득해야만 했다. 과거의 중국은 지금과 달리 인터넷 관련 산업 경쟁력이 떨어졌다. 인터넷은 중국 선수들이 잘하지 못하는 종목이어서 해외 선수들이 마음껏 출전하게 되면 결국 해외 선수들이 모든 메달을 휩쓸어버릴 것이 불 보듯 뻔했다. 그렇기 때문에 중국은 해외 기업이 중국에서 인터넷 관련 사업을 하고자 할 때는 외국 기업이 직접 들어올 수는 없고, 중국 기업과 한 팀이 되어 손잡고 들어오게 했다.

14억이라는 막강한 중국 시장을 포기할 수 없었던 해외 기업은 '울며 겨자 먹기' 식으로 중국 기업과 손을 잡고 중국 시장에 들어와야만 했다. 그 덕에 중국 기업들은 해외 기업들과 함께 일하며 기술을 축적하고 성장했다.

그러더니 어느 순간 전세가 역전되어 중국 기업이 오히려 해외 기업보다 더 잘하는 상황이 되었다. 자신들의 기술과 노하우를 가지고 중국에 들어왔던 해외 기업의 사업을 중국인의 입맛에 맞도록 탈바꿈시켜 성공한 것이다. 이와 유사한 일들이 점차 많아지더니 이제는 웬만해서는 인터넷 사업은 중국 기업이 더 잘하게 되었다.

2002년에 중국 시장 공략에 나섰던 세계 최대 전자상거래 업체 이베이가 후발 주자였던 알리바바에 밀려 5년 만에 중국 시장에서 퇴출되었다. 미국 콜택시 서비스 우버(Uber)도 중국에 진출했지만 동일한 서비스인 디디추싱(滴滴出行)에 밀려 원조 서비스인 우버차이나가 도리어 디디추싱에 인수되었다.

이제 중국 선수들이 해외 선수보다 더 잘하는데 굳이 시장을 개방하지 않을 이유가 없었다. 그래서 중국 정부는 2015년에 해외 기업도 단독으로 경기에 참가할 수 있도록 ICP를 개방했다. 어차피 중국 선수들보다 잘하지 못할 것이고, 그럼에도 불구하고 들어오겠다면 세수 확보, 일자리 창출 등 중국 입장에서 나쁠 것은 없을 테니 말이다.

2016년 12월, 외상투자산업지도목록의 일곱 번째 개정안(부록 참고)이 발표되었다. 주요하게는 외상투자 기업의 장려 산업 19건이 추가되었고, 제한 산업 38건, 금지 산업 36건이 개방·완화되었다. 외상투자산업지도목록에 제한 산업과 금지 산업이 개방·완화되었다는 것은 그만큼 중국의 기술력과 경쟁력이 향상되었음을 의미한다. 그동안 제한되었던 분야가 개방되었다고 좋아하는 사람들이 있다. 하지만 이는 우리에게 기회가 더 희박해졌다는 의미가 될 수도 있다.

정부는 정책을 내고, 기업은 대책을 낸다

정부의 정책을 수용하고
빠르게 대책을 마련하는 중국 기업들

중국은 급변하는 시장, 산업의 변화와 발전, 기업의 경쟁력 상승, 소비자 권익 보호, 국제 외교 관계 등 다양한 원인에 의해 산업과 관련된 정책이 시도 때도 없이 변하고 있다.

이렇게 중국의 정책이 하루아침에 바뀔 때면 중국 기업은 산업군에 따라 희비가 교차한다. 우리의 경우, 정책이 공정하지 못하다고 여겨지거나 비합리적이라고 여겨지면 관련 기관에 민원을 제기하고 항의라도 할 수 있지만 사회주의 국가인 중국에서는 쉽게 목소리를 내기 어렵다 보니 좋든 싫든 새롭게 바뀐 정책을 그대로 수용해야 한다. 중국 기업들의 경우, 정책이 불리하게 작용하면 이의를 제기하기보다는 새로운 정책을 수용하고 재빨리 편법이나 대안을 연구한다.

2014년에 중국에서 해외 직구가 이슈화되기 시작했다. 매년 증가하고 있는 중국의 해외여행, 점점 치열해지는 중국 인터넷 쇼핑몰의 경쟁 과열, 중국

내 유통되는 제품들에 대한 짝퉁 논란, 소비자의 국내 제품에 대한 불신 및 해외 직구 관심 증가, 지방 정부의 해외 투자 유치 등 여러 가지 이유로 해외 직구가 점점 화두로 떠올랐다. 2014년 7월, 정부가 보세구를 활용한 해외 직구 정책을 발표하면서 일부 타오바오나 구매 대행으로 존재했던 해외 직구가 활기를 띠기 시작했다.

'소비자를 위해 전자상거래의 해외 직구 사업을 지지한다!'

해외 직구 정책은 기존에 관세를 납부하고 수입하던 일반 무역과 비교해 혜택을 볼 수 있는 정책이었다. 해외 직구 제품은 일반 관세가 아니라 우편세금에 해당하는 행우세(行郵稅)를 적용시켰고, 세금이 50위안 미만인 경우에는 세금을 면제해주었다.

보수적인 중국 정부가 갑작스럽게 중국으로 들어오는 문을 개방하면서 전자상거래 사업자들은 너 나 할 것 없이 해외 직구 사업에 뛰어들었다. 하루가 다르게 치솟는 해외 직구 열기 속에서 중국 정부는 다시 새로운 정책을 발표했다. 시장을 체계적으로 성숙시킨다는 명목하에 '해외 직구 전자상거래를 운영하려면 해관(海关, 우리의 세관과 같음)과 결제 시스템을 연결해야 한다'라는 조건을 내건 것이다. 해외 직구 전자상거래 기업들은 해외 직구 사업을 계속 영위하기 위해서는 어쩔 수 없이 규정에 따라 모두 해관의 시스템과 연동해야만 했다. 그러자 정부는 얼마 지나지 않아 또다시 깜짝 발표를 했다.

'해외 직구 제품들도 국내 소비자를 대상으로 유통하는 것이므로 관세와 세금을 내는 것이 당연하다.'

이는 해외 직구 관련 기업들에게는 청천벽력과도 같은 정책 발표였다. 그러나 그들에게는 별다른 선택권이 없었다. 해외 직구 제품에 대해서도 관세와 세금을 납부해야만 했다. 이미 해관과 전자상거래 플랫폼의 결제 시스템을 연결한 상태라서 달리 피해갈 방법이 없었다. 이렇듯 전략을 좋아하는 중국은 단계를 나누어 수시로 정책을 바꿔가며 산업 생태계를 정부의 방향대로 이끌어나간다.

2015년 초에 중국에서 해외 직구 정책이 발표되었을 때 필자는 중국 정부의 해외 직구 장려 정책에 의구심을 가졌다. 보세구[18]를 통한 해외 직구 정책은 관세를 납부하고 수입하던 제품들과 비교해 가격이 월등히 낮아지기 때문에 기존의 오프라인 유통 산업을 죽이는 정책이라고 여겨졌다. 그래서 전자상거래 플랫폼 및 보세구 관련 업계 지인들에게 해외 직구 정책에 대한 의견과 향후 정책의 방향성에 대한 생각을 물어보았다.

업계 관계자들은 이와 같은 중국 정부의 시나리오를 잘 알고 있었다. 대외적으로 해외 직구를 앞세우고 뒤로는 지역 발전을 위해 지방 정부의 보세구에 해외 기업 및 투자 유치를 도모하려는 계획이라는 것이다. 더불어 당장은 해외 직구가 세금 혜택이 있지만 이러한 혜택은 일시적으로만 시행될 것이므로 기존의 오프라인 유통 산업은 걱정할 만큼 문제가 되지 않는다는 것이다. 또한 해외 직구 제품은 아무리 관세가 면제된다 하더라도 대량으로 수입되는 일반 무역 제품과 비교해 가격 경쟁력이 없기 때문에 일반 무역으로 수입하기 어려운 제품 위주로 발전하게 될 것이라고 했다.

---

18 보세구(保稅區): 일반적으로 외국에서 수입되는 화물은 세관에서 관세를 부과하고 징수한다. 그러나 중국은 1990년대부터 외국인 투자 및 중계 무역 활성화를 위해 일부 항구에 보세구를 설치하고 이 지역에 화물을 보관하는 경우 일단 관세를 부과하지 않고 있다. 이렇게 관세가 보류되는 지역을 보세구라고 부르며, 개인 소비자가 보세구에 보관된 제품을 구매하게 되는 경우 세금 감면 혜택이 있다.

2018년 중국의 해외 직구 현황

중국의 해외 직구 전자상거래 수입 규모

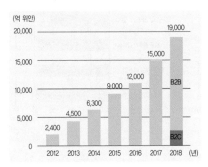

- B2B, B2C, C2C 등 전자상거래 플랫폼을 통한 중국의 해외 직구 시장 수입 규모는 1조 9천억 위안(한화 약 323조 원)에 달함
- 2018년 거래량 중, B2B 거래량은 83.2%(한화 약 268조 원)를 차지하며, B2C+C2C 규모는 16.8%(한화 약 55조 원)
※ B2B: 기업-기업 거래, B2C: 기업-소비자 거래

중국의 해외 직구 전문 전자상거래 점유율

※ 카오라
- 2016년 중국 해외 직구 분야 1위
- 2019년 9월 알리바바가 카오라를 인수하며 알리바바 점유율은 50% 이상
- 자체 운영 방식을 통해 제품 사입부터 가격 결정, 마케팅, 물류 및 고객 대응 등 전 프로세스를 플랫폼에서 운영하여 소비자의 신뢰도 상승

중국의 해외 직구 사용자 규모

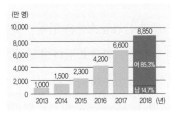

중국의 해외 직구 구매 국가 TOP5

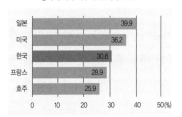

중국의 해외 직구 연령대

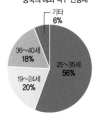

중국 해외 직구족의 월 평균 해외 직구 소비 금액

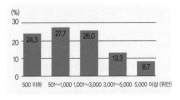

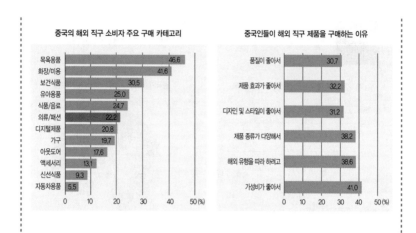

중국의 해외 직구 소비자 주요 구매 카테고리

카테고리	%
목욕용품	46.6
화장/미용	41.6
보건식품	30.5
유아용품	25.0
식품/음료	24.7
의류/패션	22.2
디지털제품	20.8
가구	19.7
아웃도어	17.6
액세서리	13.1
신선식품	9.3
자동차용품	5.5

중국인들이 해외 직구 제품을 구매하는 이유

이유	%
품질이 좋아서	30.7
제품 효과가 좋아서	32.2
디자인 및 스타일이 좋아서	31.2
제품 종류가 다양해서	38.2
해외 유행을 따라 하려고	38.6
가성비가 좋아서	41.0

중국에서 사업을 한다면
중국 정부의 속뜻을 잘 파악하라

시간이 지나고 보니 해외 직구 관련 정책과 산업의 흐름은 업계 사람들이 예측한 대로 흘러갔다. 미리 정책 방향의 흐름을 파악하고 있다면 분명 대책도 있을 것이라 생각되어 그들에게 어떤 계획이 있는지 물어봤지만, 앞으로 정부의 정책이 어떻게 변할지 예측하기 어렵기 때문에 정부가 새로운 정책을 발표하면 그때 대책을 마련하면 된다는 입장이었다. 하지만 대책을 찾는 것은 그다지 어려운 일이 아니므로 크게 신경 쓰지 않는다고 했다. 비교적 여유로운 그들의 태도를 보면서 중국 사람들이 자주 이야기하는 '정부는 정책을 내고, 기업은 대책을 낸다'라는 말이 피부에 와닿았다.

특히 2017년에는 사드(TTAAD) 배치로 인해 중국에 있는 많은 한국 기업이 직간접적으로 피해를 보게 되었다. 중국의 생태계가 정말 흥미롭게 느껴지는 것은 중국은 정부가 직접적으로 나서서 '하라!', '하지 말아라!'를 지시하지 않는다는 것이다. 단지 '나는 사드 배치를 반대한다' 정도의 정부 입장만 밝히면 지방 정부나 기업들이 알아서 몸을 사린다.

사드와 관련하여 한·중 관계가 민감한 신경전을 펼치고 있던 시기에 한국 언론에서는 '한국 연예인들의 중국 방송 출연 정지'라는 헤드라인 기사가 많이 나왔다. 그러나 중국 정부가 중국 내 방송사에 '중국 방송에 한국 연예인들을 출연시키면 안 된다'라고 공식적으로 발표한 적은 없다.

중국 정부는 공식적인 언급이 아닌 전략적인 방법으로 은연중에 정부의 메시지를 전달하곤 한다. '언중유골'을 잘 캐치하는 중국인들은 간접적으로 전달해도 그 속에 내포된 의미를 분명히 알아듣지만, 해외 기업들은 그 속뜻을 알기 어렵다. 중국 기업들은 정부의 입장을 분명히 알고 있으므로 괜한 리스크를 안고 '감히' 시도하지 않는다.

그러다 보니 "치사하게 이런 걸로 보복하나요?"라며 중국 정부에 공식 입장을 요청한다 해도 "나는 그런 일을 시킨 적이 없어요"라는 허무한 답변만 돌아오는 것이다.

이렇게 중국 정부의 입장으로 인한 피해는 한국 기업뿐 아니라 중국 기업에도 똑같이 해당된다. 그러나 중국 정부의 입장에 대해 기업이 대응하는 방법은 매우 상이하다. 한국 기업은 중국 정부가 공식적인 입장을 발표할 때까지 기다리거나 분위기가 완화될 때를 기다리는 반면, 중국 기업은 발 빠르게 다른 대안을 찾아낸다.

일례로 한국 연예인을 광고 모델로 계약한 한 중국 브랜드는 한한령(限韩令, 한류 금지령)이 터지자 계약 내용을 번복하고 광고 모델을 중국 연예인으로 대체했다. 그러나 한국 연예인을 완전히 저버리지는 않았다. 한한령의 일시적인 대안으로 방송과 인터넷이 아닌 오프라인 옥외 광고를 통해 방법을 풀어나 갔다.

우리와 다른 환경에서 살아가는 그들에게 합리와 공정을 내세운 우리의 방법을 전달하고 주입시키기보다 그들의 사회에 융화되어 그들과 함께 공생 할 수 있는 방법과 대안을 찾아내는 지혜가 필요하다고 생각한다.

중국 진출을 준비하는 스타트업의 사업계획서

Common Sense Dictionary of China

필자는 블로그를 통해 중국 비즈니스 이야기를 전하고 있다. 그래서 종종 한국 투자자의 질문을 받거나 중국에 진출하려는 기업의 사업계획서를 봐주기도 한다. 그동안 스타트업의 사업계획서를 보면서 느낀 몇 가지 주관적인 생각을 적어볼까 한다.

벤처 캐피탈들은 왜 스타트업에 투자할까

투자 회사들이 스타트업에 투자하는 목적은 크게 3가지, ①자사의 밸류체인(value chain) 연관성, ②소규모 투자 후 인수를 통한 신사업 기회 모색, ③엑싯(Exit, 자금 회수)으로 분류할 수 있다.

투자 회사마다 그 목적과 갈증 포인트가 각기 다르므로 스타트업은 투자를 받기 위해서는 투자 회사의 목적과 갈증 포인트를 정확히 짚고 넘어가야 한다. 필자가 그동안 만나왔던 스타트업의 사업계획서를 보면서 아쉬웠던 점들을 열거해보면 다음과 같다.

기술만 고집하는 자기만족형 사업계획서

IT 관련 스타트업 중에는 개발자 출신 사업자들이 많다. 개발자는 기술을 보유하고 있기는 하지만, 그것을 포장하는 능력이 떨어지는 경우가 많다. 어쩌면 업무의 특성상 인풋(Input)과 아웃풋(Output)이 정확히 맞아떨어져야 하기 때문에 습관적으로 포장을 잘하지 못하는 것인지도 모르겠다. 그런 사업자들을 볼 때면 '대신 홍보해줄 수 있는 언변 좋은 사람과 일하면 좋겠다'라는 생각이 들곤 한다.

이런 부류의 사업자는 상당수가 해당 기술의 특징과 장점만 강조한다. 해당 기술을 어디에, 어떻게 활용하고 적용할 수 있는지에 대한 고민이 부족해 듣는 이로 하여금 공감대 형성이 어렵고, 아이디어의 시장 접근성이 매우 제한적이다.

만약 투자자가 자사의 밸류체인을 강화하기 위한 목적이 있다면 사업자가 보유한 기술에 대한 이해도가 높기 때문에 설득하는 데 어려움이 없겠지만, 그 이외에는 투자자를 설득시키기 쉽지 않다.

구체적인 프로세스가 없는 추상적인 사업계획서

인터넷과 관련된 창업이 많다. 투자 자본이 다른 분야보다 상대적으로 적게 들기 때문이다. 필자가 만나본 사업자들 중 상당수가 여기에 속하는 부류였다. 이런 부류의 사업자들은 중국에서 현재 이슈가 되고 있는 트렌드를 쫓아 급하게 사업계획서를 만들기 때문에 아이템과 비즈니스 모델이 대체로 비슷하다.

그들은 사업 경험이 없는 사람들일까? 그렇지도 않다. 대부분은 이미 한국에서 관련 사업을 경험했던 사람들이라 해당 분야에 대한 이해도가 높은 편이다. 이 부류에 속하는 사람들에게 아쉬운 점은 바로 중국 시장 환경에 대한 이해 부족이다.

"플랫폼 론칭을 계획 중이면 홍보 비용에 대한 고민도 해보셨을 것 같은데, 플랫폼을 중국에서 어떻게 홍보할 계획인가요?"

"멤버십을 구현하려면 매장 영업 시스템(POS)과 연동되어야 할 텐데 어떻게 구현할 계획이죠?"

위와 같은 매우 기본적인 질문에도 횡설수설하며 제대로 답을 하지 못하는 경우가 많다. 홍보 채널과 비용에 대한 고민이 전혀 되어 있지 않고, 자사 플랫폼의 특징만 강조하거나 일단 론칭이 되면 자연스럽게 활성화될 것이라는 추상적인 사업계획서가 많다. 특히 11억 명 이상의 사용자를 보유한 위챗을 기반으로 한 사업 아이템이 상당히 많다. 그러나 위챗 시스템과 어떻게 연결되는지에 대한 언급은 전혀 없고, 위챗 공중계정[19] 버튼에 링크를 걸어두고는 위챗 시스템이라고 포장하여 설명하는 것이 대부분이다.

관련업에 대한 이해도가 부족한 투자자라면 어느 정도 관심을 보이겠지만, 업에 대한 이해도가 조금이라도 있는 실무자가 사업계획서를 보게 된다면 투자는 이루어지기 힘들 것이다.

---

19 위챗 공중계정: 약 11억 명이 사용하는 중국 SNS 메신저 위챗에 있는 기능으로, 굳이 비교한다면 '카카오 플러스'나 '페이스북 페이지'와 유사한 기능

방향성이 없는 사업계획서

"아이디어도 좋고, 기술과 방법도 매우 좋네요. 그래서 최종 목적은 무엇인가요?"

사업계획서를 보면 괜찮은 아이디어와 방법으로 플랫폼에 사람을 끌어모을 수 있을 것 같은 경우도 있다. 그런데 그런 방법론적인 내용은 잘 들어가 있는데, 결과적으로 무엇을 하고 싶은지 사업의 목적이 없는 경우가 있다. 예를 들면 이런 것이다.

'①중국에서 왕홍[20] 마케팅이 뜨고 있다. → ②플랫폼에 왕홍을 모아두기 위해 왕홍끼리 경쟁하는 오디션 콘텐츠를 넣는다. → ③그렇게 선정된 경쟁력 있는 왕홍을 우리 MCN[21] 회사에 모아둘 수 있다.'

그렇다면 이 사업의 최종 목적은 왕홍을 플랫폼에 모아두는 것인가? 그렇다면 플랫폼은 무슨 역할을 하는 것인가? 이 사업은 플랫폼 사업인가, 아니면 MCN 사업인가? 수익 모델은 플랫폼 광고인가? 왕홍을 활용한 브랜디드 광고 사업인가? MCN 매니지먼트 사업인가? 사업자가 이 정도 설명하면 내가 알아서 추측했어야 하는 건가?

사업계획서를 읽으면서 수만 가지 생각이 교차된다. 사업의 수익 모델이 반드시 하나일 필요는 없다. 수익 모델이 여러 개라면 우선순위를 두면 된다. 수익 모델의 근거도 없이 갑자기 2~3년 내에 수백억 대의 매출이 발생한다는

---

20 왕홍(网红): '인터넷에서 인기 있는 사람(网络红人)'의 약자로, 우리의 파워블로거와 유사한 개념이다.

21 MCN(Multi Channel Network): 유튜브, 아프리카TV 등과 같은 동영상 사이트에서 활동하는 1인 미디어 창작자의 콘텐츠 유통, 판매, 광고 유치 등 전반적인 관리를 해주고 수익금을 창작자와 나눠 가지는 비즈니스로, 연예인 기획사와 유사하다.

그래프가 나오면 다시 사업계획서의 처음으로 돌아가 관련 내용을 찾게 된다. '혹시 앞에 설명되어 있는데 내가 못 봤나?' 하고 말이다.

한국의 서비스를 그대로 중국에 론칭시키겠다는 사업계획서

아직도 중국이 낙후된 후진국이라고 생각하고 한국의 서비스를 그대로 중국에 론칭하면 성공할 것이라는 생각을 가진 사업자들이 있다. 그런 마인드로 사업계획서를 만드는 사람들을 보면 오히려 존경스럽기까지 하다. 인터넷 뉴스만 보더라도 중국의 인터넷 사업이 얼마나 발달해 있는지, 온라인 유통이 얼마나 체계적으로 이루어져 있는지 알 수 있을 텐데, 막무가내로 '한국의 서비스를 중국에 론칭하겠다'라는 식이다.

필자는 그런 사람을 2명 만나보았다. 그런데 다른 부류의 사람들보다 이들의 목적이 가장 분명했고 설득력도 가장 강했다. 그들의 이야기를 들으면서 '자사의 서비스가 중국 시장에 맞고 맞지 않고는 중요하지 않다'고 말하는 이유를 알 수 있었다. 이미 인지도 있는 서비스를 언급해야 투자자들이 알아들을 수 있고, 중국에서 해당 서비스를 한다고 포장하면 한국 투자자의 반응이 좋다는 것이다. 어차피 자신은 투자를 받고 나서 사업을 구체화하면 되기 때문에 일단은 사업계획서가 그럴싸하게 보일 수 있도록 포장하는 데 도움을 달라는 것이다. 오히려 이렇게 솔직하게 이야기하는 사업자는 대화하기가 편하다. 사업계획서가 멋져 보이도록 포장만 잘하면 되니까!

마지막으로 앞서 언급했던 투자자의 유형 중 '엑싯 목적의 투자'에 대한 이야기를 덧붙일까 한다. 벤처 캐피탈의 중국어는 '风险投资(리스크 투자)'다. 직설적으로 표현하면 위험한 투자, 투자의 출발점이 리스크라는 것이다. 필자의 스타일대로 표현하면 카지노에서 잭팟을 터트리기 위해 칩을 집어넣는 도박꾼의 투자 심리라고 본다. 벤처 캐피탈의 입장에서는 고귀한 잠재적 가치에 대한 투자라고 말할 수도 있겠지만, 필자가 볼 때는 '스타트업이 빠른 시일 안에 IPO를 하거나 매각을 통해 최대의 이익을 뽑아내겠다는 도박의 개념'이기 때문에 결국 벤처 캐피탈과 도박꾼의 투자 심리는 비슷하다고 할 수 있다.

스타트업의 사업계획서는 어떤 슬롯머신이 그나마 잭팟 터질 확률이 높은지를 판단하는 기준이다. 업에 대한 이해도가 부족한 투자자라면, 인터넷에 떠도는 HOT 키워드를 최대한 활용하라. 잘 알아듣지도 못하는 전문 용어를 써가며 '이 사업의 수익 모델이 어떻게 되는지', '왜 투자해야 되는지'를 이해시키는 것보다 일단 투자자들이 어디서 많이 본 단어들을 나열시키는 것만으로도 그들의 투자 심리를 움직이게 할 수 있다.

2015년 중국의 해외 직구 열기와 위챗의 발달로 인해 웨이상[22]이 이슈가 되면서 한국의 한 스타트업은 '해외 직구', '웨이상', 'B2B' 등 뉴스에 자주 오르는 HOT 키워드들을 조합해 그럴싸해 보이는 중국 유통 사업계획서를 만들어 여러 곳으로부터 투자를 유치했다. 결과적으로 그 스타트업의 투자 유치 작전은 성공을 거두었다. 심지어 대기업과 금융권도 투자했으니 말이다. 해당 스타트업이 내놓은 사업계획서는 사실 업계 사람들이 봤을 때는 전혀 설득력이 없고 중국의 법규상 실현할 수 없는 사업 구조였다. 이 회사의 유통 사업은 성공적이지 못했지만 중국 시장이 투자자들에게 얼마나 매력적인 시장인지를 대변해주는 것 같다.

---

22 웨이상(微商): 왕훙 웨이보나 위챗 등의 SNS를 활용하여 지인에게 제품을 홍보해 판매하는 C2C 판매 방식

투자 유치 대상이 누구인지 명확하게 파악하고 그에 맞는 사업계획서를 만들어라. 장님은 코끼리가 어떻게 생겼는지 모른다.

중국인은 '메이'를 입에 달고 산다

Common Sense Dictionary of China

자신의 잘못도 장사 수단으로 바꾸는 중국인들

중국 회사와 함께 일하다 보면 이해하기 힘든 일이 자주 발생한다. 특히 중국 회사의 잘못으로 인해 문제가 발생했는데도 아무렇지 않은 듯 당당하게 말하는 그들의 모습을 볼 때면 당황스럽기까지 하다.

일을 하다 보면 문제가 발생하게 마련이다. 그러나 그에 대응하는 자세는 한국과 중국이 너무나 다르다. 필자는 중국 회사들과 일하면서 문제가 발생하는 몇 가지 패턴을 발견했는데, 그 패턴은 다음과 같다.

"문제없습니다"

'没问题(méiwèntí, 메이원티)'는 'No Problem', 즉 '문제없습니다'라는 뜻이다. 실제로 중국 회사와 함께 일하다 보면 우리의 요구사항이나 제안에 대해 '메이원티'라는 말을 자주 듣게 된다. 거래처 중국 회사들뿐 아니라 같은 회사 내부의 중국인 직원도 이 말을 자주 사용한다.

그러나 '문제없다'는 중국 회사의 말만 믿어서는 안 된다. 생각지도 못했던 곳에서 문제가 발생하거나 우리가 생각했던 것과 다른 결과물이 나오는 경우가 많다.

과거 필자는 중국 공장에서 캐릭터 스피커를 생산하는 업무를 담당했다. 프로젝트를 진행하면서 발생할 수 있는 몇 가지 문제점을 거래처에 언급했지만 중국 회사는 연신 '문제없다', '가능하다'라는 답변만 되풀이했다. 오히려 필자에게 불필요한 걱정을 너무 많이 한다는 태도를 보였다. 그러나 완성된 샘플을 보니 문제없다고 했던 부분에서 큰 결함들이 발견되었고, 그것에 대한 해명을 요구하자 중국 회사는 아무렇지 않다는 듯 이렇게 답변했다.

"괜찮아요. 어차피 거기서 거기잖아요."

"괜찮아요. 어차피 거기서 거기잖아요"

'没关系, 差不多(méiguānxi, chàbuduō, 메이관시, 차부뚜어)'는 '괜찮아요. 별 차이 나지 않잖아요'라는 뜻이다. 중국에서 가장 무서운 말이 바로 이 말이 아닐까 싶다. 오죽하면 디테일에 약하고 대충대충 일 처리하는 중국인을 풍자한 '대충대충 아저씨(差不多先生)'라는 이야기가 책과 노래로 나왔을까?

기능상의 큰 문제만 없으면 굳이 작은 결함들은 문제될 것이 없다고 주장하며 나 몰라라 하는 중국 회사의 태도에 화가 나기도 하지만, 그렇다고 딱히 중국 회사가 잘못했다고 말하기도 어렵다. 양쪽이 생각하고 있는 품질 기준이 달라 중국 회사는 우리가 문제 삼은 것을 대수롭지 않게 여길 수 있기 때문이다.

일이 시작되기 전에 한국 회사와 중국 회사의 기준 차이를 명확히 해야 한다. 품질에 대한 기준을 표준화하기 위해서는 중국 회사가 역량이 되는 회사인지 실사 조사를 통해 기술력과 생산 공정, 결과물들을 검토해봐야 하며, 계약 내용에 디자인, 성능, 품질 등과 관련된 조건을 구체적으로 명시해야 한다. 그렇게 꼼꼼히 챙긴다 하더라도 문제는 발생하게 마련이다.

"방법이 없습니다"

'没办法(méibànfǎ, 메이반파)'는 '어찌할 방법이 없습니다'라는 뜻이다. 난처한 상황에 빠진 중국 회사에서 내놓을 수 있는 최후의 필살기가 아닐까 싶다. 중국 회사에서 이 말을 하는 단계까지 왔다면, 상황을 돌이킬 수 없다는 것을 빨리 인지하고 대응 방안을 마련해야 한다. 이런 상황에서 한국 회사가 노발대발하며 중국 회사에 항의하고 책임을 물어봤자 돌아오는 것은 아무것도 없다. 이럴 때는 오히려 당황하지 말고 다음 상황을 유리하게 만들 수 있도록 조건을 협상하는 것이 현명한 방법이다.

필자가 한국 브랜드의 주문을 받아 증정용 PET 물병을 생산한 적이 있다. 중국 절강성에 있는 공장에서 제품을 생산한 뒤 베이징의 창고까지 배송해주는 프로젝트였다. 제품 생산이 완료되자 공장에서는 물류 회사를 우리 쪽에서 안배할 것인지, 아니면 공장에서 이용하는 물류 회사를 통해 배송할 것인지를 물어왔다. 행여나 배송 과정에서 문제가 발생할 것을 염려하여 공장에서 이용하는 물류 회사를 통해 배송해 달라고 요청했다.

며칠 후 제품이 베이징 창고에 입고되었다는 연락을 받고 검수를 하기 위해 창고로 갔다. 제품을 검수하는 과정에서 수백 개의 제품이 뜨거운 물에 형체가 변형된 것을 발견했다. 그 상황을 공장에 알렸지만, 공장의 대응 방법은 매우 단순했다.

"어쩔 수 없어요. 당신네 회사에서 송장에 이미 수령 확인을 했잖아요. 다음에 또 주문하면 그때 문제된 수량만큼 더 생산해서 줄게요."

수많은 박스를 모두 뜯어보고 확인할 수도 없는 상황에서 중국 회사는 우리가 이미 제품 수령 확인란에 사인을 했으니 책임지지 않겠다는 입장이었다. 문제가 발생했을 때 중국 회사가 나 몰라라 할 것이라는 점을 충분히 예상하고 있었음에도 창고 관리자에게 제품 수령에 대한 주의를 주지 않은 것이 화근이었다.

제품 불량에 대한 중국식 환불 방법은 다음 생산 때 이번에 발생한 불량 제품 수량만큼 더 생산해 납품한다는 경우가 일반적이다. 즉 불량 제품에 대한 협상은 가능하지만 반드시 2차 오더를 해야 한다는 조건이 붙는 것이다. 자신의 잘못까지도 장사 수단으로 바꿔버리는 중국인들의 비즈니스 방법이 놀라울 따름이다.

재미로 읽는 중국 상식

**무엇이든 대충대충하는 중국인을 풍자한
대충대충 아저씨 '차부뚜어 선생전(差不多先生传)'**

차부뚜어 선생은 두 눈이 있지만 잘 보이지 않고, 두 귀가 있지만 잘 들리지 않고, 코와 입이 있지만 냄새를 잘 맡지도, 맛을 잘 보지도 못한다. 심지어 그는 뇌가 작은 것도 아닌데 기억을 잘 하지 못하고 사고방식도 그저 그렇다.

차부뚜어 선생은 이런 말을 자주 했다.

"사는 게 다 거기서 거기인데, 뭘 그리 꼼꼼하게 하려고 하는 거야."

차부뚜어 선생의 어린 시절, 어머니는 그에게 흑설탕을 사오라고 했지만 그는 백설탕을 사왔다. 어머니가 다그치자 그는 고개를 저으며 이렇게 말했다.

"흑설탕이나 백설탕이나 그게 그거잖아요."

후에 차부뚜어 선생은 한 상점에서 일하게 됐다. 그는 글을 쓸 줄도 알고, 계산할 줄도 알았다. 단지 정확성이 조금 떨어졌을 뿐이다. 종종 十(십)을 千(천)이라고 쓰고, 千(천)을 十(십)이라고 썼다. 상점 사장은 화를 내며 그를 다그쳤다. 그러자 그는 웃으며 이렇게 말했다.

"千이나 十이나 획 하나 차이인데, 거기서 거기 아닌가요?"

어느 날, 차부뚜어 선생은 급한 일이 생겨 상하이까지 기차를 타고 가게 되었다. 그는 2분 늦게 도착하는 바람에 기차를 놓치게 됐다. 점점 멀어져 가는 기차를 바라보며 그는 이렇게 중얼거렸다.

"내일 가는 수밖에 없겠군. 하긴 오늘 가나 내일 가나 그게 그거지. 그나저나 저 기차는 8시 30분에 출발하나 8시 32분에 출발하나 별 차이도 없는데 왜 그렇게 시간을 정확하게 지켜서 출발한 거야!"

차부뚜어 선생이 어느 날 갑자기 병에 걸리게 되었다. 가족들은 명의인 왕 선생을 찾기 위해 온 동네를 뒤졌지만 결국 찾지 못해 대신 수의사 왕 선생을 데려왔다. 차부뚜어 선생은 의사를 잘못 데려온 것을 알고 있었지만 통증이 너무 심해 더 이상 참을 수가 없었다.

"명의 왕 선생이나 수의사 왕 선생이나 거기서 거기지. 빨리 치료해주세요."

수의사 왕 선생은 소를 치료하는 방식으로 차부뚜어 선생을 치료했다. 그로 인해 차부뚜어 선생의 몸은 더 악화되었고, 죽음의 문턱까지 오게 되었다. 결국 그는 이 한마디 말을 남기고 세상을 떠났다.

"사는 거나 죽는 거나 다 거기서 거기겠지. 뭘 그리 열심히 살려고 하나."

차부뚜어 선생이 세상을 떠난 후, 사람들은 생전에 계산적이지 않고 따지지 않던 그를 융통성의 대가라며 찬양하기 시작했다. 그의 이야기는 전국 방방곡곡에 퍼졌고, 많은 사람의 본보기가 되었다. 그렇게 사람들은 모두 차부뚜어 선생이 되어 갔고, 중국은 결국 게으른 사람들의 나라가 되었다.

《차부뚜어 선생전》

중국의 오늘을 읽는 키워드

눈에 보이지 않는 밀당을 벌이는
중국과 미국

2001년 WTO 가입을 기점으로 엄청난 속도로 성장한 중국은 불과 10년 만에 일본을 따라잡고 이제는 세계 1위인 경제 대국 미국을 바짝 뒤쫓으며 G2 반열에 올랐다. 중국은 더 이상 우리가 알고 있던 값싼 노동력의 짝퉁 제조국이 아닌, 세계 경제를 움직이는 큰손이 되었다.

1980년대에 개혁개방 정책이 본격적으로 추진된 이후, 중국은 세계의 굴뚝을 자청하며 제조업을 경제 성장의 밑거름으로 삼고 해외 기업들을 중국으로 유치했다. 그 당시의 중국은 기술력은 물론 전반적인 산업 인프라가 열악했기 때문에 중국이 국제시장에 내밀 수 있는 카드는 값싼 노동력과 세금 감면, 공장 부지 제공의 혜택밖에 없었다.

낮은 인건비와 공장 부지 제공, 세금 혜택의 매력 때문이었는지 해외 기업들은 앞다퉈 중국으로 생산 공장을 이전했고, 덕분에 중국은 일자리 창출은 물론, 제조 산업과 관련 인프라를 모두 갖출 수 있었다. 중국이 WTO에 가입

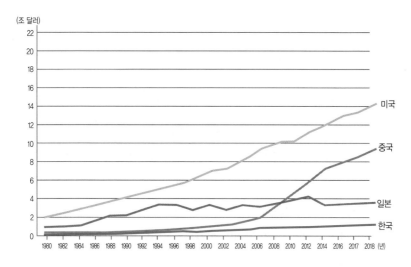

(조 달러)

한국, 중국, 일본, 미국 GDP 비교(출처: 세계은행)

한 이후 '메이드 인 차이나'의 값싼 제품들이 세계 곳곳으로 수출되면서 중국 경제는 급격히 성장했다.

중국은 오래전부터 미국을 제치는 것을 국가 발전의 목표로 삼고 맹렬히 뒤쫓았다. 마오쩌둥이 중화인민공화국을 건립한 후 미국을 따라잡겠다는 야망을 품고 대약진운동을 펼친 것만 보더라도 미국을 선망의 대상이자 경쟁자로 여겼던 것이 분명해 보인다.

중국의 급속한 경제 발전 속도에 가장 당황한 나라는 역시 미국이었다. 제2차 세계대전 이후 미국이 국제 사회의 중심에서 국제 질서를 주도해왔는데, 갑작스럽게 성장한 '차이나 파워'가 점점 영향력을 행사하며 미국의 목을 죄어오고 있으니 어찌 당황하지 않을 수 있겠는가.

미국의 달러와 중국의 위안화, 화폐전쟁의 결말은?

중국의 경제학자 쏭훙빙(宋鴻兵)이 저서《화폐전쟁》에 언급한 것처럼 오늘날의 전쟁은 '금융전쟁'이기도 하다. 미국은 패권을 지키기 위해 지출해야 할 곳이 많다. 그러나 미국 국민들로부터 거두어들이는 세금이 그 지출을 따라가지 못하고 있다 보니 하는 수 없이 모자란 재정을 채우기 위해 국제 사회에 국채를 대량으로 발행하고 있다. 그런데 미국이 발행한 국채를 중국이 사들이고 있다. 비록 금리가 높지 않지만 이자를 얻을 수 있고, 채권자로서 미국을 향한 목소리를 높일 수 있으니 중국 입장에서는 미국 국채를 매입하는 것이 유리하다고 판단했을 것이다.

중국은 벌어들인 달러를 다시 미국에 빌려주면서 미국의 국채를 대량으로 사들였다. 한마디로 중국은 미국에 수출하고 차용증만 받아오는 형태로 미국의 채권자가 된 것이다. 이렇게 중국에게 써준 차용증이 걷잡을 수 없이 증가하자 미국은 위안화의 가치를 낮춰 부채를 줄이려는 꼼수를 부리곤 한다. 미국의 꼼수가 효과를 발휘한 것인지 2016년, 중국은 위안화 절하를 막기 위해 외환 보유고를 사용하면서 미국 국채가 크게 감소했다.

미국은 자신의 목을 거머쥐는 차이나 머니를 견제하기 위해 위안화의 가치를 낮추려고 노력하고, 중국은 기축통화[23]로서 인민폐(人民币, 중국 화폐)의 가치를 미국 달러보다 높이기 위해 호시탐탐 기회를 노리고 있다. 아시아에 '아시

---

23 기축통화: 금과 더불어 국제 금융 거래의 기본이 되는 통화

아 개발 은행(ADB)'이 있음에도 불구하고 일대일로 프로젝트를 추진하며 중국이 주도하는 '아시아 인프라 투자은행(AIIB)'을 별도로 설립한 것만 보더라도 중국이 인민폐의 국제적 입지를 높이기 위해 노력하는 것을 알 수 있다.

비록 외적으로는 미국과 중국이 대립적인 구도로 보이지만 이 두 나라는 떼려야 뗄 수 없는 공생 관계다. 미국은 중국에 대한 생산의존도가 높고, 14억 중국 인구의 소비력을 무시할 수 없기 때문에 아슬아슬 줄타기하듯 적정선을 유지하며 공존하고 있다. 마치 티격태격 싸우면서도 한 침대를 쓰는 부부 같은 모습이다. 양국이 서로 자존심 싸움을 벌이다가도 북핵 문제로 하나 된 의견을 보이는 것만 보아도 중국과 미국의 관계는 때와 상황에 따라 유동적으로 작용한다는 것을 알 수 있다.

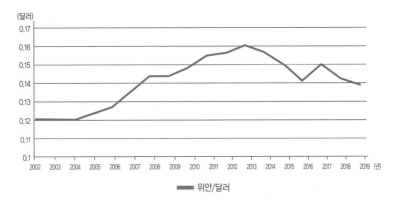

위안화 대비 미국 달러 환율 변화(출처: 세계은행)

세계 제일 제조 강국을 꿈꾸다

중국의 경제가 성장할수록 심화되는 불균형

중국이 표면적으로 미국을 위협하는 2위 경제 대국으로 성장하기는 했지만 내부적으로는 급격한 경제 성장으로 인한 부작용으로 성장통을 겪고 있다. 경제 성장에만 중점을 둔 탓에 부의 양극화 현상이 점점 심화되고 있고, 저가의 '메이드 인 차이나'로 승부했던 중국산이 국제 사회에서 점점 경쟁력을 잃어가고 있다.

기술력이 배제된 채 노동집약적으로 생산 규모만 키우며 성장해왔던 중국의 제조 산업은 발전의 한계에 부딪혔다. 과거와 같이 저가 경쟁력으로 승부하는 것만으로는 점점 업그레이드되는 소비자의 욕구를 충족시키기 어려운 시대가 왔기 때문이다. 게다가 중국은 제조업 발전을 통한 경제 성장에만 집중한 나머지 그로 인해 발생하는 공급 과잉, 에너지 낭비, 환경오염 문제 등으로 곪아가고 있다. 한마디로 그동안의 눈부신 경제 성장은 개발도상국에서 흔히 볼 수 있는 '빛 좋은 개살구'였던 것이다.

중국은 경제가 성장할수록 '부익부, 빈익빈'의 부의 불균형이 점점 심화되어왔다. 경제학적으로 국가의 소득 불균형 수준을 지표로 보여주는 지니계수[24]가 있다. 다음 그래프를 통해 알 수 있듯 중국의 지니계수는 꾸준히 상승해왔다. 참고로 전 세계에서 빈부 격차가 높은 순위를 살펴보면 32위 중국(46.5%), 43위 미국(45%), 73위 일본(37.9%), 110위 영국(32.4%), 125위 한국(30.2%) 순이다.

사회 구성원이 노동을 통해 실현된 이익을 공정하게 배분하는 방식으로 누구나 평등한 사회를 추구한다는 이상적인 사회주의 정치 이념과 달리 중국

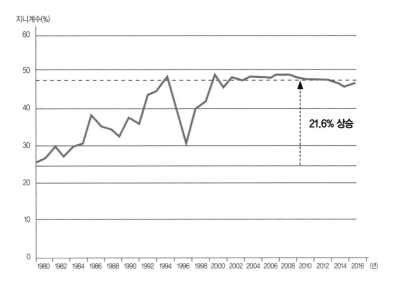

1980~2016년 중국의 지니계수 변화 추이

---

24 지니계수(Gini coefficient): 지니계수가 높을수록 빈부 격차가 심각하다는 것을 의미한다. 비록 지니계수가 국가의 전반적인 소득 분배 불균형을 대변한다고는 할 수 없지만 빈부 격차의 흐름을 파악하기에는 좋은 지표다.

의 부는 결코 평등하게 분배되지 못하고 있다.

부유 계층은 더 부유해지고, 빈곤 계층은 계속 빈곤에 허덕이는 심각한 빈부의 양극화 속에서 중국 정부는 부의 불균형을 어떻게 풀어야 할지 고민 중이다. 중국은 언 발에 오줌을 누듯 빈부 격차를 낮추기 위해 임시방편적으로 노동자의 임금을 올리고 있다. 최근 중국의 임금 상승률은 연평균 10~20%이며, 최저임금도 매년 큰 폭으로 인상되고 있다. 2018년 2,120위안이었던 베이징의 최저임금이 2019년 2,220위안까지 올랐다. 2009년에 800위안이었던 것과 비교하면 10년 사이에 자그마치 3배 가까이 인상된 것이다. 거기에 노동자 복지를 위한 5대 보험[25] 등 사회 보장 비용이 추가되고 있어 기업의 부담은 더욱 커지고 있다.

빈부 격차를 해결하기 위해 노동자의 최저임금을 올리고 나니 이제는 제조 기업에서 문제가 발생했다. 저가의 노동력을 활용해 대량생산과 박리다매[26]로 성장해왔던 중국의 제조 기업들이 높아진 인건비 때문에 회사 경영이 힘들어진 것이다.

이런 현상이 나타난 것은 중국 기업뿐만이 아니었다. 저가의 노동력 때문에 중국에 공장을 세웠던 해외 기업들도 높아진 인건비에 부담을 느껴 동남아시아와 같은 저자본 국가로 눈을 돌리거나 자국으로 공장을 옮기기 시작했다.

그동안 중국의 경쟁력은 오로지 값싼 인건비였던 것이다. 이러한 상황에서 중국이 변화하지 않으면 앞으로 국제적 경쟁력을 점점 더 잃어갈 형편이다.

---

25 5대 보험: 국민연금(养老保险), 의료보험(医疗保险), 실업보험(失业保险), 산재보험(工伤保险), 출산보험(生育保险)
26 박리다매(薄利多賣): 상품 가격을 낮게 하는 대신 판매를 대량으로 하여 이윤을 남기는 것

제조 강국의 꿈을 담은
'중국제조 2025' 전략

중국은 과거 제조업 중심의 산업구조에서 경제 발전과 산업의 균형적 발전을 위해 산업구조의 개혁을 꾀하고 있다. 기존의 강점인 2차 산업은 물론, 부가가치가 높은 3차 산업까지 확대하려는 계획이다.

값싼 노동력을 바탕으로 단순히 해외 기업들에게 공장 부지를 빌려주고 제품을 대신 생산하는 것에 그치는 것이 아니라, 첨단 기술과 핵심 원천 기술력을 확보하고 산업 인프라를 구축하여 품질 경쟁의 제조 강대국으로 거듭나는 것이 오늘날 중국이 내세우고 있는 '중국제조 2025' 전략의 배경이다.

'중국제조 2025'는 2015년 양회[27]에서 리커창 국무총리가 언급하며 구체화된 중국 제조 산업의 개혁 방향이다. 그 핵심 내용은 '제조업과 인터넷의 융합을 통한 제조업 업그레이드'를 일컬으며, 향후 10년 안에 기존의 제조 대국에서 제조 강국 반열에 오르는 것을 목표로 하고 있다.

'중국제조 2025'는 2012년에 독일이 발표한 '4차 산업혁명(Industry4.0)'의 정보통신 기술과 제조업의 융합 모델을 기반으로 하고 있으나, 중국의 '4차 산업혁명' 배경은 독일과 조금 차이가 있다. 기술력을 바탕으로 균형적이고 안정적인 제조 산업 생태계를 가지고 있는 독일은 자동화에서 정보화로 넘어가는 4차 산업혁명이지만, 중국의 제조업은 자동화조차 제대로 갖추지 못한 2차 산업혁명 수준에서 3차 산업혁명 단계를 건너뛰고 바로 4차 산업혁명으

---

27 양회(两会): 매년 3월에 개최되는 중국 최대의 정치 행사로, '전국인민대표대회'와 '전국인민정치협상회의'를 일컫는 회의다. 양회를 통해 중국 정부의 운영 방침이 정해진다.

■ **중국제조 2025 로드맵**

분류	주요 내용
단계별 목표	1단계(~2025년): 제조업의 IT 경쟁력 확보를 통해 제조 강국 단계에 진입 2단계(~2035년): 글로벌 제조 강국의 중간 수준까지 도달 3단계(~2045년): 글로벌 제조 강국의 선도적 지위까지 도달
10대 전략 산업	차세대 IT, 바이오, 신소재, 농업 기계, 전력 설비, 新동력 자동차, 선진 궤도 교통 장비, 첨단 해양 장비, 항공 우주, 고정밀 수치 제어 및 로봇
9대 목표	1. 국가의 제조업 혁신 능력 제고 2. 정보화와 공업화의 심층 융합 추진 3. 공업 기반 능력 강화 4. 품질 및 브랜드 강화 5. 친환경 제조의 전면 추진 6. 중점 분야의 비약적 발전 추진 7. 제조의 구조조정 심화 8. 서비스형 제조와 생산 관련 서비스업 적극 추진 9. 제조의 국제화 수준 제고

(출처: KOTRA)

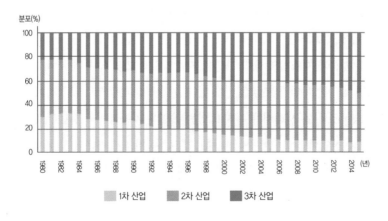

중국의 산업구조(출처: 중국 국가통계국)

1차 산업혁명	2차 산업혁명	3차 산업혁명	4차 산업혁명
증기 기계 설비	전기를 사용한 대규모 생산 설비	IT 기술을 활용한 자동화 생산	무선통신을 통한 스마트 생산

로 넘어가야 한다.

전 세계의 첨단 장비와 제품들이 대부분 중국에서 생산되고 있지만 중국은 노동 집약적인 생산과 조립만 할 뿐 핵심 기술과 부품은 모두 해외에서 들여오고 있다. 핵심 기술력이 없기 때문에 생산 규모만 클 뿐 자체 기술력만으로 완제품을 생산하는 것은 아직도 버거운 실정이다. 볼펜심도 2017년이 되어서야 해외에 부품을 의존하지 않고 자체적으로 생산할 수 있게 된 것을 보면 중국 스스로도 '대이불강'[28]이라고 말하는 게 이해가 된다.

최근 중국의 공장들도 자동화와 로봇을 겸비한 생산 라인으로 대체하고 있지만 아직도 사람이 생산 현장에 투입되어 나사를 조이고, 도색 염료를 뿌리고 있는 중소 제조 기업이 상당히 많다.

현시점에서 중국은 생산 라인의 자동화와 정보화라는 두 마리 토끼를 잡아야 하는 4차 산업혁명을 꿈꾸고 있다. 상황이 이러하니 중국은 독일보다 해

---

28 대이불강(大而不强): 규모는 크지만 강하지 않다.

야 할 일이 많다. 노동력을 사람에서 로봇과 자동화로 대체해야 하고, 정보화까지 갖추어야 한다.

그나마 다행인 것은 중국은 인터넷 기업들이 주도가 되어 클라우드 컴퓨팅, 빅데이터, 인공지능, 사물인터넷, 핀테크 등의 산업이 상당히 발달되어 있고, 제조 기업들이 로봇 자동화를 적극적으로 추진할 수 있도록 중국 정부가 전폭적으로 지원하고 있다는 것이다.

중국의 제조 기업들도 소비 수준이 향상된 국내 소비자에 맞춰 품질 경영을 시도하고 있다. '대륙의 실수'라고 불릴 정도로 가격 대비 성능이 뛰어난 중국 브랜드 제품들이 연이어 출시되고 있고, 스마트폰 분야는 국제시장을 장악할 정도로 발전했다.

다만 발전 수준이 천차만별인 중국 제조업 품질 수준을 앞으로 어떻게, 그리고 얼마나 표준화하여 전반적으로 국제적인 경쟁력을 갖추도록 육성할 것인지가 '중국제조 2025'가 풀어야 할 숙제다.

시진핑이 꿈꾸는 '중궈멍'과 '일대일로' 비전

Common Sense Dictionary of China

중국의 꿈은 곧 나의 꿈, 중궈멍, 워더멍

2012년에 시진핑이 공산당 총서기로 당선되었다. 후진타오에 이어 14억 중국 인민을 이끌어갈 중국 최고 권력자가 된 것이다. 국가 주석의 신분으로 주요 정계 지도자들과 함께 국가박물관에 방문한 시진핑은 국가박물관의 한 코너였던 '부흥의 길(复兴之路)'을 관람하며 입을 뗐다.

"많은 사람이 중궈멍(中国의 꿈) 이야기를 하는데, 저는 중화민족의 위대한 부흥을 실현하는 것이야말로 가장 위대한 중국의 꿈이라고 생각합니다."

시진핑의 말을 통해 그가 실현하고자 하는 중국의 미래가 부강(富强)이라는 것을 예측할 수 있었다. 여기서 말하는 부(富)는 과거 덩샤오핑이 주장했던 선부론과는 조금 차이가 있다. 단순히 경제적인 부유함만을 이야기하는 것이 아니라 세계 경제를 움직일 만큼 강력한 영향력을 가진 국가가 되는 것, 유일한 경쟁 상대인 미국을 제치고 세계 최고의 위치에 오르는 야망과도 같은 것이다.

중화인민공화국을 건립한 마오쩌둥의 공적, 중국의 개혁개방을 이끌며 오늘날 중국 경제 발전의 초석을 다졌던 덩샤오핑, '3개 대표론'[29]과 함께 '해외로 나가자(走出去)'라는 슬로건으로 공산당의 이론 정립과 국제화 전략을 추진했던 장쩌민, 부의 재분배를 통해 빈부 격차를 줄이고 조화로운 사회 건설을 추진했던 후진타오 등 역대 중국 최고 지도자들은 중국의 미래 방향성을 제시하고, 임팩트 있는 업적을 남겼다.

시진핑은 중국 인민들에게 어떤 지도자로 기억되고 싶었을까? 시진핑이 선택한 슬로건은 '중국의 부흥'이었다. 세계에서 가장 부강했던 청나라의 부흥을 오늘날 다시 한 번 재현하는 것이다. 그러나 '중화민족의 위대한 부흥(中华民族伟大复兴)'이라는 직접적인 말로는 인민들의 감성을 자극할 수 없었다. 시진핑은 '중국의 꿈은 곧 나의 꿈'이라는 의미인 '중궈멍, 워더멍(中国梦, 我的梦)'을 슬로건으로 내걸었다. 국가와 인민의 꿈을 하나로 일체화시키고 '다 함께 잘 살아보자'라고 외친 것이다.

중국과 인민이 모두 부강해지기 위해서는 어떻게 해야 할까? 월급쟁이는 아무리 열심히 일해도 로또에 당첨되지 않는 한 계속해서 월급쟁이로 살아갈 수밖에 없듯이 이미 포화 상태인 중국 내수시장에서 아무리 아등바등 발버둥 쳐봐야 발전에는 한계가 있다.

시진핑은 내수 경제 발전보다는 세계를 부루마불 게임에 올려놓는 큰 그림을 구상했다. 중국이 아시아의 큰형으로서 주도하는, 아시아와 유럽, 아프

---

29 3개 대표론: 중국 공산당은 ①선진 사회 생산력(사영기업가), ②선진 문화 발전(지식인), ③광대한 인민(노동자와 농민)의 근본 이익을 대표해야 한다는 것으로, 노동자와 농민의 적이었던 자본가와 지식인을 품 안에 끌어들이겠다는 내용이다.

리카를 하나의 경제벨트로 묶어주는 현대판 실크로드 '일대일로 사업(一帶一路, One belt, One road)'이 바로 그것이다. 시진핑 정권이 들어서면서 추상적으로 언급했던 '중궈멍'의 구체적인 실현 방향이 제시된 것이다.

전 세계를 아우르는 중국의 경제로드, 일대일로

'일대일로'는 중국에서 출발해 중앙아시아를 거쳐 유럽으로 나가는 육상 실크로드 '일대(一帶)'와 중국에서 출발해 동남아시아를 거쳐 아프리카와 유럽으로 이어지는 해양 실크로드 '일로(一路)'를 합쳐서 일컫는 말이다.

중국이 야심차게 준비한 일대일로 사업은 총 65개 국가를 가로지른다. 거대한 경제 인프라 건설은 물론 통상, 산업, 지역 개발을 아우르는 엄청난 규모의 사업이다. 중국은 관계국들과의 상생(win-win)을 선택했다. 동업과 협업을 통해

중국의 육상·해상 실크로드 '일대일로'

관계를 더욱 돈독히 하고 함께 발전하고 성장함으로써 같이 잘 살자는 것이다.

그동안 고속성장을 지속했던 중국의 경제성장률이 점차 정체되고 있는 가운데, 중국은 새로운 성장 동력의 기반을 국내가 아닌 해외로 보았다. 그렇다고 해외 개발만 추진하는 것은 아니다. 육상 실크로드와 해양 실크로드를 연계하면 중국 대부분의 지역이 함께 발전하게 된다. 즉 개혁개방 이후 동부 연안의 항구 위주로 발전해왔던 지역 발전 불균형을 해결할 수 있게 된 것이다.

일대일로는 중국의 크고 작은 고민거리를 한 번에 해결할 수 있는 기회이기도 하다. 과거 덩샤오핑의 개혁개방이 무조건적인 발전에 주안점을 두고 추진한 선부론이었다면, 시진핑의 일대일로 사업은 중국을 균형적으로 발전시키는 균부론이 아닐까 싶다.

일대일로 사업은 1차적으로 철도, 도로망, 항만, 항공, 석유 및 가스 수송로 등 대규모 물류 인프라 건설 사업으로 중국 경제를 부흥시키고, 2차적으로 참여국들과 자유로운 무역을 통해 과잉 생산된 중국 자원을 해외로 내보내며, 주변국들과 거래를 할 때 위안화를 사용함으로써 인민폐의 국제적 입지와 차이나 머니의 영향력을 확대하겠다는 의도를 엿볼 수 있다.

시진핑 정부가 일대일로 관계국들과 논의한 5가지 사항은 다음과 같다.

1. **정책 소통**: 정부 간 소통 및 협력을 통한 실무 추진
2. **인프라 연계**: 육로, 수로, 항만, 에너지 파이프라인 등의 인프라 건설
3. **무역 상통**: 무역 장벽 완화, 투자 촉진, 첨단 산업 협력 촉진
4. **자금 융통**: 국제 금융 협력 강화 및 확대, 실크로드 기금 운영 추진
5. **민심 상통**: 문화, 학문, 체육, 의료, 취업, 관광 등 전반적인 민간 교류 확대

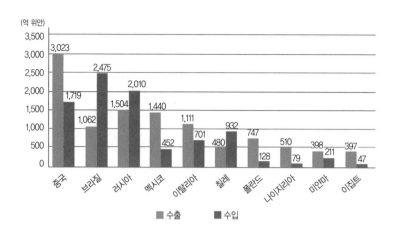

(억 위안)

	수출	수입
중국	3,023	1,719
브라질	1,062	2,475
러시아	1,504	2,010
멕시코	1,440	452
이탈리아	1,111	701
칠레	480	932
폴란드	747	128
나이지리아	510	79
미얀마	398	211
이집트	397	47

2019년 상반기 일대일로 교역국 TOP10의 무역 규모(출처: 중국 해관)

일대일로 사업은 일종의 협동조합과도 같다. 중국은 일대일로 사업에서 가장 많은 지분을 보유한 조합장이 된다는 계획도 가지고 있다. 미국 중심으로 돌아가는 글로벌 경제 구도에서 중국도 진정한 G2 국가로서의 면모를 보이겠다는 의지이기도 하다.

2017년 5월, 베이징에서 일대일로 포럼이 개최되었다. 29개국 정상과 130 개국 정부 인사, 학자, 기업가, 매체 등 1천 5백여 명이 참가한 일대일로 포럼 은 중국 최대의 국제 협력 행사였다. 이 포럼은 2013년 일대일로 사업 추진 선언 이후의 성과를 국제 사회에 공유하고, 다시 한 번 일대일로 사업의 중요성을 널리 알려 더욱 많은 국제 협력을 이끌어내야 하는 중요한 자리였다.

그러나 일대일로 포럼에서 일대일로 사업에 대한 세계 각국의 우려를 충분히 공감할 수 있게 되었다. 중국이 제안한 무역성명서 초안에 EU 국가들이 냉담한 자세를 보인 것이다. 중국이 제안한 무역성명서 초안에는 시공 업체 선정에 대한 투명성이 보장되지 않았고, 중국 기업들이 편익을 누리도록 구성되어 있었다. 게다가 인도는 최근 중국과의 국경 분쟁으로 인해 일대일로 포럼에 참가하지도 않아 중국의 외교 관계에 대한 지적도 나오고 있다.

중국의 꿈을 담은 일대일로 사업은 이론적으로 중국뿐 아니라 여러 나라가 서로 상생할 수 있는 멋진 프로젝트임은 분명하다. 하지만 자칫 일대일로 사업이 중국의 이익만을 위해 추진되는 것은 아닐까 하는 우려 섞인 시각도 많은 것이 사실이다. 중국이 일대일로 관련 사업들을 어떻게 투명하게 이끌어나가고 관계국과의 외교 관계를 얼마나 두텁게 만들 것인지가 관건이 될 것이다.

우리도 똘똘 뭉쳐보자, AIIB

Common Sense Dictionary of China

중국의 거대한 개발 계획을 위한 AIIB 설립

일대일로 사업은 어찌 보면 스타트업 창업처럼 느껴지기도 한다. 창업자 시진핑과 그의 행동대장 리커창은 2013년에 일대일로 사업계획서를 들고 중앙아시아와 동남아시아를 순회하며 각국의 리더들에게 일대일로 사업이 얼마나 매력적인지를 설득했다.

인도, 파키스탄, 방글라데시, 미얀마 등 동남아시아 개발도상국을 비롯해 영국, 프랑스, 독일 등 EU 국가까지 대부분 일대일로 사업계획서에 매료되어 투자 의사를 밝혔다. 그중에는 한국도 있었다. 각국의 투자 의사를 확인한 중국은 '아시아 인프라 투자은행(AIIB, Asian Infrastructure Investment Bank)' 설립을 국가 전략으로 발표했고, 2015년 12월 말에 57개 회원국과 함께 AIIB를 공식적으로 출범시켰다.

일대일로 사업은 거리만 해도 자그마치 수만 킬로미터에 달하는 상상 초월의 거대한 개발 사업이다. 일대일로 사업에 투자하지 않은 국가는 인프라

개발에 참여할 수 없기 때문에 수익률이 보장된 사업을 포기하는 것과 마찬가지였다.

일대일로 사업을 본격적으로 시작하면서 57개 국가는 AIIB 계좌에 돈을 입금했다. AIIB 출범은 중국의 자존심이자 그동안 미국이 주도하고 있던 글로벌 금융시장에 내민 중국의 도전장이었다. 중국 입장에서는 AIIB 설립을 통해 '차이나 머니'의 힘을 키우고, 기축통화로서 인민폐의 입지를 굳힐 수 있는 기회를 전략적으로 만든 것이다.

미국은 당연히 중국의 AIIB를 불편하게 여길 수밖에 없었다. 그동안 글로벌 금융은 미국의 달러가 이끌어왔는데, AIIB 출범은 앞으로 중국 인민폐의 파워를 강화하여 미국 달러의 파워를 분산시키겠다는 것과 같은 말이기 때문이다.

"아시아에는 이미 '아시아 개발은행(ADB)'이 있잖아!"

미국은 아시아 개발은행을 언급하며 중국의 AIIB 설립을 말렸다. 하지만 아시아 개발은행은 미국과 일본이 주도하는 자금으로, 아시아의 저개발 국가들은 낮은 국제 신용으로 인해 아시아 개발은행의 자금을 사용하려면 매우 까다로운 절차를 밟아야 했다. 또한 자금을 빌리는 데 있어서도 인권 문제 등과 같은 불필요한 내정 간섭까지 받아야 했기 때문에 아시아 개발은행의 자금을 사용하는 것을 꺼렸다.

통 큰 중국이 '묻지도 따지지도 않고 필요할 때 언제든 자금을 지원하겠다'라고 하자 동남아시아 국가를 비롯해 저개발 국가들이 AIIB에 적극적으로 참여한 것이다. AIIB 참가국들은 투자 자금만큼 AIIB의 지분을 보유하게 되며, AIIB로부터 자유롭게 투자를 받을 수 있게 된다.

그동안 아시아 개발은행에 대한 불만이 많았던 탓인지, 일대일로 사업의 비전 때문이었는지 AIIB 회원국은 순식간에 늘어났다. 중국은 일대일로 포럼에서 80개국 이상이 AIIB에 가입할 것이라고 발표했는데, 2017년 말 기준, AIIB 가입 회원국은 이미 84개가 되었다. 67개 회원국을 보유한 아시아 개발 은행보다도 규모가 커진 것이다.

중국의 극진한 아프리카 사랑

필자가 베이징에서 어학연수를 하던 2007년에 공항 고속도로는 물론, 베이징 도심 고속도로 일부를 자동차가 다니지 못하도록 통제한 일이 있었다. 나중에 뉴스를 보니 '중국과 아프리카의 경제 협력 추진을 위한 포럼(中非合作论坛)' 때문에 아프리카 국가의 지도자들이 베이징을 방문해 도로를 통제한 것이었다.

중국은 아프리카 대륙의 지도자들에게도 극진하다. 그렇다면 중국은 왜 아프리카의 지도자들을 극진하게 대하는 것일까?

장쩌민은 1996년에 아프리카를 순방한 후 '해외로 나가자'라는 전략을 언급했고, 2년 후인 1998년에 '아프리카, 중동, 중앙아시아, 남아메리카 등 개발도상국의 시장이 크고 자원이 풍부하므로 우리는 반드시 그곳에 들어가야 한다'라며 국유기업이 아프리카로 진출해야 할 목표를 언급했다.

특히 아프리카는 아직 개발되지 않은 천연자원을 많이 보유하고 있어 중국으로부터 유난히 사랑받고 있다. 장쩌민부터 시작된 아프리카 사랑은 후진타오를 거쳐 오늘날의 시진핑까지 계속되고 있다. 아프리카 대륙의 많은 곳에서 국가 기간산업이 중국의 자본과 기술, 인력으로 건설되고 운영되고 있다. 또한 미래에 대한 투자를 위해 아프리카 현지 사람들이 중국에서 유학생활을 할 수 있도록 지원하고 있다. 필자와 함께 대학원을 다녔던 알제리와 예멘 학생들도 중국 정부로부터 등록금과 생활비를 지원받아 유학생활을 했다.

중국은 아프리카와의 무역을 장려하기도 한다. 중국 무역의 중심지 광저우에는 아프리카 사람들이 많이 들어와 있고, 아프리카를 대상으로 하는 무역 회사도 심심치 않게 발견할 수 있다. 아프리카는 중국이 지속적인 성장과 발전을 위해 필요한 원자재를 확보할 수 있는 전략적으로 중요한 지역이다.

중국 경제는 경착륙인가, 연착륙인가

Common Sense Dictionary of China

점차 침체되어 가는 중국의 경제

비행기가 착륙할 때 활주로에 부드럽게 안착하는 경우가 있는가 하면 '쿵' 소리와 함께 기체가 심하게 요동치며 착륙하는 경우가 있다. 비행기가 활주로에 부드럽게 이어져 착륙하는 것을 연착륙(連着陸, soft landing)이라 표현하고, 터프하게 착륙하는 것을 '딱딱하다'는 의미로 경착륙(硬着陸, hard landing)이라 표현한다. 경제 영역에서 비행기의 경착륙과 연착륙을 비유적으로 사용하기도 하는데, 경제가 서서히 나빠지는 것을 경제연착륙이라고 하고, 갑작스럽게 하락하는 것을 경제경착륙이라고 한다.

비행기가 착륙할 때 지면과 맞닿으며 발생하는 충격은 사람마다 느끼는 정도가 다르다. 예민한 사람은 작은 충격도 크게 느낄 것이고, 둔감한 사람은 큰 충격도 대수롭지 않게 느낄 것이며, 어떤 사람은 졸고 있다가 착륙하는 것도 모를 수 있다. 이처럼 경제에 대한 경착륙과 연착륙도 사람마다 체감하는 정도가 제각각이다. 그래서 일반적으로 과거 평균 하락률과 비슷하면 연착륙이라고 하고, 과거 평균 하락률에 비해 2배 이상 큰 폭으로 하락하면 경착륙이라고 한다.

한동안 하늘 높은 줄 모르고 계속 치솟았던 중국 비행기의 고도가 몇 년 전부터 점점 낮아지고 있다. 중국의 경제성장률을 두고 하는 말이다. 글로벌 시

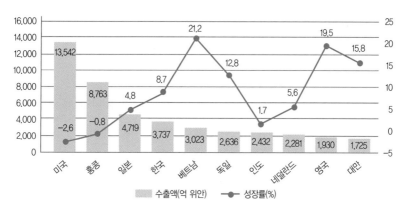

2019년 상반기 중국 대외 수출국 TOP10

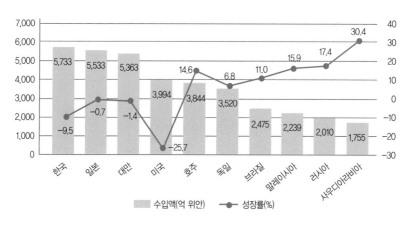

2019년 상반기 중국 대외 수입국 TOP10(출처: 중국 해관)

장에서 큰 영향력을 발휘하는 중국의 경제가 착륙을 준비하는 것인지, 기상 상태가 악화되어 잠시 저공비행을 하는 것인지, 다시 푸른 하늘을 향해 고도를 높일 수 있을지 전 세계가 주목하고 있다. 그만큼 중국이 오늘날 글로벌 경제에 미치는 영향은 상당히 크다.

오늘날 중국은 원자재, 제품 등과 같은 수출입부터 투자와 같은 금융까지 전반적인 영역에 있어서 전 세계 110여 개 국가와 교역하고 있다. 그래서 중국 경기가 침체되어 중국의 수입량이 감소하거나 중국의 해외 투자가 줄어들면 교역 상대국도 타격을 입는다.

한국의 경우, 2015~2016년 중국 수출의존도가 25%가량 된다. 해외 수출량의 4분이 1이 중국에 의존해 있는 것이다. 화장품은 전체 해외 수출량 중 35% 이상이 중국으로 수출되고 있어 중국의 영향력은 더 크게 작용한다. 비단 한국만의 이야기가 아니다. 몽골리아와 북한의 중국 수출의존도는 자그마치 80%가 넘는다. 홍콩, 라오스, 대만 등을 비롯한 동남아시아 국가들도 중국의

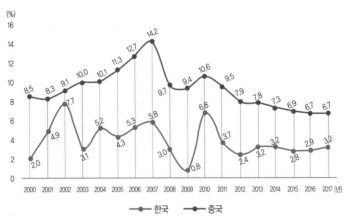

한국과 중국의 경제성장률 추이(출처: 중국 국가통계국 및 한국 통계청)

영향을 많이 받고 있다. 단순 일반 무역이 아닌 금융 투자까지 포함한다면 중국 경제 침체의 영향력은 더욱 확대된다.

일반적으로 국가 경제가 발전하는 과정은 크게 3단계, '도약 → 성숙 → 대중적 소비'로 진행된다. 경제 발전 '도약' 단계에서는 산업화와 공업화가 시작되면서 경제가 고속성장을 하게 되고, 국가의 경제 수준이 일정 수준에 올라 성장 한계에 다다르면 경제성장률이 하락하는 대신 산업, 경제, 정책 등 사회 전반적인 체계와 균형을 갖추며 성숙되게 마련이다. 이는 매우 자연스러운 현상이다.

우리나라도 1960년대부터 경제개발계획 추진과 더불어 경제가 급속히 성장해왔다. 비록 오늘날 한국의 경제성장률이 3% 안팎까지 낮아지긴 했지만 우리나라도 1970~1980년대까지는 글로벌 호황기와 함께 경제성장률 10%대의 고속성장기가 있었다. 이미 성장할 대로 성장한 미국은 현재 경제성장률이 2%도 채 되지 않는 상황이다.

2001년 WTO 가입 이후 고속성장을 해오던 중국이 2007년 14.2%의 정점을 찍은 이후 2008년 글로벌 금융위기의 난기류 속에서 고도가 급격히 낮아지더니 다시 이전의 고도를 회복하지 못하고 있다.

중국의 경기 침체, 무엇이 문제인가

오늘날 중국의 경제 침체를 가져온 원인에는 여러 가지 복합적인 요소가 얽혀 있어 몇 가지 원인만으로 단정 짓는 것은 어렵지만 대표적인 원인은 다음과 같다.

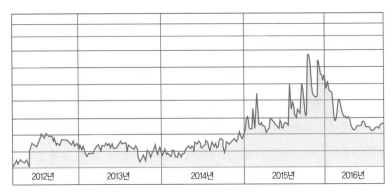

중국 기업의 '부도 도미노'에 대한 바이두 검색 지수 추이

중앙 정부는 매년 경제 성장 목표치를 설정하고 각 지방 정부에 목표치를 재분배한다. 그런데 중앙 정부로부터 할당받은 목표치가 너무 높다. 지방 정부는 중앙 정부로부터 할당받은 목표를 달성하기 위해 미래에 대한 설계와 체계적인 단계를 갖추지 않고, 밀린 방학 숙제를 몰아서 하듯 토지 개발과 부동산 활성화, 해외 자본 유치, 지역 산업 발전을 위한 정책 완화 등을 닥치는 대로 동시다발적으로 추진한다.

토지 개발을 위해 부동산 개발상에 토지를 임대해주고, 그곳에 주택과 쇼핑타운 등을 건설한다. 그리고 부동산 정책과 규제를 완화하여 기업과 개인들이 왕성하게 투자하게 한다. 그로 인해 지역 경제가 잘 돌아가게 하는 것이다. 부동산 건설이 호황기를 타면서 지역 일자리 창출도 되니 두 마리 토끼를 잡는 계획을 세운 것이다. 부동산 정책 완화로 인해 부동산 매매가 활개를 치자 개인들은 지금이 절호의 기회라고 생각하고 은행이나 P2P 금융[30]을 통해 대출을 받아 집을 구매했다.

그러나 부동산이 지나치게 과잉 공급되면서 신규 주택의 가격은 오르지 않았고, 이러한 현상은 부동산 침체로 이어졌다. 일부 지방 정부에서는 투자와 투기로 인해 급격히 치솟는 부동산 버블을 바로잡기 위해 부동산 억제정책을 시행하기도 했지만 부동산 투자는 점점 더 위축되었다. 부동산 억제정책은 구매 수요를 증가시킬 수는 있어도 몇 배의 수익률을 보고 부동산에 투자한 구매자들은 정부가 부동산 가격을 억제하니 오히려 판매를 하지 않는 것이다.

부동산 침체는 여러 가지 사회 부작용을 낳았다. 신축 부동산 건설이 줄어들면서 건설 현장에서 일하던 수많은 사람이 일자리를 잃었고, 건설과 관련된 철강, 시멘트, 원자재 등의 연관 산업들도 도미노 현상으로 어려움을 겪거나 파산에 이르게 되었다.

중국 경제를 뒤흔든 그림자 금융

2015년에 부동산 침체가 시작되자 그림자 금융을 통해 중국에 들어왔던 해외 자본이 다시 해외로 빠져나가면서 심각한 자본 유출 사태를 맞았다. 그림자 금융이란, 은행이 직접 거래할 수 없는 상품을 사설 금융기관이 자금을 조달해 은행과 거래하는 것을 말한다. 중국의 금융기관은 중앙 정부의 까다로운 절차와 엄격한 통제를 받기 때문에 그림자 금융을 통해 자금을 조달하기도 한다.

---

30 P2P 금융(Peer to Peer): 투자자와 대출자가 은행과 같은 정식 금융기관을 거치지 않고 개인과 개인이 자금을 거래하는 방식으로, 대표적인 그림자 금융에 해당된다.

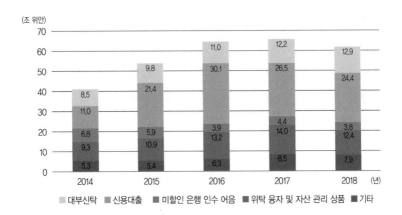

(조 위안)

	2014	2015	2016	2017	2018

■ 대부신탁 ■ 신용대출 ■ 미할인 은행 인수 어음 ■ 위탁 융자 및 자산 관리 상품 ■ 기타

중국의 그림자 금융 규모

    해외 투자자들이 수익률 높은 그림자 금융으로 몰려들어 그 규모가 상당히 크다. 그렇게 유통된 회색 자금은 기업뿐 아니라 지방 정부에도 유입되었다. 그러나 중국 부동산 시장 위축과 경제 침체로 인해 그림자 금융권의 자금 환수도 타격을 입게 되자 중국에 투자했던 달러 자본이 빠져나갔다. 중국이 보유하고 있던 달러가 급격히 감소하면서 주식, 부동산, 채권 등 시장 전반에 걸쳐 금융 거품이 빠졌고, 지방 정부의 부채가 증가했다.

    갑작스러운 해외 자금 유출에 깜짝 놀란 중국 정부는 은행 기준 금리를 낮추는 등 임시방편적으로 다시 자금을 끌어모았지만, 은행이 그림자 금융을 대신하다 보니 대출 채권이 엄청나게 증가해 개인과 기업이 가지고 있는 금융 부채가 심각한 상황에까지 오게 되었다. 이자를 갚기 위해 또 빚을 내야 하는 '돌려 막기'에 사용된 돈만 1천 3백조 원이 넘었다. 결국 상황이 악화되어 돈을 갚지 못하고 파산하는 사례가 늘어났는데, 그 악순환이 지금까지도 계속되고 있다. 2015년, 중국 언론 뉴스에는 주가 하락 및 대출의 압박을 이기지 못하고 건물에서 뛰어내려 자살한 시민들의 안타까운 사연이 많이 소개되었다.

중국 정부도 그림자 금융에 대한 위험을 인식하고 있었다. 그런데 왜 리스크를 감수하면서까지 그림자 금융에 대해 강력한 조치를 취하지 않았을까? 지방 정부 부채의 상당수를 그림자 금융을 통해 조달해왔는데 갑작스럽게 그림자 금융을 통한 자금 유입을 중단하면 경제성장률을 유지하기 어렵기 때문이다. 중앙 정부로부터 할당받은 목표치를 달성해야 하지만 이런 방법 외에는 딱히 대안이 없었던 것이다.

중국에는 아직 개발되지 않은 도시가 많고 발전 가능성도 크기 때문에 경제 성장이 계속 하향선만 타라는 보장은 없다. 하지만 경제 발전 단계의 성숙 단계까지 도달한 중국은 앞으로 다시 찬란했던 과거와 같이 고속성장을 하기 어렵다. 이미 중국은 서비스와 소비 위주 성장으로 체질이 변해 가고 있기 때문이다. 경제 발전의 3단계인 '대중적 소비'에 입문한 것이다.

향후 예상되는 시나리오는 큰 이변이 생겨 경제성장률이 다시 상승하지 않는 한 경착륙과 연착륙 둘 중 하나일 것이다. 중국 경제가 경착륙을 하게 된다면 기업들은 연쇄적으로 부도 위기에 직면하게 되고, 그로 인한 실직자가 대량 발생하게 된다. 더불어 투자 시장도 얼어붙게 되면서 중국은 불안정 속에서 큰 혼돈에 빠지게 된다.

중국이 원하는 방향은 안정적인 연착륙이다. 비록 과거와 같이 두 자릿수 성장을 이루지는 못하겠지만 서서히 낮아지더라도 안정적으로 성장할 수 있는 시대를 유지할 수 있다. 이것이 바로 뉴노멀(New Normal)이라 불리는 '신창타이(新常态)'다.

그동안 중국은 강국으로서의 입지를 보여주기 위해 높은 성장 목표를 두고 경제 성장의 숫자에 연연하며 경제를 이끌어왔다. 그리고 그 선택에 대한 쓴맛을 맛보았다. 앞으로는 보여주기식의 높은 성장 목표를 설정하기보다 내실을 우선시하는 안정적인 성장이 필요하다. 성장통을 겪고 있는 중국이 찬란했던 과거와 같이 빠른 성장을 하기는 어렵겠지만, 향후 규모의 성장이 아닌 질적 성장을 어떻게 이끌어나갈지가 관건이다.

중국 경제의 성장 둔화를 인정한 '신창타이'

Common Sense Dictionary of China

새롭게 회복된 중국을 꿈꾼 시진핑

시진핑은 2015년 5월에 허난성을 시찰하면서 "중국 경제가 개혁개방 이후 30여 년간 고도성장기를 끝내고 새로운 시대로 이행하고 있다"라고 말하며 '신창타이'라는 단어를 처음 사용했다. 신창타이는 '새롭다'라는 뜻인 신(新)과 '정상적인 상태'라는 뜻인 창타이(常态)의 조합으로 이루어진 합성어로, '비정상적인 상황을 거친 후 새롭게 회복된 상태'라는 뜻이다.

시진핑이 언급했던 것과 같이 중국은 과거 10% 안팎의 고속성장을 계속해왔다. 심지어 2008년 미국발 글로벌 금융위기에도 10%에 가까운 경제성장률을 유지했다. 하지만 2012년을 기점으로 중국의 경제성장률은 8% 미만으로 하락했고, 그 이후로 오늘날까지 지속적으로 하락하고 있다. 시진핑이 공산당 총서기로 임명된 2012년부터 중국의 경제성장률이 꾸준히 하락하고 있으니 시진핑도 머리가 꽤 아플 것 같다.

시진핑은 중국의 경제 성장 속도가 하락하고 있는 것은 사실이지만 오늘날 중국의 경제성장률 하락은 잘못된 현상이 아니라 국가의 경제 발전 과정에서 고도성장기를 지나, 안정적인 성장 시대를 맞이한 것이라고 발표했다. 2016년, 중국의 경제성장률은 1991년 이후 최저치를 기록했다. 아무리 중국의 경제 성장이 둔화됐다고 하더라도 미국 1.6%, 유럽 1.7%, 일본 0.9%, 인도 6.6%, 한국 2.7% 등 세계 다른 국가와 비교해보면 중국의 경제성장률은 여전히 높은 상태다.

시진핑은 오히려 중국의 현 상황을 계기로 비록 경제 발전이 다소 더디게 진행되더라도 성장 목표를 낮추고 지속적인 성장을 할 수 있도록 성장 패러다임을 전환시키겠다는 의지를 강조했다.

시진핑이 언급한 경제 성장 패러다임의 전환은 그동안 제조업에 치중되었던 산업구조에서 신흥 산업과 서비스 산업을 균등하게 발전시켜 산업구조를 안정적으로 개선하고, 과거 세계의 공장을 자처했던 '양적 성장'에서 품질 위주의 '질적 성장'으로 전환하는 것을 의미한다.

그러나 중국은 리뉴얼 전에 해야 할 일이 너무나 많다. 중국의 고도성장 뒤에 잠재되어 있는 국유기업의 낮은 경쟁력, 그림자 금융, 지방 정부의 부채, 부동산 공급 과잉과 불안정 등 여러 가지 문제를 먼저 해결하는 것이 수순일 것이다.

외국인에게 개방된 중국 주식 시장, 선강통과 후강통

내국인에게만 유리했던 중국의 투자 정책

중국의 증권거래소는 상하이, 선전, 홍콩 3곳이 있다. 이들 중 가장 먼저 출범한 증권거래소는 홍콩이다. 홍콩거래소는 1986년에 홍콩이 영국령이었을 당시에 창설되었고, 1997년에 홍콩이 중국에 반환된 이후에도 중국 본토와 상관없이 독립적으로 운영되고 있다. 홍콩거래소는 지금도 외국인 투자에 대한 제한이 없어 외국인이 자유롭게 거래할 수 있다.

그러나 상하이거래소와 선전거래소는 홍콩거래소와 상황이 조금 다르다. 1990년에 개설된 상하이거래소와 1991년에 개설된 선전거래소는 중국 정부가 개입하여 통제하고 있다. 본토의 주식은 내국인만 투자할 수 있는 A주와 외국인만 투자할 수 있는 B주로 나누어 외국인이 투자할 수 있는 영역을 명확하게 구분해두었는데, 2001년에 B주를 내국인에게도 개방했다.

A주와 B주를 나눈 기준을 보면 중국의 경제적 특징을 잘 대변해주는 것 같다. A주는 안정적으로 투자할 수 있는 국영기업 위주로 배치되어 있고, B주

는 투자 리스크가 비교적 높은 벤처기업 위주로 배치되어 있다.

　중국은 개혁개방 정책이 실시된 이후 경제 성장의 물결 속에서 자국의 튼튼한 국영기업을 육성해야 하는데, 국가 예산만으로 국영기업을 성장시키기에는 한계가 있었다. 중국이 선택한 방법은 국영기업을 공개하고 인민들이 투자한 자금을 모아 발전시키는 것이었다.

　즉 국가가 관리하여 안전한 국영기업은 중국인에게 투자 기회를 열어주고, 국영기업에 비해 상대적으로 불안정한 벤처기업이나 중소기업의 투자는 외국인 투자자에게 개방한 것이다. 국민의 호주머니까지 지켜주려는 중국 정부의 자국민 사랑이라고 봐야 할지는 모르겠지만, B주는 외국 자본이 중국에 투자할 수 있는 길이 열렸다는 데 그 의의가 있다.

　2019년 11월 기준, 상하이 증시에는 A주 669개, B주 55개 기업이 상장되어 있고, 선전 증시에는 A주 2,185개, B주 47개 기업이 상장되어 있다. 아직도 투자 가치가 높고 안정적인 기업이 A주에 포진해 있으며, B주에 등록된 기업은 A주에 비해 수량적으로도 턱없이 부족하다. 동일 기업이 A주와 B주에 동시 발행할 수도 있는데, B주의 거래가 활발하지 않다 보니 동일 기업임에도 불구하고 B주는 A주보다 한참 낮은 가격으로 거래된다. 상황이 이러하기 때문에 B주에 외국인의 투자가 활발하지 않은 것이다.

　중국의 경제성장률과 국제적 위상을 보면 외국인의 투자가 활발히 일어나야 하는데, 외국인에게 개방한 B주의 인기가 생각만큼 뜨겁지 않자 중국 정부는 다시 외국인의 주머니에서 돈을 끄집어낼 전략을 짜기 시작했다.

　'외국인에게 A주를 개방하면 분명 중국 투자를 고민하던 외국인들이 좋다고 돈다발을 들고 들어와 투자하지 않을까? 시도 차원에서 제한적으로 개방해보자!'

제한적으로 열린
해외 기관과 개인의 중국 투자

중국은 일정 조건을 갖춘 해외 투자 기관만 중국의 주식과 채권에 투자할 수 있도록 금융시장 개방을 시도했다. 해외 투자 기관의 자격을 '적격 외국인 기관 투자자(이하 'QFII')[31]라고 부른다. 2003년에 QFII 시장을 개방했더니 해외 금융사들의 반응이 이전보다 괜찮았다.

기업이라는 상품을 가지고 있고 해외 금융사들이 알아서 중국의 상품을 홍보하고 영업해주니 '재주는 곰이 부리고, 돈은 왕 서방이 번다'라는 말은 이럴 때 쓰는 것이 아닌가 싶다.

QFII로 가시적인 성과를 맛본 중국은 해외 투자 기관이 좀 더 열심히 자금을 끌어올 수 있도록 제한을 더 풀어주었다. 중국 내에서 달러를 위안화로 바꾼 후 투자하는 불편함을 없애준 것이다. 2011년에 출범한 '위안화 적격 외국인 기관 투자자(이하 'RQFII')[32]는 기존 방법과 다르게 중국 내에서 달러를 환전할 필요 없이 위안화로 직접 투자할 수 있도록 편의를 제공함으로써 해외 투자 기관의 참여를 더욱 확대했다. 한국도 2014년에 QFII 자격을 얻었다. QFII와 RQFII는 이전의 B주 개방보다 투자 열기가 더 뜨거웠지만, 투자 기관만 투자할 수 있다 보니 해외 개인 투자자들의 접근이 쉽지 않은 아쉬움이 있었다. 중국은 또다시 더 많은 외국인의 주머니에서 돈을 끄집어낼 전략으로 해외 개

---

31 적격 외국인 기관 투자자(合格的境外机构投资者): 영문 표기 QFII(Qualified Foreign Institutional Investors)
32 위안화 적격 외국인 기관 투자자: 영문 표기 RQFII(RMB Qualified Foreign Institutional Investors)

인 투자자들에게도 중국 자본 시장의 일부를 개방했다.

2014년에 개방된 후강통은 상하이를 뜻하는 후(沪)와 홍콩을 뜻하는 강(港)을 서로 이어 통(通)하게 했다고 하여 '후강통'이라는 이름이 붙여졌다. 해외 개인 투자자들이 별도의 심사 없이 투자할 수 있기 때문에 자칫 중국 경제가 해외 자본에 휘둘릴 수 있는 위험이 있었다. 그래서 해외 개인 투자자의 단일 종목 최대 지분율 10%, 단일 종목 지분율 합계 30% 이하라는 제한을 두고 시장을 개방했다.

중국의 예측은 딱 맞아떨어졌다. 후강통이 열리자 외국인 투자 한도 제한인 30%가 금세 다 차버렸다. 후강통의 성공적인 사례에 중국은 2016년 2월에 선전 증시도 개방했는데, 이번에는 선전(深)과 홍콩(港)을 통하게 했다고 하여 '선강통'이라 불리게 됐다.

상하이 증시와 선전 증시는 각각의 특징을 가지고 있다. 상하이 증시는 금융, 에너지 등과 같은 대형 우량주들이 대거 포진해 있는 반면, 선전 증시는 IT 기술, 헬스케어, 소비재, 청정에너지 등 중국에서 빠르게 성장하는 산업의 기업들 위주로 상장되어 있으며, 시장도 메인보드(일반 기업), 중소반(중소기업), 창업반(벤처기업)으로 나뉘어 구성되어 있다.

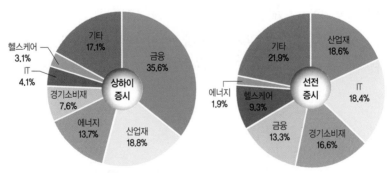

후강통과 선강통 상장기업

선전 증시가 이렇게 3개의 시장으로 나뉜 이유는 2004년에 중소기업 육성을 위해 중소반(SME Market)을 개설하고, 2009년에 스타트업 벤처기업 육성을 위해 창업반(ChiNext)을 추가로 개설했기 때문이다. 오늘날 중국이 정부 차원에서 IT 산업과 벤처기업을 육성하는 정책 기조로 본다면 선전 증시는 앞으로 더욱 확대되지 않을까 싶다.

행여 투자 가치는 있지만 아직 창업반에 진입하기 힘든 소규모 벤처기업들은 장외시장을 통해 자금을 유통할 수 있도록 2012년에 신삼반(新三板)도 개설했다. 2017년 상반기까지 신삼반에 등록된 기업 수는 1.1만 개가 넘는다.

■ **2019년 세계 주요 증시 시가총액 현황**

순위	거래소	국가	2019년 말 시가총액(조 달러)
1	뉴욕증권거래소	미국	23.21
2	나스닥	미국	11.22
3	일본증권거래소	일본	5.61
4	상하이증권거래소	중국	5.01
5	홍콩증권거래소	중국	4.31
6	유로넥스트	프랑스, 벨기에, 네덜란드	4.27
7	LSE그룹	영국, 이태리	3.97
8	선전증권거래소	중국	3.36
9	캐나다증권거래소	캐나다	2.22
10	인도증권거래소	인도	2.18

(출처: 스타티스타[Statista])

33

14억의 경쟁에서 살아남은
핵심 인재 육성

Common Sense Dictionary of China

중국 대학교 경쟁력을 퇴보시킨
마오쩌둥의 문화대혁명

중국 교육부의 자료에 따르면 2018년 한 해 동안 해외로 유학 간 중국 학생은 자그마치 66만 명에 달한다고 한다. 그중 국가 공무원 3만 명, 기업 임직원 3.6만 명을 빼더라도 60만 명에 가까운 중국 학생이 자비로 해외 유학을 선택한 것이다. 2007년 15만 명과 비교하면 4배나 증가한 셈이다. 중국의 경제력과 영향력이 미국과 어깨를 견줄 수 있는 수준으로 성장했음에도 불구하고 중국의 학생들은 왜 미국으로 향하고 있는 것일까?

세계대학평가기관인 QS(Quacquarelli Symonds)가 발표한 '2018년 세계 대학 평가 순위'를 살펴보면 상위권은 대부분 미국과 영국의 학교들이 차지하고 있다. 매년 940만 명의 수험생이 치열하게 경쟁해서 5천여 명의 엘리트만 입학할 수 있다는 중국 최고의 명문대인 청화대와 북경대는 17위와 30위에 머물렀다. 중국의 국가경쟁력이 미국을 바짝 뒤쫓고 있다고는 하지만 교육 수준은 국가의 경제 발전 속도를 따라가지 못하고 있다는 반증이다.

■ 2018년 세계 대학 평가 순위

순위	대학교명(국가)	순위	대학교명(국가)
1	MIT(미국)	21	존스홉킨스대(미국)
2	스탠퍼드대(미국)	22	로잔연방공대(스위스)
3	하버드대(미국)	23	도쿄대(일본)
4	칼텍대(미국)	24	호주국립대(호주)
5	옥스퍼드대(영국)	25	홍콩대(홍콩)
6	케임브리지대(영국)	26	듀크대(미국)
7	ETH취리히(스위스)	27	UC버클리대(미국)
8	임페리얼칼리지런던(영국)	28	토론토대(캐나다)
9	시카고대(미국)	29	맨체스터대(영국)
10	UCL(영국)	30	북경대(중국)
11	싱가포르국립대(싱가포르)	31	킹스칼리지런던(영국)
12	난양공대(싱가포르)	32	UCLA(미국)
13	프린스턴대(미국)	33	맥길대(캐나다)
14	코넬대(미국)	34	노스웨스턴대(미국)
15	예일대(미국)	35	교토대(일본)
16	컬럼비아대(미국)	36	서울대(한국)
17	청화대(중국)	37	홍콩과기대(홍콩)
18	에든버러대(영국)	38	런던정경대(영국)
19	펜실베니아대(미국)	39	멜버른대(호주)
20	미시간대(미국)	40	카이스트(한국)

중국이 G2 국가로 성장했음에도 불구하고 교육 수준이 국가경쟁력을 따라가지 못한다는 것에 의문을 가지는 사람도 있을 것이다. 그러나 중국의 아픈 과거를 알게 된다면 중국 대학들의 현재 수준이 얼마나 대단한 성과인지 이해할 수 있을 것이다.

중화인민공화국을 건립한 마오쩌둥은 중국의 산업을 발전시키겠다는 명목으로 대약진운동을 추진했다. 인민 모두가 동참해 국가를 부강하게 만들고 평등하게 나눠 가짐으로써 진정한 공산주의 이념을 실현하여 인민이 모두 풍요롭게 살 수 있다는 논리였다.

그러나 당시 중국이 가지고 있는 것이라고는 농민들의 노동력밖에 없었다. 공업 생산량을 늘리기 위해 농촌의 인력을 강제로 공업 노동력에 투입시켰고, 남은 농민들은 공동 생활체로 조직해 함께 농사를 짓게 했다.

소득의 균등 분배는 이상적인 이론이었지만 현실은 그렇지 않았다. 농민과 노동자들은 '죽어라 일해도 똑같이 분배된다면 굳이 열심히 일할 필요가 있을까?'라는 생각을 하게 되었을 것이다. 마오쩌둥의 생각과 달리 공업과 농업의 생산량은 모두 형편없었다. 계속된 자연 재해와 흉년, 그리고 소련과의 외교 관계 악화로 소련의 경제적 원조가 중단되자 중국에는 2천만 명 이상의 사람이 굶어 죽는 대참사가 발생했다.

마오쩌둥은 그 책임을 지고 주석 자리에서 내려왔다. 대약진운동의 실패로 인해 중국 내부적으로 기술력과 경쟁력을 강화해야 한다는 목소리가 커지면서 자본주의를 받아들이려는 움직임이 나타나기 시작했다. 공산주의의 이상과 반대되는 사상이었다. 마오쩌둥은 실추된 자신의 권력을 회복시키기 위해 '자본주의 사상과 문화, 습관을 몰아내자'며 학생들을 앞세워 주동했고, 홍위병을 조직해 문화대혁명을 일으켰다.

1966년에 시작된 문화대혁명 때 홍위병들은 문화재는 물론 과거의 낡은 것들을 파괴했고, 지식인과 학자들을 핍박했다. 10년 동안의 문화대혁명 광풍은 중국 전반에 걸쳐 경제와 문화를 수십 년 퇴보시켰다.

문화대혁명 기간 동안 학생들이 모두 홍위병과 혁명운동에 가담했기 때문에 학교는 부득이하게 휴교할 수밖에 없었다. 수업을 받는 학생도 없었고, 신입생도 받을 수 없었다. 문화대혁명이 길어지면서 오랜 시간 휴교 상태였던 학교에 학생들이 돌아오기 시작했다. 1972년에 다시 대학 입학이 시작되었지만 입학시험은 치를 수 없었다. 시험을 통해 사람을 선택한다는 것 자체가 자본주의 사상이라는 주장 때문이었다. 그 대신 노동자, 농민, 군인들 중에서 공산당의 추천을 받은 이들이 대학에 입학했다. 학생의 수준과 상관없이 공산당에 잘 보이면 대학에 입학할 수 있었기 때문에 뇌물을 주고 입학하는 부정입학[33]이 난무하기 시작했다.

중국에 피바람을 몰고 왔던 문화대혁명은 1976년에 마오쩌둥이 세상을 떠나면서 끝이 났고, 1978년에 대학입학시험이 부활했다. 하지만 10년 동안 학문에서 손을 떼고 있었던 학생들의 수준은 말할 것도 없었다.

덩샤오핑에서 후진타오까지, 적극적인 인재 육성 정책

후임 지도자였던 덩샤오핑은 문화대혁명으로 퇴보된 국가 경제를 다시 일으키기 위해서는 반드시 엘리트 인재가 필요하다고 주장하며 인재 양성을 국

---

[33] 부정 입학을 의미하는 '조우호우먼(走后门, 뒷문으로 들어가다)'이라는 말이 나온 때가 바로 이 시기다.

가 중점 프로젝트로 삼았다.

"지식과 인재를 존중하라."

덩샤오핑은 1991년에 21세기를 대비해 100개 대학을 세계 일류대학 수준으로 육성하겠다는 '211공정(211工程)' 계획을 발표했다. 211공정은 1995년부터 2005년까지 368억 위안, 우리 돈으로 약 6조 6천억 원을 투자한 국가적 대규모 프로젝트였다.

덩샤오핑 다음으로 권력을 이어받은 장쩌민도 1998년 5월, 북경대 100주년 기념식에서 다음과 같이 야심찬 계획을 발표했다.

"211공정 대상으로 100여 개 대학이 선정되었지만 그 수가 너무 많다. 그중에서 몇 개 대학을 선정해 집중적인 투자로 빠른 시일 내에 미국의 하버드대와 같은 세계 일류대학을 건설하겠다."

1998년 5월에 발표한 '985공정'은 9개 대학[34]으로 시작하여 현재 39개까지 늘어났고, 985공정에 선정된 대학들은 오늘날 중국을 대표하는 명문대로 자리 잡았다.

985공정에 선정된 39개 대학

국방과학기술대, 길림대, 남개대, 남경대, 대련이공대, 동남대, 동북대, 동제대, 란저우대, 무한대, 복단대, 북경대, 북경이공대, 북경사범대, 북경항공항천대, 사천대, 산둥대, 상해교통대, 서북공업대, 서북농업과학기술대, 서안교통대, 전자과학기술대, 절강대, 중경대, 중국과학기술대, 중국농업대, 중국인민대, 중국해양대, 중남대, 중남이공대, 중산대, 중앙민족대, 천진대, 청화대, 하문대, 하얼빈공업대, 호남대, 화중과학기술대, 화동사범대

---

34 9개 대학: 북경대, 청화대, 남경대, 복단대, 절강대, 하얼빈공업대, 상해교통대, 중국과학기술대, 서안교통대

장쩌민의 후임 지도자인 후진타오도 이전 지도자들과 마찬가지로 '111공정'을 발표했다. 세계 100개 대학에서 1천 명의 교수와 강사를 유치하여 중국 100개 명문대에서 학생들을 육성시키고 학문을 연구한다는 계획이었다.

이렇듯 중국의 최고 지도자들은 모두 교육에 대한 열의와 의지가 있었다. 211공정, 985공정, 111공정 등의 노력으로 중국의 대학들은 세계의 명문대들과 어깨를 나란히 하는 수준으로 빠르게 성장했다. 세계 명문대 순위에 청화대가 17위, 북경대가 30위, 복단대가 44위에 올랐다. 우리의 서울대가 36위, 카이스트가 40위에 랭크되어 있으니 중국의 대학 수준은 이미 한국을 추월했다고 볼 수 있다.

덩샤오핑의 211공정, 장쩌민의 985공정, 후진타오의 111공정이 중국의 대학 수준을 세계 수준으로 끌어올리는 데 큰 역할을 했지만, 중국 내부적으로는 이들 공정으로 인해 또 다른 속앓이를 하고 있다.

첫째, 211공정과 985공정에 이름을 올린 대학들은 국가에서 공식적으로 명문대라고 지정한 것이나 다름없다. 그래서 충분한 역량을 갖췄음에도 211공정에 이름을 올리지 못한 대학들은 학생들이 학교를 선택할 때 우선순위가 되지 못한다는 것이다.

둘째, 211공정과 985공정으로 20년 동안 국가의 막대한 비용이 투입되었다. 일부 대학은 어느 정도 성과를 냈지만 대부분은 투자 대비 결과가 만족스럽지 못해 국가 예산을 낭비했다는 지적도 있다.

셋째, 중국의 대학은 대부분 국가 예산으로 운영되는데, 211공정과 985공정 대상 대학들에 예산이 과도하게 투입되다 보니 대상에 오르지 못한 대학들은 예산이 낮게 책정되거나 삭감되어 운영에 어려움이 따랐다. 예산을 제대로 받지 못한다는 것은 학교가 발전할 수 있는 기회조차 부여받지 못한다는 것과도 같다.

자금이 있어야 좋은 교수를 고용하고, 좋은 교수를 고용해야 좋은 프로젝트와 성과가 나온다. 성과는 곧 학교의 명성을 높이고, 높은 명성을 얻어야 좋은 학생들을 모집할 수 있다. 좋은 학생들이 많이 배출되어야 사회에 학연 네트워크가 형성되고, 학교가 지속적으로 발전할 수 있는 선순환 구조를 만들 수 있는데, 충분한 자금이 없다 보니 악순환만 계속되고 있다.

211공정과 985공정의 가장 큰 역할은 학교가 좋은 교수를 영입하고 충분한 연구비를 지원하는 것이다. 중국 대학들은 운영 자금의 절반 이상을 정부에서 지원받고 있다. 그중 211공정과 985공정 전용으로 지급하는 보

순위	대학교명	과학기술 경비 (억 위안)	교수 및 연구원 수(명)	1인당 평균 경비 (만 위안)
1	청화대	50.79	5,506	92.25
2	절강대	41.23	11,115	37.10
3	상해교통대	33.48	13,054	25.65
4	북경대	27.24	13,772	19.78
5	북경항공항천대	26.85	2,189	122.66
6	동제대	26.34	5,988	43.99
7	복단대	25.67	9,404	27.29
8	하얼빈공대	25.55	3,679	69.44
9	천진대	25.19	2,794	90.15
10	화중과학기술대	24.59	8,479	30.00

2016년 과학기술연구비 TOP10 대학이 대부분 211공정과 985공정 대학이다.
(출처: 중국 교육부 과학기술처)

조금[35]이 상당히 크다. 명단에 이름을 올리지 못한 대학들은 이러한 지원금을 받지 못한다.

211공정과 985공정 대상 대학들은 일반 대학들과 지원금에서부터 극명한 차이가 있고, 211공정과 985공정 사이에도 큰 차이가 있다. 귀주대의 정치앙(郑强) 총장은 과거 절강대에서 총장을 역임했다. 그의 말에 따르면 211공정 선정 대학인 귀주대가 30년간 받았던 정부의 지원금 총액이 211공정과 985공정에 모두 해당하는 절강대의 1년 치 지원금에도 미치지 못한다고 밝혔다.

우수한 대학만 선별하여 집중 육성하는 211공정과 985공정이 학생들의 교육 형평성에 어긋난다고 보는 시각도 존재한다. 하지만 중국의 대학들은 211공정과 985공정에 선정되기 위해 학생들에게 인기가 없는 학과는 없애고, 실력 없는 교수들은 가차 없이 내보내며 자발적으로 경쟁력을 갖춰나가고 있다.

211공정과 985공정의 성과는 막대한 예산을 지원하여 우수한 대학을 만들어내는 것이 아니라 대학 스스로 우수한 수준으로 거듭나기 위해 노력하고 변화하게 만들었다는 것이 아닐까 싶다.

---

35 국가 중장기 과학 및 기술 발전 계획 강령(国家中长期科学和技术发展规划纲要)에 의해 지원되는 보조금

나날이 뜨거워지는 중국의 사교육 열풍

필자에게는 두 아이가 있다. 둘째가 태어났을 무렵, 우리 부부는 모두 직장생활을 하고 있어서 아이들을 돌봐줄 곳이 필요했다. 그래서 둘째 아이가 두 살이 되던 해에 중국 현지 어린이집을 보냈다. 중국 어린이집 비용은 만만치 않았다. 비싼 영어 유치원도 아니고, 아파트 단지 내에 있는 저렴한 어린이집에 보냈는데도 두 아이의 어린이집 비용으로 매월 150만 원 정도가 들어갔다.

첫째 아이가 네 살이 되었을 무렵, 아이들을 데리러 어린이집에 갔는데 남아 있는 아이가 몇 되지 않았다. 친구들은 영어, 피아노, 발레, 수영 등의 학원에 가야 해서 먼저 하원한 것이다.

필자의 아이들이 학원에 다니고 싶다고 해 같은 반 친구들이 다니는 학원을 알아보았다. 학원비가 엄청나게 비쌌다. 한국의 경우, 보통 한 달을 기준으로 학원비를 납부하는데, 중국은 기간이 아닌 횟수에 따라 학원비가 정해진다. 가령 1회는 200위안, 10회는 1,800위안, 20회는 3,400위안 이런 식으로 횟수가 증가할수록 할인율이 높아진다. 문제는 학원비를 선불로 결제해야 하는데, 그 비용이 너무 비싸다는 것이다. 발레의 경우, 20회 수업을 받으면 우리 돈으로 100만 원이 넘었다. 사교육비가 만만치 않은데도 중국의 학부모들은 아이들을 고가의 학원에, 그것도 여러 군데에 보내고 있었다.

그렇다고 해서 그들이 고소득층인 것도 아니었다. 지인의 말에 따르면 조부모의 도움을 받거나, 자신들이 버는 것 이상으로 아이들 사교육에 투자하고 있다고 했다. 사교육 부담이 엄청나지만 '남들 다 하는데 우리 아이만 안 시킬 수도 없고'의 경쟁 심리에 학부모의 지갑이 열리고 있다. 중국 학부모의 사교육 부담은 우리와 크게 다르지 않은 것 같다. 오히려 더하면 더했지 덜하지는 않을 것이다.

중국 교육재정과학연구소의 조사에 따르면, 1년간 중국 가정에서 교육비로 지출한 비용이 1조 9,042억 위안(한화 약 314조 원)에 달한다고 한다. 이는 전체 GDP의 2.5%에 달하는 규모로, 중국의 교육열이 얼마나 높은지 가늠할 수 있다.

한국 사교육의 시작이 개인 과외였던 것과 마찬가지로 중국도 1990년대에 개인 교습 수준의 과외 문화가 등장하면서 사교육이 시작되었다. 중국의 급속한 경제 성장으로 중국인들의 소득과 생활 수준이 많이 향상되었다. 교육열이 높은 1선 도시에서의 가구당 연간 지출 교육비는 16,900위안(한화 약 277만 원)으로, 농촌 지역과 2배 이상 차이가 난다. 사교육 참여율은 47.2%로, 절반가량의 학생이 사교육을 받고 있다.

사교육 열풍과 부동산 시장 과열은 지역 간 불균형을 초래할 뿐만 아니라 도시와 농촌, 고소득자와 저소득자 간의 교육 기회 불평등이라는 사회적 문제를 야기시키기도 한다.

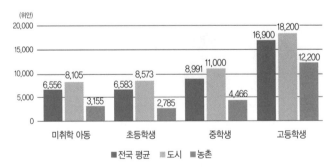

중국 도시 및 농촌의 연 교육비 지출(출처: 중국 교육재정과학연구소)

34

중국 경제 성장의 그늘 '농민공'

Common Sense Dictionary of China

일자리를 찾아 도시로 몰려든 농촌 노동자들

1949년에 중화인민공화국을 건립한 마오쩌둥이 해결해야 할 첫 번째 과제는 중국의 경제를 끌어올리는 것이었다. 하지만 당시 중국이 가진 것이라고는 5.6억 명의 노동력밖에 없었다. 경제를 살리기 위한 산업 인프라나 기술이 없었던 중국은 노동력이라도 하나로 집결시켜 중국 경제를 발전시킬 계획을 세웠다.

1970년대에 우리가 범국민적인 '새마을운동'으로 지역 사회를 발전시켰던 것처럼 중국도 1958년에 대약진운동을 추진했다. 대약진운동의 계획은 참으로 원대했다. 농업과 공업 생산력을 향상시켜 7년 안에 영국을 제치고, 10년 안에 미국을 따라잡아 중국이 선진국 대열에 오른다는 계획이었으니 말이다.

농촌에서는 농민들이 집단 체제로 농사를 지었고, 도시에서는 강철을 생산하기 시작했다. 강철을 생산하려면 제철소를 건설해야 하지만 당시의 중국은 그럴 만한 자본도, 기술력도 없었다. 강철 생산은 해야겠고, 제철소를 건설

할 자금은 없으니 할 수 없이 마을마다 조그만 용광로를 만들어놓고는 잡다한 철제 제품들을 모아 녹여서 강철을 생산했다. 도시의 부족한 노동력은 지방의 농민들을 강제 이주시켜 현장에 투입했다.

강철 생산은 국가 경제를 살리는 역할, 농업은 노동자의 굶주린 배를 채워주는 역할이었다. 국가 입장에서는 당연히 강철을 생산하는 도시 노동자들이 더 중요했다. 도시 노동자들에게 농촌보다 더 많은 사회복지를 지원하고 경제적인 보상을 하자 농촌 노동자들이 도시로 몰려들었다. 농촌의 인구가 도시로 과도하게 유입되자 도시는 주택난과 경제적 부담이 증가했다.

농촌의 대규모 도시 이동을 막기 위해 정부가 선택한 방법은 호구제도(戶口制度) 개혁이었다. 국민들에게 출생 지역을 기준으로 호구를 부여하고, 호구 지역 외에서는 교육, 주택, 의료 등의 사회보장제도 혜택을 제한했다. 호구제도가 시행되자 고향을 떠났던 농민들이 다시 고향으로 돌아갔다. 중국은 호구제도를 시행함으로써 이촌 향도 현상을 막고 직장과 의식주 등을 체계적으로 분배함으로써 중국 인민을 통제할 수 있게 되었다.

1970년대 후반, 중국에 개혁개방의 바람이 불면서 도시를 중심으로 경제가 발전하고 개발되기 시작했다. 도시 곳곳에 건설 현장이 들어서고, 공장들이 세워지면서 수많은 일자리가 생겨났다. 그 시기에 집단으로 농사를 짓던 집체 농장 정책이 가족 단위로 농사를 지을 수 있도록 완화되면서 집단으로 모여 농사를 지어야 하는 강제성이 없어졌다. 농민들에게도 직업 선택의 자유가 생긴 것이다.

농민공의 탄생과
그들의 힘겨운 삶

농민들은 일자리를 찾아 도시로 몰려들었다. 이렇게 농민(農民) 출신으로 도시에서 노동자(工人)가 된 사람들을 가리켜 농민공(農民工)이라고 한다. 도시로 몰려든 농민들은 건설 현장과 공장에서 일하며 돈을 벌었다. 농민공들은 호적상 도시 시민이 아니기 때문에 아이들의 교육 문제를 해결할 수 없었다. 그래서 하는 수 없이 아이들을 고향에 남겨두고 도시로 떠나오며 아이들과 생이별을 했다. 그들은 빨리 큰돈을 벌어 고향으로 돌아가 가족과 함께 사는 날만 고대하며 아파도 병원에 가지 못하고 일만 했다. 중국의 경제 발전 이면에는 보호받지 못하는 농민공들의 이런 피땀 어린 공헌이 있다.

중국의 한 언론 자료에 의하면 중국 경제 발전에 있어서 농민공의 공헌도가 21%가량 된다고 한다. 그럼에도 불구하고 호구제도가 오늘날까지 계속 시행되고 있기 때문에 농민공들의 신분은 여전히 고향에 묶여 있고 몸만 도시로 와서 일하는 형태다.

농민공은 도시에서 취업 제한과 더불어 자녀 교육, 의료보험, 사회보장제도 등 국민으로서 기본적으로 누려야 할 사회복지를 누리지 못하는 불평등한 위치에 놓여 있다. 같은 중국 하늘 아래 도시인, 농민, 농민공 세 부류의 계급이 생겨버린 꼴이다.

중국 정부는 도시로 유입되는 농민공의 수를 조절하고, 그들의 권익을 보호하기 위한 방법을 고민하고 있다.

지방 정부는 중앙 정부로부터 경제 성장 목표를 할당받는다. 이를 달성하기 위해 토목 건설과 건축 현장, 산업 단지 조성 등 대규모 공사가 진행되는

중국의 농민공 수와 증가율(출처: 중국 국가통계국)

데, 필요한 노동력을 외부로부터 유입해야 한다. 그래서 지방 정부는 농민공들을 자신의 도시로 유입하기 위해 농민공의 도시 정착을 일시적으로 허용하는 등 이주정책을 시행하기도 하지만 근본적인 농민공 문제를 해결할 수준은 아니다.

2018년 중국 전역에 분포된 농민공 수는 2억 8,836만 명 수준으로, 전체 인구의 20%가량이나 된다. 이들이 도시에서 일하고 받는 평균 월급은 3,721위안(한화 약 62만 원)가량이다.

농민공들은 자녀를 고향에 있는 조부모에게 맡겨두고 기러기 생활을 하는 것이 일반적이다. 부부가 각각 다른 지역으로 나가 돈을 버는 경우도 있다. 도시에서 아이와 함께 살고 싶어도 부모가 모두 일하러 나가야 하기 때문에 아이를 돌봐줄 사람이 없고, 도시의 높은 집 임대료를 감당하기도 힘들다. 그래서 농민공에게 가장 좋은 일자리는 고정 생활비를 줄일 수 있도록 숙소와 식사를 제공해주는 곳이다. 중국의 대도시에서 종업원을 구하는 전단지를 보면 숙소와 식사를 제공한다는 조건이 붙는 경우를 많이 볼 수 있는데, 바로 이런 이유 때문이다.

중국의 한 조사기관이 진행한 농민공 숙박 실태에 따르면 '회사 기숙사 (38.4%), 공사 현장 가건물(10.4%), 합숙(19.7%), 집 임대(13.5%), 기타(18%)'로 회사나 공사 현장에서 제공하는 숙소를 이용하는 비율이 대다수인 것으로 나타났다.

도시의 삶을 꿈꾸는 신세대 농민공

사회가 발전하면서 농촌의 교육 수준도 많이 향상되었다. 텔레비전, 컴퓨터, 스마트폰의 보급으로 인해 농촌 청년들의 생활과 의식 수준도 많이 올라갔다. 도시 생활을 하는 농민공 부모 밑에서 태어났거나, 성인이 된 후에 일자리를 찾아 도시로 이주한 요즘의 젊은 신세대 농민공들은 1세대 농민공들과 다른 양상을 보이기도 한다.

1세대 농민공들은 전문 기술을 가진 경우가 드물었다. 그들은 건설 현장, 생산 공장 등에서 힘들고 위험한 일을 하며 빨리 돈을 모아 고향으로 금의환향하는 것을 꿈꾸었다. 반면 80허우, 90허우[36]의 젊은 신세대 농민공들은 돈을 벌어 고향으로 돌아가는 것보다 계속 도시에 남아 생활하기를 원한다. 그래서 단순히 몸으로 때우는 일용직이 아닌 기술을 배우고 싶어 한다. 기술을 가지고 직장생활을 지속하거나 작은 사업체라도 꾸려 계속 도시에 남기 위해

---

36 90허우(90后): 1990년 이후 중국에서 태어난 소황제 2기. 80허우보다 더 어린 시절부터 부유함을 누린 세대

2018년 농민공 연령 분포(출처: 중국 국가통계국)

서다.

언젠가 중국 신문에서 31세 신세대 농민공의 이야기를 접하게 되었다. 건축설계사가 되기 위해 주경야독하는 이 농민공은 '농촌의 고요함' 때문에 고향으로 돌아가고 싶지 않다고 했다.

중국은 이미 세계 2위의 경제 대국으로 발돋움했지만, 꿈을 찾아 도시를 떠도는 농민공들은 여전히 많다.

35

세계 관광 산업의 큰손
'싼커'와 '유커'

Common Sense Dictionary of China

중국 단체 관광객 '유커'의
자리를 대체한 '싼커'

프랑스 40%, 이탈리아 35%, 영국 25%.

이는 2015년, 유럽의 명품 매장에서 중국인 관광객이 구매한 매출 비율이다. 명품 매장에 중국인들이 한 번 들이닥치면 더 이상 판매할 제품이 없을 정도로 싹쓸이해 간다고 한다. 비단 유럽만의 이야기가 아니다. 소득과 소비 수준이 올라가면서 여가와 쇼핑을 즐기기 위해 해외로 나가는 중국인이 많다. 중국과 지리적으로 가까운 한국과 일본도 중국 관광객들로 인해 호황기를 맞았다.

2010년 이전부터 한국을 방문하는 중국인은 매년 15% 이상 성장해왔고, 2010년을 기점으로 성장 속도는 더욱 빨라졌다. 중국인들이 한국으로 여행을 오는 이유는 다양하지만 주요 목적은 쇼핑이다. 위안화의 가치가 올라가면서 한국 여행비에 대한 부담이 줄어들었고, 조어도 사건[37]으로 중국과 일본의 외교 관계가 악화되면서 중국인들이 일본 대신 한국 여행을 선택하기도 한다.

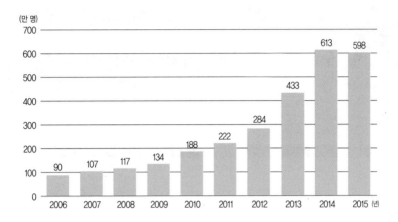

(만 명)

방한 중국 관광객 수(출처: 한국관광공사)

또한 한류 드라마를 통해 한국 여행을 계획하기도 한다. 특히 〈상속자들〉, 〈별에서 온 그대〉 등 중국에서 대박이 난 한류 드라마는 유커[38] 증가에 크게 기여했다. 한국을 방문하는 중국 관광객이 늘어나기 시작하면서 우리는 그들을 '유커'라고 부르기 시작했다. 유커는 중국어로 '관광객'이라는 뜻으로, 개인 관광객과 단체 관광객을 구분하지 않는다. 그러나 2016년에 한국에 고고도 미사일 방어 체계인 사드 배치가 논의되자 중국이 한국에 대한 직간접적인 압박을 시작하면서 단체 여행에 대한 비자 발급을 중단했고, 하루아침에 단체 관광객의 발길이 끊겨버렸다.

기존의 중국인 단체 관광객이 줄어들자 여행·관광 산업 업종에서는 개인

---

37 조어도 사건: 일본이 실효 지배를 하고 있지만, 일본과 중국 간 영유권 분쟁이 벌어지고 있는 대만 동쪽에 위치한 무인도

38 유커(遊客): 2014년 12월 국립국어원과 한국신문방송편집인협회가 운영하는 정부언론외래어심의공동위원회에서 중국어 원음에 맞춰 '유커'로 표기하기로 결정했다.

관광객을 위한 상품을 위주로 출시했고, 개인 관광객을 기존의 단체 관광객과 구분하기 위해 싼커(散客)라고 부르기 시작했다. 그로 인해 유커는 자연스럽게 단체 관광객을 대표하는 단어가 되었다.

일부 사람은 최근 들어 개인 관광객이 많아졌다고 오해하기도 한다. 한국관광공사의 자료에 따르면 2013년 방한 중국인의 개인 관광객 비중은 53.8%, 단체 관광객 비중은 42.8%다. 최근에 와서야 개인 관광객이 많아진 것이 아니다. 오히려 과거에 개인 관광객이 더 많았고, 근래에 오면서 줄어들고 있는 추세다.

중국 온라인 여행사인 시트립이 발표한 '2016년 중국 해외 관광객 빅데이터'에 따르면 2016년에 해외로 여행을 떠난 중국인 1.22억 명 중 개인 관광객

■ **중국인 해외여행 인기 순위**

순위	2016년	2017년	2018년
1	태국	태국	일본
2	일본	일본	태국
3	미국	홍콩	홍콩
4	한국	마카오	한국
5	홍콩	대만	대만
6	대만	말레이시아	미국
7	말레이시아	베트남	말레이시아
8	호주	싱가포르	호주
9	영국	한국	필리핀
10	싱가포르	인도네시아	베트남

(출처: 중국산업정보원)

은 약 7천만 명, 단체 관광객은 약 5천만 명이라고 한다. 유커 대신 싼커가 증가한 것이 아니라 싼커는 원래부터 많았지만 상업적 가치로 봤을 때 단체 손님의 구매 효율이 좋기 때문에 단체 관광객에게만 집중했던 것이다.

싼커는 여행 목적부터 일정, 소비 패턴에 이르기까지 기존의 유커와 다른 양상을 보인다. 깃발부대라고 불리던 기존의 유커들은 여행사의 스케줄에 따라 한국을 여행했지만 싼커들은 미리 자신이 가고 싶은 곳, 보고 싶은 것, 사고 싶은 물건들을 계획해서 한국으로 들어온다.

그러다 보니 유커들은 서울의 관광 명소로 손꼽히는 명동이나 동대문 등을 많이 방문하는 반면, 싼커들은 한류 드라마에 자주 등장하는 가로수길이나 한국 젊은이들의 문화를 만끽할 수 있는 홍대 등지를 많이 찾는다.

싼커들의 관심이 높은 의료관광

성형수술, 건강검진 등 의료관광으로 한국을 방문하는 개인들도 싼커 증가에 한몫하고 있다. 2000년대 중반 이후 중국 여성들의 성형수술에 대한 관심이 높아지면서 한국의 성형 기술이 주목받기 시작했다. 아시아에서 한국 여성이 가장 예쁘다는 인식이 확대되면서 중국 여성들은 한국 성형외과에서 성형수술을 받기를 원했다. 그러나 당시에는 한국에서 성형수술을 한 중국인이 적었고, 한국의 성형외과들도 중국에 진출하거나 적극적인 홍보를 하지 않았기 때문에 한국 성형외과에 대한 정보가 부족했다. 그래서 발달한 틈새 시장이 의료관광 브로커다. 2009년에 해외 의료 관광객 중개 업무가 합법화되면서 외국인을 대상으로 하는 의료 중개는 더욱 활기를 띠게 되었다.

일부 악덕 중개업자들이 높은 수수료를 받는 바람에 중국 환자들이 한국 환자들보다 두세 배 비싼 비용으로 성형수술을 받아 중국 내에서 사회적인 이슈가 되기도 했지만, 중개업자들은 한국의 성형 기술과 성형외과들을 중국에 홍보하는 데 큰 도움이 되었다. 그리고 한국에서 성형수술을 하고 돌아온 중국인들이 커뮤니티와 SNS에 자신의 성형수술 경험담을 공유하면서 자연스럽게 2차, 3차 고객을 만들어냈다.

이렇게 성형수술을 하기 위해 한국을 방문한 중국인이 최근 5년간 13만 명가량 된다고 한다. 이들은 한국에서 성형수술을 한 뒤 얼굴에 붕대를 두르고 마스크와 선글라스를 낀 채 백화점 등으로 쇼핑을 다닌다. 얼굴에 붕대를 감고 다닌다고 하여 '붕대족'이라는 별명까지 생겼다. 붕대를 감고 햇볕을 쐬며 관광을 할 수 없기 때문에 실내에서 쇼핑을 하며 시간을 보내는 것이다.

시트립에 따르면 2016년에 한국을 방문해 의료 시술을 받은 중국인이 9만 명가량 된다고 한다. 이들이 평균적으로 소비한 비용이 440만 원이라고 하니 연간 4천억 원 가까이 되는 셈이다.

중국 성장의 두 얼굴, 최악의 공해국

다큐멘터리가 각성시킨 중국의 환경오염

몇 년 전 필자는 톈진에 거주하던 지인에게서 갑작스럽게 한국으로 귀국한다는 연락을 받았다. 아이들이 폐렴에 걸려 한국으로 돌아간다는 것이었다. 필자도 중국의 스모그 속에서 10여 년째 생활하고 있다. 스모그로 인해 어린 두 아이의 건강에 문제가 생기지 않을까 걱정되어 앞으로도 계속 중국에서 생활해야 할지 고민이다.

부모의 마음은 모두 비슷한 것 같다. 2015년 중국 최대 정치 행사인 양회가 시작되기 직전에 CCTV 간판 아나운서였던 차이징(柴靜)이 100만 위안의 자비를 들여 제작한 환경오염 다큐멘터리 〈차이징의 스모그 조사: 돔 지붕 아래서(Under the Dome)〉를

다큐멘터리 〈차이징의 스모그 조사: 돔 지붕 아래서〉 中

유튜브에 공개했다. 차이징이 공개한 이 다큐멘터리는 불과 48시간 만에 2억 뷰를 돌파하며 중국을 충격에 빠뜨렸다. 그리고 다큐멘터리를 시청한 중국인들은 환경오염의 심각성을 자각하고 분노했다.

그녀가 창창한 미래를 포기하면서까지 다큐멘터리를 제작해 많은 대중에게 환경오염의 심각성을 알리고 싶었던 이유는 무엇일까? 그녀 역시 자식의 건강을 염려한 어머니였기 때문이다. 차이징은 베이징에서 아기를 임신했다. 하지만 안타깝게도 뱃속의 아기에게 종양이 있는 것을 발견했고, 아기는 태어나자마자 수술대에 올라야 했다. 그녀는 아기에게 생긴 종양이 베이징의 스모그 때문이라 여기고 환경오염의 심각성을 알리는 다큐멘터리를 기획한 것이다. 실제로 베이징 국립암센터에서 발표한 자료에 의하면 2015년 중국에서 대기오염과 흡연으로 인한 폐암 사망 환자가 하루 평균 7천 5백 명에 달한다고 한다. 1년에 270만 명이 폐암으로 사망하는 셈이다.

다큐멘터리를 시청한 중국인들의 반응이 중국 정부를 비판하는 분위기로 흐르면서 정부가 해당 영상을 차단했지만, 차이징의 다큐멘터리는 중국 내 환경오염이 얼마나 심각한지 일깨워주는 계기가 되었다.

중국은 2008년 베이징 올림픽을 개최하면서도 환경오염 때문에 골머리를 앓았다. 일부 올림픽 참가 선수들이 중국의 스모그 때문에 경기 출전을 거부한 것이다. 에티오피아의 마라톤 선수는 건강이 상한다는 이유로 경기에 출전하지 않았다.

올림픽 개최일이 다가오면서 베이징에는 거의 매일 비가 내렸다. 정부가 대기 중에 떠 있는 먼지를 줄이기 위해 인공 비를 뿌린 것이다. 베이징과 인근 지역의 공장도 가동을 중단했고, 차량 2부제 등을 실시하면서 대기오염이 줄어들어 베이징 올림픽은 가까스로 정상적으로 개최되었다. 그러나 올림픽이 끝나자 베이징은 다시 예전의 잿빛 하늘로 돌아왔다.

2014년에 베이징에서 열린 APEC 기간에도 역시나 베이징과 인근 지역은 공장 가동을 멈추고 차량 2부제를 시행해 '에이펙 블루'의 기적을 보여주었다. 베이징 하늘이 구름 한 점 없이 깨끗한 파란색이었다. 2015년 항일전쟁 70주년 기념 열병식 때는 '열병식 블루', 매년 3월 초에 개막하는 양회 기간에는 '양회 블루'라는 신조어가 생겨났다. 하지만 행사가 끝나면 다시 잿빛 하늘로 돌아온다. 마치 행사 기간 동안 공장 가동 중지에 대한 경제적 손실을 메꾸려는 듯 보복적인 스모그가 몰려오곤 한다.

필자의 체감상 2010년 무렵부터 스모그가 더 심해진 것 같다. 베이징 기상청의 발표에 따르면 스모그가 가장 심했던 2013년의 경우, 베이징 하늘에 미세먼지가 없었던 날은 1년 중 단 5일밖에 되지 않았다고 한다. 세계에서 스모그가 가장 심한 TOP10 도시 중 7개가 중국의 도시라고 하니 역시 세계 최고

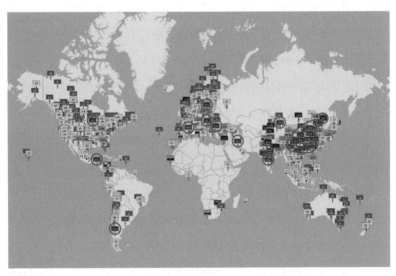

중국의 오염 상태가 가장 심각하다. 동그라미로 표시된 곳이 상태가 심각한 지역이다.(출처: Air Pollutin in World)

를 지향하는 대국답지 않은가.

중국에서는 안개처럼 뿌연 스모그를 '우마이(霧霾)'라고 부른다. 안개를 의미하는 '우(霧)'와 스모그를 의미하는 '마이(霾)'의 합성어로, '안개처럼 보이는 스모그'라는 뜻이다. 베이징에 스모그가 생길 조짐이 보이면 기상청에서는 교통 체증에 대한 안내를 한다. 우마이가 심할 경우 가시거리가 50미터도 되지 않아 심각한 교통 체증을 유발하기 때문이다. 자동차가 도로를 달릴 수 없을 만큼 스모그가 심각하다.

중국의 환경오염은 경제가 성장하는 만큼 심각해지고 있다. 중·서부 지역 개발을 추진하면서 오염 영역이 점점 확대되고 있는 추세다. 앞으로 경제 성장과 환경보호라는 두 마리 토끼를 잡아야 하는 중국은 양날의 칼을 들고 깊은 딜레마에 빠져 있다.

중국 스모그의 최대 원인은 석탄과 공장 매연

중국에서 발생하는 초미세먼지의 주범은 석탄과 석유를 태우며 발생하는 오염이다. 중국의 석탄 매장량은 전 세계 석탄 매장량의 13.3%가량이다. 그러나 생산량은 전 세계 생산량의 49.5%를 차지한다. 세계에서 석탄을 가장 많이 사용하는 나라인 셈이다.

중국은 전체 에너지 사용량의 60% 이상을 석탄에 의존하고 있다. 특히 겨울이 되면 북방 지역의 가정에는 누안치(暖气)라 불리는 중앙난방 스팀이 공급된다. 지역마다 조금씩 다르지만 평균적으로 11월 15일부터 이듬해 3월 15일까지 공급된다. 누안치 난방에 사용되는 연료 중 70% 이상이 석탄이다. 그래서 겨울철 난방 공급이 시작되면 스모그 현상은 더욱 심각해진다. 2013년 누안치 난방 공급 첫날에는 창춘, 선양, 하얼빈 등 동북3성이 뿌연 스모그에 덮여 사상 초유의 도로 혼잡이 발생하기도 했다.

하북성은 중국에서 강철왕국이라 불릴 정도로 강철 생산량이 높은 지역이다. 하북성의 강철 생산량은 2013년까지 12년간 전국 1위를 차지했다. 그 대신 중국에서 대기오염이 가장 심각한 도시 10위 안에 들기도 했다. 대기오염의 심각성을 인지한 환경보호국이 '대기오염 방지 계획'을 시행하면서 대기오염의 주범인 소규모 강철 공장들을 단속하고, 일정 수준 이상의 정화 시설을 갖추지 않은 업체들은 생산 자격을 박탈했다. 하지만 많은 업체가 단속을 피하거나, 단속에 걸려 자격을 박탈당한다 하더라도 기업 인수, 합병 등의 편법을 통해 공장을 재가동하고 있다.

중국의 석탄 사용량은 2000년 이후 매년 5~10%씩 증가해왔고, 2014년에는 최고 정점을 찍었다. 중국 정부도 이러한 심각성을 깨닫고 환경오염 해결

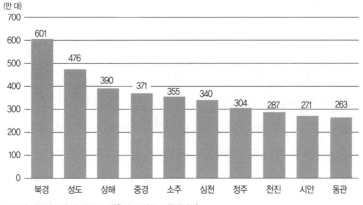

2018년 자동차 보유량 상위 도시(출처: 공안국 교통관리국)

을 국가 중점 과제로 채택하여 추진하고 있다. 정부의 이런 노력이 헛되지 않았는지 다행히 석탄 생산량과 사용량은 매년 감소하고 있다.

스모그와 미세먼지 발생의 두 번째 원인은 자동차에서 나오는 매연이다. 중국 공안국 교통관리국의 통계에 따르면 2018년 말 기준, 중국 전역에는 2.4억 대의 자동차가 있다고 한다. 7명당 한 대 꼴로 있는 셈이다. 100만 대 이상의 차를 보유한 도시도 자그마치 49곳이나 된다.

2018년 한 해 동안 2,808만 대의 자동차가 증가했다고 한다. 소득 수준이 올라가면 자동차 수요는 증가하게 마련이다. 그래서 몇 년 전부터 베이징, 상하이와 같은 일부 대도시에서는 자동차 번호 추첨제와 경매제도 등 신규 차량 증가를 억제하기 위한 제한 정책을 실시하고 있다. 또한 차량 정기 검사에 환경보호 검사를 추가하는 등 환경오염을 방지하기 위해 노력하고 있다.

중국은 자동차 매연만 관리하고 단속하는 것이 아니라 일반 소비자들이 매연이 발생하지 않는 전기자동차를 구입하도록 장려하고 있다. 전기자동차를 구매할 경우 구매 보조금 지급 및 취득세 인하, 자동차 번호판 발급, 톨게이트 통행료 면제 등 다양한 혜택을 제공하여 일반 소비자들도 환경오염 방지에 동참하도록 유도하고 있다.

중국에서 스모그가 가장 심각한 곳은 단연 베이징과 그 주변 지역이다. 이 일대를 '징진지(京津冀)'라고 표현하는데, 징진지는 베이징(京), 천진(津), 허베이성(冀)을 중심으로 한 '수도 경제권'을 일컫는 말이다. 징진지 개발을 통해 베이징으로 몰려드는 인구를 분산하고, 베이징 스모그의 주범인 공장들을 베이징 외곽으로 밀어낸다는 목적도 가지고 있다. 그러나 그렇게 분산된 공장들로 인해 이제는 베이징뿐 아니라 징진지 일대에 있는 지역들이 모두 스모그로 뒤엎어버렸다.

중국 당국도 스모그와 같은 대기오염을 비롯해 수질, 토양 등 환경 전반적으로 오염이 심각하다는 것을 충분히 인식하고 환경보호를 위해 관련 규제와 법규를 강화하고 있다. 기업이 오염 물질을 배출하는 정도에 따라 정부에서 배출 비용을 징수하고, '생산자 책임 연장제도'를 실시하고 있다. '생산자 책임 연장제도'란 제품 생산부터 디자인, 유통, 소비, 재활용, 폐기물 처리 등 모든 절차를 생산자가 책임지도록 하는 조치다.

중국 정부는 스모그를 없애기 위해 막대한 국가 예산을 투입할 뿐 아니라 관련 공무원들에게 그 책임을 묻는 등 환경보호를 위해 적극적인 의지를 보이고 있다. 이런 중국 정부의 노력으로 현재 스모그가 조금씩 개선되고 있다고는 하지만 아직은 국민들이 체감할 수 있는 정도는 아닌 것 같다.[39]

---

39 중국환경감측총참(中国环境监测总站, www.cmemc.com)에서 매일 중국의 지역별 대기오염과 수질 등 환경오염 현황을 확인할 수 있다.

37

제2의 BAT를 꿈꾸다

Common Sense Dictionary of China

중국 청년들의
창업 도전

"저 말고도 대학교에 다니면서 창업하는 친구들이 많이 있어요. 이번에 실패해도 계속 창업에 도전할 거예요. 계속 실패하면 그때 직장을 구할 생각입니다."

중국의 한 방송 프로그램에서 해맑게 웃으며 인터뷰한 대학생 창업자의 모습을 보면서 많은 생각이 들었다. 대학교 입학과 동시에 졸업 후 취업을 걱정하며 각종 스펙을 쌓거나 공무원 시험을 준비하는 우리와 다른 모습에 한 번 놀랐고, 자신의 꿈을 시도해보고 정 안 되면 그때 취업하겠다는 마음가짐에 또 한 번 놀랐다. 물론 중국에서도 이와 같은 생각을 하는 학생은 매우 극소수일 것이다.

중국의 취업 문턱이 낮거나 일자리가 많아 학생들이 여유를 부리는 것도 아니다. 중국은 매년 졸업생 수가 늘어나고 있는 상황이지만 2008년 미국발 금융위기 이후 취업난은 해를 거듭할수록 심해지고 있다. 우리보다 취업 경

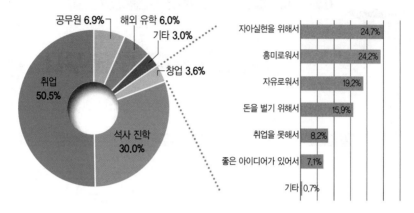

2018년 대학교 졸업생의 취업률(왼쪽)과 창업 선택 이유(오른쪽)
(출처: [좌] 교육부, [우] 중국 채용 사이트 '智聯招聘')

쟁률이 심하면 심했지 덜하지 않다. 2016년의 경우, 대학교 졸업생 820만 명 중에서 50%만 취업에 성공했을 정도다.

중국 정부 차원에서도 창업을 장려하는 정책과 지원이 속속 생겨나면서 청년들의 창업 열기는 더 가속화되고 있다. 2014년에 리커창 총리가 대중창

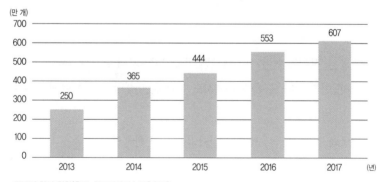

중국의 창업 현황(출처: 한국산업기술진흥협회)

업, 만인혁신(大众创业, 万众创新)을 제시한 이후 많은 사람이 창업에 도전할 수 있도록 창업 시범 기지 건설 및 정부 차원의 창업 투자 펀드를 조성하는 등 창업을 위한 다양한 정부 지원 정책이 나오고 있다. 심지어 2015년 국무원에서는 '농민공 등 인력의 귀향 창업 지원에 관한 의견'을 발표하여 농민공, 대학생, 퇴역 군인 등의 귀향 창업 지원 정책을 펼치기도 했다. 중국 정부의 이런 노력 때문인지 2017년에만 607만 개의 기업이 생겨났다. 하루 평균 1만 6천 개가량의 스타트업이 생겨나고 있는 셈이다.

스타트업이 시작되는 곳, 처쿠카페

중국은 정부의 지원이 아니더라도 창업하기에 좋은 환경을 가지고 있다. 중국의 투자 기업들이 스타트업에 활발히 투자하고 있고, 민간 기업들이 운영하는 인큐베이팅 센터도 많이 생겨났다.

중국의 인터넷 발전과 함께 성장해온 80허우, 90허우들의 인터넷 관련 창업이 늘고 있다. 인터넷 관련 사업은 좋은 아이디어만 있으면 적은 인력과 소자본으로도 창업할 수 있어서 많은 청년이 노트북만 가지고 창업을 시도하곤 한다.

2011년, 베이징에 재미있는 이름의 카페가 생겨났다. 처쿠카페(车库咖啡)라는 이름을 가진 이곳은 일반 카페와 조금 다르다. 빽빽하게 놓인 회의용 테이블을 가득 채운 손님들은 모두 노트북을 붙들고 무언가를 열심히 하고 있다. 이들은 커피를 마시기 위해 이곳을 찾은 손님들이 아니라 창업을 준비하는 창업자들이다.

처쿠카페는 미국의 성공한 창업가 빌 게이츠와 스티브 잡스가 볼품없는 차고에서 큰 꿈을 펼치기 시작했다는 데서 착안해 차고라는 뜻의 처쿠(车库)를 카페 이름으로 사용했다. 30위안짜리 커피 한 잔을 구매하면 하루 종일 카페를 이용할 수 있으며 전기, 인터넷, 회의실, 복사기 등 업무를 볼 때 필요한 모든 서비스가 지원된다. 한마디로 창업을 위한 카페인 것이다.

처쿠카페에서는 예비 창업자들이 서로 정보를 교류하면서 뜻이 맞는 상대를 찾아 팀을 결성하기도 하고, 아이디어를 발전시켜 나가기도 한다. 예비 창업자들이 처쿠카페를 찾는 이유는 또 있다. 정기적으로 아이디어 발표회를 진행하는데, 투자자들도 자주 이 자리에 참석하기 때문에 현장에서 곧바로 투자가 이루어지기도 한다.

오늘날 처쿠카페의 모델은 스타트업에게 필요한 기본적인 인프라부터 법률, 회계, 홍보, 자금 등을 종합적으로 서비스하는 창업 전용 인큐베이팅 센터로 발전했다. 현재 베이징, 상하이, 선전, 항저우, 시안, 쑤저우 등 대도시를 중심으로 약 191곳이 운영 중이다.

38

중국, 멤버십의 시대가 다가온다

Common Sense Dictionary of China

중국에 존재하는 멤버십의 종류

필자는 20대 중반에 중국으로 떠나왔다. 그러다 보니 요즘 한국의 사정을 잘 모른다. 가끔씩 한국에 들어갈 때면 친구들이 계산을 하고 OK캐시백과 같은 멤버십 카드를 꺼내는 경우를 종종 봐왔지만 멤버십 카드의 구체적인 용도는 모르고 있었다. 최근 회사 업무로 멤버십 프로젝트를 진행하고 나서야 OK캐시백과 같은 통합 멤버십의 개념과 사용 방법을 알게 되었다.

통합 멤버십, 얼마나 좋은가. 소비자 입장에서는 소비한 만큼 포인트도 적립해주고 나중에 현금처럼 사용하거나 상품으로 교환할 수 있다니 매력적일 수밖에 없다. 멤버십과 같이 고객과 소통할 수 있는 수단이 생긴다는 것은 기업과 고객 모두에게 좋은 일이라고 생각한다.

중국에도 OK캐시백과 같은 통합 멤버십이 있다. 핑안 완리통(平安万里通)이라 불리는 통합 멤버십은 핑안그룹이 만든 회원 멤버십이다. 핑안은행과 제휴한 온·오프라인 매장에서 핑안은행 카드를 사용하면 포인트를 적립할 수 있는 멤버십이다.

완리통의 서비스는 타오바오, 티몰, 1호점, 징둥, 웨이펀 등과 같은 전자상거래 플랫폼은 물론, 맥도날드, 스타벅스, 패밀리마트 등과 같은 오프라인 매장 및 항공 마일리지 등과도 교환하여 사용할 수 있다.

2008년에 서비스가 시작된 핑안 완리통은 이미 10년 이상의 오랜 운영 경험을 가지고 있지만, 홍보가 제대로 안 된 탓인지 많은 중국인이 완리통 자체를 잘 모르고 있다. 완리통이 보유하고 있다는 6천 8백만 명의 회원은 실제 서비스를 사용하고 있는 액티브 유저[40]가 아니라 핑안은행의 카드를 발급받은 고객 수가 아닐까 싶다.

중국에서 그나마 많이 사용되는 멤버십은 중국 최대 통신사인 중국이동(中国移动)이다. 9.5억 명가량의 사용자를 보유하고 있는 중국이동은 휴대폰 요금을 충전하거나 데이터를 구매할 때 포인트를 지급하고, 소비자는 나중에 적립된 포인트로 모바일 데이터를 충전하거나 제휴 브랜드의 쿠폰이나 상품으로 교환할 수 있다. 중국이동이 한 해에 지출하는 포인트 교환 금액만 200억 위안이 넘는다고 한다. 한화로 3조 원이 넘는 어마어마한 규모다.

중국이동과 항공사 마일리지를 제외하면 중국은 멤버십 개념보다는 선불카드가 익숙한 나라다. 100위안짜리 회원카드를 구매하면 카드 안에 150위안이 들어 있다거나, 구매할 때 20%를 할인해주는 방식으로 미용실, 안마소, 음식점, 세탁소 등 다양한 업종과 영역에서 사용되곤 한다.

중국 최대 부동산 기업인 완다그룹은 2015년에 온라인 영역에 진출하겠다

고 발표하면서 텐센트, 바이두와 함께 공동 투자하여 페이판왕(飞凡网)이라는 인터넷 플랫폼을 오픈했다. 완다그룹이 온라인 사업을 시작하겠다고 공식 선언했을 때 알리바바의 마윈은 오프라인 유통을 대표하는 완다그룹이 온라인 유통을 대표하는 기업인 알리바바를 견제하기 위해 텐센트, 바이두와 손잡고 무턱대고 온라인 사업에 뛰어들었다고 일침을 가했지만, 관련 업계에서는 유통시장의 지각 변동을 예상하며 완다그룹에 큰 기대를 걸었다.

완다그룹은 호텔을 비롯해 백화점, 극장 등 다양한 영역의 사업군을 보유한 중국 대표 부동산 기업이다. 완다그룹은 그룹 산하의 여러 사업을 통해 확보한 5천만 회원 DB(Data Base)를 모두 통합하고, 더불어 완다 백화점에 입점한 매장들의 회원도 모두 통합하여 대대적인 멤버십을 운영하겠다고 발표했다. 중국에도 OK캐시백과 같은 통합 멤버십이 생기게 된 것이다.

그러나 페이판왕은 오픈한 지 1년이 다 되도록 완다그룹의 계열사조차도 제대로 통합하지 못했다. 잔뜩 기대했던 페이판왕의 지지부진한 실적에 실망한 필자는 완다그룹의 계열사를 하나하나 살펴보았다. 완다그룹 계열사 중에서 멤버십을 가장 잘 활용하고 있는 곳은 완다 극장이었다. 완다 극장은 회원들을 대상으로 티켓 할인과 쿠폰, 마일리지 등을 제공하고 있었다.

그렇다면 완다 극장의 마일리지 포인트는 어떻게 사용되고 있을까? 한국의 OK캐시백이나 CJ ONE과 같은 통합 멤버십은 적립된 포인트를 현금처럼 사용할 수 있기 때문에 완다 극장의 포인트 또한 당연히 현금처럼 사용할 수 있을 것이라 생각했다. 그러나 완다 극장의 포인트는 적립했다가 극장에서 결제할 때 현금처럼 사용되는 것이 아니라 온라인 포인트몰에서 상품 교환의 용도로 사용되고 있었다. 고객 입장에서는 실망스러운 멤버십 포인트 제도였다. 페이판왕뿐 아니라 포인트 제도를 운영하고 있는 대부분의 브랜드가 완다 극장과 비슷했다. 왓슨이나 대형 마트와 같은 일부 리테일 업체들만 포인트를 현금처럼 사용할 수 있었다.

그렇다면 중국에서 멤버십을 성공적으로 운영하고 있는 기업은 없을까? 물론 있다. 스타벅스가 바로 그 사례다. 중국 스타벅스의 경우, 회원 가입을 하기 위해서는 한국에서와 마찬가지로 유료 회원카드를 구매해야 한다. 구매한 회원카드를 스타벅스 애플리케이션에 등록하면 리워드와 쿠폰 혜택을 받을 수 있다. 비록 유료로 회원카드를 구매해야 하지만 증정 쿠폰으로 그 이상의 혜택을 받을 수 있어 스타벅스를 애용하는 고객이라면 회원카드 구입 비용을 아깝다고 생각하지 않는다. 스타벅스는 브랜드 가치와 고객충성도가 매우 높아 멤버십 운영이 잘 되고 있는 것 같다.

앞서 설명한 것과 같이 중국에서 가장 널리 사용되는 멤버십 방식은 선불형 충전카드다. 선불카드의 종류는 매우 다양하다. 한화로 수백만 원 상당의 고가 선불카드도 있다. 어떤 고객이 그런 고가의 선불카드를 구매하겠냐고 생각할 수도 있지만, 중국에서는 보편화되어 있다. 어차피 매장을 계속해서 방문할 것이라면 선불형 충전카드를 구매하는 것이 이득이기 때문이다.

선불형 충전카드는 사업주 입장에서는 고객 유실을 막을 수 있는 방법이고, 고객 입장에서는 선불 결제를 통해 대폭 할인된 가격으로 혜택을 볼 수 있으니 합리적인 방법이라 여겨진다.

통합 멤버십

과거 알리페이는 타오바오의 결제 시스템에 불과했지만, 2015년 모바일 간편결제와 O2O[41] 시대가 본격적으로 시작되면서 모바일 간편결제 애플리케이션으로 독립했다. 최근 중국에서 모바일 간편결제가 활성화됨에 따라 알리페이는 단순 결제 서비스만 제공하는 것이 아니라 택시 호출, 음식 배달, 공과금 납부, 공유 자전거, 병원 예약 등 우리의 일상생활과 밀접한 관계를 가지는 '라이프 솔루션'으로 자리매김했다.

이런 알리페이가 2016년에 통합 멤버십을 론칭했다. 알리페이는 알리바바

알리페이 멤버십   현재 등급 멤버십 혜택   회원 등급별 혜택

알리페이 멤버십과 혜택

41 O2O(Online to Offline): 온라인과 오프라인을 연결한 비즈니스

그룹의 금융 자회사 '앤트 파이낸셜 서비스 그룹'[42]의 핵심 사업 중 하나다. 개미와 같은 소상공인과 개인들을 위해 서비스를 하겠다는 기업 정신을 담아 멤버십 포인트 이름 또한 '개미 포인트(蚂蚁积分)'라고 지었다.

알리페이 멤버십은 알리페이 모바일 간편결제를 사용하는 모든 거래에 대해 포인트가 주어지는 제도로, 타오바오, 티몰 등과 같은 알리바바그룹 산하의 전자상거래는 물론이거니와 알리페이 간편결제를 사용하는 오프라인 매장에서도 포인트를 쌓을 수 있다.

고객이 소비를 할 때 알리페이는 포인트를 지급해주는 반면, 현금이나 은행카드는 아무런 혜택이 없다. 만약 당신이라면 어떤 결제 방법을 선택할 것인가?

사용자 입장에서 알리페이를 선택할 수밖에 없게 만드는 알리페이의 멤버십 전략은 파급력이 대단할 것이라고 생각한다. 앞으로 알리페이가 풀어가야 할 숙제는 '개미 포인트'를 사용할 수 있는 제휴처를 확대하고, 회원들에게 제공하는 멤버십 혜택에 대한 만족도를 끌어올리는 일이다. 우리의 OK캐시백과 같이 말이다.

---

42 蚂蚁金服(마이진푸그룹, Ant Financial Services Group)

39

중국은 왕홍 시대

Common Sense Dictionary of China

왕홍 경제,
어떻게 발전해왔을까

스마트폰이 보급되기 시작한 2010년 전후로 중국에서도 모바일 SNS가 순식간에 인기를 얻었다. 일부 네티즌은 SNS에서 인기를 끌면서 많은 팔로어를 보유했는데, 이렇게 많은 팔로어를 보유하고 인터넷상에서 영향력을 행사하는 네티즌을 왕홍(网红)이라고 부른다. 왕홍은 '인터넷'을 일컫는 왕뤄(网络)와 '유명인'이라는 뜻을 가진 훙런(红人)의 합성어다.

우리의 파워블로거와 마찬가지로 왕홍의 게시 글은 많은 팔로어에게 노출되었고, 자연스럽게 홍보 효과가 있어 왕홍을 활용한 광고 마케팅이 성행했다. 이들의 팔로어가 경제적 가치를 창출한다고 하여 '왕홍 경제(网红经济)', '팔로어 경제(粉丝经济)'라는 신조어도 생겨났다.

2014년 무렵, 라이브 방송 플랫폼들이 생겨나기 시작했다. 왕홍들이 웨이보 같은 SNS에 몇 장의 사진과 짧은 글로 자신의 일상과 생각을 간접적으로 전달했던 방식을 넘어 실시간 라이브 방송을 통해 자신의 팔로어들과 생생하

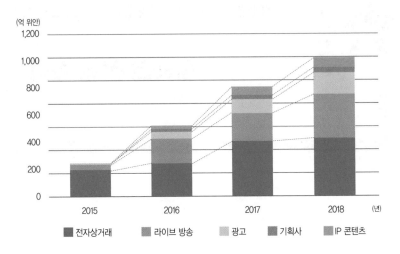

(억 위안)

■ 전자상거래　■ 라이브 방송　■ 광고　■ 기획사　■ IP 콘텐츠

중국의 왕훙 산업(출처: i-Research)

게 소통할 수 있게 되었다.

　라이브 방송의 팔로어들은 기존 SNS 팔로어와 또 다른 양상을 보였다. 기존의 왕훙들이 라이브 방송을 진행하는 것이기 때문에 사람은 달라지지 않았지만 파급력은 기존의 SNS보다 더욱 컸다.

　중국의 라이브 방송이 활성화되면서 왕훙의 영향력은 더욱 커지고, 사업적인 가치도 높아졌다. 왕훙 비즈니스 모델과 생태계 변화를 기준으로 왕훙 경제가 어떻게 발전해왔는지 살펴보려 한다.

라이브 방송 1.0 시대

　중국에 라이브 방송이 갑작스럽게 생겨난 것이 아니다. 2010년 이전에도 yy.com과 같은 실시간 음악 방송과 게임 방송이 여러 개 존재했다. 하지만 소수 네티즌만 시청했기 때문에 라이브 방송이 대중화되고 본격적으로 왕홍 비즈니스 생태계가 만들어진 시점을 1.0 시대로 잡았다.

앞서 설명했듯 왕홍 한 사람이 보유하고 있는 수많은 팔로어가 상업적인 가치로 활용되고 있기 때문에 '왕홍 경제'라는 표현을 사용한다. 기존의 라이브 방송 마케팅은 대부분 라이브 방송에서 브랜드와 제품을 소개하는 정도였다. 한국에서는 이런 형태의 마케팅을 '브랜디드(Branded) 콘텐츠 광고'라고 표현하기도 하는데, 중국에서는 '라이브 방송 마케팅(直播营销)'이라고 표현한다.

왕홍은 적게는 수만 명, 많게는 수백만 명의 시청자와 함께 라이브 방송을 진행한다. 왕홍은 TV 방송보다 더 효과적으로 브랜드와 상품을 노출할 수 있기 때문에 기업들은 왕홍들과 제휴하여 라이브 방송을 진행하곤 한다.

브랜드는 노출이 얼마나 많이 되느냐가 관건이다. 따라서 왕홍이 평소 어떤 콘텐츠로 시청자와 소통했는지보다 몇 명의 팔로어를 보유하고 있는지를 중요하게 본다. 많은 시청자에게 노출되어야 홍보 가치가 높다고 여기기 때문이다.

하지만 우리는 단지 노출이 많이 된다고 하여 브랜드 인지도가 올라가고, 제품의 판매 실적에 도움이 되는지도 생각해봐야 한다. 브랜드와 제품의 특성 및 마케팅 대상과 목적에 따라 라이브 방송 마케팅이 효과적일 수도 있지만 그렇지 않을 수도 있기 때문이다.

라이브 방송 1.0 시대에서는 왕홍이 보유한 팔로어 수만으로 왕홍의 가치를 판단했다. 그래서 왕홍이 평소 어떤 콘텐츠로 팔로어들과 소통하는지, 왕홍이 해당 분야에 어느 정도의 지식을 보유하고 있는지, 어떤 팔로어들이 왕홍의 방송을 시청하는지 등 왕홍과 팔로어의 특징을 파악하는 것은 뒷전이었다. 그러다 보니 대부분은 예쁜 외모를 추종하는 어린 팔로어들을 보유한 왕홍들이 마케팅에 주로 활용되었다.

콘텐츠를 재미있게 만들어 제품을 보여주면 시청자들이 그 제품을 좋아하게 될 것이라는 생각이 대부분이었다. 즉 왕홍은 제품 노출을 위한 단순한 수단이었다.

라이브 방송 애플리케이션의 주 시청자는 1990년대 이후 출생자인 지우링허우(90后)와 2000년대 이후 출생자인 링링허우(00后)다. 그리고 라이브 방송의 콘텐츠보다는 왕홍을 보기 위해 찾아온 팔로어가 많다.

만약 왕홍이 소개하는 제품이 비교적 저렴하고 한시적 유행을 타는 제품이라면 브랜드가 노리는 20세 이하의 소비자 타깃과 라이브 방송 시청자층이 일치하기 때문에 라이브 방송 마케팅이 효과적일 수도 있다. 그러나 일시적인 유행을 타는 저가 제품은 굳이 마케팅을 할 필요가 없다. 이런 속성의 제품은 유행으로 잠시 반짝하는 아이템이기 때문에 이미 유사한 제품이 많이 판매되고 있다. 그래서 비용을 들여 홍보하면 오히려 손해를 볼 수도 있다.

또한 라이브 방송을 진행한다 하더라도 그 결과를 수치화된 데이터로 확인할 수도 없다. 라이브 방송이 끝난 후 몇 명이 방송을 시청했는지밖에 알 수 없고, 판매 채널과 IT 시스템으로 연결된 것이 아니기 때문에 브랜드 입장에서는 라이브 방송이 판매에 얼마나 많은 도움이 되었는지 추정만 할 뿐 직접적으로 파악하기가 어렵다.

필자도 유사한 경험을 한 적이 있다. 중국 유명 전자상거래인 징둥(京東)에서 라이브 방송과 인터넷 판매를 동시에 진행했다. 라이브 방송 화면에서 버튼 하나만 누르면 바로 주문할 수 있었기 때문에 라이브 방송과 인터넷 판매가 직접적으로 연결되어 있었고, 라이브 방송이 판매 실적에 얼마나 직접적으로 도움이 되는지를 확인해볼 수 있었다. 약 한 시간 동안 라이브 방송을 진행했는데, 다음 날에 판매 실적을 확인해보니 라이브 방송을 한 당일에 해당 제품이 수천 개가 판매되었다. 한마디로 대박이었다.

하지만 라이브 방송을 진행한 한 시간 동안 시청한 사람은 1만 명이 겨우 넘는 수준이었고, 그마저도 동시 시청자 수가 아니라 누적 방문자였기 때문에 인터넷 쇼핑몰이 제공해준 데이터에 신뢰성이 많이 떨어졌다. 그래서 유사한 행사를 진행했던 인터넷 쇼핑몰 업계 지인들에게 필자의 상황을 설명하고 이 판매량이 믿을 만한 수치인지 묻자 숨은 뒷이야기들을 해주었다.

인터넷 쇼핑몰에서 라이브 방송을 할 경우 판매에 조금 도움이 되기는 하지만 필자가 경험한 것과 같이 높은 판매량이 나오지는 않는다는 것이었다. 중국의 유명 인터넷 쇼핑몰에서도 인기 절정의 여배우가 직접 출연해 라이브 방송을 진행했지만 1만 개의 제품을 겨우 판매했다고 한다. 그마저도 라이브 방송이 아닌 다른 홍보 채널과 여러 유통 경로를 통해 판매된 것이 대부분이었으므로 라이브 방송이 판매를 획기적으로 증가시키기 어렵다는 것이었다.

라이브 방송을 보면서 동시에 바로 구매가 가능한 인터넷 쇼핑몰에서도 판매 실적이 크게 향상되지 않는다는 것이 업계의 이야기다. 하물며 라이브 방송 플랫폼에서 제품을 접하고 인터넷 쇼핑몰을 접속해 해당 제품을 검색하고 구매하길 기대하는 것은 더욱 어려운 일이다.

라이브 방송 플랫폼들도 관련 비즈니스 생태계가 매우 열악하다는 것을 잘 알고 있다. 그래서 좀 더 사업적인 측면을 고려하여 다양한 시도를 하고 있으며, 그중 한 방법으로 라이브 방송 화면에 인터넷 쇼핑몰 링크를 걸기도 한다. 하지만 이러한 방법은 플랫폼을 갈아타야 하는 번거로움으로 고객 유실률이 크기 때문에 임시방편적인 대안은 되겠지만 근본적인 문제를 해결하기는 어렵다.

라이브 방송 2.0 시대

비록 라이브 방송이 당장 큰 효과를 내지는 못하고 있지만 제품 판매에 도움이 될 수 있다는 가능성을 보고 인터넷 쇼핑몰들이 움직이기 시작했다. 티몰과 타오바오를 선두로 하여 쥐메이(聚美优品), 수닝이고우(苏宁易购), 징동 등 대형 인터넷 쇼핑몰들이 라이브 방송 채널을 개설한 것이다.

인터넷 쇼핑몰들은 아직 안정적인 라이브 방송 생태계가 구축되지 않은 단계이기 때문에 라이브 방송 시청자 수는 많지 않다. 시청자 수를 굳이 비교하자면 라이브 방송의 10~20% 수준이다. 하지만 여기서 중요하게 봐야 할 것은 시청자 수가 아니라 시청자의 특징이다. 인터넷 쇼핑몰에서 접속한 네티즌은 단순히 왕홍을 추종하며 그들의 방송을 보기 위해 유입된 것이 아니라 제품 구매 목적으로 유입된 실질적인 소비자라는 것이다.

소비자가 인터넷 쇼핑몰을 이용할 때는 그 목적이 분명하다. 구경하듯이 마트를 돌아다니다가 필요한 것이 보이면 구매하는 것이 아니라, 미리 머릿속으로 어떤 제품을 구매할 것인지 정해놓고 인터넷 쇼핑몰에 접속해 어느 브랜드를 선택할지를 고민한다. 인터넷 쇼핑몰의 라이브 방송은 바로 이 시점, '소비자가 고민하는 단계'에서 라이브 방송으로 소비자와 소통한다.

여러 선택권이 주어지고 조건이 비슷하다면 소비자는 고민에 빠진다. 그런데 주변에서 어느 제품이 더 좋다고 한마디 거들면 대부분의 소비자는 그것으로 결정한다. 그 상대가 지나가는 낯선 사람이라 할지라도 말이다. 만약 그 낯선 사람이 인지도 있는 사람 또는 그 분야의 전문가라면 소비자의 구매 결정은 더욱 빨라지게 마련이다. 브랜드가 유명 연예인이나 업계 전문가를 광고 모델로 내세우는 것이 바로 이러한 이유 때문이다.

인터넷 쇼핑몰에서 왕훙의 역할이 바로 이런 오지랖 넓은 낯선 전문가의 포지션이다. 팔로어가 많은 왕훙이 인터넷 쇼핑몰에서 라이브 방송을 한다고 해도 구매 전환에 큰 도움이 되지는 않는다. 그 원인은 앞서 설명한 바와 같이 ①팔로어가 플랫폼을 옮겨야 하는 불편함, ②명확히 특정되지 않은 팔로어의 속성, ③해당 제품군에 대한 전문성 부족 등이 있다. 즉 팔로어를 아무리 많이 보유했다 하더라도 시청자에게 즐거움을 주는 것과 시청자의 지갑을 열게 하는 것은 다른 이야기라는 것이다.

일부 왕훙들은 별풍선만 받아 수익을 창출하는 것은 한계가 있다고 느껴 전문성을 키워나가고 있다. 이런 왕훙들은 시청자들에게 단순히 즐거움만 주는 것이 아니라 전문적인 지식과 정보를 가지고 시청자들과 소통하며 시청자 타기팅도 명확히 하고 있다.

왕훙은 라이브 방송을 통해 제품의 특징과 장점을 명확하게 소개하여 소비자로 하여금 제품의 이해도를 높이고 최종적으로 제품 판매까지 이끌어내고 있다.

필자는 왕훙 경제가 전자상거래에 활용되던 시점에 중국 전자상거래 기업들과 많이 접촉했다. 라이브 방송 전자상거래로 전환한 기업들 대부분이 아직 이렇다 할 만한 성과를 내지 못했지만, 한 화장품 전문 인터넷 쇼핑몰은 왕훙 커머스를 성공적으로 안착시켰다.

대부분의 전자상거래 기업들이 한두 시간 방송으로 큰 성과가 나오길 기대한다. 하지만 이 업체는 라이브 방송으로 단기적인 매출 향상보다는 왕훙과 소비자 사이의 신뢰 형성을 우선으로 생각했다. 제품은 판매하지 않고 하루에 몇 시간씩 라이브 방송을 하며 직접 메이크업을 선보이거나 왕훙이 직접 코디한 패션 스타일 등으로 전자상거래 소비자와 소통했다.

일정 수준 이상의 고정 시청자가 생기고 나서 제품을 판매하기 시작했는데, 왕홍 한 명이 하루 12시간가량 방송하면서 올린 매출이 2억 원 이상이었다. 업체 담당자의 말에 따르면 왕홍과 소비자 사이에 신뢰가 형성되기까지는 1개월가량의 시간이 필요하다고 한다.

한두 시간 라이브 방송을 하는 것으로 즉각적인 홍보 효과와 매출 향상을 기대하는 것이 아니라 비록 긴 시간과 비용이 투입되더라도 소비자와의 신뢰를 먼저 형성함으로써 더 큰 효과를 거둔 것이다. 왕홍 관련 비즈니스는 가성비의 장점 때문에 향후 더 다양한 분야에서 여러 가지 사업 모델로 활용될 것이다.

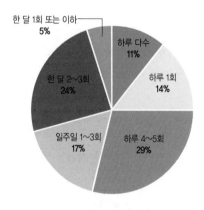

2019년 상반기 전자상거래의 라이브 방송 시청 횟수

재미로 읽는 중국 상식

우리가 부르는 '짱께', '떼놈'은 무슨 뜻일까

흔히 중국 음식을 시켜먹을 때 "짱께 먹자"라고 말하거나 중국인을 낮춰 부를 때 '짱께'나 '떼놈'이라는 말을 사용한다. '짱께'라는 말은 원래 '손바닥 장(掌)' 자와 '함 궤(櫃)' 자로 구성된 단어로, '짱꾸이'라고 발음되는데, 발음 편의상 '짱께'라고 말하게 된 것이다. 장꾸이는 보통 장사하는 사장님들을 가리켜 사용하는 말이다. 옛날 중국 사장님들이 가게 영업을 끝내고 돈 궤짝을 손에 들고 퇴근하는 모습에서 유래된 말이다. 오늘날에도 중국에서는 짱꾸이라는 말이 사장님을 가리키는 뜻으로 사용되고 있다. 중국 최대 전자상거래 타오바오에서는 MD 추천 상품을 '장꾸이 추천(掌柜推荐)'이라는 말로 사용한다.

그런데 짱께는 왜 중국인을 저속하게 부르는 말로 변한 것일까? 모 대학교 중문과 교수가 쓴 글을 참고하면 중국인들이 한국에 들어와 인천에 중국 음식점을 개점하기 시작했는데, 장사를 잘하는 중국인들에게 손님을 뺏긴 한국 상인들이 이를 시기하여 중국 상인들을 낮춰 '짱께'라고 부르기 시작했다고 한다.

'떼놈' 역시 중국인을 낮춰 부르는 말이다. '떼놈'은 중국인들이 인해전술로 떼를 지어 다니는 것에서 유래된 것 같이 느껴지지만, '되놈'이라는 말이 변형된 것이다. '되'는 북쪽을 의미하는 글자로, 중국인을 일컫는 말이 아니라 한국의 북쪽에 해당하는 두만강 근처의 여진족과 만주족을 가리킨다. 우리는 여진족과 만주족의 침략을 받아왔으니 우리 입장에서 그들은 당연히 경계 대상이었다. 그런데 중국이 통일되면서 여진족과 만주족이 모두 중국으로 흡수되었고, 우리는 여진족과 만주족이 포함되어 있는 중국인을 통칭하여 '떼놈'이라고 부르게 되었다.

우리가 중국인을 '짱께', '떼놈'이라고 부르는 것과 마찬가지로 중국인들도 한국인을 낮춰 부를 때 사용하는 말이 있다. 바로 '까오리빵즈(高丽棒子, 고려 몽둥이)'다. 고려군이 사용한 무기에는 창과 검을 비롯해 포졸들이 한쪽 허리에 차고 다녔던 박달나무 몽둥이(棒子, 빵즈)도 있었는데, 이 몽둥이를 '까오리빵즈'라고 불렀다. 여기서 빵즈(棒子)의 사전적 의미는 몽둥이이지만, '놈', '남자 성기' 등의 은어로 해석할 수도 있다.

중국 성장의 새로운 동력,
IT 산업

중국은 어떻게
인터넷 강국이 되었을까

'메이드 인 차이나'는 중국 생산품이라는 본연의 뜻을 가지고 있지만, 우리는 짝퉁, 싸구려 물건, 저품질 상품 등을 대변하는 용어로 사용하곤 한다. 그래서인지 많은 사람이 중국을 인구만 많고 낙후된 후진국이라고 여긴다.

필자는 중국 진출을 준비하는 한국 기업들과 종종 교류하는데, 중국에 관심이 많은 그들조차도 오늘날의 중국을 과거의 낙후된 중국으로 인식하고 있는 경우가 많았다. 중국은 국토가 넓으니 당연히 광케이블을 깔기 어려워 인터넷 속도가 느릴 것이라고 추측하거나 알리바바나 텐센트 같이 중국을 대표하는 인터넷 기업들은 하루아침에 대박을 터트린 것이라고 오해하기도 한다.

필자가 중국의 인터넷 역사는 한국과 비슷하다고 설명하면 많이 사람이 놀란다. 대부분의 사람이 중국의 인터넷은 최근에 와서야 보급되었다고 생각하고 있다. 한국에 인터넷이 보급되기 시작한 1994년 이듬해에 중국에도 인터넷이 보급되었고, 대한민국 최초의 인터넷 쇼핑몰인 인터파크가 오픈한

1996년에 중국에서도 최초의 인터넷 쇼핑몰인 마이카오린[43]이 오픈했다. 한국과 중국의 인터넷 역사는 같은 시기에 시작되었다.

오늘날 중국은 IT 강국이라고 불렸던 한국을 제치고 글로벌 시장에서 인터넷 강국으로 인정받고 있다. 그동안 그들에게 어떤 일이 벌어졌던 것일까?

중국 전자상거래 1.0 시대

1996년 마이카오린을 시작으로 1999년 최초의 C2C 전자상거래[44]였던 이취왕, B2B[45] 쇼핑몰 알리바바닷컴 등 인터넷 기업들이 전자상거래 시장에 뛰어들었다. 하지만 그 당시에는 인터넷 사용자가 적었을 뿐 아니라 온라인 결제나 택배 같은 기본적인 인프라가 많이 부족한 상황이었다.

2002년에 미국의 이베이가 이취왕의 지분을 인수하면서 중국 전자상거래 시장에 본격적으로 진출했다. 중국의 미개척 분야였던 전자상거래 시장을 노린 이베이의 한 수였다. 잘나가는 미국산 인터넷 공룡이 중국에 발을 내딛자 중국의 알리바바는 위협을 느끼고 2003년에 C2C 전자상거래 사이트 타오바오를 오픈했다. 타오바오가 오픈되자 중국의 모든 언론은 글로벌 공룡기업인 이베이에 도전하는 타오바오를 보고 '개미와 코끼리의 경쟁'이라고 비유했다. 그만큼 이베이는 감히 넘보기 힘들 정도로 막강한 전자상거래 플랫폼이었다.

---

43 마이카오린(麦考林, Mecox Lane): www.m18.com
44 C2C 전자상거래: 'Customer to Customer'의 약자로, 소비자 대 소비자 간의 인터넷 비즈니스를 지칭한다. 소비자는 상품을 구매하는 주체가 되기도 하고, 판매하는 주체가 되기도 한다.
45 B2B(Business to Business): 기업과 기업 간의 전자상거래 형태로, 도매를 일컫는다.

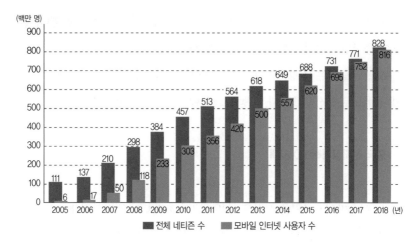

중국의 전체 네티즌 수와 모바일 인터넷 사용자 수(출처: CNNIC[China Internet Network Information Center])

인터넷 기업들이 전자상거래 사이트를 오픈하며 경쟁을 시작했지만 당시의 인터넷 사용자는 고작 6천 8백만 명밖에 되지 않았고, 전자상거래 규모도 미비했다. 타오바오가 오픈한 2003년의 거래액은 3천 4백만 위안밖에 되지 않았다.

게다가 눈앞에 있는 물건을 보고도 잘 믿지 못하는 중국인들이 인터넷에서 얼굴도 모르는 판매자에게 제품을 구매한다는 것은 당시로서는 흔한 일이 아니었다. 소비자는 낯선 상인에 대한 신뢰가 부족했다.

이런 상황에서 이베이는 미국에서 운영하던 것과 마찬가지로 신용카드 결제 시스템을 사용했는데, 구매자가 결제를 하면 대금이 바로 판매자에게 전달되는 P2P 거래(peer to peer)였다. 그러나 당시의 중국은 금융권의 신용 평가 시스템이 매우 열악하고 신용카드 발급 조건이 까다로웠기 때문에 신용카드 사용자가 적었다. 신용카드를 보유하고 있다 하더라도 소비자와 판매자 간에

서로 신뢰가 없는 상황에서 얼굴도 모르는 판매자에게 온라인상으로 돈까지 보내고 물건을 산다는 것은 중국인에게 최악의 조건이었다. 타오바오는 이런 중국인들의 심리를 사업적으로 잘 활용했다.

타오바오는 사이트를 오픈한 이듬해인 2004년에 결제 시스템 알리페이를 도입했다. 알리페이는 에스크로[46] 시스템으로, 구매자가 제품을 구매하면 대금이 곧바로 판매자에게 넘어가는 것이 아니라, 알리페이가 중간에서 대금을 저당잡고 있다가 구매자가 제품을 안전하게 받은 뒤 수취 확인을 눌러줘야만 판매자에게 대금이 넘어가는 구조다. 알리페이가 판매자와 구매자 사이에서 보증을 서는 셈이다. 구매한 제품이 만족스럽지 못하거나 불량품이 배송되면 안전하게 돈을 돌려받을 수 있게 되자 사람들은 안심하고 타오바오에서 쇼핑을 하기 시작했다.

알리페이는 온라인 가상계좌, 소비자는 은행카드를 알리페이에 연동하는 것은 물론, 동네 슈퍼마켓에서 판매하는 알리페이 전용 충전카드를 구입해 충전하거나 휴대폰 통화료 충전카드로도 충전해서 사용할 수 있었다. 신용카드가 있어야만 인터넷 쇼핑이 가능했던 이베이와 달리 신용카드가 없는 일반인이나 저소득자도 인터넷 쇼핑이 가능해진 것이다.

2003년 론칭 당시 '개미와 코끼리의 경쟁'이라 비유되었던 타오바오와 이베이. 하지만 개미였던 타오바오는 중국 현지 상황에 맞는 결제 시스템 제공과 안전한 에스크로 구매 방식으로 거대한 코끼리였던 이베이를 제쳤고, 이베이는 2006년에 중국 시장에서 철수했다.

---

46 에스크로(escrow): 전자상거래에서 판매자와 구매자 사이에 제3자가 대금을 담보로 가지고 있다가 구매자가 제품을 수취하면 대금을 판매자에게 전달해주는 안전 거래 방식

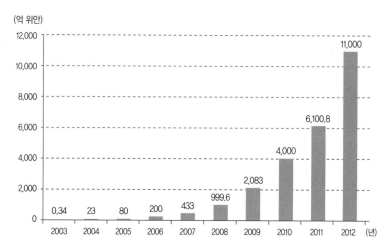

(억 위안)

타오바오 론칭 후 10년간(2003~2012년) 매출액 규모(출처: 수투연구원[速途研究院])

　　이베이를 이긴 타오바오는 중국 최대 전자상거래 플랫폼으로 성장했지만, 앞으로도 안정적으로 성장하기 위해서는 해결해야 할 숙제가 또 있었다. 중국의 땅덩어리가 너무 커 소비자와 판매자의 거리가 먼 경우 택배비가 만만치 않았다. 제품의 무게가 많이 나가기라도 하면 택배비가 제품 가격보다 비싸 배보다 배꼽이 더 큰 상황이 발생하기도 했다. 2005년 당시 택배비가 건당 평균 27.7위안가량이었으니 인터넷에서 아무리 제품을 싸게 판매한다 해도 택배비를 부담해야 하는 소비자는 구매를 망설일 수밖에 없었다. 눈치가 빠른 일부 타오바오 상점은 제품 가격에 택배비를 포함시킨 뒤 무료배송이라고 홍보해 소비자를 현혹시켰다. 하지만 택배비가 워낙 비싸 근본적인 대안이 되기는 어려웠다.

　　다행히 전자상거래 규모가 점점 커지면서 택배 시장도 더불어 성장했다. 택배 업체들의 경쟁이 치열해지면서 택배비는 2005년 27.7위안에서, 2012년

18.6위안, 2014년 14.7위안으로 해를 거듭할수록 하락했다. 택배 업체들이 박리다매로 경쟁하게 된 것이다.

타오바오를 비롯해 대부분의 인터넷 쇼핑몰은 택배 업체와 제휴해 제품을 배송했다. 유일하게 한 인터넷 쇼핑몰만 전국에 자체 물류창고를 보유하고 자신들이 직접 배송했는데, 그곳이 바로 오늘날 중국의 전자상거래 2위 기업인 징동[47]이다.

어차피 인터넷 쇼핑몰에서 판매하는 제품은 대부분 비슷하고, 약간의 가격 차이를 빼면 크게 다를 것이 없기 때문에 징동은 택배 배송 속도에 차별화를 두었다. 징동의 전략은 딱 들어맞았다. 징동에서 판매하는 제품들은 다른 쇼핑몰에 비해 가격이 조금 비싸기는 했지만, 제품 사입과 자체적인 품질 검수, 신속한 배송으로 소비자 만족도와 신뢰도가 상당히 높았고, '전자제품을 살 때는 징동'이라는 인식을 소비자에게 확실히 심어주었다. 전자제품 전문 인터넷 쇼핑몰에서 시작한 징동은 오늘날 종합 쇼핑몰로 발전하며 알리바바의 최대 경쟁자로 성장했다.

알리바바와 징동의 경쟁이 치열해지면서 두 기업은 물류로 승부를 걸고 있다. 전국에 자체 물류창고를 보유하고 직접 택배 기사를 고용하여 총알 배송이 가능한 징동은 전국적으로 물류창고와 배송 직원을 늘려나갔다.

직접 제품을 사입하고 유통하는 징동과 달리 사업자가 타오바오나 티몰에 입점하여 판매하는 오픈마켓인 알리바바는 여러 택배 업체의 시스템을 차이니아오(菜鸟)라 불리는 알리바바의 물류 네트워크 시스템으로 통합하여 판

---

[47] 징동(京东): 중국의 실리콘밸리라고 불리는 베이징 중관촌에서 전자 부품을 유통하던 징동은 2007년에 '징동상청'이라는 이름으로 전자제품 전문 B2C 인터넷 쇼핑몰을 오픈했다. 티몰에 이어 두 번째로 큰 인터넷 쇼핑몰이다.

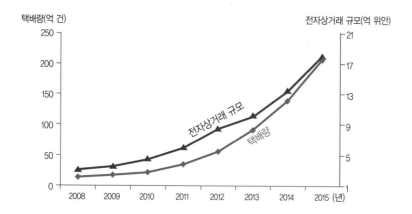

택배량(억 건)　　　　　　　　　　　　　　　　　　　전자상거래 규모(억 위안)

전자상거래 규모

택배량

전자상거래와 함께 성장하는 택배 산업

매자가 어느 택배 업체를 선택해 배송하든지 고객이 배송 현황을 실시간으로 확인할 수 있도록 했다.

　중국 전자상거래를 대표하는 알리바바와 징동은 이렇게 전혀 다른 전략과 방향으로 물류를 진화시켰다. 한마디로 말하면 징동은 '내가 직접 빠르고 안전하게 상품을 배송한다'라는 전략으로, 알리바바는 '판매자는 제품을 쉽게 배송하고, 구매자는 배송 현황을 실시간으로 확인한다'라는 전략으로 발전한 것이다.

인터넷 쇼핑
패러다임을 바꾼 퇀꼬우

　동시에 많은 사람이 함께 쿠폰을 구매하면 박리다매로 싸게 구매할 수 있는 공동구매 모델을 적용한 그루폰[48]이 2008년에 미국에서 서비스를 시작하자마자 선풍적인 인기를 끌었다. 일정 수 이상의 구매자가 모이면 쿠폰을 싸게 구매할 수 있게 되자 소비자들은 할인 쿠폰 정보를 페이스북, 트위터 등과 같은 SNS에 공유하기 시작했다. SNS를 통해 쿠폰 정보를 접한 또 다른 사용자가 쿠폰을 구매하게 되면서 SNS가 새로운 유통 채널로 떠올랐다. SNS 유저의 인맥이 또다시 커머스를 일으킨다고 하여 '소셜커머스'라는 신조어까지 생겨났다.

미국에서 시작된 소셜커머스는 2010년, 한국과 중국에도 큰 영향을 미쳤다. 한국에서는 2010년에 티켓몬스터가 오픈했고, 같은 해 중국에서는 '자리를 꽉 채운다'라는 뜻인 만쮜왕(满座网)과 오늘날 중국 최대 퇀꼬우 플랫폼으로 자리 잡은 메이퇀(美团)이 오픈했다. 한국에서는 소셜커머스라는 명칭을 사용했지만, 중국에서는 '공동으로 구매한다'라는 뜻을 가진 퇀꼬우(团购)라는 명칭을 사용했다.

중국의 퇀꼬우는 미국이나 한국과 조금 다른 형태의 사업 모델로 발전해 나갔다. 미국이나 한국의 경우 소셜커머스 회사가 음식점, 호텔, 워터파크 등과 같은 업체를 하나하나 직접 영업하여 제휴했다. 그래서 소셜커머스에서 판매되는 상품 수는 곧 영업사원 수와 비례했고, 운영 효율은 많이 떨어졌다.

하지만 중국의 퇀꼬우는 퇀꼬우 사이트와 업체 사이에 중간 매개체가 있었다. 바로 대리상 문화였다. 지역 단위로 형성되어 있는 대리상들은 그 일대 상점들의 네트워크를 가지고 있었다. 예를 들면 여행사는 놀이공원, 사우나, 호텔, 관광지 티켓 등 각 지역의 서비스 매장들과 여행 상품을 기획하거나 판매하기 때문에 관광지 제휴처를 보유하고 있었고, 지역 생활 정보 사이트는

---

48 그루폰(Groupon): Group과 Coupon의 합성어로, 여러 명이 함께 구매하는 쿠폰이라는 뜻의 공동구매를 의미한다.

해당 지역의 음식점, 네일아트, 스킨케어 업체 등의 제휴처를 보유하고 있었다. 이들 대리상들은 자신들과 제휴한 업체들의 티켓과 쿠폰 등을 IT 시스템으로 묶었다. 중국에서는 이러한 대리상들이 상품과 서비스를 공급한다고 하여 공급상(供应商)이라고 부른다.

퇀꼬우 사업자는 업체를 일일이 영업하지 않아도 쿠폰 공급상을 통해 다양한 업체의 쿠폰을 공급받을 수 있었다. 공급상에게 모바일 쿠폰을 제공받고 약간의 마진만 붙여 자신의 퇀꼬우 사이트에서 판매하면 되는 구조였다.

이런 구조로 운영하게 되면 서비스를 제공하는 매장 입장에서도 고객이 올 때마다 어느 퇀꼬우 사이트에서 구매한 것인지 확인할 필요 없이 하나의 공급상 사이트에서 인증번호만 확인하면 되기 때문에 편리했다. 퇀꼬우 사업자, 쿠폰 대리상, 매장이 모두 상부상조할 수 있는 비즈니스 생태계가 구축된 것이다. 라쇼우왕(拉手网)과 같은 일부 대형 퇀꼬우 사이트만 빼고 대부분이 이렇게 대리상들과 제휴하여 운영했다.

퇀꼬우 사이트가 몇 개의 쿠폰 대리상과 제휴만 하면 퇀꼬우 사업이 가능

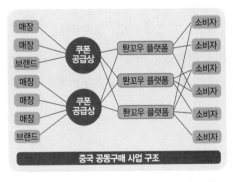

중국 퇀꼬우 쿠폰 대리상의 사업 구조와 한국 소셜커머스 사업 구조

했기 때문에 많은 젊은 창업자들이 노트북만 가지고 퇀꼬우 사업에 뛰어들었다. 창업자는 몇 천 위안만 내고 이미 만들어진 퇀꼬우 사이트를 구매하면 창업이 가능했다. 그래서 2010년에 시작된 퇀꼬우 사이트는 불과 1년 만에 5천 개가 넘을 정도로 급격하게 증가했다.

당시 필자가 근무하던 회사도 2010년 말에 퇀꼬우 사이트를 오픈해서 운영했는데, 쿠폰 공급상이 매장 사진부터 영업 시간, 메뉴 등 전반적인 업체 정보를 모두 제공했기 때문에 손쉽게 중국 전역의 티켓을 판매할 수 있었다.

'100위안짜리 세트 요리를 50위안이면 먹을 수 있다고?'

퇀꼬우 사이트의 영업 포인트는 '저렴한 가격으로 소비자들이 한 번 맛볼 수 있는 기회를 제공한다'라는 것이었다. 마트의 무료 시식 코너와 비슷한 개념이다. 소비자가 한 번 방문해서 맛을 보면 재방문할 확률이 높아지기 때문에 처음 한 번 음식을 맛볼 수 있도록 행사를 진행하는 것이었다. 매장은 잡지나 인터넷 사이트에 비용을 내고 광고하고, SNS 마케팅도 직접 해야 하는데, 퇀꼬우 사이트가 대신 마케팅을 해준다고 하니 업주 입장에서도 나쁠 것이 없었다.

절반 가격에 푸짐한 음식을 먹을 수 있는 혜택 때문에 소비자들은 매장을 방문하기 전에 먼저 퇀꼬우 사이트에 접속해 쿠폰을 구매했다. 퇀꼬우 마케팅은 업체가 한시적으로 진행하는 이벤트였지만, 다른 경쟁 업체들도 모두 퇀꼬우를 진행하다 보니 손님을 빼앗길까봐 단지 이벤트로 끝낼 수가 없었다. 결국 퇀꼬우는 한시적인 이벤트가 아니라 1년 내내 진행해야 하는 상시적인 할인 행사가 되었다.

퇀꼬우 사이트를 통해 반값으로 판매하는 할인 행사가 지속되자 원래 판매 가격이 100위안이었던 상품은 소비자에게 50위안으로 인식되었다. 퇀꼬우 할인 행사가 끝난 후 다시 원래 가격으로 판매하려고 하자 소비자들이 판매 가격을 비싸게 여기기 시작했다. 어제까지만 해도 세트 메뉴를 50위안에 먹었는데 하루아침에 2배의 돈을 내고 먹어야 하니 소비자들이 반감을 가지는 것도 어쩌면 당연하다.

매장 사업자들은 하는 수 없이 판매 가격을 허위로 높게 책정해서 마치 퇀꼬우에서 할인 판매를 하는 것처럼 눈속임하거나 서비스의 질을 낮춰 판매했다. 그리고 그 피해는 고스란히 소비자가 보게 되었다.

무분별하게 생겨난 퇀꼬우 사이트들의 경쟁 과열과 매장 업체들의 품질 저하 문제로 인해 퇀꼬우의 열기는 금세 식어버렸다. 2011년에 5천 개가 넘었던 퇀꼬우 사이트가 1년 후인 2012년에는 절반 수준인 2천 5백 개까지 줄어들었고, 그 후로도 계속해서 줄어들면서 서서히 자취를 감추기 시작했다.

일부 퇀꼬우 사이트는 화장품 전문 쇼핑몰이나 음식점 할인 쿠폰 등과 같이 전문 쇼핑몰로 전환하기도 했는데, 특가 화장품 퇀꼬우에서 화장품 전문 쇼핑몰로 전환한 쥐메이 요우핀(聚美优品), 음식점 전문 퇀꼬우에서 외식 O2O로 전환한 따종뎬핑(大众点评), 종합 O2O로 전환한 메이퇀(美团) 등이 대표적인 사례라 할 수 있다.

퇀꼬우는 전자상거래 영역에서 잠깐 반짝한 사업 모델이지만 중국 전자상거래 역사에 남긴 의미는 매우 크다. 소비자가 음식점, 호텔, 여행 등을 이용하기 전에 인터넷에서 먼저 검색하고 쿠폰을 구매하는 습관을 길러주었고, 단지 제품이 아닌 오프라인 서비스도 인터넷을 통해 판매할 수 있다는 것을 보여주었다. 구매자가 거주하는 특정 지역을 기반으로 운영되던 퇀꼬우 모델은 후에 O2O라는 서비스로 다시 태어났다.

이렇게 전자상거래를 위한 소비자의 습관 형성, 물류 인프라 구축, 제품의 판매 가격이 인터넷 쇼핑몰의 경쟁력이던 시대를 중국에서는 '전자상거래

1.0 시대'라고 부른다. 전자상거래 1.0 시대를 거치며 중국 전자상거래 시장은 급격히 성장했다.

중국 전자상거래 2.0 시대

2010년, 스마트폰 시대가 본격적으로 도래했다. 스마트폰이 보급되면서 일어난 가장 큰 변화는 네티즌이 PC가 아닌 모바일로 인터넷을 접속하게 되었다는 것이다. 네티즌의 인터넷 접속이 책상에 고정된 PC가 아니라 언제 어디서든 꺼내 사용할 수 있는 휴대폰이 되면서 인터넷을 활용한 서비스는 더욱 다양해졌다.

모바일 인터넷에 가장 먼저 움직인 기업은 알리바바였다. 알리바바는 2011년에 '모바일 타오바오(手机淘宝)'를 선보였다. 비록 PC로 접속할 때와 크게 다를 바는 없었지만 모바일 접속자의 편의를 위한 시도였다. 그 후로 모바일 타오바오는 수차례 업데이트를 진행하며 PC에서 접속하는 것보다 더욱 편리하게 쇼핑할 수 있도록 발전했다. 타오바오의 움직임에 중국 전자상거래 2위 기업인 징동도 모바일 전용 애플리케이션을 오픈했다. 알리바바와 징동은 막대한 마케팅 비용을 투자해 소비자의 습관을 전환시키기 때문에 그들의 움직임은 소비자뿐 아니라 전자상거래 시장의 트렌드가 되곤 한다. 타오바오와 징동을 따라 중국 대부분의 전자상거래 플랫폼이 모바일 버전을 오픈하면서 중국 전자상거래는 순식간에 모바일 인터넷으로 전환되었다.

스마트폰 보급의 혜택을 본 것은 전자상거래만이 아니었다. 웨이보, 위챗, 모모(陌陌) 등과 같은 SNS들이 등장하면서 네티즌들은 시간과 장소에 구애받지 않고 자신의 일상생활과 정보를 공유하기 시작했다. 일부 네티즌은 자신

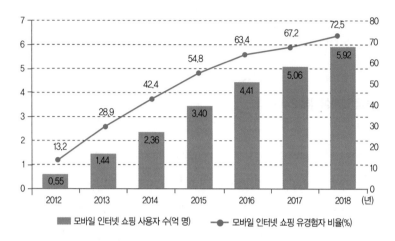

중국의 모바일 인터넷 쇼핑 사용자 수와 모바일 인터넷 쇼핑 유경험자 비율(출처: CNNIC)

의 전문 지식과 경험, 재미있는 이야기들을 SNS에 공유하면서 많은 팔로어를 보유하게 되었다. 팔로어를 많이 확보한 사람들의 영향력이 커지자 브랜드들이 그들을 통해 자사의 제품과 서비스를 홍보하기 시작했다. 중국에서는 이렇게 SNS상에서 영향력을 가진 인플루언서[49]를 '왕홍'이라고 부른다.

초기에는 왕홍들이 브랜드의 광고와 홍보를 대신하더니 후에는 직접 제품까지 팔기 시작했다. 왕홍을 통한 전자상거래 유통이 활발해지자 타오바오 판매자들과 일반 유통업자들도 SNS를 통해 제품을 유통하기 시작했다. 이렇게 SNS를 통해 제품을 판매하는 사람들을 중국에서는 '웨이상'이라고 부른다. 웨이상은 작다의 '웨이(微)'와 상인을 일컫는 '상(商)'의 합성어다. 정식 상인이 아

---

49 인플루언서(influencer): 사회에 미치는 영향력이 큰 사람을 의미하며, 특히 웹상에서의 인물을 의미한다.

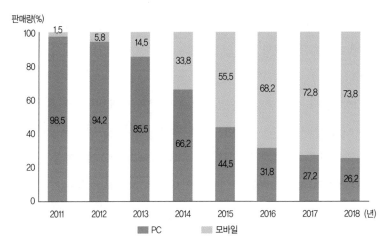

PC와 모바일의 전자상거래 매출 비교

니라 소비자와 상인의 중간인 것이다. 웨이상은 일반 사업자들도 있지만 대부분이 자투리 시간을 활용해 아르바이트하는 주부나 학생들이다.

유동 인구가 많은 역세권에 매장을 오픈하면 장사가 잘되듯이, 가상의 인터넷 공간에서도 사람이 모이는 것 자체가 가치를 창출하게 된 것이다.

전자상거래 2.0 시대를 한마디로 설명하면 '전자상거래 플랫폼의 모바일 전환'이다. 모바일로 인터넷 쇼핑몰에 접속하는 것을 넘어 SNS 등과 같이 다양한 경로를 통해 모바일 안에서 전자상거래가 이루어지고 있는 것이다.

2013년부터 사람들이 모바일 애플리케이션으로 택시를 부르기 시작했다. 중국판 우버[50]라 불리던 택시 호출 애플리케이션 디디다처(滴滴打车)와 콰이디다처(快的打车)가 출시됐기 때문이다. 이들은 우버의 짝퉁이라는 불명예 수식어까지 달리며 론칭했지만, 알리바바와 텐센트로부터 대규모 투자를 받았다. 알리바바와 텐센트가 택시 호출 애플리케이션에 투자한 이유는 단순하다. 첫

째, 택시 호출 애플리케이션에서 자사의 모바일 간편결제 시스템을 사용하고, 둘째, 사용자들의 생활 패턴을 분석할 수 있는 빅데이터를 확보할 수 있기 때문이다.

전자상거래와 게임, 음악 등 온라인으로 한정되었던 모바일 간편결제가 소비자의 실생활까지 파고든 것이다. 온라인 플랫폼에서 주문 및 결제를 하고 오프라인에서 서비스를 받게 되면서 'Online to Offline'의 O2O 개념이 등장했다.

O2O 개념이 적용된 것은 택시만이 아니었다. 모바일 애플리케이션으로 음식 주문과 배달이 가능해졌고, 청소 도우미, 이삿짐 센터를 손쉽게 부를 수 있으며, 심지어 요리사가 직접 집으로 와서 요리해주는 서비스까지 생겨났다. 온라인에서 주문하고 오프라인에서 서비스를 받는 일반적인 O2O 개념과 반대로 오프라인에서 주문하고 온라인으로 받는 O2O 모델도 생겨났다.

2015년에 중국 보세구를 활용한 해외 직구 정책이 시행되면서 중국에는 해외 직구 열풍이 불었다. 대부분의 해외 직구 쇼핑몰은 해외 제품을 인터넷 쇼핑몰에서 판매했지만, 일부 사업자들은 소비자가 직접 체험해볼 수 있도록 오프라인 매장에도 제품을 진열해놓았다. 소비자가 직접 제품을 사용해보고 제품을 구매할 때 모바일로 제품 QR을 스캔해서 주문하는 방식이다.

이렇게 O2O는 소비자를 온라인에서 오프라인 매장으로 유입시키는 'Online to Offline'과 오프라인에서 온라인 매장으로 유입시키는 'Offline to Online', 2가지 개념에 모두 해당한다. O2O라는 말이 낯설어 새로운 모델인 것처럼 느껴지기도 하지만 사실 우리가 전화로 짜장면을 배달시켜 먹는 것

---

50 우버(Uber): 모바일 차량 예약 서비스로, 개인 자동차 및 택시를 등록하여 차량과 승객을 연결시켜주는 온라인 플랫폼

역시 O2O에 해당한다.

오늘날의 O2O가 과거의 짜장면 배달과 다른 것이 있다면 IT 기술이 접목됐다는 것이다. 모바일 간편결제로 미리 중계 플랫폼에 대금을 지불함으로써 업체는 사전에 No-Show[51]를 막고, 고객은 플랫폼이 제공해주는 모바일 GPS 위치 정보를 활용해 실시간 배송 현황을 파악할 수 있다. 이렇게 인터넷 쇼핑부터 시작해 택시 호출, 음식 배달 등 각종 서비스가 모바일 생태계 안으로 들어온 시대를 가리켜 '전자상거래 2.0 시대'라고 한다.

중국 전자상거래 3.0 시대

다양하고 새로운 O2O 서비스가 계속해서 생겨나고 있지만 기존의 서비스들과 큰 차이를 느끼기는 힘들다. 중국 소비자들은 이미 일상화된 O2O가 식상해졌다. 음식 배달, 청소 업체, 이삿짐 센터 등 생활 전반에 걸쳐 있는 다양한 O2O 서비스로 생활이 조금 더 편리해지기는 했지만, 여전히 온라인에서 구매하는 제품들에 대해서는 배송 속도의 아쉬움이 남아 있다.

중국이 '만만디의 나라'라고는 하지만 인터넷 구매에 대한 소비자의 '빨리빨리' 욕구는 우리와 비슷한 것 같다. 그래서 나온 개념이 O2O의 업그레이드 버전인 OAO(Online And Offline)다. 중국에서는 온라인과 오프라인에 모두 매장이 있다고 하여 쌍점모델(双店模式)이라고 부른다.

필자가 지인들에게 OAO의 개념을 설명해주고 어떤 것이 상상이 되는지

---

51 No-Show: 예약해놓고 연락 없이 예약 장소에 나타나지 않는 손님

물어보니 '오프라인에서 판매하는 제품을 온라인 쇼핑몰에서 똑같이 판매하는 것'이라고 받아들이는 사람이 상당히 많았다.

맞는 말이다. 그런데 단지 인터넷 쇼핑몰과 오프라인 매장에서 똑같은 제품만 판매하는 것은 OAO 개념보다는 기존의 O2O 개념이라고 봐야 한다.

OAO가 기존의 O2O와 가장 다른 점은 사업자 중심이 아니라 소비자 중심이라는 것이다. 기존의 서비스들은 대부분 사업자가 만들어놓은 프로세스에 맞춰 소비가 발생했다. 애플리케이션에서 다양한 제품과 서비스를 선택할 수는 있었지만, 방법을 선택할 권리는 없었다. 그러나 OAO는 소비자가 서비스 방법을 선택할 수 있다. 서비스가 사업자 중심이 아니라 소비자 중심으로 움직이게 되는 것이다.

간단히 사례를 들면 이런 것이다. 소비자가 인터넷 쇼핑몰에서 운동화를 장바구니에 넣었다. 소비자는 이 운동화를 인터넷 쇼핑몰을 통해 배송 받을 수도 있고, 집 근처 편의점을 통해 배송 받을 수도 있다. 인터넷 쇼핑몰 배송을 선택하면 다음날에 배송 받게 되고, 편의점 배송을 선택하면 한 시간 내에 배송 받게 된다. 소비자가 자신의 사정에 맞게 배송 방식을 선택하는 것이다.

소비자에게는 서비스가 조금 개선된 것처럼 보이지만, 사업자는 소비자의 편의를 개선하기 위해 많은 일을 해야 한다. 사업자는 온라인 애플리케이션과 오프라인 매장의 IT 시스템을 연동해야 하고, 제품은 물론, 물류 시스템과 회원 시스템을 모두 통합해야 실현할 수 있는 방법이다.

그렇다면 무엇이 업그레이드된 것일까. 바로 IT 시스템이다. 온라인 플랫폼과 오프라인 매장의 IT 시스템이 모두 하나로 연동된 것이다. 이해하기 쉽게 비유적으로 표현하면 다음과 같이 설명할 수 있다.

베이징에 사는 루나 아빠가 한국에 계신 어머니와 전화 통화를 하고 싶다.

그렇다면 루나 아빠가 가장 먼저 해야 할 행동은 무엇일까? 매장에 가서 휴대폰을 구매해야 한다. 그리고 이동통신사에 가서 전화번호를 개통해야 한다. 그래야 한국에 계신 어머니께 전화를 드릴 수 있다. 그런데 루나 아빠만 전화를 건다고 해서 통화가 되겠는가? 한국에 계신 어머니도 루나 아빠처럼 휴대폰을 구매하고 개통해야 한다.

OAO를 구현하는 것도 전화 통화와 마찬가지다. 매장에 가서 휴대폰을 구매하는 것은 IT 시스템을 구축하는 것이고, 이동통신사에 가서 개통을 하는 것은 데이터를 교환하는 것과 같다. 이렇게 오프라인과 온라인의 IT 시스템 수준을 맞춰놔야 상대방에게 전화를 걸 수 있듯이 다른 매장이나 온라인 플랫폼을 연결해야 한다.

만약 루나 아빠가 한국에 계신 어머니의 목소리만 듣는 것이 아쉬워 화상통화를 하고 싶다면 어떻게 해야 할까? 양쪽이 피처폰을 구매한다면 목소리는 들을 수 있겠지만 화상통화는 어렵다. 어느 한쪽만 스마트폰이면 역시나 화상통화는 불가능하다. 화상통화를 하고 싶다면 양쪽이 비슷한 수준의 스마트폰을 구매해야 한다.

OAO에서도 좀 더 긴밀하게 연결하려면 IT 시스템을 스마트폰 수준으로 끌어올려야 한다. POS[52], ERP[53], CRM[54]까지 모두 시스템으로 연결되어 있어야 한다. 그래야 POS로 주문을 받고 제품 배송과 자동 정산, 양쪽의 멤버십 혜

---

52 POS(Point Of Sales): 판매 정보 관리 시스템으로, 매장 계산대에 있는 컴퓨터
53 ERP(Enterprise Resources Planning): 재무, 재고 관리, 물류 등 기업의 영업/관리와 관련된 관리 시스템
54 CRM(Customer Relationship Management): 기업이 고객과 관련된 자료를 분석하여 이를 토대로 마케팅 활동을 계획하는 마케팅 활동

택까지 모두 누릴 수 있게 된다.

다음 그림은 화장품 매장을 예시로 들어 설명한 것이다. 매장 계산대 부근에 키오스크(kiosk, 무인 정보 단말기)가 설치되어 있다. 이 키오스크에는 피부 상태를 체크할 수 있는 센서가 달려 있다. 화장품 매장을 방문한 24세 고객이 화장품 매장 애플리케이션이나 위챗 회원카드를 사용해 키오스크에 로그인을 했다. 고객이 키오스크에 달려 있는 피부 센서기에 자신의 피부를 스캔하면 키오스크 화면에는 고객의 얼굴이 뜨고, 고객의 피부에 맞는 화장품이 추천된다. 또한 AR 기술로 몇 가지 가상 메이크업 시안을 보여준다.

이때 키오스크가 고객에게 제시해준 화장품은 어떤 제품일까? 만약 매장이 빅데이터를 보유한 기업과 제휴하지 않았다면 당연히 마진율이 좋거나 유통 기한이 얼마 남지 않은 재고일 확률이 높다. 그 이유는 단순하다. 분석하고 가공할 빅데이터가 없기 때문이다. 데이터가 어느 정도 쌓일 때까지 고객을 속여야 한다. 눈치 빠른 회사라면 빅데이터를 가지고 있는 전자상거래 플랫폼이나 고객 데이터를 보유하고 있는 브랜드 또는 멤버십을 운영하고 있는 기업과 제휴할 것이다.

자체적으로 데이터를 쌓든, 외부 기업과 제휴를 하든 빅데이터를 보유하게 되면 고객이 매장을 방문했을 때 '피부 톤이 거무튀튀하고 건성 피부를 가진 24세 여대생이 가장 좋아하는 브랜드와 보편적으로 많이 구매하는 브랜드'를 추출하여 고객에게 가장 적합한 화장품을 제시해줄 것이다.

물론 직접 체험해볼 수 있도록 매장에 제품이 진열되어 있다. 고객이 화장품들을 직접 발라보고 사용해본 후 제품을 구매하게 되는데, 만약 립글로스가 매장에 없는 제품이라면 나머지 화장품들만 매장에서 구매하고 립글로스는 징동으로 주문할 수도 있다. 매장은 징동에서 팔린 제품에 대한 일정 수수

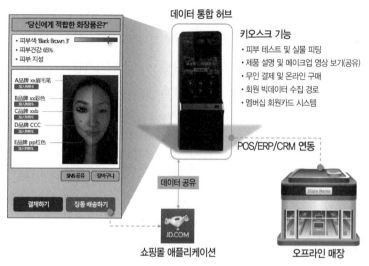

데이터 통합 허브

키오스크 기능

"당신에게 적합한 화장품은?"

- 피부색: Black Brown 3°
- 피부건강: 65%
- 피부: 지성

A品牌 xx眉毛笔
B品牌 xx彩色
C品牌 xxb
D品牌 CCC
E品牌 pp红色

SNS 공유   장바구니

결제하기   징동 배송하기

- 피부 테스트 및 실물 피팅
- 제품 설명 및 메이크업 영상 보기(공유)
- 무인 결제 및 온라인 구매
- 회원 빅데이터 수집 경로
- 멤버십 회원카드 시스템

POS/ERP/CRM 연동

데이터 공유

JD.COM

쇼핑몰 애플리케이션

Store Name

오프라인 매장

오프라인 매장과 인터넷 쇼핑몰이 제휴한 OAO 사례

료만 정산 받으면 된다.

키오스크의 기능은 이외에도 여러 가지가 있다. 무인 정산 시스템으로 직접 결제할 경우 포인트를 2배로 받거나 할인 혜택을 제공함으로써 매장 점원의 인건비를 절감하여 매장 운영 효율을 높일 수 있다. 새로운 제품을 키오스크에 올려놓으면 자동으로 재생되는 해당 제품 영상을 통해 소비자는 그 제품에 대한 상세한 정보와 메이크업 방법을 볼 수 있다.

징동과 키오스크 사이에서 고객을 인식시키는 방법에 대해 궁금할 수 있다. 그래서 필자는 위챗을 선택했다. 중국에서 위챗은 스마트폰을 사용하는 대부분의 사람이 가지고 있는 애플리케이션이고, 그동안 여러 플랫폼에서 위챗 로그인을 지원해왔기 때문에 소비자들은 이미 위챗 로그인에 익숙하다. 위챗을 중간 매개체로 하여 징동의 인증을 받으면 되는 것이다.

징동은 이런 제휴를 하고 싶어 할까? 알리바바는 하고 싶어 할까? 반드시 하고 싶어 한다. 중국의 온라인 플랫폼은 우리가 알고 있는 인터넷 쇼핑몰과 생태계가 다르다. 지금 당장 물건을 팔아 중간 마진을 남기거나 수수료를 받아 이익을 남기는 모델보다 고객과 관련된 다양한 데이터를 수집하는 것에 더 집중한다. 이런 데이터들이 당장은 돈이 되지 않겠지만, 그 데이터를 가공해 새로운 사업을 할 수 있기 때문이다.

그런데 온라인 플랫폼만 가지고는 데이터를 모으는 데 한계가 있다. 24세 여대생 루나가 징동 쇼핑몰에서 삼성 휴대폰을 사고, 유니클로 치마를 구매한 데이터는 알 수 있지만, 루나가 평소에 어떤 음식을 먹는지, 피부는 어떤 상태이고 그 피부에 맞는 화장품은 뭐라고 여기는지, 머리 길이는 어떤지 등은 알 수 없다.

인터넷 기업들은 자신들이 스스로 얻을 수 없는 데이터를 확보하고 싶어 한다. 온라인에서 수집할 수 있는 고객 데이터에는 한계가 있다. 직접 고객과 얼굴을 맞대는 매장은 온라인 플랫폼이 얻을 수 없는 빅데이터를 모두 수집해낼 수 있다. 오프라인 매장의 가치는 여기에서 나온다.

우리는 오프라인 매장에서 알리페이, 위챗페이 등과 같은 모바일 간편결제를 사용한다. 고객이 이런 모바일 간편결제로 결제하면 고객의 구매 데이터를 얻을 수 있다고 생각할 수도 있지만 모바일 간편결제에는 데이터 수집의 한계가 있다.

루나 아빠가 빵집에서 20위안짜리 샌드위치, 15위안짜리 햄버거, 15위안짜리 커피를 구매해 총 50위안이 나왔다면, 빵집의 영업 시스템(POS)은 루나 아빠가 구매한 제품들의 데이터를 알고 있다. 만약 루나 아빠가 알리페이로 결제한다면 빵집 POS는 전체 합계인 50위안이라는 숫자만 알리페이로 데이터를 전송한다.

그렇다면 알리페이가 얻는 데이터는 무엇인가?

'루나 아빠, 화요일 오후 2시, 빵집, 50위안어치 구매, 평균 4일에 한 번 방문'

겨우 이 정도 데이터를 통해서는 '루나 아빠가 4일 후에 다시 와서 평소와 같이 50위안을 소비하겠지!'라고 예측하는 것이 전부다.

알리페이와 위챗은 연동할 때 상품 코드까지 모두 같이 연동하길 원한다. 그래서 알리페이와 위챗은 회원카드와 더불어 쿠폰 기능까지 모두 무료로 제공하고 있다. 매장이 회원카드와 쿠폰을 사용하려면 상품 코드를 모두 연동해야 하는데, 알리페이와 위챗은 회원카드와 쿠폰 기능을 제공하고 오프라인 매장을 통해 소비자의 상세한 구매 데이터를 확보하는 것이다.

알리페이나 위챗이 매장에서 발생하는 빅데이터를 가져간다고 해서 그것을 부정적으로 받아들일 필요는 없다. 오프라인 매장이 이 같은 데이터를 확보할 수 있는 경로이기는 하지만 오프라인 매장이 자신의 매장에서 스스로 수집한 데이터만으로는 활용 가치가 매우 떨어진다. 알리페이와 같은 인터넷 기업에게 매장의 데이터를 제공하고, 그들을 통해 다양한 브랜드와 업종에서 수집된 빅데이터를 다시 공유받아 활용하는 것이 더 좋은 방법이다.

온라인의 발달로 인해 오프라인 매장 사업이 힘들어질 것이라고 예측하는 사람들도 있지만, 앞으로는 온라인 기업과 오프라인 기업이 서로 데이터를 공유하여 소비자에게 더욱 좋은 서비스를 제공하고 온·오프라인 매장이 다양한 사업 모델을 만들어나가는 OAO 시대가 펼쳐질 것이다. 이것이 오늘날 중국이 말하는 新소비, 新유통이다.

재미로 읽는 중국 상식

중국식 샤브샤브는 징기스칸 세계 정복의 산물

몽골 제국의 징기스칸은 세계 역사상 가장 넓은 땅을 점령한 지도자로 유명하다. 징기스칸의 세계 정복 과정에서 탄생한 음식이 있다. 중국의 대표적인 음식 중 하나인 '훠궈(火锅)'가 바로 그것이다. 훠궈를 우리말로 직역하면 '불가마' 정도인데, 육수가 담긴 냄비를 불 위에 올리고 각종 고기와 채소를 넣어 먹는다. 우리가 먹는 일반 샤브샤브와 크게 다르지 않지만, 선택할 수 있는 육수 종류가 상당히 많다. 사골 육수, 버섯 육수, 닭고기 육수 등 맑고 담백한 육수부터 먹는 내내 땀이 흐를 정도로 얼큰하게 매운 사천고추 육수까지 종류가 10가지가량 된다.

훠궈는 '징기스칸의 요리'라는 별명을 가지고 있다. 징기스칸의 잦은 출전으로 느긋하게 식사를 할 수 없었던 병사들은 자신의 철모를 뒤집어 물을 끓인 뒤 북방 특유의 저장 음식인 육포와 어디서나 손쉽게 구할 수 있는 채소 등을 넣어 먹었다고 한다. 이것이 명, 청대에 이르러 조리법의 하나로 전파되면서 훠궈는 오늘날 중국을 대표하는 음식 중 하나가 되었다.

중국식 샤브샤브 '훠궈'

41

성공적인 중국 온라인 유통을 위한 조언

Common Sense Dictionary of China

필자가 블로그를 통해 중국의 온라인 비즈니스 이야기를 전달하고 있어 중국 온라인에 대한 문의를 종종 받곤 한다. 많은 사람이 이런 이야기를 한다.

'중국에서 온라인 유통을 하려면 웨이상과 접촉해야 한다는 것은 잘 알고 있습니다. 팔로어가 많은 웨이상과 만날 수 있는 방법이 있나요?'

중국에서 유통하고자 하는 제품조차 밝히지 않고 뜬금없이 웨이상을 찾을 수 있는 방법을 알려 달라는 문의를 받으면 어떻게 이야기를 풀어나가야 할지 막막하다. 때로는 중국 시장에 대해 전혀 알아보지 않고 문의하는 사람들보다 이해시키기가 더 힘들다.

웨이상은 SNS에서 활동하는 판매자들을 일컫는다. 정식 오프라인 매장이나 인터넷 쇼핑몰을 오픈하고 판매하는 일반 사업자들과 달리 주부부터 학생들까지 SNS를 통해 지인들에게 제품을 유통하는 작은 상인들을 일컬어 웨이상이라고 부른다.

한국에서는 웨이상이 중국의 차세대 유통인 것처럼 포장된 세미나 또는 컨퍼런스 행사가 수도 없이 진행되고 있다. 중국 시장에 대한 이해가 부족한 사업자나 브랜드들은 이런 세미나에서 웨이상에 대한 깊은 인상을 받는다.

그리고 사업자는 '중국 시장은 웨이상을 통해 유통해야 한다'라는 답을 머릿속에 입력하고 돌아간다. 한국 사업자들은 중국에서 직접 경험하고 느낄 수 있는 기회가 없어 잘못된 정보들을 여과 없이 받아들일 수밖에 없다.

웨이상의 유통 구조가 복잡한 다단계 피라미드 구조로 되어 있기 때문에 이론적으로는 매우 효과적인 유통 채널로 보일 수도 있다. 하지만 중국 시장에 진출할 때 사업자의 아이템을 웨이상을 통해 유통하는 것이 적합한지를 먼저 살펴봐야 한다.

이번 장에서는 온라인 유통을 하기 위한 준비부터 어떻게 유통 채널을 찾아야 할지를 필자의 중국 비즈니스 경험에 비추어 간략히 설명해보려 한다.

주객전도(主客顚倒) 시장조사는 이제 그만

중소기업, 대기업을 막론하고 우리는 시장 분석에 민감하다. 우리가 중국 시장을 분석하는 목적은 '어떻게 하면 중국 시장에 적정한 포지션으로 진출할 것인가?'이지만, 중국의 전반적인 시장을 이해하려고 하다 보면 '올해 중국 경제가 어느 정도 성장했고, 소비자 물가지수가 얼마나 증감했는지, 그리고 이러한 중국 시장의 환경적인 요인으로 우리 제품의 매출은 영향을 받게 될 것이므로, 그에 대한 전략과 대책을 세워야 한다'라는 식으로 결론지어지는 경우가 상당히 많다.

축구팀을 예로 들면, 축구팀은 상대 팀의 전반적인 공격 및 수비 패턴, 선수별 습관 및 장단점 등의 특징을 분석하여 '어떻게 상대 팀을 제압하고 승리할 것인가?'에 대해서만 고민하고 전략을 짜면 된다. 사람들이 축구 경기를 얼마나 시청하는지, 경기에서 어떤 공을 사용하는지, 구장의 잔디는 어떤 종자인지 등과 같이 승리의 목적에서 벗어난 분석은 굳이 할 필요가 없다. 이런 부수적인 요인은 축구팀이 부동의 1위가 되어 여유가 생겼을 때 고민하면 된다.

'동종 업계의 상황을 조사해서 파악하고 분석하면서 자사의 브랜드를 어떻게 소비자에게 인식시킬 것인가'의 전략을 수립하는 것이야말로 사업자에게 있어 진정한 시장조사의 목적이 되어야 한다. 온라인 유통을 예로 들면, 이런 질문이 주객전도의 시장조사로 나온 결과물이다.

"중국에서 티몰이 가장 크다는 것은 알고 있습니다. 티몰은 어떻게 개설하고 운영하나요?"

티몰이 중국 전자상거래 B2C 영역에서 규모가 가장 큰 것은 사실이다. 그러나 티몰의 규모와 자사 브랜드가 인터넷 쇼핑몰을 운영하는 것이 어떤 상관관계가 있는지 생각해봐야 한다.

티몰을 개설해 운영하겠다는 사업자의 사고 프로세스는 일반적으로 다음과 같다.

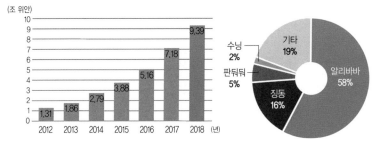

중국의 전자상거래 규모(왼쪽)와 2018년 전자상거래 시장점유율(오른쪽)
(출처: 중국의 전자상거래 경쟁 현황 및 미래 발전 추세 연구 보고)

① 중국은 온라인 판매가 활발하고 규모가 크다. 그중에서도 티몰 사용자가 가장 많다.

② 그러므로 우리는 중국 온라인 1위 사업자 티몰에 쇼핑몰을 개설해야 한다.

③ 티몰에 쇼핑몰을 개설하면 우리 제품의 판매가 활발히 이루어질 것이다.

그러나 현실은 이론처럼 그리 녹록하지 않다. 중국에 진출하는 한국 기업들은 중국 시장에서 브랜드 인지도를 어떻게 높일 것인가에 대한 방안은 고민하지 않고 티몰에 입점하기 급급하다. 그러나 막상 티몰을 개설해도 거래가 일어나지 않을 수 있다.

전반적인 시장 분석을 통해 티몰에 쇼핑몰을 오픈해야 한다는 결론을 얻고 실행에 옮겼으나, 예상과 달리 매출이 발생하지 않으니 이제 전략을 바꿀 차례다.

① 우리는 중국 1위 사업자 티몰에 쇼핑몰을 개설했다.

② 그러나 매출이 기대한 만큼 나오지 않았다.

③ 브랜드와 제품은 문제가 없지만, 티몰에 대한 노하우가 부족하다.

④ 티몰 운영 대행사와 함께 중국 온라인 유통시장을 공략해야 한다.

그러고는 티몰을 대리 운영해줄 수 있는 TP 회사[55]에 운영을 대행한다는 결론을 내린다. 아마 이 프로세스를 보면 남 일 같이 느껴지지 않는 회사도 많을 것이다. 대부분의 한국 기업이 이런 패턴으로 중국 전자상거래에 진출한

---

55 TP 회사: Taobao Partner, Tmall Partner의 이니셜이었으나, 현재는 외주 운영 대행사를 통칭하여 TP라고 부른다.

다. 경험의 밑바탕 없이 인터넷 검색을 통해 접근했을 때 나올 수 있는 최선의 프로세스이기 때문이다.

이 논리 구조에는 자사 제품에 대한 분석이 고려되지 않았다. 자사 브랜드와 제품은 당연히 좋기 때문에 알려지지 않아서 그렇지 일단 중국인들에게 알려지면 판매는 문제가 없다는 막연한 오해가 깔려 있다.

온라인 유통 환경 분석에서는 '중국 B2C 전자상거래에서 티몰이 가장 규모가 크다' 정도만 알고 있으면 된다. 티몰에 입점한 동종 업계 브랜드의 사정은 어떠한가? 자사 제품이 중국 소비자에게 맞는 제품이고, 판매 가격에 부합하는가? 판매가 잘되는 곳은 왜 그럴까? 제품의 문제인가, 아니면 소비자 소통의 문제인가 등 비록 사소하지만 실질적인 시장조사와 분석이 집중적으로 진행되어야 한다.

만약 중국 시장에 대한 조사를 스스로 진행하기 어렵다고 판단될 때는 중국 현지의 리서치 업체나 컨설팅 업체를 통해 구체적인 사례를 파악해보는 것도 좋다. 대부분은 현지의 관련 업계 비즈니스 생태계에 대한 이해가 없는 상태에서 컨설팅 업체를 통해 전반적인 해답을 얻으려 하기 때문에 그 조사 결과물 또한 매우 추상적이고, 당초 컨설팅 의뢰 목적에서 벗어난 결과물을 받아볼 수밖에 없다.

중국 온라인 유통
전략 설계하기

중국 시장에서 자사 브랜드의 제품이 경쟁력 있다고 판단되고, 중국 진출에 따른 고정비를 계산해봤더니 재무적으로도 수익이 발생할 수 있다고 판단되면 다음 프로세스에 따라 비즈니스 모델을 결정할 수 있다.

중국 시장에 진출할 때 사업자는 투자 규모에 대한 고민을 하게 된다. 단순히 자금의 투자만 있는 것이 아니라 인적 자원에 대한 투자도 병행되어야 하므로 경영관리적인 측면에서 고정비가 올라가기 때문에 부담이 되는 것이 사

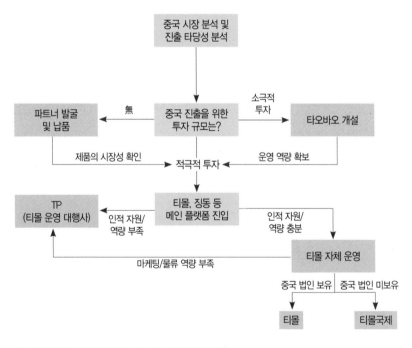

투자 규모에 따른 중국 전자상거래 비즈니스 모델 결정 프로세스

실이다.

중국 시장의 온라인 유통 전략은 자사의 투자 규모에 따라 3가지 상황으로 분류해볼 수 있다.

별도의 비용을 투자하지 않고 파트너를 통한 간접적인 온라인 유통 전략

현지에서 유통 또는 판매하고 있는 파트너를 발굴해 제품을 공급하는 것이다. 눈에 보이지 않는 유통업자를 찾는 것은 어렵지만, 타오바오나 기타 전자상거래 플랫폼의 판매자들은 쉽게 발굴할 수 있다. 그들과 접촉하여 자사의 제품을 공급하는 방법이다. 이렇게 파트너들을 통해 제품을 유통함으로써 큰 투자 없이 매출도 올리고 자사 제품의 시장성을 간접적으로 확인할 수도 있다.

온라인 시장에서 자사 제품의 시장성이 검증되면 앞으로도 계속 파트너를 통해 간접적인 유통을 할 것인지, 아니면 자사가 적극적으로 투자를 해 중국 시장에서 유통까지 할 것인지를 판단하면 된다.

소극적인 투자를 통해 전자상거래 중국 온라인 유통 역량 기르기

중국 온라인 유통시장에 직접 뛰어들고 싶지만 전문 인력 부재 및 자금적인 한계, 운영 역량 부족 등이 고민된다면 큰 비용을 투자하지 않고도 직접 온라인 유통에 뛰어들 수도 있다. 중국 최대 전자상거래 플랫폼인 타오바오에 상점을 개설하여 최소 인력으로 운영해보는 것이다. 타오바오를 운영해보면 디지털 마케팅, 재고 관리 및 물류, 고객 상담, 빅데이터 분석 등 중국 전자상거래 운영과 관련된 전반적인 업무를 파악할 수 있게 된다.

행여 자사의 역량이 부족해 외주 업체가 필요하더라도 타오바오 플랫폼 내에서 직접 관련된 외주 업체를 찾을 수도 있다.

자사에 중국 전자상거래 전문 인력을 배양하면 후에 티몰과 같은 정식 플래그숍을 직접 개설하여 운영하거나, 외주 운영 대행사인 TP와 협업했을 때 업무를 순조롭게 진행할 수 있다.

과감한 투자를 통해 중국 온라인 유통시장에 진출하기

사업자가 과감하게 중국 온라인 유통시장에 뛰어들고 싶다면 티몰, 징동 등 중국의 유명 전자상거래 플랫폼에 직접 입점할 수도 있다. 전자상거래 운영 역량이 부족하다면 자사에는 담당자만 배정하고 전반적인 업무는 외주 운영 대행사에 맡길 수도 있고, 직접 상점을 운영하며 역량이 부족한 일부 영역만 외주 운영 대행사에게 업무를 위탁할 수도 있다.

직접 전자상거래 시장에 진입하기 위해서는 먼저 자사의 제품을 중국으로 수입해서 유통할 것인지, 아니면 크로스보더(해외 직구) 형태로 고객에게 해외 배송의 방법으로 유통할 것인지를 결정해야 한다.

제품의 특성과 해당 제품군의 소비자 속성에 대한 사전 조사를 통해 어떤 유통 방법이 좋을지 먼저 판단한 후에 그에 맞는 방법을 선택하면 된다.

필자가 추천하는 전략은 시장 진입 전에 제품의 시장성을 검증하여 사업 리스크를 최소화하는 '파트너를 통한 진출'이나, 사업의 중장기 전략 측면에서 자사가 직접 운영 역량을 확보할 수 있는 '저비용 전자상거래 운영'의 방법이다. 물론 여건이 된다면 이 2가지를 동시에 병행하는 것이 좋다.

온라인 유통의 연결고리를
끈끈하게 설계하라

사업을 기획하는 사람들이라면 자신만의 비즈니스 모델이나 로직이 하나쯤 있을 것이다. 필자도 마찬가지로 비즈니스 설계에 뼈대가 되는 나만의 비즈니스 로직을 가지고 있다.

필자는 업종과 온·오프라인 채널을 불문하고 대부분의 사업을 다음의 로직을 사용해 비즈니스를 설계한다.

부동산 중계 업체를 예를 들어 설명하면, 사업장 인근의 행인들에게 전단지를 나눠주며 부동산의 위치를 알리고, '중계비 업계 최하' 등 호기심을 유발할 수 있는 마케팅을 통해 고객이 찾아올 수 있도록 유도한다. 그리고 고객이 원하는 조건에 맞는 매물의 장단점을 객관적으로 분석해 꼼꼼하게 소개하며 고객과 소통하고, 고객이 구매 결정을 하면 비로소 물건이 판매된다. 고객과 소통하는 과정에서 분석한 고객 성향을 기억해두었다가 후에도 괜찮은 매물

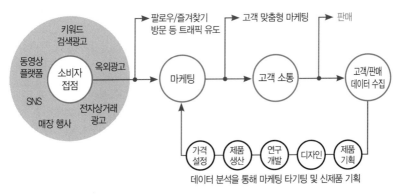

비즈니스 설계 로직

이 나오면 다시 소개하면서 비즈니스의 선순환 구조를 만들어나간다.

오프라인 사업을 예시로 들긴 했지만 온라인 비즈니스라고 해서 크게 다를 것은 없다.

첫 번째 단계는 다양한 홍보 활동을 통해 고객에게 나의 제품 또는 서비스의 존재를 알리는 것이다. 이때 홍보할 곳에 나의 사업과 연관이 있는 고객들이 모여 있는지 확인해볼 필요가 있다. 단지 사용자 수가 많다고 하여 10대 소녀가 주로 이용하는 애플리케이션에 새치 염색약을 홍보하는 것은 아무런 의미가 없다. 홍보를 할 때는 반드시 나의 사업과 연관된 잠재 고객이 모여 있는 곳을 선택해야 한다.

두 번째 단계는 매출과 직결될 수 있는 마케팅을 설계하고 진행하는 것이다. 고객에게 직간접적인 혜택을 제공함으로써 나의 제품 또는 서비스를 충동적으로 구매하거나, 객단가를 높이거나, 구매 주기를 단축시킬 수 있는 일종의 미끼를 설치하여 고객으로 하여금 호기심을 유발해야 한다.

세 번째 단계는 호기심을 가지고 찾아온 고객이 구매 의사를 고민하고 있을 때 구매 결정을 할 수 있도록 도와주는 것이다. 고객은 결제를 앞두고 자신의 선택이 올바른지 아닌지를 고민한다. 고객의 이런 고민을 해소해주는 것이 바로 고객 소통이다. 고객 소통 방법은 제품 설명서의 사진이 될 수도 있고, 동영상이 될 수도 있고, 라이브 방송이나 메신저 같은 실시간 소통이 될 수도 있다. 내가 알려주고 싶은 것이 아니라 고객이 알고 싶어 하는 것을 알려줌으로써 고객이 지갑을 열도록 하는 가장 중요한 역할이다.

네 번째 단계는 판매 후 제품을 구입한 고객과 판매된 제품을 분석하는 것이다. 매출이 발생하면서 우리는 새로운 데이터를 확보하게 된다. 가장 직관적인 지표는 고객의 사용 후기나 평가를 분석하는 것이고, 간접적으로는 데이터를 분석해 통계를 내는 것이다. 이렇게 가공한 데이터를 통해 고객을 단골로 만들어 재구매를 유도해야 한다. 단골의 증가는 마케팅 비용을 절감시키고 고객을 통한 바이럴 확대와 더불어 나의 제품과 서비스를 브랜딩할 수 있는 기회까지 만들 수 있다.

온라인 유통이 오프라인 유통과 다른 점이 있다면 앞서 설명한 4가지 단계를 모두 IT 시스템으로 긴밀하게 연결할 수 있다는 것이다.

온라인 소비자는 플랫폼이 전환되는 것에 매우 민감하다. 예를 들어 인스타그램에서 예쁜 옷 사진을 보고 쿠팡에 들어가 그 옷을 검색할 확률은 지극히 낮다. 홍보를 잘해서 고객들로부터 많은 관심을 받았다 하더라도 고객과의 소통도 시도하지 못하고 관계가 끊어지는 것이다. 이렇게 고객을 잃게 되는 것을 '고객 이탈' 또는 '고객 유실'이라고 부른다. 고객을 번거롭게 하면 고객 이탈률과 유실률이 증가한다. 고객 이탈률을 낮추는 가장 손쉬운 방법은 IT 시스템을 유기적으로 연결시키는 것이다.

예를 들어 나의 상점이 타오바오에 개설되어 있는데, 위챗 사용자들이 많다는 이유로 위챗에 홍보 활동을 하게 된다면 링크를 클릭한다 하더라도 타오바오 상점으로 연결되지 않는다. 타오바오 상점 링크를 복사해 모바일 인터넷 창에 다시 검색하도록 할 수는 있겠지만, 고객 입장에서는 번거로워 고객을 잃게 될 가능성이 크다.

타오바오에 상점을 개설했다면 사용자 수가 적더라도 웨이보를 이용해 홍보해야 하고, 위챗을 사용하려 한다면 위챗에 전자상거래를 개설하거나, 위챗에서 링크를 클릭해 이동할 수 있는 전자상거래 플랫폼에 상점을 개설해야 한다.

이렇게 온라인 유통과 관련된 전반적인 설계를 하기 위해서는 홍보 플랫폼, 전자상거래 플랫폼, 데이터 분석 시스템 등에 대한 이해가 필요하다.

중국 온라인 유통을 하고 싶다면
타오바오를 운영하라

"타오바오는 개인 판매자라는 인식이 있어서 타오바오에 쇼핑몰을 개설하면 브랜드 이미지가 망가질 것 같습니다."

중국 전자상거래 진출을 준비하는 한국 브랜드가 종종 하는 말이다. 타오바오가 되었든, 티몰이 되었든, 기업이 독자적으로 개설한 홈페이지가 되었든 자사의 제품을 소비자에게 알리기 위해서는 온라인 플랫폼이 반드시 필요하다. 그런데 기업 홈페이지를 오픈하여 소비자에게 알리려 한다면 이들 플랫폼의 홍보비가 더 커지게 되므로 현명한 선택이 아니다. 홍보 효과 측면에서 보면 어쩔 수 없이 유동 인구가 많은 중국 전자상거래 플랫폼에 기댈 수밖에 없다.

그렇다면 티몰을 개설해야 할까? 티몰이 플래그숍을 개설하기에 가장 좋은 플랫폼인 것은 확실하다. 그러나 오늘날 티몰은 몇 년 전과 달리 단순히 브랜드를 가지고 있고 비용만 지불한다고 해서 개설할 수 있는 플랫폼이 아니다. 중국 내 브랜드 인지도와 판매 실적이 뒷받침되어야 개설이 가능하다.

신생 브랜드나 중국 내에서 브랜드 인지도가 낮다면 선택의 폭이 제한적이다. 그나마 쉽게 접근할 수 있는 것이 타오바오다. 필자가 타오바오를 운영하라고 하는 이유는 타오바오는 '판매 수단'이 아니라 '학습 수단'이기 때문이다.

타오바오를 운영하기 전에 가설을 세워보자.

① 우리 제품의 소비자 타깃 성별 및 연령층, 직업은 어떻게 되는가?
② 중국의 어느 지역에서 우리 제품을 많이 검색하는가?

■ **패션 업종의 티몰, 티몰국제(크로스보더) 입점 자격 조건**

티몰	티몰국제

• **패션 분야 기업 가입 조건**
  – 의류 플래그숍 스토어 중국 법인 설립 2년 이상
  – 자본금 100만 위안(1억 7천만 원) 이상
  – 상표권 R브랜드 소유
• **티몰의 상점 종류**
  – 플래그숍(브랜드 본사가 직접 운영하는 상점)
  – 전문 매장(브랜드 본사는 아니지만 한 브랜드를 전문으로 판매하는 상점)
  – 편집숍(라이선스만 보유하고 여러 브랜드를 판매하는 상점)
• **서비스 이용료**
  – 개설 시 보증금: 15만 위안(폐점 시 반환)
  – 서비스 이용료: 3만 위안/년
  – 수수료: 제품 판매 금액의 5%
	• **기본 조건**
	  – 해외에 실질적인 기업을 가지고 있을 것
	  – 해외 판매/무역이 가능한 자격을 보유하고 있을 것
	  – 브랜드 또는 아이템에 대한 라이선스를 보유하고 있을 것
	• **우선 선정 기업 조건**
	  – 2년 이상 경영했으며 연 매출 1천만 달러 이상(증명서 제출 필요)
	  – 해외의 유명 B2C 플랫폼 또는 기업
	  – 브랜드 본사 또는 총판 라이선스 보유 기업
	  – 유아용품, 보건식품, 의류, 잡화 제품
	  – 해외 유명 브랜드
	• **서비스 이용료**
	  – 개설 시 보증금: 2만 5천 달러(폐점 시 반환)
	  – 서비스 이용료: 5천 달러 또는 1만 달러/년
	  – 수수료: 제품 판매 금액의 5%

③ 우리 제품을 구매하는 사람들은 주로 인터넷 쇼핑몰에서 무엇을 검색하는가?

④ 우리 제품의 카테고리는 언제 구매량이 많을까?

이러한 가설들을 미리 설계하고 몇 개월 동안 타오바오를 운영하면서 검증해보기 바란다. 의외로 브랜드가 설정한 가설과 실제 소비자의 반응이 다를 수 있다. 가설에 대한 해답은 타오바오에서 유료 혹은 무료로 제공해주는 통계 데이터를 확인해보면 된다.

판매와 상관없이 제품의 포지셔닝을 찾기 위해서는 더욱 많은 데이터가 필요한데, 데이터의 정확도를 올리려면 소비자의 상점 방문율을 많이 끌어올려야 한다. 사업자는 방문율을 늘리기 위해 다양한 온라인 마케팅을 시도하게 된다. 각종 관련 커뮤니티부터 SNS 마케팅까지 가장 효과적인 유입을 위한 방안을 고민하면서 자신도 모르게 중국 온라인 마케팅을 습득하게 된다.

타오바오 방문량이 늘어나면 자연스럽게 이러한 고민이 생기기도 한다.

'방문자는 1만 명인데 구매한 사람은 2명이네? 어떻게 하면 구매 전환율을 높일 수 있을까?'

필자는 중국 전자상거래 시장의 특징을 이야기할 때면 판매자와 구매자의 신뢰 구축을 가장 강조한다. 바로 눈앞의 물건을 보고도 믿지 못하는 중국인들이 타오바오에서 제품을 구매할 수 있었던 것은 알리페이라는 에스크로를 통한 신뢰 때문이었다.

타오바오에는 에스크로 안전결제 외에도 판매자의 신뢰도를 평가하고 확인할 수 있는 방법이 있다. 바로 판매자 신용 등급이다. 총 20단계로 만들어진 판매자 신용 등급은 구매자들이 제품 수령 후에 호평(好评, 매우 만족)을 남겨야만 올라간다. 소비자 입장에서 판매자의 신용 등급이 높다는 것은 제품의 품질과 판매자의 서비스 태도가 좋다는 의미이기 때문에 구매 결정을 하는 데 큰 역할을 한다. 그래서 판매자들은 소비자에게 좋은 서비스를 제공할 수밖에 없다. 반대로 신용 등급이 낮은 상점은 좋은 제품을 판매한다 해도 구매가 잘 이루어지지 않는다.

타오바오에서 제품을 원활히 판매하려면 판매자 신용 등급이 최소한 다이아몬드 2~3개 이상이 되어야 하는데, 그러려면 좋은 평가를 500개 이상 받아야 한다. 즉 제품이 어느 정도 판매되고 나서야 소비자에게 인정을 받고 판매할 수 있다는 이야기다.

판매자는 신용 등급을 올리기 위해 제품을 싸게 팔거나 타오바오의 다양

■ 타오바오 판매자 신용 등급표

누적 점수	등급 아이콘	신용 등급	누적 점수	등급 아이콘	신용 등급
4~10점	♥	一星	10,001~2만 점	👑 (파란 왕관)	一皇冠
11~40점	♥♥	二星	20,001~5만 점	👑👑	二皇冠
41~90점	♥♥♥	三星	50,001~10만 점	👑👑👑	三皇冠
91~150점	♥♥♥♥	四星	10만 1~20만 점	👑👑👑👑	四皇冠
151~250점	♥♥♥♥♥	五星	20만 1~50만 점	👑👑👑👑👑	五皇冠
251~500점	♦	一钻	50만 1~100만 점	👑 (노란 왕관)	一金冠
501~1,000점	♦♦	二钻	100만 1~200만 점	👑👑	二金冠
1,001~2,000점	♦♦♦	三钻	200만 1~500만 점	👑👑👑	三金冠
2,001~5,000점	♦♦♦♦	四钻	500만 1~1천만 점	👑👑👑👑	四金冠
5,001~1만 점	♦♦♦♦♦	五钻	1천만 점 이상	👑👑👑👑👑	五金冠

한 이벤트와 행사에 참여하는 등 여러 가지 방법을 동원한다. 그것들이 단지 신용 등급을 올리려는 목적이었을지는 몰라도 나중에는 온라인 판촉 활동의 노하우로 돌아온다.

　타오바오를 몇 개월만 운영해보면 중국 전자상거래뿐 아니라 디지털 마케팅 노하우까지 상당히 많이 터득할 수 있다. 그러나 대부분의 한국 기업은 중국어를 할 줄 아는 직원이 없어서, 시간적 여유가 없어서, 시도해볼 자신이 없어서 등의 이유로 미리부터 포기하곤 한다.

　그리고 결국 TP 회사와 같은 외주 운영 대행사를 찾거나 대신 유통해줄 파트너를 찾는 데 집중한다.

브랜드 스스로가 직접 타오바오를 운영하면서 ①브랜드와 제품의 객관적인 포지셔닝, ②중국 온라인 생태계에 대한 이해, ③가장 효과적인 마케팅 방안 등을 수립한다면 온·오프라인 유통은 물론 외주 운영 대행사 제휴에 만족할 수 있는 결과를 가져올 것이다.

모이면 살고 흩어지면 죽는 다단계 유통

다음의 유통 구조는 많이 익숙할 것이다. 많이 구매하는 사람에게는 그만큼 더 저렴하게 판매하는 시장 논리는 아주 오래전부터 통용되었다. 이런 유통 구조가 비단 한국과 중국에만 통용되는 방법이겠는가? 중국 시장이라고 하여 유통 방법이 특별할 것이 있겠는가?

중국에서도 '많이 구매하는 사람에게는 싸게 판매한다'라는 박리다매 유통 논리가 똑같이 적용된다. 생산자는 여러 단계의 유통상을 두고 있다. 그리고 각각의 유통상 또한 자신이 보유하고 있는 소매 유통들의 주문을 취합하여 생산자에게 대량으로 구매한 후, 다시 하급 유통상들에게 재분배하는 유통 구조도 마찬가지다.

한국과 중국이 다른 점이 있다면 중국은 온라인을 통한 유통이 잘 발달되어 있다는 것이다. 알리바바는 3가지 형태의 인터넷 쇼핑몰(B2B 알리바바 공급상, B2C 티몰, C2C 타오바오)을 운영하고 있는데, 이들 플랫폼은 시스템적으로 밀접하게 연동되어 있어 B2B, B2C, C2C를 모두 아우르는 체계적인 온라인 유통 시스템을 갖추고 있다.

알리바바의 전자상거래 플랫폼은 구매 수량에 따라 각각의 판매가를 설정

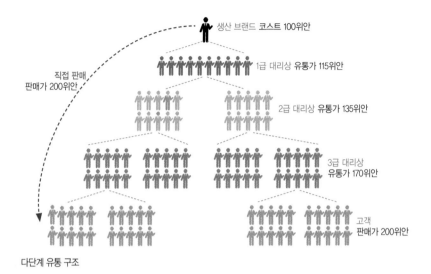

생산 브랜드 **코스트** 100위안

직접 판매
판매가 200위안

1급 대리상 유통가 115위안

2급 대리상 유통가 135위안

3급 대리상
유통가 170위안

고객
판매가 200위안

다단계 유통 구조

할 수 있기 때문에 소매는 물론 도매 거래까지 지원하고 있고, 인터넷상의 간편한 승인 절차를 통해 브랜드나 유통 총판에게 판매 수권을 부여받아 버튼 하나로 해당 제품을 사업자의 쇼핑몰에 디스플레이하고 판매할 수 있는 판매 대행(分销)까지 지원하고 있다.

소비자 접점이 PC에서 모바일로 전환되면서 신생 모바일 쇼핑몰들도 대거 출현하게 되었다. 모바일을 통한 전자상거래는 PC와는 차별적인 환경 속에서 SNS와 결합된 형태로 발전했다. 이렇게 모바일 SNS를 활용하여 자신의 팔로어나 지인들에게 제품을 판매하는 SNS 상인들을 웨이상이라고 부른다.

웨이상의 대표적인 SNS는 모든 사용자가 게시 글을 볼 수 있는 개방형 SNS인 웨이보와 친구 추가한 지인만 볼 수 있는 폐쇄형 SNS인 위챗, 2가지가 있다. 웨이보는 알리바바가 지분을 투자하면서 타오바오 판매자들이 웨이보를 활용하여 타오바오의 제품을 판매하기도 하고, 일반 네티즌들이 웨이보의 쇼핑몰 기능을 이용하기도 한다.

그러나 신뢰가 형성된 지인을 통해 제품을 유통한다는 비즈니스 모델로 본다면 진정한 웨이상 채널은 폐쇄형 SNS인 위챗이라고 할 수 있다. 위챗은 친구 추가로 맺어진 지인들에게 직접 제품을 판매하는 형태다. 위챗에는 카카오스토리와 같은 펑요첸(朋友圈, 모멘트)이라는 기능이 있는데, 이곳을 통해 제품을 소개하고 일대일 채팅창에서 위챗페이로 결제하여 거래하는 형태다.

웨이상이 최근에 생겨난 것은 아니다. 과거 PC를 사용하던 시대에도 QQ 메신저나 중국판 페이스북이라 불리는 런런왕(人人网)과 같은 커뮤니티를 통해 개인과 개인, 기업과 개인 간의 거래는 줄곧 있어 왔다. 다만 오늘날의 웨이상이 과거와 다른 점은 판매자와 소비자의 접점이 PC에서 모바일로 전환되었고, 제품에 대한 소개와 메신저를 통한 소통이 편리해지면서 거래가 더욱 활발해졌다는 데 있다.

위챗 채팅창에서 제품 주문과 결제를 진행하는 모습(왼쪽), 웨이상이 펑요첸에 올려놓은 제품(가운데), 위챗 그룹 채팅방에서 정보를 교환하는 웨이상들(오른쪽)

웨이상 중에서도 낮은 코스트와 낮은 진입 장벽, 전문성이 필요 없는 높은 접근성 등의 이유로 마스크팩과 같은 미용 제품의 유통이 활발해지기 시작했다. 모바일 SNS를 통해 브랜드 제품을 유통하던 웨이상들은 더욱 많은 마진을 남기기 위해 짝퉁 마스크팩 등 허가받지 않은 불법 제품을 생산해 유통하기 시작했다. 마스크팩의 미백 효과를 향상시키기 위해 인체 유해 성분을 함유한 제품들까지 대거 유통되었다.

소비자의 피해가 계속되자 중국 정부가 직접 나서서 웨이상에 대한 대대적인 불법 제품 단속과 성분 표기 규정 등을 시행했다. 하지만 불법 마스크팩으로 피해를 본 사례들이 중국 언론에 연이어 소개되면서 웨이상의 주요 유

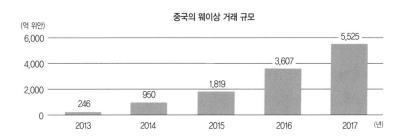

중국의 웨이상 거래 규모

중국의 웨이상 종사자 수

2017년 웨이상의 판매 제품 시장점유율

(출처: 화장산업연구원)

통 제품이었던 마스크팩은 소비자들에게 점점 외면받기 시작했다.

그렇다고 해서 웨이상 유통이 없어진 것은 아니다. 과거 웨이상의 주요 유통 제품이 미용 제품이었다면 오늘날에는 미용 제품 외에도 식품, 생활용품, 유아용품 등으로 제품군이 더욱 확대되었다.

수많은 온라인 유통 채널 중 하나일 뿐인 웨이상

한국 사업자들이 웨이상을 주목하는 이유는 유통 채널을 모두 관리하기 어렵기 때문에 가장 영향력 있는 웨이상을 통해 손쉽게 대량의 유통망을 확보하기 위해서다. 브랜드 생산자는 일반적으로 1급, 2급, 3급의 중·대형 유통상들과 제휴하면서 동시에 작은 소규모 유통상도 직접 상대한다. 하지만 여러 개의 유통 채널을 관리하는 것은 벅차기 때문에 편의상 가장 영향력 있는 웨이상과 접촉하여 총판을 주듯이 유통 채널을 단일화하고 싶어 한다.

우리가 찾고 싶어 하는 가장 영향력 있는 웨이상을 달리 표현하면 한 번에 많은 수량의 제품을 유통할 수 있는 1급 대리상이다.

웨이상도 오프라인 유통 구조와 같이 여러 단계의 유통상이 존재한다. 신발을 잘 판매하는 웨이상이라고 하여 안경테까지 잘 판매한다고 이야기할 수는 없다. 웨이상들도 자신이 보유하고 있는 하급 유통상들이 있으며, 그들은 '신발'이라는 제품으로 신뢰를 형성하고 있으므로 고객 접점 채널도 신발에 포커싱되어 있다.

전문 웨이상들은 자신의 신뢰도를 깎아먹는 행위를 하지 않는다. 웨이상들에게 있어서 고객 신뢰는 사업과 직결된다. 그래서 오랜 시간 동안 동일 제품군으로 소통해왔던 웨이상은 갑작스럽게 다른 제품군으로 전환하지 않는다.

물론 잡다한 제품군으로 운영하는 웨이상들도 있다. 이들은 대체로 이제 막 시작한 초보 웨이상이거나 정통 웨이상이 아닌 한국 리뷰 블로거들과 같이 제품에 대한 신뢰보다는 사용 후기 등 정보를 전달하며 대가를 받는 SNS 왕훙들이라고 봐도 무방하다.

어떻게 하면
유통 웨이상들을 찾을 수 있을까

잘 놀면서 예쁘거나 잘생긴 이성을 찾기 위해 우리가 종종 찾는 곳은 어디일까? 그렇다. 바로 클럽이다. 클럽에는 그런 사람들이 많이 모여 있다. 그런데 클럽에 간다 해서 마음에 드는 이성과 대화를 나눌 기회가 있을까? 어쩌면 아닐 수도 있다. 내가 상대방의 기준에 부합되지 못할 수도 있기 때문이다. 하지만 내 외모가 괜찮다면 가만히 앉아만 있어도 알아서 이성들이 몰려들 것이다.

우리는 어쩌면 이미 답을 알고 있을지도 모른다. 유통상이나 웨이상을 찾는 방법도 클럽에서 이성을 찾는 것과 유사하다. 웨이상을 찾기 위해서는 웨이상들이 모여 있는 장소로 가면 되고, 판매하기 좋은 아이템은 웨이상들이 알아서 꼬이게 마련이다.

바이두와 위챗에 '微商代理(웨이상대리)', '微商货源(웨이상 제품 소싱)' 등을 검색해보면 관련 사이트와 플랫폼이 많이 나온다. 이들은 대부분 사이트에 제품을 등록하기보다 위챗에 그룹 채팅방을 만들고 제품 정보를 공유하여 도매로 유통하는 형태로 진행하곤 한다. 웨이상들이 제품을 공유·소싱하는 장소에 나의 제품을 소개하고 직접 평가를 받음으로서 웨이상들과 접촉을 시도하는 것은 좋은 방법이다.

광고 대행사들을 이용하는 방법도 있다. 중국의 광고 대행사들이 보유하고 있는 웨이상 및 왕홍들 중에서 역량 있는 웨이상이나 왕홍들과 따로 제휴하는 방법도 있다. 다만 광고 대행사에 지나치게 의존해서는 안 된다. 나중에 그들의 중계가 없다 하더라도 스스로 자생할 능력을 갖출 수 있을지 고민해봐야 한다.

42

알리바바,
전자상거래 시대를 열다

Common Sense Dictionary of China

> 세계 최대 전자상거래 플랫폼으로 성장한
> 마윈의 알리바바

2014년 9월 19일, 중국 전자상거래 기업 알리바바는 페이스북(2,016억 달러), 아마존(1,531억 달러)보다 높은 시가 총액인 2,314억 달러, 당시 환율로 한화 241 조 원이라는 기록적인 기업 가치를 인정받으며 뉴욕 증시에 상장되었다.

1999년에 중국 항저우의 작은 아파트에서 창업한 영세한 전자상거래 업체 가 불과 20년도 되지 않아 오늘날 중국을 초월해 세계를 대표하는 전자상거 래 플랫폼 중 하나로 성장했다. 중국뿐 아니라 전 세계의 많은 청년이 알리바바와 창업자 마윈에 열광하고 제2의 마윈을 꿈꾸며 창업에 도전하고 있다.

그들은 왜 마윈에 열광하는 것일까? 그 이유는 마윈이 여느 청년들과 비슷한 성장 배경을 바탕으로 자수성가한 기업가이기 때문이다. 오늘날 마윈의 성공은 아라비안나이트 속의 꿈같은 이야기 같지만, 그런

알리바바 창업자 마윈

그에게도 암흑의 역사가 있었다.

마윈은 좋은 학교를 다녀본 적이 없다. 초등학교부터 대학교까지 그가 다닌 학교는 모두 사람들이 흔히 말하는 3류, 4류였다. 공부를 유난히 잘한 것도 아니었다. 그나마 다행이었던 것은 어릴 때부터 영어를 좋아했다는 것이다. 당시 영어 교재가 부족했던 마윈은 외국인 관광객이 자주 드나드는 항저우 샹그릴라 호텔에서 외국인들에게 무료 가이드를 해주며 영어 실력을 쌓았다고 하니, 어린 나이에 열정 하나만큼은 어른 못지않았던 것 같다. 영어 외에는 성적이 좋지 않았던 마윈은 삼수를 하고 나서야 겨우 항저우 사범대학교 영문학과에 입학할 수 있었다.

대학교를 졸업한 마윈은 또래 학생들과 마찬가지로 취업을 준비했다. 그가 다른 취업 준비생들과 다른 점이 있었다면 졸업과 동시에 캠퍼스 커플이었던 장잉(张瑛)과 혼인신고를 했다는 것이다. 그의 두 어깨에는 가장으로서 무거운 책임감이 있었으리라.

마윈은 경찰 공무원, KFC 매니저 등 업종을 가리지 않고 30여 회사에 지원했지만 모두 낙방했다. 그나마 탁월한 영어 실력을 인정받아 항저우 전자공업학원에 영어 강사로 취직할 수 있었다. 영어 강사와 번역 아르바이트 일을 병행했던 마윈은 항저우 일대에서 영문 번역으로 인지도를 쌓자 창업을 꿈꾸었다.

마윈은 영어 번역 사무소(해박번역사무소, 海博翻譯社)를 창업하고 은퇴한 영어 교사들을 고용했다. 하지만 첫 달 수익은 700위안밖에 되지 않았다. 한 달에 2천 위안이었던 사무실 임대료도 낼 수 없는 상황이었다. 어려운 회사 경영 상태를 조금이라도 회복하기 위해 마윈은 이우와 광저우 등과 같은 도매시장을 돌며 유통을 하기 시작했다. 그렇게 도매 유통으로 벌어들인 수익으로 직원들의 월급을 지급하며 겨우 회사를 이끌어나갔다. 다행히 창업 4년 차에 접어들면서 회사의 경영 상태가 조금씩 좋아지기 시작했다.

■ 중국의 대표 IT 기업과 특징

기업명	창업자	주요 사업	특징
레노버 (1984년)	류촨즈 (柳传志)	제품: 컴퓨터, 태블릿PC, 스마트폰, 스마트TV	• 개인용 PC 판매량 세계 1위 기업 • 스마트폰 시장 공략을 위해 2014년에 구글의 모토로라를 인수하며 스마트폰 경쟁력을 강화하려 했지만 가시적인 성과를 내지는 못함
화웨이 (1987년)	런정페이 (任正非)	제품: 스마트폰, 태블릿PC	• 중국에서 가장 큰 네트워크 통신 장비 공급 업체로 사업 시작 • 2004년 모바일 시장 진입 이후 오늘날 화웨이 스마트폰은 중국뿐 아니라 글로벌 시장에서도 좋은 반응을 보이며 글로벌 3대 스마트폰 기업으로 손꼽힘 • 적극적인 R&D 투자로 자체 개발 능력 보유
뿌뿌까오 (1995년)	돤융핑 (段永平)	• 제품: 오디오, 비디오, 학습기 • 스마트폰 브랜드: 오포, 비보	• 오디오, 비디오 플레이어, 어학기 등을 생산하는 가전 업체 • 뿌뿌까오그룹 산하의 브랜드 오포(2004년)와 비보(2009년)는 스마트폰 TOP3 안에 들고, 화웨이와 함께 세계 스마트폰 공급량을 두고 경쟁 중임
텐센트 (1998년)	마화텅 (马化腾)	• 메신저와 SNS: QQ, 위챗 • 엔터: 게임, QQ미디어, QQ뮤직, QQ애니메이션, QQ문학 • 금융: 텐페이, 위챗페이	• 중국 인터넷 초창기에 국민 메신저라 불리는 QQ를 기반으로 게임, 음악 등 다양한 서비스 제공 • 2013년 모바일 기반의 위챗을 오픈한 이래 현재 9억 명가량의 사용자를 기반으로 공중계정 및 위챗페이 등을 제공 • 카카오의 2대 주주

징동닷컴 (1998년)	류창둥 (刘强东)	• 전자상거래: 징동닷컴 • 물류: 징동물류 • 금융: 징동금융	• IT 부품 유통으로 시작하여 2007년 전자제품 전문 인터넷 쇼핑몰 징동상청을 오픈하며 전자상거래 영역에 진출 • 전국에 보유한 물류창고를 통해 신속한 물류 유통 배송 인프라를 확보함으로써 현재 중국 전자상거래 2위 기업으로 성장
알리바바 (1999년)	마윈(马云)	• 전자상거래: 알리바바닷컴, 타오바오, 티몰, 알리 익스프레스 • 물류: 차이니아오 • 엔터: 알리픽처스 • 금융: 앤트파이낸셜(알리페이) • 빅데이터: 알리클라우드 • 광고: 알리마마	• 중국 전자상거래 영역 1위 기업 • 전자상거래와 물류, 결제 서비스 등 다양한 플랫폼과 비즈니스 모델을 통해 소비자의 빅데이터를 수집하고 있으며 이를 활용한 O2O 사업 모델 및 新유통 사업 시도
바이두 (2000년)	리옌훙 (李彦宏)	• 포털: 바이두 • 전자상거래: 바이두 누오미, 바이두 와이마이 • 바이두 클라우드	• 중국 최대의 검색엔진 • 전자상거래 시장을 공략하기 위해 퇀꼬우 플랫폼 '누오미', 인수 및 외식 배달 O2O '바이두 와이마이' 등을 론칭 • 최근 인공지능 AI 분야에 집중 중임
샤오미 (2010년)	레이쥔 (雷军)	제품: 스마트폰을 비롯해 로봇청소기, 선풍기, 스마트 워치, 라디오 등 샤오미 스마트폰과 연동되는 다양한 사물인터넷 제품 출시	• 고스펙의 저가 스마트폰 출시로 2014년에 샤오미 스마트폰 돌풍을 일으키며 시장 진입 • 이후 체중계, 로봇청소기, 공기청정기 등 '대륙의 실수'라고 불릴 정도의 고스펙 저가 사물인터넷 제품 개발에 집중

그러던 1994년 어느 날, 미국으로 출장을 간 마윈은 친구의 집에서 생전 처음 컴퓨터를 접하게 되었다. 컴퓨터와 마주한 그는 자칫 고가의 컴퓨터가 고장 날까 두려워 만져볼 엄두도 내지 못하다가 친구가 타이핑을 해보라고 권하자 그제야 인터넷 검색창에 'Beer'를 입력했다. 검색 결과에 일본, 독일, 미국 등 세계 각국의 맥주들이 검색됐는데 중국의 맥주는 검색되지 않았다.

'그렇게 유명하다는 중국 맥주는 왜 검색되지 않는 거지?'

당시 인터넷에서 중국 맥주가 검색되지 않은 것은 중국에 인터넷이 발달하지 않았기 때문이었다. 인터넷으로 중국을 알려야겠다고 결심한 마윈은 미국에서 돌아오자마자 아내 장잉과 친구 허이빙(何—兵)에게 인터넷 사업을 시작해보자고 제안했다. 그리고 자본금 2만 위안으로 기업 홈페이지를 제작해주는 인터넷 회사[56]를 설립했다.

첫 번째 프로젝트로 인터넷에서 중국 기업들을 검색할 수 있는 '차이나 옐로우북' 사이트를 오픈했다. 그런데 이듬해에 이동통신사인 항저우텔레콤도 마윈과 똑같은 옐로우북 사이트를 오픈했다. 마윈과 같은 영세 사업자가 국영기업을 상대로 경쟁할 수 없는 상황이었다. 마윈은 하는 수 없이 항저우텔레콤과의 합병을 선택했다. 그리고 얼마 지나지 않아 마윈은 자신이 보유하고 있던 지분을 모두 팔아 치우고 회사를 나왔다. 두 번째 창업도 실패였다.

마윈은 차이나 옐로우북 사이트 제작 경험을 바탕으로 베이징 대외경제무역부에 찾아가 전 세계 어디서나 중국의 제품을 검색할 수 있는 홈페이지를 개설해야 한다고 제안했다. 끊임없는 설득 끝에 대외경제무역부는 마윈의 제안을 받아들였고, 마윈은 중국 기업의 제품과 바이어를 연결시켜주는 홈페이지를 제작하게 되었다.

1997년에 대외경제무역부 홈페이지를 제작하며 베이징에서 머물던 마윈은 우연히 야후의 공동 창업자 제리양(Jerry Yang)을 만나게 되었다. 당시 두 사람의 관계는 여행 가이드와 여행객이었다. 일본 소프트뱅크로부터 투자를 받아 야후재팬을 성공적으로 론칭한 제리양이 휴가차 베이징을 찾아 만리장성

---

56 항주 해박 네트워크 회사(杭州海博网络公司)

관광을 위해 영어 가이드를 소개받았는데, 그가 바로 마윈이었던 것이다. 마윈은 여행 가이드였지만 제리양과 만리장성을 걸으며 인터넷을 주제로 많은 대화를 나누었고, 그렇게 두 사람은 인연을 맺게 되었다.

마윈은 대외경제무역부 홈페이지를 제작하면서 인터넷 시장이 가진 잠재력에 확신을 가지게 되었다. 대외경제무역부 프로젝트를 끝낸 마윈은 항저우로 돌아와 친구와 제자 등 지인 16명을 자신의 아파트로 불렀다. 그리고 인터넷에 대해 설명하며 전자상거래 사이트를 창업하자고 설득했다. 마윈과 아내를 포함해 총 18명으로 구성된 그의 팀은 1999년 2월, 자본금 50만 위안으로 마윈이 살던 아파트에 인터넷 회사를 설립했다. 오늘날 중국의 전자상거래를 이끌고 있는 알리바바는 이렇게 탄생했다.

18인의 멤버가 일군 알리바바의 성공

초창기의 알리바바는 지금과 같은 B2B 도매 전자상거래가 아니었다. 중국의 기업 정보와 생산품을 올려놓고 전 세계 바이어들을 연결시켜주는 기업 정보 공유 사이트에 불과했다. 그 당시에는 기업들이 인터넷에 홈페이지를 개설한다는 것이 매우 생소했기 때문에 기업들은 홈페이지 개설을 귀찮아했다. 마윈과 그의 팀원들은 기업들을 돌아다니며 홈페이지 개설이 왜 필요한지 설득하고 상품을 인터넷에 올리는 방법까지 알려주면서 영업했다. 쉬는 날도 없이 강행군이 계속되었지만, 팀원들은 오히려 회사 자금을 아껴야 한다며 500위안의 월급만 받고 일했다. 1999년 당시 항저우의 평균 급여가 972위안이었으니 평균 급여의 절반밖에 안 되는 수준이었다.

그럼에도 불구하고 명확한 수익 모델이 없었던 알리바바는 자본금이 금방 동날 위기에 처하게 되었다. 마윈은 투자자들을 찾아 나섰다. 하지만 찾아가는 곳마다 번번이 거절당했다. 당시 투자자들에게 인터넷 사업 자체가 생소하고, 알리바바의 수익 모델도 명확하지 않았기 때문이다.

마윈이 찾아간 투자 회사들 중에는 스웨덴 투자 회사인 인베스트AB도 있었다. 인베스트AB의 수석 투자매니저인 차이충신[57]이 투자를 협의하기 위해 마윈의 아파트를 찾아왔다. 결과적으로 알리바바는 인베스트AB로부터 투자를 받지 못했다. 그러나 투자를 협상하는 과정에서 차이충신이 알리바바에 합류하고 싶다는 의사를 밝혔다. 인베스트AB에서 100만 달러의 연봉을 받던 투자 천재 차이충신이 월급 500위안밖에 받지 못하는 알리바바에 합류한다는 것은 일반적인 상식으로는 이해하기 힘들겠지만, 차이충신은 후에 마윈이 겸비한 리더십과 카리스마, 팀원들의 열정에 매료되어 알리바바에 합류하게 되었다고 밝혔다.

차이충신은 알리바바가 외부 투자를 유치하는 데 절대적인 힘을 발휘했다. 1999년 10월, 글로벌 기업인 골드만삭스로부터 500만 달러의 투자를 이끌어낼 수 있었던 것은 차이충신의 공이었다.

골드만삭스 투자 이후 3개월 후에는 소프트뱅크로부터 2천만 달러를 투자받았다. 소프트뱅크가 알리바바에 투자할 수 있도록 다리를 놔준 것은 만리장성에서 여행객과 가이드로 만났던 제리양이었다. 당시 소프트뱅크 손정의 회장은 2000년 IT 버블 붕괴가 진행 중이던 미국 시장 대신 잠재적 발전 가능

---

57 차이충신(蔡崇信): 현재 알리바바 부회장

성을 염두에 두고 중국에서 투자할 기업을 물색 중이었는데, 때마침 제리양이 마윈을 소개해준 것이다.

마윈과 창업 멤버들(출처: 바이두)

마윈의 언변 때문이었을까? 아니면 알리바바의 잠재력을 꿰뚫었던 손정의 회장의 뛰어난 안목 때문이었을까? 마윈은 손정의 회장에게 100~200만 달러의 투자를 요청했으나 손정의 회장은 마윈에게 금전적인 어려움이 사업에 방해가 되면 안 된다며 선뜻 2천만 달러를 투자했다. 손정의 회장이 거액의 투자를 결정하는 데 걸린 시간은 단 6분이었다.

소프트뱅크로부터 거액의 투자를 받은 알리바바는 사무실을 마윈의 아파트에서 항저우 시내의 빌딩으로 옮겼다. 창업 멤버 18명이 동고동락했던 마윈의 아파트는 오늘날에도 알리바바의 신규 프로젝트를 기획하는 특별한 사무실로 쓰이고 있다.

그 이후로도 여러 곳에서 투자를 받은 알리바바는 미국과 영국에 사무실을 설립하고 국제 무대로 진출했다. 그러나 얼마 지나지 않아 미국의 IT 버블 붕괴가 중국의 IT 업계에도 영향을 미쳤다. 알리바바도 위기를 피해갈 수 없었다. 자본금은 계속해서 줄고 있었고, 더 이상의 신규 투자를 유치할 수 없었다. 글로벌 진출을 지향했던 알리바바는 결국 자금난 때문에 전략을 바꿔 국내 시장에 집중하기로 했다. 또한 중국의 기업 정보만 제공하던 기존의 무료 서비스에서 알리바바 스스로가 자생할 수 있는 수익 모델을 찾아야만 했다.

알리바바는 고민에 빠졌다. 고객사를 대기업 위주로 전환하여 높은 서비스 이용료를 받을 것인지, 아니면 현재와 같이 대소를 불문하고 모든 기업이 이용할 수 있는 서비스를 제공할 것인지.

알리바바의 선택은 후자였다. 중국 중소기업들이 알리바바의 플랫폼에서 국내외 바이어들과 거래할 수 있는 전자상거래 오픈마켓으로 사업 모델을 전환했다. 알리바바는 전자상거래 플랫폼 명칭을 '알리바바 공급상(阿里巴巴供应商)'으로 바꾸고 입점 기업에게 소액 연회비를 받는 오픈마켓으로 변신했다.

알리바바의 변신은 성공적이었다. 중국은 대륙이 넓은 만큼 생산자들의 홍보와 영업이 제한적이었다. 그래서 생산자들은 거미줄 같이 전국 각지로 퍼져 있는 유통상들을 통해 제품을 유통하는 것이 일반적인 구조였다. 그러나 '알리바바 공급상' 사이트가 오픈하면서 생산자들은 복잡한 유통을 거치지 않고도 인터넷을 통해 전국에 있는 도소매 업체들과 직접 소통할 수 있었다.

더욱이 알리바바닷컴은 중국뿐 아니라 해외 버전의 홈페이지도 운영했기 때문에 생산자는 중국 내수시장은 물론 해외 시장에도 자사의 제품을 홍보하고 판매할 수 있는 훌륭한 유통 채널을 보유하게 되었다. 알리바바의 이런 장점들로 인해 전국의 수많은 기업이 알리바바의 플랫폼 안으로 들어왔다.

2002년, 중국에 전 세계를 공포로 몰아넣었던 사스[58]가 발생하면서 중국 대부분의 회사가 업무에 타격을 입었다. 알리바바도 예외일 수 없었다. 2003년에 광저우로 출장을 갔던 알리바바의 한 직원이 사스 확진을 받아 500여 명의 알리바바 직원이 집에 격리되어야 했다. 하지만 고객들은 알리바바에 이런 일이 발생했는지 알지 못했다. 정상적으로 업무를 할 수 없는 상황이었지만 직원들이 집에서 자발적으로 고객 응대를 했기 때문이다. 사스의 공포

---

58 사스(SARS): 2003년 3월에 발생한 호흡기 계통 질환으로, 세계보건기구에 따르면 2003년 당시 중국 본토에서 349명, 홍콩에서 300명, 대만에서 180명이 사망했다고 한다.

로 집 밖에 나가기를 꺼렸던 당시 상황에서도 고객사들은 알리바바를 통해 업무를 차질 없이 처리할 수 있었다. 알리바바가 위기를 고객의 신뢰로 바꾼 결정적인 계기였다. 알리바바는 그런 직원들에게 감사를 표하는 의미로 매년 5월 10일을 '알리바바의 날(Ali Day)'로 지정하여 파티를 열고 있다.

거대한 코끼리 '이베이'를 이긴 개미 '타오바오'

미국의 이베이에 맞선 마윈의 타오바오

세계 최대 C2C 전자상거래 기업인 미국의 이베이가 2002년에 중국 C2C 전자상거래 사이트 이취왕의 지분 33%를 인수하면서 중국에 진출했다. 2000년에 전자상거래 사이트를 오픈한 이취왕은 불과 1년 만에 440만 명의 회원을 확보했고, 하루 거래 규모는 250만 위안에 달했다. 오늘날의 전자상거래 규모와 비교하면 보잘것없는 수준에 불과하지만, 전자상거래가 전무했던 당시로서는 가장 규모가 큰 전자상거래 사이트였다.

알리바바는 이베이의 중국 진출을 주목했다. 알리바바는 B2B 모델, 이베이는 C2C 모델로 사업 모델이 다르기는 하지만, 전자상거래는 결국 B2B와 C2C의 영역이 무너지게 될 것이기 때문이었다. 2003년 3월, 알리바바의 비밀스러운 움직임이 시작되었다. 마윈과 알리바바의 핵심 멤버들은 알리바바를 창업했던 아파트에 모여 타오바오 개발에 전념했다.

마윈이 타오바오를 준비하는 동안 이베이는 이취왕에 1.5억 달러를 추가로 투자하면서 이취왕을 완전히 인수했다. 그로부터 약 한 달 후인 2003년 7월, 알리바바는 언론의 관심을 받으며 타오바오를 론칭했다. 당시 언론 매체들은 타오바오와 이베이의 경쟁을 '개미와 코끼리의 경쟁'이라고 표현했다.

틀린 말도 아니었다. 인터넷 판매자들은 이미 이베이 전자상거래 사이트에 입점한 상황이었고, 타오바오는 그 판매자들을 다시 타오바오로 데려와야 했기 때문이다. 알리바바는 타오바오 홍보비로 1억 위안을 준비했다. 당시로서는 파격적인 금액이었다. 하지만 자본력으로 승부수를 던졌던 이베이는 이미 각종 대형 포털 사이트에 거액의 광고비를 투자하여 광고권을 독점했다. 이베이의 동종 업계는 광고를 할 수 없는 상황이었다. 타오바오는 자금이 있어도 마케팅을 할 수 없는 상황에 처했다.

포털 사이트 광고가 모두 막히자 타오바오는 다른 대안을 찾아야 했다. 타오바오가 선택한 방법은 바이럴 마케팅이었다. 타오바오는 MSN 메신저와 전략적 제휴를 맺고 소비자들에게 꾸준히 노출시켰다. 포털 사이트 광고에 비해 효과가 형편없었지만, 타오바오가 선택할 수 있는 유일한 방법이었다.

이베이는 중국 전자상거래를 장악했지만 중국 시장에 대한 현지화를 고민하지 않았다. 소비자가 이베이에서 제품을 구매하려면 미국에서도 사용하고 있는 페이팔 결제를 이용해야 했다. 페이팔은 신용카드를 사용하는 결제 시스템이다. 신용카드 사용이 보편화된 미국에서는 적합한 방식이지만 신용카드 보급률이 낮은 중국의 상황과는 동떨어진 방식이었다.

더군다나 이베이는 소비자가 제품을 구매하면 결제한 대금이 직접 판매자에게 전달되는 P2P(peer to peer) 방식이었다. 그래서 구매자가 결제를 하고 나면 제품에 문제가 있어도 교환과 환불이 어려웠다. 서비스 문화가 결여되어 있던 당시 인터넷 판매자들은 이미 판매 대금이 수중에 들어왔기 때문에 A/S

는 신경 쓰지 않았다.

타오바오는 자체 결제 시스템인 알리페이를 사용했다. 알리페이는 신용카드가 없는 소비자도 체크카드나 선불 충전카드를 구입하는 방식으로 타오바오를 이용할 수 있었다.

게다가 타오바오는 소비자가 제품을 구매하면 타오바오가 중간에서 대금을 보관하고 있다가, 구매자가 수취 확인을 해주면 그제야 대금이 판매자에게 전달되는 에스크로 방식이었기 때문에 구매자가 보호받을 수 있는 안전장치가 있었다. 소비자들은 타오바오의 거래 방식을 선호했다.

타오바오가 소비자에게만 좋은 것은 아니다. 판매자에게 수수료를 받았던 이베이와 달리 타오바오는 판매자에게 어떠한 수수료도 받지 않았다. 타오바오의 수수료 무료 정책은 이베이와의 경쟁에서 쐐기를 박는 한 수였다.

현지에 최적화된 시스템으로 승리한 타오바오

타오바오는 이베이의 광고 독점 때문에 광고 한 번 제대로 해보지 못했다. 하지만 불리한 상황에서도 이베이의 시장점유율을 빠른 속도로 잡아먹기 시작했다. 그리고 2006년, 타오바오는 오픈한 지 3년 만에 C2C 전자상거래 시장 점유율 70%를 상회하며 이베이를 크게 따돌렸고, 이베이는 결국 중국 사업을 철수했다.

타오바오의 사례를 바탕으로 해외 기업이 중국 시장에 진출할 때 현지화에 대한 이해가 왜 중요한지 생각해볼 필요가 있다. 이베이는 미국에서 보편적으로 사용되고 있던 페이팔을 현지 상황에 맞게 개선하지 않고 그대로 중국에 적용해 중국 소비자들의 갈증을 해소시켜주지 못했다. 신용카드 보급률이 낮았던 중국의 상황이 고려되지 않았음과 더불어 판매자와 소비자 사이에 어떻게 신뢰를 만들어줄 것인가에 대한 고민도 부족했다. 타오바오는 특별한 기술력이 아닌 이베이의 이런 허점들을 역이용하여 전세를 완전히 뒤바꿔놓았다.

타오바오는 중국 전자상거래 역사에 있어서 새로운 문화를 만들어내기도 했다. 서비스 문화가 성숙하지 않은 중국에서 타오바오는 판매자를 위해 상점 개설 방법, 운영 방법을 알려주고, 판매자와 구매자의 분쟁까지도 실시간으로 지원하며 적극적으로 해결하고 있다.

또한 타오바오 온라인 강의 사이트인 '타오바오 대학'을 통해 판매자들은 스스로 타오바오 운영과 마케팅 노하우를 배울 수 있고, 타오바오에 개설되어 있는 각종 커뮤니티를 통해 자신의 노하우와 전략을 공유하며 전반적인 전자상거래와 디지털 마케팅 수준을 발전시키고 있다.

타오바오 운영 참고 사이트
- 타오바오 운영 노하우를 배울 수 있는 '타오바오 대학(淘宝大學)': https://daxue.taobao.com
- 타오바오 운영 관련 서비스 '타오바오 서비스 마켓(淘宝服務市場)': https://fuwu.taobao.com
- 브랜드 및 디자인 저작권 보호: https://ipp.alibabagroup.com

필자 또한 과거 타오바오 상점을 운영하면서 타오바오 커뮤니티를 통해 전자상거래 운영 노하우와 디지털 마케팅 및 고객 대응 방법 등을 배웠다. 전자상거래 판매자들에게 있어 타오바오는 단순히 제품을 판매하는 유통 채널에 불과한 것이 아니라 사람과 사람을 이어주는 또 다른 사회이자 놀이 문화다.

중국은 우리의 도(道)에 해당하는 행정 단위인 성(省) 하나의 크기가 한반도의 국토보다 넓은 경우가 대부분이다. 그러다 보니 복잡한 유통 구조로 인해 제품이 최종 소비자에게까지 오는 동안 가격이 많이 상승한다. 타오바오의 등장으로 중간 유통 과정이 간소화되어 생산자는 기존의 유통 방법보다 수익이 많이 발생하고, 소비자는 저렴하게 제품을 구입할 수 있게 되었다.

타오바오는 기존의 오프라인 유통 구조를 온라인상으로 구현하기도 했다. 제품 생산자 또는 유통 라이선스를 보유한 총판 유통상이 타오바오를 통해 온라인 유통을 할 수 있도록 한 것이다. 타오바오에는 펀샤오(分销)라는 기능이 있다. 펀샤오는 생산자 또는 총판이 일정 자격을 갖추게 되면 타오바오 판매자들에게 제품을 공급하는 기능이다.

중국의 많은 청년이 전자상거래 쇼핑몰을 창업하고 싶어 하지만 부담스러운 창업 자금과 노하우 부족 등의 이유로 시작부터 큰 장벽에 부딪히고 있다. 쇼핑몰을 창업하기 위해서는 크게 ①쇼핑몰 홈페이지 제작, ②판매할 제품 소싱 및 사입, ③고객 유치를 위한 홍보 마케팅이 필요하다. 하지만 타오바오에 쇼핑몰을 창업하게 되면 이 모든 고민거리가 해결된다. 무료로 제공되는 타오바오 쇼핑몰과 펀샤오를 통해 제품 소싱이 가능하고, 다양한 마케팅 방법이 제공되기 때문이다. 자신이 보유한 제품이 없다 하더라도 창업자는 펀샤오 공급자를 통해 판매할 제품을 공급받을 수 있다. 버튼 하나만 클릭하면 제품 페이지를 비롯해 제품과 관련된 모든 정보가 나의 타오바오 상점 안으로 들어온다.

구매자가 제품을 주문하면 자동으로 제품을 가지고 있는 공급상에게 주문서가 전달되고 공급자가 제품을 발송하기 때문에 택배에 대한 걱정을 할 필요도 없다. 많은 인원이 필요하지 않아 혼자서도 운영할 수 있다. 제품 공급상은 판매 채널의 다각화를 통해 매출을 증대할 수 있으며 위탁 판매 상점들은 재고 부담 없이 마케팅만 하면 되기 때문에 서로 상생할 수 있는 생태계가 마련된 것이다.

이러한 타오바오의 생태계로 인해 위탁 판매자들이 과도하게 늘어나 전체 타오바오 상점 중 위탁 판매 상점이 70%까지 증가하게 되었다. 그중 일부 위탁 판매자들은 이를 더욱 전문화하여 타오바오를 전문적으로 운영해주는 대행사로 발전시켰다. 타오바오 운영 대행이라는 뜻의 'Taobao Partner'라는 말에서 생겨난 TP 회사는 오늘날 타오바오와 티몰을 비롯해 온라인 쇼핑몰의 외주 운영 대행사를 일컫는 대명사가 되었다.

타오바오가 발전할수록 타오바오 생태계는 더욱 체계를 갖추고 견고해졌다. 뷰티·스타일 쇼핑몰을 운영하게 되면 피팅 모델이 필요하다. 판매자가 직접 피팅 모델을 찾다 보면 많은 시간과 비용을 낭비할 수도 있다. 타오바오

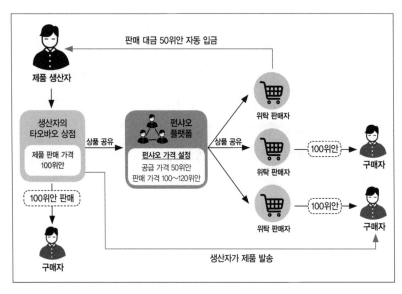

타오바오 펀샤오(위탁 판매) 구조

안에는 피팅 모델들이 모여 있는 타오뉘랑(淘女郎)이라는 플랫폼이 있다. 타오뉘랑은 타오바오 모델이라는 뜻이다. 타오뉘랑의 모델들은 자신의 사진과 스펙, 레퍼런스, 피팅 비용 등을 타오뉘랑 플랫폼에 등록하고, 판매자와 연결되면 직접 만나 촬영하거나 제품만 받아 사진 촬영을 한 후 사진을 판매자에게 전달해준다.

타오바오 상점 디자인부터 상품 페이지 디자인까지 해결할 수 있도록 전문 디자이너를 연결시켜주는 타오바오 디자이너(淘宝设计师)와 고객이 주문한 제품을 택배로 보내고 배송 현황까지 실시간으로 체크해볼 수 있는 물류 네트워크 차이니아오(菜鸟) 등 타오바오 운영과 관련된 모든 서비스를 타오바오 플랫폼 안에서 일괄적으로 처리할 수 있다.

믿고 구매할 수 있는
티몰의 출현

2010년부터 하루에도 수십 개씩 생겨난 퇀꼬우의 홍수와 더불어 전자제품 전문 쇼핑몰 징동(JD.com), 특가 전문 쇼핑몰 웨이핀후이(唯品会, VIP.com), 정품 화장품 쇼핑몰 쥐메이요우핀(聚美优品) 등 전문 영역을 강조한 자체 운영 방식[59] 쇼핑몰들이 생겨나면서 중국 전자상거래 시장은 급속히 발전하기 시작했다.

소비자가 자체 운영 방식 쇼핑몰을 선호하기 시작하자 알리바바도 변화를 시도해야 했다. 타오바오는 개인과 개인이 거래하는 C2C 거래이기 때문에 다

---

59 자체 운영 방식: 제품 사입부터 가격 결정, 마케팅, 물류 및 고객 대응 등 전 프로세스를 플랫폼에서 운영하는 방식

양한 제품을 접할 수 있다는 장점이 있었지만, 짝퉁과 저품질 제품이 무분별하게 난무한다는 단점이 공존하고 있었다. 그래서 브랜드가 직접 타오바오를 개설해 운영해도 소비자의 인식에는 타오바오가 C2C 전자상거래이기 때문에 가짜일 것이라고 의심했다. 타오바오는 소비자가 믿고 구매할 수 있는 장치가 필요했다.

2010년, 알리바바는 '정품 보장'과 '7일 내 무조건 환불'이라는 파격적인 소비자보장제도를 가진 브랜드 전용 쇼핑몰 타오바오상청(淘宝商城)을 론칭했다. 타오바오상청을 개설하기 위해서는 기업 심사와 더불어 브랜드수권서(브랜드 유통 라이선스) 등을 첨부하는 까다로운 절차를 거치게 되므로 소비자는 타오바오를 통해 안심하고 정품 제품을 구매할 수 있게 되었다. 타오바오상청은 2012년에 명칭을 티몰(天猫, 티엔마오)로 바꾸었다.

티몰과 징동, 어느 인터넷 쇼핑몰에 오픈하는 것이 좋을까

중국을 대표하는 B2C 온라인 쇼핑몰로는 티몰과 징동이 있다. 해외 브랜드는 중국 시장에 진출하면서 온라인 판매 채널로 티몰과 징동을 놓고 고민한다. 티몰과 징동 플랫폼을 보면 비슷한 것 같기도 하고, 시장점유율을 따져보면 티몰로 해야겠지만 쇼핑몰 운영과 배송을 고려한다면 징동의 조건도 상당히 매력적이기 때문이다.

티몰과 징동 두 곳에 플래그숍을 오픈하면 간단히 해결될 문제이지만, 규모가 큰 브랜드가 아니라면 동시에 2개의 채널을 관리하기엔 금전적으로나 인력 운용면에서 버겁다. 해외 브랜드들은 징동이 제안하는 운영 방식과 물류 관리가 매력적이기는 하지만 많은 브랜드가 티몰에 우선적으로 플래그숍을 오픈하고 있고, 시장점유율도 높기 때문에 대부분 티몰을 선택한다.

객관적인 수치만 봤을 때는 티몰의 소비자가 더 많고 더욱 영향력 있다는 것은 틀린 말이 아니다. 그러나 티몰이 무조건 좋다고 말하기는 어렵다. 티몰과 징동은 비록 B2C 플랫폼이라는 점에서 유사성을 갖고 있지만, 운영 체계에 있어서는 완전히 다른 생태계를 가지고 있다. 그러므로 자사가 티몰을 운영할 역량이 있는지를 먼저 체크해보고 플랫폼을 선택하는 것이 중요하다.

브랜드가 제품을 생산해서 전자상거래로 소비자에게 판매하기까지는 10단계 프로세스가 필요하다.

위와 같은 전자상거래 밸류체인에서 티몰은 브랜드가 A부터 Z까지 모든 절차를 직접 진행해야 한다. 마케팅 홍보, 판매 채널 관리, 창고, 배송, A/S와 같이 외주로 진행할 수 있는 부분은 외주 운영 대행사를 통해 진행하게 되는데, 이런 외주 운영 대행사가 바로 TP 회사다.

TP 회사에 외주를 준다고 해서 모든 것이 해결되는 것은 아니다. 가장 중요한 마케팅을 진행해야 하는데, 그 비용도 만만치 않다. 티몰의 사용자가 많아서 티몰에 상점을 오픈했지만 그 사용자가 나의 상점으로 들어오게 하는 것은 별개의 문제이기 때문이다.

반면 징동은 앞서 설명한 10단계 프로세스 중에서 유통상이 해야 하는 마케팅, 거래, 물류, 배송, A/S의 프로세스를 징동이 직접 운영하기도 하고, 필요하면 징동이 브랜드의 제품을 직접 사입하여 판매하기도 한다.[60] 징동의 경쟁력은 전국 각지에 분포되어 있는 물류창고와 신속한 자체 배송이다. 브랜드가 징동 물류창고에 제품을 입고하면 징동은 원스톱으로 유통 프로세스를 진행한다. 그러다 보니 징동의 수수료는 티몰에 비해 비싸다. 하지만 티몰 운영비, 판매 수수료, TP 회사 운영비까지 고려하면 징동의 수수료가 훨씬 더 저렴하다. 각 플랫폼의 운영 시스템을 이해하고 자사의 브랜드가 어느 시스템에 더욱 적합한지를 판단해야 한다.

티몰과 징동은 서로 경쟁하면서 중국의 전자상거래 시장을 발전시키고 있다. 징동은 초기에는 전자제품 브랜드를 중심으로 제품을 직접 판매하여 성장했지만 플랫폼 규모가 커지면서 티몰 오픈마켓과 같이 POP몰을 개방했고, 판매 제품 카테고리도 다양해졌다. 징동의 POP몰은 티몰과 유사한 운영 체계를 가지고 있다. POP몰은 징동 창고를 이용하는 방법과 브랜드가 자체적으로 택배 업체를 통해 배송하는 방법이 있는데, 징동의 소비자들은 신속하고 정확한 징동 배송을 선호하므로 POP몰 개설을 고려한다면 징동을 이용하는 소비자의 구매 형태도 살펴봐야 한다.

알리바바는 징동의 핵심 경쟁력인 물류를 따라잡기 위해 많은 고민을 해왔다. 그래서 탄생한 것이 바로 알리바바의 물류 네트워크인 차이니아오다. 택배 업체들은 차이니아오 물류 시스템에서 창고를 공유하고 배송을 분담하면서 물류 관련 빅데이터를 함께 축적해나가고 있다.

차이니아오로 인해 갑작스럽게 규모가 커진 알리바바의 물류 통합 전략에 징동은 2선 도시에도 물류창고를 건설해 총알배송으로 대응하고 있지만, 자체 시스템만 가지고 전국을 커버하려는 징동의 폐쇄적인 전략이 긍정적으로 보이지는 않는다.

---

60 징동에도 티몰과 같이 브랜드가 모든 프로세스를 직접 운영하는 POP몰이 존재하지만, 징동의 특징에 속하지는 않으므로 설명에서 제외한다.

중국의 솔로데이,
광군절을 위한 마케팅

우리와 마찬가지로 11월 11일은 중국에서도 특별한 기념일이다. 우리에게 11월 11일은 빼빼로데이로, 사랑을 고백하거나 확인하는 날이라면, 중국의 11월 11일은 솔로데이로, 말 그대로 솔로들을 위한 날이다.

중국에서는 11월 11일을 광군절(光棍节)이라고 부르는데, 중국어로 광군(光棍)은 '홀아비', '독신', '솔로'라는 뜻이다. 1990년대에 난징의 학생들로부터 시작된 놀이 문화가 유행처럼 전국으로 퍼져나가 오늘날의 광군절이 되었다고 한다. 외로워 보이는 숫자 1이 자그마치 4개나 들어 있으니 솔로데이와 잘 어울리지 않는가. 광군절은 다른 말로 쌍스이(双十一)라고도 부르는데, 11이 2번 쌍(双)으로 들어갔다는 의미다.

광군절이면 카페나 식당에서 혼자 방문하는 손님에게 선물을 주는 이벤트를 하기도 하고, 어떤 회사에서는 솔로인 직원들을 위해 예쁘고 멋진 모델들을 불러 깜짝 이벤트를 하기도 한다. 특히 결혼 중매 업체들은 광군절에 다양한 행사를 개최하는데, 미녀 모델들이 꽃을 들고 다니며 혼자 있는 남성들에게 나눠주고 함께 사진을 찍어주기도 한다.

2009년부터는 이런 광군절에 새로운 문화가 생겼다. 알리바바가 광군절을 마케팅으로 활용해 파격적인 할인 행사를 시작한 것이다.

'솔로들이여! 외로운 자신에게 선물하세요.'

쌍스이 할인 행사는 2009년에 타오바오상청에서 처음 시작되었다. 첫 번째 행사는 홍보가 제대로 되지 않아 거래량이 오늘날의 쌍스이처럼 기록적이지 않았지만, 당시 거래량 5천 2백만 위안(한화 약 90억 원)은 하루 거래량치고는 대단한 수준이었다.

파격적인 쌍스이 할인 행사를 경험한 소비자들은 이듬해부터는 그날을 먼저 기다렸다. 2010년 쌍스이 할인 행사의 거래량은 전년 대비 20배가량 증가했고, 해가 거듭될수록 행사 규모는 더욱 커졌다. 상황이 이러하자 알리바바의 티몰, 타오바오는 물론 징동, 수닝, 웨이핀 등 중국을 대표하는 전자상거래 플랫폼들이 알리바바를 따라 쌍스이 할인 행사를 개최했다. 쌍스이 할인 행

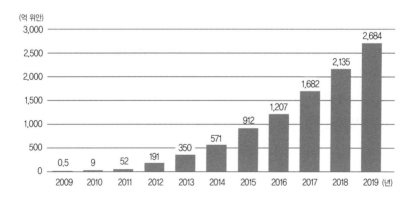

쌍스이 할인 행사 당일 매출

사는 중국 전자상거래 할인 행사로 발전했고, 오늘날 온·오프라인 경계를 떠나 중국판 블랙프라이데이로 거듭났다. 알리바바는 쑹스이에 단지 타오바오, 티몰 등과 같이 인터넷 쇼핑몰 할인 행사를 하는 것에 그치지 않았다. 알리바바는 11월 11일이면 쑹스이 페스티벌을 개최하여 세계 유명 인사와 연예인들을 초청해 소비자들과 함께 실시간으로 거래량을 지켜보며 공연을 즐긴다. 2019년, 상하이에서 열린 쑹스이 페스티벌에는 테일러 스위프트를 비롯해 중국 인기 연예인들이 한자리에 모였으며, 인터넷 방송 및 TV 방송국에서 중계방송을 했다. 새로운 기록이 세워질 때마다 소비자와 알리바바가 함께 축하하며 즐기는 축제가 된 것이다.

경제 불황으로 2019년 쑹스이 할인 행사는 위축될 것이라는 언론의 분석과 달리 2019년의 매출액은 전년도보다 500억 위안이나 증가해 2,684억 위안을 기록했고, 구매자도 전년도보다 1억 명이 늘어난 5억 명을 기록했다. 중국뿐 아니라 전 세계 소비자들이 대거 참여한 결과다.

쑹스이 할인 행사는 해를 거듭할수록 경이로운 기록을 세우고 있지만 긍정적인 측면만 있는 것은 아니다. 높은 할인율에 현혹된 소비자들이 충동구매를 해 행사가 끝나면 반품을 하는 사례도 적지 않다. 일부 제품군의 경우, 30%가 넘는 반품률을 보이기도 한다.

중국 소비자들이 과거에 비해 많이 성숙해 충동적인 소비보다는 이성적인 소비를 추구하고 있다. 이런 소비자의 변화에 알리바바도 쑹스이 할인 행사 전략을 바꿨다. 쑹스이 당일에만 진행했던 행사를 프리세일즈 기간을 두고 사전에 제품을 구매 예약할 수 있도록 변경했다.

알리페이와 위챗페이의 모바일 간편결제 전쟁

Common Sense Dictionary of China

중국인은 왜 결제할 때 지갑이 아닌 휴대폰을 꺼내는 것일까

시장이나 마트에서 장을 본 고객이 지갑이 아닌 휴대폰을 꺼내 결제하는 모습은 이제 중국에서 흔한 일이 되었다. 중국 소비자의 절반 이상이 현금이나 카드가 아닌 휴대폰에 설치되어 있는 알리페이와 위챗페이를 사용한다. 필자는 평소 지갑에 300위안의 비상금을 가지고 다니지만 한 달이 지나도록 다 쓰지 못하는 경우가 많다. 동네 마트, 미용실, 택시, 식당 등 모든 곳에서 알리페이와 위챗페이를 사용하기 때문이다.

중국인들이 모바일 결제를 더 많이 쓰는 이유는 간단하다. 우리가 현금보다 신용카드를 더 많이 사용하는 것과 같은 이치다. 우리와 마찬가지로 중국에서도 모바일 간편결제를 이용하면 현금이나 은행카드를 사용할 때보다 더 많은 혜택을 받을 수 있다.

고객이 알리페이와 위챗페이를 사용하면 매장에 따라 멤버십 포인트 적립이나 할인 쿠폰 등의 다양한 혜택이 주어진다. 쿠폰들이 모두 알리페이나 위챗페이로 발급되기 때문에 고객이 모바일 간편결제를 사용하지 않으면 혜택을 받을 수 없다.

더불어 간접적인 혜택들도 있다. 알리페이로 결제하면 개미포인트(蚂蚁积分)라고 불리는 마일리지 포인트가 쌓이고, 알리바바가 만든 신용 등급인 즈마신용(芝麻信用)이 올라간다. 개미포인트는 타오바오, 티몰 등과 같은 알리바바 자체 플랫폼에서 쿠폰이나 선물로 교환할 수 있고, 알리페이 가맹점의 할인 쿠폰으로 교환할 수도 있다. 또한 즈마신용은 알리바바의 사용자 금융 신용을 평가하는 기준으로, 즈마신용이 높아지면 다양한 혜택을 받을 수 있는데, 대출은 물론 공유 서비스나 호텔 등을 보증금 없이 이용할 수 있고, 중국인의 경우 싱가포르 비자를 신청할 때 즉시 처리되기도 한다.

위챗페이는 알리페이처럼 체계적인 멤버십이나 신용 평가 시스템을 가지고 있지는 않지만 결제 금액의 일부를 리워드로 환급받아서 후에 현금처럼 사용하거나, 할인 쿠폰, 멤버십 회원카드 등의 혜택을 받을 수 있다. 어차피 같은 돈을 쓰는데 여러 가지 혜택이 주어지니 고객 입장에서는 모바일 간편결제를 이용하지 않을 이유가 없다.

"고객들이 혜택을 본다고 해서 매장이 시스템 개발 비용까지 들여가며 알리페이, 위챗페이를 연동해야 할 이유가 있나요?"라고 물어보는 사람도 있다. 고객이 원하는 서비스를 제공하는 것은 서비스 사업자의 의무이자 서비스업의 본질이다. 사업자가 '내가 왜 모바일 간편결제를 연동해야 하는가?'를 고민할 필요는 없다. 중국 모바일 간편결제는 고객은 물론, 사업자 입장에서도 엄청난 혜택이 존재하기 때문이다.

그렇다면 사업자에게는 어떤 혜택이 있을까?

고객의 계산대 체류 시간을 줄여라

매장 입장에서는 고객이 현금을 사용하는 것이 가장 좋다. 하지만 고객이 현금을 사용하면 매장은 위조지폐를 받을 리스크가 증가한다. 또한 고객이 주머니에서 돈을 꺼내고, 직원이 위조지폐가 아닌지 확인하고 잔돈을 거슬러 주느라 시간이 많이 지체된다. 테이크아웃이나 패스트푸드와 같이 많은 고객이 줄을 서서 계산하는 매장에서는 고객이 계산대 앞에서 체류하는 시간에 민감하다. 필자가 직접 매장 모니터링을 해본 결과, 현금 사용자의 경우 평균 10초 정도의 체류 시간이 발생했다.

은행카드를 사용할 때는 체류 시간이 더 길어진다. 고객으로부터 은행카드를 건네받고 POS에 결제 금액과 고객의 비밀번호를 입력한 뒤 고객에게 사인을 받는 데까지 자그마치 15초가량이 걸렸다. 브랜드와 제휴한 은행이 있어서 할인까지 적용하게 된다면 고객의 체류 시간은 더욱 길어진다.

반면 모바일 간편결제는 위조지폐를 받을 리스크가 해소되고, 모바일 바코드나 QR을 스캔하기만 하면 결제가 완료되기 때문에 전체 프로세스가 5초도 채 걸리지 않는다. 고객이 모바일 간편결제로 계산하는 데 걸리는 시간은 현금에 비해 절반 수준, 은행카드에 비해 3분의 1 수준이다. 고객의 계산대 체류 시간을 줄이는 것만으로도 매장 입장에서는 운영 효율을 상당히 많이 끌어올릴 수 있다.

성격이 급한 필자는 줄 서서 계산하는 사람이 많으면 다른 매장으로 발길을 돌린다. 필자와 비슷한 성향의 고객도 적지 않을 것이다. 계산대 체류 시간을 줄이는 것은 매장 사업자에게 매우 중요한 포인트다.

알리페이는 고객을 알고 있다

대부분의 매장 사업자는 우리 매장에 오는 고객이 누구인지 정확히 알지 못한다. 매장 직원의 경험을 기준으로 남성 고객이 많은지, 여성 고객이 많은지, 나이대가 어느 정도인지 육안으로 추측해 판단하는 정도다. 객단가도 하루 매출 총합을 거래 건수로 나누어 남녀노소를 가리지 않고 파악하게 된다. 한마디로 고객에 대해 잘 모른다는 말이다.

매장 사업자는 자신의 매장을 방문하는 고객에 대해 알고 싶어 한다. 우리 매장을 찾는 고객들이 PC를 사용하는 아저씨들인지 아니면 모바일로 인터넷을 하는 20~30대 청년들인지, 근무 시간에 인터넷에서 저녁 찬거리를 구매하는 워킹우먼인지, 소득 수준은 어떠한지, 교육 수준은 어떠한지, 어떤 직종의 고객이 많은지 등을 알아야 고객의 니즈에 맞게 마케팅을 기획할 수 있기 때문이다.

알리페이는 매장 사업자의 이런 갈증을 잘 알고 있다. 그래서 알리페이는 영업을 할 때 그들이 보유한 빅데이터를 첫 번째로 강조한다. 회원 가입을 할 때 신분 인증을 해야 하는 알리페이는 사용자의 성별, 나이, 거주지, 현재 위치 등 기본적인 사용자 정보와 더불어 타오바오, 티몰에서 끌어모은 거래 데이터를 통해 고객이 인터넷에서 어떤 물건을 구매하는지를 알고 있다. 또한 즈마신용과 같은 신용 정보를 통해 결혼 유무와 직업 등 회원에 대한 다양한 정보를 알고 있다. 물론 오프라인 매장에서도 알리페이 결제를 사용하므로 오프라인 매장의 거래 내역을 토대로 고객이 언제 어떤 음식을 먹고, 어느 지역을 중심으로 활동하는지도 알고 있다. 알리페이는 이렇게 빅데이터를 가공한 통계 데이터를 매장 사업자에게 무료로 제공한다.

또한 알리페이는 막대한 비용을 들여 프로모션 행사를 자주 진행한다. 매장 사업자는 하고 싶어도 비용 대비 효과가 떨어지기 때문에 쉽게 큰 행사를 진행하지 못한다. 그래서 행사를 하더라도 매장에 할인 행사 홍보물을 진열하거나 매장 입구에서 인형 탈을 쓰고 호객 행위를 하는 것이 전부다.

알리페이는 자체적으로 막대한 비용을 투입해 매장의 매출을 대폭 끌어올려주는 기발하고 재미있는 행사를 자주 기획한다. 물론 매장 사업자 입장에서는 마케팅 비용이 발생하기 때문에 부담이 될 수도 있지만 그만큼 효과가 있기 때문에 결코 손해보는 장사는 아니다.

알리페이 행사 중 가장 큰 행사는 12월 12일(双+二) 쐉스얼 할인 행사다. 쐉스이가 온라인 버전의 블랙프라이데이라면, 쐉스얼은 오프라인 버전의 블랙프라이데이다. 이날 알리페이는 엄청난 마케팅 비용을 투입해 행사를 진행한다. 쐉스얼 할인 행사는 매장에 따라 당일 매출이 수배까지 증가하기도 한다. 필자와 함께 일하는 브랜드는 쐉스얼 할인 행사 당일 매출이 2배가량 증가하기도 했다.

위챗, 고객과 긴밀하게 소통하는 공간

위챗은 신분 인증이 필수인 알리페이와 달리 전화번호만 있으면 가입이 가능하고, 위챗페이의 시스템은 텐페이(財付通)에서 비롯되기 때문에 인터넷 쇼핑 기록이 아니라 텐센트 게임과 관련된 결제 데이터들이다. 즉 가공할 만한 빅데이터가 없다. 그래서 매장에 위챗페이를 연동한다 하더라도 사업자가 원하는 구체적인 고객 데이터를 얻을 수 없다. 기껏 해봐야 위챗페이로 결제하고 자동 팔로우하게 된 위챗 공중계정을 통해 고객의 나이와 지역 정도만 파악할 수 있다. 하지만 그것도 위챗 사용자가 임의대로 입력한 정보들이기 때문에 데이터의 정확도가 떨어져 활용 가치가 매우 낮다.

그럼에도 고객이 위챗페이로 결제하고 난 후에 고객을 사업자의 공중계정을 팔로우하게 만드는 것은 매우 가치 있는 일이다. 위챗 공중계정은 사업자에게 있어서 홈페이지와 같은 공간이다. 고객에게 전달하고 싶은 메시지를 공중계정을 통해 직접적으로 전달할 수 있고, 사업자가 발급하는 쿠폰 등으로 고객이 매장을 방문하도록 유도하여 방문 주기를 단축시키거나 객단가를 향상시킬 수가 있다. 또한 고객이 직접 쿠폰을 SNS 등으로 공유하여 바이럴 마케팅으로 확산시킬 수도 있다.

공중계정의 다양한 기능 중에서 멤버십 회원카드는 오프라인 매장에서 가장 활용하기 좋은 기능이다. 매장이 직접 멤버십 시스템을 개발하려면 하드웨어와 소프트웨어를 개발해야 하므로 적게는 수천만 원에서 많게는 수십억 원의 비용이 투입된다. 하지만 위챗페이를 활용하면 공중계정에서 기본적으로 제공하는 멤버십 회원카드를 무료로 사용할 수 있다.

그 외에도 매장의 와이파이와 위챗을 연동하여 고객이 매장에서 위챗 QR

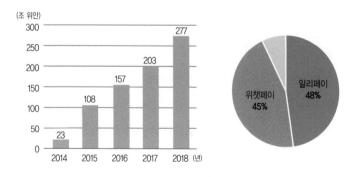

중국의 모바일 간편결제 규모(왼쪽)와 2019년 1분기 모바일 간편결제 시장점유율(오른쪽)

스캔으로 간편히 와이파이를 연결할 수 있고, 와이파이가 연결되면 공중계정을 팔로우시키거나 쿠폰을 발송할 수도 있다. 쿠폰을 '쿠폰 수령 후 5시간 이후 사용 가능'이나 '일정 금액 이상 소비 시 사용 가능'이라는 옵션을 설정하면 고객의 방문 주기를 단축시키거나 객단가를 향상시키는 데 많은 도움이 된다.

위챗은 공중계정에서 기본적으로 제공하는 기능만 하더라도 그 활용 가치가 매우 높지만, 사업자가 좋은 아이디어가 있다면 하드웨어나 소프트웨어를 위챗 시스템과 연동할 수도 있다. 아마존GO와 같은 무인 정산 시스템도 위챗으로 연동하여 개발이 가능하다.

알리페이에 오프라인 버전의 블랙프라이데이라 불리는 솽스얼 할인 행사가 있다면 위챗페이에는 8월 8일 '현금 안 쓰는 날(无现金日)' 행사가 있다. 이는 위챗페이를 사용하라는 것이 아니라 '현금을 쓰지 말자'라는 공익 행사다. 그래서 모바일 간편결제 기업뿐 아니라 많은 은행과 오프라인 매장이 이 행사에 참여한다. 물론 고객이 위챗페이를 사용하게 되면 위챗에서 보조금이 나온다.

우리에게 친숙한
O2O 서비스

O2O는 'Online to Offline' 또는 'Offline to Online'이라는 뜻으로 생겨난 신조어로, 온라인과 오프라인을 인터넷으로 이어주는 사업 모델을 일컫는다. O2O 비즈니스가 생소하다 보니 다소 어렵게 느껴질 수도 있는데, 온라인에서 미리 결제하고 오프라인 매장에서 서비스를 받거나 오프라인 매장에서 주문·결제한 뒤 온라인에서 서비스를 받는 형태를 모두 O2O라고 볼 수 있다.

중국에서는 2013년 무렵에 외식 배달 서비스와 택시 호출 서비스가 활성화되면서 O2O라는 단어가 등장했고, 한국에서도 외식 배달 서비스인 배달의민족, 부동산 오픈마켓인 다방, 택시 호출 서비스인 카카오 택시 등의 서비스가 시작되면서 O2O의 개념이 자리 잡기 시작했다.

비록 O2O는 최근에 생겨난 신조어이지만 우리에게는 이미 매우 친숙한 서비스다. 중국집에 전화를 걸어 배달을 시키는 것은 우리에게 매우 일상적인 모습이다. 이렇게 전화로 음식을 주문하는 것 또한 O2O 서비스의 개념이다. 전화라는 온라인 매개체를 통해 주문을 넣으면 오프라인으로 음식이 배달되기 때문이다.

유사한 경우는 생각보다 많다. 세탁소에 전화를 걸면 세탁소 아저씨가 집으로 찾아와 옷을 가져가고 드라이클리닝을 한 뒤 다시 가져다주는 것도 O2O 서비스이고, 부동산에 전화를 걸어 예약한 뒤 집 구경을 간다면 그 역시 O2O 서비스다. O2O는 이미 오래전부터 있었던 모델이지만 오늘날 O2O가 가지는 특징은 전화가 아니라 인터넷을 통해 이루어진다는 것이다.

한국에서 서비스되고 있는 O2O 서비스는 전화번호를 찾아 전화로 주문·예약하던 프로세스가 온라인 플랫폼으로 들어와 소비자들이 더 편리하게 이용할 수 있게 되었다.

중국의 O2O 서비스도 한국의 O2O 서비스와 전반적인 골격은 비슷하다. 하지만 프로세스가 조금 다르다. 한국의 O2O도 구매자의 선택에 따라 미리 결제를 할 수 있지만 중국의 O2O는 대부분 서비스를 받기 전에 미리 결제를 하거나 선결제를 하지 않아도 된다면 별도의 야진을 내야 한다. 그만큼 No-Show가 많기 때문이다.

필자는 중국의 상거래를 이야기할 때면 '눈앞에 있는 물건도 못 믿는 중국'이라는 표현을 많이 사용한다. 타오바오의 알리페이가 에스크로를 사용해 판매자와 구매자 사이의 신뢰를 구축했듯이 O2O 플랫폼들도 결제를 통해 O2O 사업자와 소비자의 신뢰를 만들어주고 있다.

중국에서 O2O 서비스 결제는 일반적으로 알리페이와 위챗페이로 이루어진다. O2O 플랫폼이 자체 결제 시스템을 만든다 해도 사용자들은 신생 기업의 결제 시스템을 사용하지 않을 뿐 아니라, 대부분의 스마트폰 사용자가 알리페이와 위챗페이를 사용하고 있기 때문이다. 그래서 O2O 플랫폼도 자체 결제 시스템을 만들려고 하지 않고 알리페이나 위챗페이를 사용하길 원한다.

한국은 PG 회사[61]의 수수료가 3.5% 이상 되기 때문에 결제 시스템에 대한 부담이 매우 높지만 알리페이와 위챗페이의 수수료는 0.6% 이하로, 한국에 비해 상당히 낮은 편이다. O2O 서비스를 제공하는 사업자는 결제 수수료에 대한 부담이 거의 없다.

중국 O2O 플랫폼들은 알리바바와 텐센트가 적극적으로 투자하고 있다. 알리바바와 텐센트가 O2O 플랫폼에 투자하는 이유는 수익률을 기대하는 것이 아니라 자사의 모바일 결제를 사용하고, 모바일 결제를 통해 사용자의 소비 관련 데이터를 수집할 수 있기 때문이다. 알리바바와 텐센트가 투자하는 다양한 플랫폼에서 수집되는 데이터들이 모여 우리가 흔히 이야기하는 빅데이터가 만들어지는 것이다.

중국은 오프라인 매장도 직접 O2O를 기획한다

다양한 O2O 서비스가 생겨나던 무렵, 알리바바와 텐센트도 모바일 간편 결제 서비스를 선보였다. 알리바바의 전자상거래 결제 시스템이었던 알리페이는 2013년에 별도의 애플리케이션으로 출시되어 모바일 결제는 물론 계좌이체, 공과금 납부, 휴대폰 요금 충전 등 일상생활 전반에 걸친 다양한 모바일 결제 업무를 서비스하고 있다.

---

61 PG 회사(Payment Gate): 결제 대행 회사. 다날, 모빌리언스, 페이코, 네이버페이, 카카오페이 등과 같은 결제 서비스를 일컫는다.

텐센트가 2011년에 출시한 위챗은 모바일 메신저에 모멘트(朋友圈, 펑요췐)라 불리는 SNS와 위챗페이 기능을 추가하면서 모바일 간편결제 서비스를 제공하고 있다.

알리페이와 위챗은 소비자에게 모바일 결제를 제공할 뿐 아니라 오프라인 매장에서도 O2O를 활용할 수 있도록 CRM 시스템과 다양한 마케팅 기능을 제공하고 있다.

알리페이는 매장을 방문한 고객들의 성별, 나이, 객단가, 매장 방문 주기, 재방문 현황, 매장별 신규 회원, 매장 주변 고객 분포 현황 등 고객과 관련된 다양한 통계 데이터를 비롯해 동종 업계 대비 자사 매장의 분석 리포트, 매장 방문 고객의 소비 성향 분석 등의 빅데이터를 제공한다.

오프라인 매장은 알리페이에서 제공해주는 빅데이터를 통해 매장 고객에 대한 분석을 하고 매출이 낮은 특정 매장 할인 행사를 진행하거나 매장 인근

알리페이

위챗　　　　　　　　위챗페이

알리페이와 위챗페이

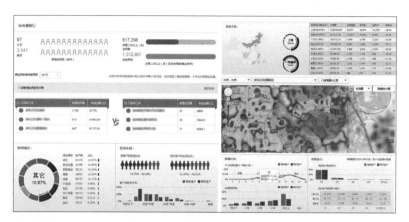

알리페이가 오프라인 매장에 제공하는 고객 통계 빅데이터

의 고객에게 할인 쿠폰 및 증정품을 제공하는 CRM 활동도 진행할 수 있다.

특히 알리바바의 최대 행사인 쌍스이와 쌍스얼[62] 기간에 알리페이 제휴 브랜드들은 알리바바가 주도하는 다양한 행사에 참여할 수 있는데, 알리페이에서도 대대적인 홍보를 하기 때문에 신규 고객을 많이 유치할 수 있고, 행사 기간 동안 매출도 상당히 많이 증가한다.

알리페이와 마찬가지로 위챗도 다양한 기능을 제공하고 있다. 비록 알리페이와 같이 고객을 분석할 수 있는 빅데이터를 제공하지 않지만 와이파이 간편 연결, 위챗 쇼핑몰, 회원카드, 고객센터 등과 같이 고객 편의 및 고객과 소통할 수 있는 다양한 기능을 제공한다.

오프라인 매장은 자사의 회원 시스템을 위챗과 연결할 수 있고, 회원 관리

---

62 쌍스이(双十一): 11월 11일 전자상거래 할인 행사, 쌍스얼(双十二): 12월 12일 오프라인 할인 행사

위챗 공중계정에서 제공하는 기능들

시스템이 없는 매장이라면 위챗에서 제공하는 멤버십 시스템을 사용할 수도 있다. 온라인상으로 제품을 판매하고 싶다면 위챗 모바일 쇼핑몰을 개설해서 사용할 수도 있다. 이렇게 온라인 소통 채널과 결제 시스템, 인터넷 쇼핑몰, CRM이 모두 완벽한 시스템으로 연결되어 있는데, 이 모든 기능이 무료로 제공된다는 것이 매력적이다.

알리페이와 위챗이 제공해주는 기능만 사용하더라도 오프라인 매장은 자체적으로 IT 시스템을 구축했을 때 투입되는 상당한 개발 비용과 고객을 멤버십에 가입시키기 위한 홍보 마케팅 비용을 절감할 수 있다. 알리페이와 위챗은 고객이 모바일 결제를 사용하면 자동으로 매장의 회원이 되기 때문이다.

재미로 읽는 중국 상식

주목해야 할 O2O 기업, '58따오지아'

'58따오지아(58到家)'[63]는 '58통청(58同城)'[64]의 자회사로, O2O 전문 플랫폼이다. 58통청은 2005년에 설립된 인터넷 기업으로, 중고 물품 거래부터 구인, 구직, 부동산 임대 및 매매 등 우리의 일상생활과 관련된 전반적인 서비스를 제공하고 있다. 과거 우리가 자주 보던 동네 신문 〈벼룩시장〉의 온라인 버전 또는 중고나라의 확장판이라고 생각하면 이해가 쉬울 것이다. 그렇다고 58통청의 규모까지 〈벼룩시장〉이나 중고나라와 같다고 생각해서는 안 된다. 58통청은 2013년에 나스닥에 상장된 인터넷 대기업이다.

58따오지아는 58통청의 서비스 항목 중에서 생활 관련 O2O 서비스만 따로 모아놓은 플랫폼이다. 2014년 론칭 당시에는 출장 청소 서비스만 제공되었지만 현재는 O2O로 할 수 있는 대부분의 서비스가 제공되고 있다.

O2O 시장을 주의 깊게 본 사람이라면 O2O 서비스의 공통된 특징을 발견할 수 있을 것이다. 소비자는 요리하기 귀찮을 때 음식 배달을 시키고, 빨래하기 싫을 때 세탁 O2O를 부르며, 길가에 나가 택시를 잡는 것이 귀찮을 때 O2O 택시 호출 애플리케이션을 켠다. 소파에 누워 휴대폰만 만지면 알라딘의 요술램프처럼 귀찮은 일들이 모두 해결되는 시대에 살고 있는 셈이다.

일반적으로는 O2O를 '스마트폰 하나로 영위할 수 있는 편리함'이라고 말하기도 하지만, '귀찮은 일을 해결할 수 있는 방법'이라고 표현할 수도 있고, '내가 하는 것보다 더 잘하는 사람을 찾는 것'이라고 표현할 수도 있다. 사람들의 귀차니즘이 O2O 산업을 발전시키고 있다. 편리함이 되었든, 귀차니즘이 되었든, 전문 기술자를 찾기 위함이든 O2O는 사람과 사람을 이어주는 서비스로 점점 더 확대되고 있고, 그 수요 또한 높아지고 있다.

"여보, 나 세탁기 청소 업체 불렀어. 인터넷에서 보니까 세탁기 청소비가 400위안 정도 하는데, 58따오지아에서는 190위안이래!"

우리 가족이 새집으로 이사 오면서 아내는 세탁기 내부를 청소하고 싶어 했다. 하지만 집 안에 설치된 세탁기는 싱크대와 붙어 있는 빌트인 세탁기였다. 세탁기를 분리하기 어렵고 귀찮아서 포기하고 있었는데, 58따오지아에서 세탁기 청소 업체를 알게 된 아내가 신이 난 것이다. 예약을 하니 말끔한 유니폼을 차려 입은 전문 청소 기사가 약속 시간에 맞춰 집에 도착했다. 청소 기사는 세탁기 앞에 연장을 펼치더니 능숙하게 세탁기를 분리해서 구석구석 청소하기 시작했다. 청소 과정을 지켜보던 아내는 서비스에 매우 만족하는 표정이었다. 58따오지아는 이렇게 전문 업체와 소비자를 연결해주는 O2O 서비스를 하고 있다.

아내의 58따오지아 사용 만족도를 떠나, 필자가 58따오지아를 눈여겨본 이유는 따로 있었다. 텐센트가 투자한 O2O 기업 중에는 e따이시(e袋洗)라고 불리는 세탁 O2O 서비스가 있다. 58따오지아보다도 일찍 론칭한 이 서비스는 바이두도 투자에 참여할 만큼 이슈가 되는 회사였다. 당연히 위챗 애플리케이션에 e따이시 서비스가 먼저 연결될 거라 예상했는데, 예상을 뒤엎고 58따오지아가 그 자리를 꿰차고 들어갔다. 돌이켜 생각해보면 텐센트는 역시 현명한 선택을 했다.

58따오지아는 일반 청소부터 네일아트, 세차, 보모, 가전제품 청소, 유리 닦기 등 다양한 O2O 서비스를 제공한다. 텐센트 입장에서는 O2O와 관련된 다양한 서비스를 한 번에 론칭시키고 싶었을 텐데 58따오지아가 텐센트의 가려운 부분을 확실하게 긁어준 것이다.

---

63 58到家: www.daojia.com
64 58同城: www.58.com

47

Common Sense Dictionary of China

텐센트의 QQ,
모방과 창조의 중간에서
거둔 성공

모방으로 출발해
큰 성공을 거둔 텐센트

오늘날 6억 명 이상의 액티브 유저를 보유하고 있는 QQ와 10억 명 이상의 액티브 유저를 보유하고 있는 위챗은 대부분의 네티즌이 사용하는 메신저와 SNS다. 텐센트는 방대한 사용자들을 기반으로 게임, 콘텐츠, 엔터테인먼트, O2O 등 다양한 서비스를 제공하며 글로벌 인터넷 기업으로 성장했다. 텐센트는 오늘날 알리바바와 더불어 중국 최고의 인터넷 기업으로 각광받고 있

텐센트 창업자 마화텅

지만 그 출발은 모방이었다. 텐센트뿐 아니라 알리바바, 바이두 등 중국을 대표하는 인터넷 기업들의 출발이 대부분 모방이었다. 하지만 중국식 모방은 단지 모방에 그치는 것이 아니라 기존의 서비스를 더욱 발전시켜 새로운 생태계를 창조해낸다. 텐센트의 발전 역사를 통해 중국식 모방과 발전이 왜 무서운지를 이해해보려 한다.

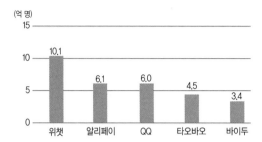

(억 명)
15

10 10.1

5   6.1 6.0 4.5 3.4

0
위챗 알리페이 QQ 타오바오 바이두

2019년 중국의 인기 애플리케이션 TOP5

텐센트의 창업자 마화텅은 일명 금수저로, 고위 공직자 출신의 아버지 밑에서 유복하게 성장했다. 마화텅은 심천대학교에서 컴퓨터를 전공했는데, 대학 시절에 해커라고 불릴 정도로 프로그래밍에 빠져 살았다. 대학교를 졸업한 후 통신 회사에 취직했지만 자신의 전공을 살리고 싶었던 그는 회사를 그만두고 1998년에 친구인 장즈동(张志东)과 함께 창업의 길을 걸었다.

오늘날 기업 가치 5천억 달러가 넘는 공룡기업으로 성장한 텐센트는 이렇게 탄생했다. 텐센트의 첫 번째 사업은 기업들에게 이메일 서비스를 제공하는 것이었다. 하지만 텐센트 이메일은 특별한 경쟁력이 없어서 그리 오래가지 못했다.

다른 사업 아이템을 준비하던 마화텅은 그동안 자신이 사용하고 있던 메신저에서 아이디어를 얻었다. 그는 1997년부터 미국의 메신저인 ICQ 메신저를 사용해왔는데, ICQ 메신저는 불편한 점이 너무 많았다. 마화텅은 중국인들이 사용하기 편리한 메신저를 만들어야겠다고 생각했다. ICQ 메신저는 이스라엘 출신 개발자 3명이 1996년에 공동 개발한 실시간 메신저다. 당시 ICQ 메신저는 영문 버전으로 서비스되고 있었는데 UI[65]가 복잡해 영어를 잘하지 못하거나 컴퓨터를 잘 다루지 못하는 사람은 ICQ 메신저를 사용하기가 어려웠다.

마화텅은 ICQ 메신저를 중문 버전으로 개발해서 다른 회사에 판매할 계획을 세웠다. 메신저 운영으로 수익을 내는 것은 어렵다고 판단해 다른 회사에 판매하려 한 것이다. 텐센트가 ICQ 메신저를 개발하는 동안 다른 IT 회사도 ICQ의 중문 버전을 개발하고 있었다. ICQ 메신저의 라이선스 입찰을 두고 해당 IT 회사와 경쟁하게 됐는데, 텐센트는 입찰가를 너무 낮게 적어서 입찰 경쟁에서 떨어지고 말았다. 당시 텐센트가 적은 입찰가는 고작 30만 위안밖에 되지 않았다.

ICQ 메신저 라이선스의 입찰 경쟁에서 떨어진 텐센트는 ICQ의 복제판을 만들기로 결심했다. 메신저 이름도 공개 버전의 ICQ라는 의미에서 OICQ(Open ICQ)라고 지었다. 1999년에 출시된 텐센트의 OICQ는 출시 2개월 만에 20만 명 이상의 네티즌이 가입했다. 당시 중국 전체의 네티즌 수가 고작 2천만 명 정도밖에 안 됐으니 대단히 성공적인 시작이라 할 수 있다.

ICQ를 모방해 메신저를 개발한 회사는 텐센트만이 아니었다. 신랑, 왕이, 소후 등 중국을 대표하는 포털 사이트들도 ICQ와 비슷한 메신저를 출시했다. 그럼에도 불구하고 텐센트는 대형 포털 사이트들과의 경쟁에서 승리했다.

---

65 UI(User Interface): 컴퓨터를 편리하게 사용할 수 있도록 사용자에게 문자, 디자인, 구조 등의 사용 환경을 제공하는 것

심플함으로 승리한
텐센트

　중국의 IT 전문가들은 텐센트가 쟁쟁한 IT 기업들과의 경쟁에서 승리할 수 있었던 이유는 OICQ가 심플함을 추구했기 때문이라고 분석했다. 포털 사이트들이 개발한 메신저는 이메일부터 음성 채팅, 파일 전송, 웹하드까지 여러 가지 다양한 서비스를 제공하느라 메신저가 매우 복잡한 구조였다. 하지만 네티즌들이 메신저를 사용하는 이유는 오로지 실시간 대화 때문이었다. 텐센트는 사용자에게 필요한 메신저 기능에만 초점을 두었고, 파일 전송이나 보이스 채팅 등의 기능은 추가하더라도 기본적인 인터페이스는 전혀 바꾸지 않아 컴퓨터를 잘 모르는 사용자도 편리하게 메신저를 사용할 수 있도록 했다. 심플한 구조를 추구한 텐센트의 전략은 성공적이었다.

　OICQ는 서비스가 시작된 지 1년도 채 되지 않아 130만 명 이상이 가입했고, 동시 접속자는 1만 5천 명으로, 중국 메신저 시장의 80% 이상을 장악했다.

QICQ(1999년)

QQ(2000년)

1999년의 OICQ와 2000년의 QQ

그러나 텐센트의 사업이 순조로웠던 것만은 아니다. OICQ 출시 1년 후인 2000년에 ICQ를 운영했던 미국 American Online이 텐센트가 상표권을 침해했다며 소송을 제기했다. 마화텅은 소송을 피하기 위해 부랴부랴 OICQ의 이름을 QQ로 바꾸었다.

QQ로 이름을 바꾼 후에도 다행히 사업에 영향은 없었다. 'I seek you'의 영어 발음으로 만들어진 ICQ보다 네티즌들은 오히려 QQ로 부르는 것이 편리했다. QQ의 확산은 거침이 없었다. 네티즌들은 유료 서비스인 휴대폰 문자 메시지보다 무료 서비스인 QQ를 통해 소통했고, 메신저의 시장점유율은 95% 이상까지 올라갔다.

중국인들은 자신의 휴대폰 번호만큼이나 번호로 이루어진 QQ 아이디를 중요하게 생각한다. 친구는 물론 비즈니스 관계에 있는 사람들과도 QQ로 소통하고 있기 때문이다. 휴대폰을 잃어버려도 QQ 아이디만 외우고 있으면 언제든 지인들과 다시 소통할 수 있다.

'사람이 모여드는 곳에 사업 기회가 있다'라는 말이 있다. QQ는 방대한 회원을 기반으로 QQ만 로그인하면 별도의 가입 및 인증 절차 없이 게임과 같은 콘텐츠에 접속할 수 있는 통합 계정을 출시했고, 대부분의 온라인 서비스가

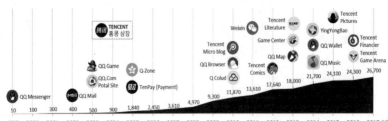

연도별 QQ 동시 접속자 수와 텐센트의 신규 서비스

QQ로 들어오게 되었다. 카카오톡이 메신저로 시작해서 게임, 쇼핑, 엔터테인먼트, O2O, 금융 등 다양한 서비스를 추가하고 있는데, 이는 텐센트가 그동안 걸어온 사업 발전 모델이다.

혼히들 중국을 짝퉁과 모방의 나라라고 말한다. 중국이 모방을 당연하게 여기는 나라임을 부정하기는 어렵다. 그러나 비록 모방으로 시작하더라도 계속해서 모방만 추구하지는 않는다. 모방을 기반으로 계속해서 새로운 사업 모델을 창조해나간다.

많은 한국 기업이 중국 시장에 진출할 때 한국의 서비스를 그대로 중국으로 가져온다. 소비자의 습관과 시장 환경이 다름에도 불구하고 '한국의 것'을 강조하는 것은 전략일까, 아니면 아집일까. 다시 한 번 깊이 생각해볼 필요가 있다.

48

SNS 위챗, 새로운 온라인 생태계를 만들다

Common Sense Dictionary of China

웨이보와 차별화 전략을 펼친 SNS 위챗

페이스북과 트위터가 SNS의 신개념을 탄생시키며 전 세계로 확산되었다. 이들 서비스는 초창기까지만 해도 중국 네티즌들도 사용할 수 있었다. 그러나 2009년, 중국 정부는 해외의 SNS가 폭력, 음란, 악성 유언비어들을 전파한다는 이유로 중국 내 서비스를 차단해버렸다. 마치 중국 정부와 중국의 인터넷 기업들이 유착되어 있다는 것을 보여주기라도 하듯 그 시점에 중국의 대형 포털 사이트 SINA의 SNS 웨이보가 출시되었다.

스마트폰 보급이 급성장하기 시작한 2010년부터 웨이보의 성장세는 거침없었다. 텐센트는 QQ 모바일 버전과 더불어 새로운 SNS 위챗도 함께 출시했다.

위챗이 출시되었을 때는 이미 중국판 트위터라 불리는 웨이보가 모바일 SNS 시장을 장악한 상황이었다. 위챗은 웨이보와 차별화를 추구했다. 위챗은 기존 메신저들의 불편하고 번거로운 중국어 채팅을 대체하기 위해 음성 채팅

기능 추가는 물론, 주변 사람 검색, 흔들기 등 재미있는 신개념 놀이 기능과 카카오 스토리와 유사한 서비스인 펑요췐도 추가하며 금세 국민 SNS로 자리 잡았다.

위챗의 핵심 기능 중 하나인 펑요췐은 기존의 SNS 서비스와 성격이 달랐다. 트위터, 페이스북, 웨이보 등은 별도의 친구 승인이 없더라도 누구나 사용자의 게시 글을 볼 수 있는 오픈형 SNS였지만, 위챗 펑요췐은 오로지 친구 추가가 된 사람만 볼 수 있는 폐쇄형 SNS였다.

위챗은 대부분의 SNS가 추구했던 오픈형 모델과 다른 폐쇄형 SNS로 모험적인 시도를 했지만 결과적으로 그 전략은 성공적이었다. 폐쇄형 SNS는 오픈형 SNS와 달리 사생활이 보호된다는 점에서 사용자들의 환영을 받았다.

위챗의 변화는 끊임없었다. 2013년, 위챗은 또다시 공중계정을 론칭하며 제2의 도약을 펼쳤다. 공중계정은 카카오톡 플러스친구나 페이스북 페이지

위챗 공중계정 포스팅 발송　　　위챗 공중계정과 연동된 쿠폰들　　　위챗 공중계정과 회원카드
중국의 버거킹은 위챗 공중계정으로 고객과 소통하고 쿠폰, 멤버십 등 CRM 활동을 하고 있다.

와 비슷한 서비스다. 하지만 활용도는 그 이상이다. 공중계정은 블로그 포스팅과 같이 글을 게시하여 팔로어들에게 메시지를 발송할 수 있고, 공중계정에 내장된 기능을 통해 쇼핑몰을 개설하거나 외부 플랫폼을 연동할 수 있다.

또한 위챗페이와 연동하여 멤버십 회원카드 및 쿠폰을 만들어 제공할 수 있으며, 위챗이 제공하는 오픈 API(Application Programming Interface)를 통해 사업자는 다양한 아이디어를 위챗 생태계 안에서 구현할 수 있다. 모바일 간편결제의 편리성, 300위안의 저렴한 공중계정 개설 비용, 9억 명 이상의 위챗 사용자, 외부 플랫폼과의 완벽한 IT 시스템 호환성 등의 이유로 공중계정은 기업의 홈페이지나 애플리케이션과 같은 역할을 충실히 수행하며 개인과 사업자들을 위챗의 생태계 안으로 들어오게 했다.

위챗의 액티브 유저는 10억 명가량이다. 사용자가 2개 이상의 위챗을 보유하고 있는 경우도 많지만, 그렇다 하더라도 스마트폰을 사용하는 대부분의

위챗의 친구 추가 QR

최대 500명까지 참여할 수 있는 그룹 채팅방

친구들만 볼 수 있는 모멘트 (펑요첸)

위챗은 QR 스캔으로 간편하게 친구 추가가 가능하며, 모멘트를 통해 친구들의 소식을 접할 수 있다.

네티즌이 위챗을 사용하고 있다고 볼 수 있다. 업무 이메일이 위챗 메시지로 대체되었고, 명함 대신 위챗 QR을 주고받는다. 지하철이나 버스를 타고 이동할 때는 위챗 모멘트를 보며 친구들의 소식을 접하거나 공중계정에 올라온 게시 글을 읽는다. 위챗은 이미 중국인에게 떼려야 뗄 수 없는 친숙한 존재가 되었다. 거기에 결제까지 지원하고 있어 많은 사람이 지갑에 현금과 카드를 줄이고 위챗을 사용하고 있다.

49

폐쇄형 SNS 위챗과 오픈형 SNS 웨이보, 어느 것이 마케팅 가치가 더 높을까

Common Sense Dictionary of China

웨이보와 위챗, 무엇을 선택해야 할까

"중국 온라인으로 마케팅할 때 웨이보와 위챗, 어느 것을 선택해야 할까요?"

중국 온라인 마케팅과 관련하여 필자가 가장 많이 받았던 질문이다. 중국에서 디지털 마케팅을 기획할 때 이 2가지 SNS 중에 어느 것에 더욱 집중해야 할지 고민스러운 것이 사실이다. 그러나 웨이보와 위챗을 선택하기 전에 먼저 고민해야 할 것은 어느 것이 더욱 효과적인지가 아니라 '내가 무엇을 어떻게 홍보할 것인가?'다.

이해하기 쉽게 블로그를 예로 설명해보겠다.

'네이버 블로그에 포스팅을 하면 네이버 사용자가 모두 내 블로그를 방문하게 되는 것인가?'

네이버 블로그에 아무리 홍보 글을 많이 게시한다 하더라도 소비자가 방문하지 않으면 그것은 마케팅적으로 전혀 가치가 없다. 웨이보와 위챗도 똑같은 이치다. 웨이보에 수많은 콘텐츠를 올린다 해도, 위챗 공중계정에 수많은 콘텐츠를 게시한다 해도 아무도 보지 않는다면 웨이보의 월간 액티브 유저가 4.6억 명이든, 위챗 월간 액티브 유저가 10억 명 이상이든 그것은 당신과 아무 관계 없는 숫자들이다.

디지털 마케팅을 기획할 때 가장 먼저 고민해야 하는 것은 '얼마나 많은 사용자가 있는가?'가 아니라 '얼마나 많은 사용자가 보게 할 것인가'다. 그러나 많은 사업자가 플랫폼의 사용자 수에 초점을 맞추고 접근한다. 비록 웨이보가 위챗보다 가입자 수가 적다 하더라도 1만 명이 내 콘텐츠를 보게 된다면 1천 명밖에 보지 않는 위챗보다 더 효과적이라고 할 수 있다. 플랫폼의 규모를 따지기 전에 자신의 콘텐츠 퀄리티를 먼저 따져봐야 한다.

| 웨이보 | 위챗 모멘트 |

친구가 아니더라도 볼 수 있는 오픈형 웨이보와 친구만 볼 수 있는 폐쇄형 위챗 모멘트

위챗의 노력이 만든
다양한 기능

그럼에도 불구하고 필자에게 웨이보와 위챗 중에 어느 것을 선택하는 것이 좋겠는지 물어본다면 필자는 위챗에 한 표를 던진다.

그 이유는 첫째, 웨이보는 사용자가 줄어들고 있기 때문이다. 홍콩대학신문과 언론 매체 연구 센터의 푸징화(傅景华) 교수는 분석 통계 프로그램을 개발해 웨이보의 사용자를 분석했다. 웨이보는 약 1천만 명의 사용자가 올리는 메시지가 웨이보 전체 메시지의 94%를 차지하고 있었으며, 약 2억 명의 사용자는 1천만 명이 올리는 글을 공유만 하고 있었다. 즉 웨이보 사용자 중 6%만이 웨이보에 메시지를 올리거나 공유하고 있다는 것이다. 또한 웨이보 전체 사용자 중 58.8%는 2015년 이후 웨이보에 글을 게시하는 것은 물론, 공유조차 하지 않았다.

웨이보가 4.5억 명의 액티브 유저를 보유하고 있음에도 불구하고 사용자의 절반가량이 이미 웨이보를 떠난 것이나 다름없다. 웨이보는 현재 실질적인 사용자가 계속해서 줄어들고 있는 상황이지만 위챗은 지속해서 사용자가 증가하고 있다.

둘째, 위챗은 모바일 간편결제 시스템과 공중계정이 연동되어 활용할수 있다. 중국에는 위챗 공중계정이 이미 2천만 개 이상 개설되었다. 기업들은 고객 소통의 수단으로 공중계정을 많이 사용하고 있다. 퀘스트모바일(QuestMobile)의 2019년 자료에 따르면 위챗 사용자의 80%가량이 공중계정을 사용한다고 한다. 스타트업의 경우, 별도의 홈페이지를 개설하지 않고 위챗 공중계정을 홈페이지로 사용할 정도다.

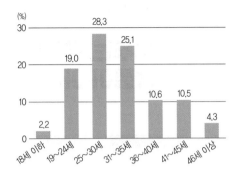
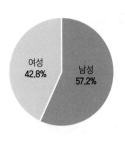

2019년 위챗 공중계정 사용자 연령 분포(왼쪽)와 남녀 비율(오른쪽)
(출처: 퀘스트모바일)

공중계정은 자체 내장되어 있는 다양한 기능으로 사업자가 블로그 포스팅을 하듯이 편리하게 게시 글을 작성해 팔로어들에게 발송할 수 있고, 쇼핑몰 개설, 사용자 위치기반 매장 안내, 위챗페이 결제 시스템, 멤버십 회원카드 등을 손쉽게 조작할 수 있다. 필요하다면 IT 개발자가 직접 공중계정 시스템을 기반으로 다양한 프로그램을 개발할 수도 있다.

위챗이 나오면서부터 웨이보의 사용자들은 급격히 위챗으로 옮겨갔다. 웨이보 사용자들이 위챗으로 옮겨간 것은 QQ의 친구들을 그대로 데려올 수 있다는 편리성과 매력적인 음성 메시지 등의 이유도 있지만, 그 외에 위챗에서는 광고 등과 같은 정크 메시지와 친구의 메시지를 따로 분리해서 볼 수 있어 사용자 편의 중심으로 만들어져 있다는 것도 큰 작용을 하고 있다.

또한 위챗 공중계정의 가장 좋은 점은 쌍방향 소통이 가능하다는 것인데, 여기서 쌍방향 소통이란 기업과 개인의 대화가 가능하다고 생각하면 쉽게 이해가 될 것이다. 이 기능을 잘 활용하면 고객에게 신뢰감을 주고 충성도 또한 향상시킬 수 있다.

50

바이두는 구글의 짝퉁이 아니다

Common Sense Dictionary of China

유일무이한 검색 포털로 자리 잡은 리옌훙의 바이두

바이두의 창업자 리옌훙은 평범한 가정에서 태어났다. 중학교 때부터 컴퓨터를 만지기 시작한 리옌훙은 컴퓨터에 빠져 살아 컴퓨터광이라고 불렸다. 고등학생 시절부터 컴퓨터 프로그래밍 대회에서 입상할 정도였으니 그렇게 불릴 만도 했다.

리옌훙은 프로그래밍을 좀 더 깊이 연구하기 위해 중국 최고의 명문대인 베이징대학교 정보관리학과에 진학했지만, 이론 위주의 수업은 그의 갈증을 해소시켜주지 못했다. 리옌훙은 대학교를 졸업하자마자 미국 뉴욕주립대학교 컴퓨터공학 석사 연구생으로 진학해 컴퓨터에 대해 더욱 깊이 공부했다. 석사 과정을 마치고 박사 과정으로 진학한 리옌훙은 돌연 학업을 중단하고 실리콘밸리의 IT 기업인

바이두 창업자 리옌훙

인포시크(INFOSEEK)에 수석 기술자로 입사했다. 리엔훙은 인포시크를 다니면서 새로운 검색엔진 알고리즘을 개발하고 특허까지 받으며 승승장구했지만 얼마 지나지 않아 회사에 위기가 찾아왔다. 1999년에 인포시크가 디즈니에 인수된다는 소문이 돌기 시작한 것이다. 애니메이션 회사인 디즈니가 인포시크를 인수하면 보나마나 IT 기술 개발 지원이 줄어들 것이라고 생각한 그는 퇴사를 하고 창업을 준비하기 시작했다.

리엔훙은 미국에서 〈실리콘밸리를 가다〉라는 다큐멘터리를 제작하고 있던 쉬용 박사를 찾아가 비밀리에 검색엔진 사업을 준비하고 있다며 동업을 제안했다. 쉬용은 다큐멘터리를 제작하면서 벤처 캐피탈들과 관계를 가지고 있었고, 말주변이 좋았기에 투자 유치에 탁월한 재주를 가진 사람이라고 생각한 것이다.

리엔훙의 기술력은 이미 업계에서 인정받고 있었기 때문에 쉬용은 리엔훙의 제안을 흔쾌히 받아들였다. 쉬용은 리엔훙의 기대를 저버리지 않고 두 곳의 벤처 캐피탈로부터 120만 달러 투자를 이끌어냈다. 그들은 중국으로 돌아와 2000년 중국의 실리콘밸리라 불리는 베이징 중관촌에 바이두(百度)를 설립했다. '바이두'라는 이름은 중국 송나라 시인 신치지(辛弃疾)의 시구 '衆里尋她 千百度(군중들 속에서 그녀를 천백 번 찾았다)'에서 따온 것이다. 검색엔진에 딱 들어맞는 네이밍이었다.

바이두는 처음에 중국 포털 사이트에 검색엔진을 제공하고 사용료를 받았다. 그러나 다른 사이트에 검색엔진 서비스를 제공하는 것만으로는 사업 확장에 한계가 있었다. 남의 떡만 불려주는 격이었던 것이다. 리엔훙은 투자자들에게 바이두가 직접 검색 포털 사이트가 되어보겠다고 제안했다. 하지만 바이두가 검색 포털 사이트가 되면 동종 업계에 있던 고객사들이 바이두와 제휴를 끊게 될 것이 뻔했기 때문에 투자자들은 리엔훙의 의견에 부정적인 입장이었다.

리엔훙과 투자자 사이에 격론이 오갔지만 평소에 점잖고 타인의 의사에 귀를 기울이던 리엔훙이 강한 의지를 드러내며 투자자들을 설득하자 투자자들도 결국 그의 제안을 받아들였다. 그리고 1년 뒤인 2001년, 중국의 검색엔진 바이두가 탄생했다.

바이두의 검색 알고리즘은 구글의 기술보다 앞섰지만 홈페이지 디자인과 사이트의 전반적인 구성이 구글과 매우 흡사하여 구글의 복제판이라는 비판을 받았다.

하지만 텐센트의 발전 역사와 마찬가지로 중국식 모방과 발전은 별개의 문제인 것 같다. 당시 중국에는 중문 검색 사이트가 없었기 때문에 바이두의 등장은 파급력이 대단했다. 그 어느 포털 사이트보다 정확하고 방대한 검색 결과를 보여주자 중국인들은 바이두를 이용하기 시작했다. 바이두가 검색 서비스를 시작한 지 3년 만에 순수익이 흑자로 돌아섰다. 그리고 2005년, 바이두는 한화 약 4조 원에 이르는 기업 가치를 인정받으며 미국 나스닥에 이름을 올렸다.

2006년, 바이두에도 위기가 찾아왔다. 구글이 정식으로 중국 시장에 진출한 것이다. 구글은 중문으로 만든 구글차이나를 중국 시장에 선보이며 서비스를 개시했다. 그러나 구글차이나는 기존 사용자를 보유하고 있던 바이두를

디자인이 비슷한 바이두와 구글의 메인 화면

따라잡을 수 없었다. 게다가 구글차이나는 중국 시장에 진입한 이래 많은 고초를 겪어야만 했다. 중국 정부가 검색 정확도 99.99%를 자랑하는 구글의 검색 결과에 딴지를 건 것이다. 아무리 검색엔진이라 하더라도 중국에서는 정부의 지침에 따라 게시 글이 삭제되기도 하고, 일부 검색어는 필터링되어 검색되지 않아야 한다. 중국 정부와 검색어 필터링 문제를 놓고 줄다리기를 하던 구글차이나는 결국 두 손을 들었다.

구글차이나는 결국 2010년에 회사를 홍콩으로 이전했고, 구글은 중국에서 접속할 수 없는 검색 사이트가 되었다. 바이두는 구글의 중국 진출로 인해 성장세가 잠시 주춤했지만 구글이 철수하자 시장점유율이 75%까지 올라가며 중국에서 유일무이한 대표 검색 포털로 자리 잡았다.

51

가성비로 승부하는
중국 스마트폰 삼국지

급격한 변화를 맞은
중국 휴대폰 시장

2006년만 하더라도 중국 휴대폰 시장은 노키아, 모토로라, 소니, 삼성, 필립스, 지멘스, LG 등과 같은 해외 브랜드가 선점하고 있었고, 중국산 휴대폰은 글로벌 브랜드에 밀려 저가 시장에만 머물러 있었다. 그러나 10년도 채 되지 않아 중국을 주름잡던 글로벌 브랜드들의 자리는 중국 토종 브랜드로 대체되었고, 오늘날 중국 휴대폰 시장은 그들만의 리그가 되었다.

어떻게 짧은 시간에 이렇게 큰 변화가 생길 수 있었을까? 사회주의라서 국가가 시장에 개입한 것일까? 아니면 싸구려 제품만 만들던 메이드 인 차이나의 기술력과 경쟁력이 올라간 것일까?

과거 중국 모바일 기업들은 해외 유명 브랜드의 디자인을 따라 하고, 저가 부품을 사용하면서 저가 경쟁력을 내세워 휴대폰 시장에 접근했다. 하지만 오늘날 중국 소비자들의 소비력 상승과 품질을 추구하는 소비 성향으로 인해 중국 모바일 기업들은 과거와 같이 저가 제품으로 시장에서 살아남을 수

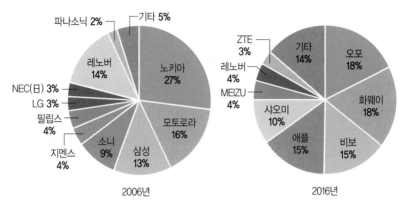

브랜드별 휴대폰 판매 비중 2006년 vs 2016년(출처: 2017중국산업정보망)

없다고 판단하고 기술력에 투자하기 시작했다. 중국 모바일 브랜드 진리(金立)의 경우, 국내외에 4개의 R&D 연구개발센터를 설립하여 2천 5백여 명의 기술연구원을 보유하고 있을 정도이며, 자체 개발로 획득한 특허만 해도 2천 개가 넘는다. 2016년, 전 세계 스마트폰 출하량 15억 대가량 중 3분의 1 수준인 4.65억 대가 중국 브랜드이고, 스마트폰 글로벌 TOP10 기업 중 7개가 중국 기업이다.

중국 1세대 스마트폰 기업인 화웨이, ZTE, 레노버 등을 시작으로 샤오미, 오포, 비보 등 2세대 스마트폰 브랜드들은 최근 몇 년간 비약적인 발전과 성장을 거듭하며 중국 시장을 점령했을 뿐 아니라 이제는 글로벌 스마트폰 시장을 이끌어가고 있다. 중국은 이제 세계 최대 스마트폰 시장이자 제조국이 되었다.

2018년, 중국의 스마트폰 시장점유율은 다음과 같다.

순위	브랜드	판매량 (백만 대)	시장점유율 (%)	순위	브랜드	판매량 (백만 대)	시장점유율 (%)
1	오포	78.94	19.8	6	애플	36.32	9.1
2	비보	75.97	19.1	7	메이주(魅族)	4.05	1.0
3	롱야오	54.42	13.7	8	삼성	3.34	0.8
4	샤오미	51.99	13.1	9	츄이즈(锤子)	2.65	0.7
5	화웨이	50.55	12.7	10	360	2.46	0.6

(출처: IDC, 〈중국 휴대폰 시장 보고서〉)

애플의 짝퉁이라 불렸던 샤오미의 성공 전략

우리에게 가성비 높은 휴대 전화 보조배터리가 알려지면서 '대륙의 실수'라는 신조어를 만들어낸 중국 기업 샤오미. 샤오미는 오늘날 스마트폰은 물론, 4K TV, 나인봇, 냉장고, 노트북 등 최신, 최첨단 제품을 생산하는 중국 IT 산업의 아이콘의 되었다.

샤오미는 애플과 삼성이 세계 스마트폰 시장을 장악하고 있던 2010년에 '짝퉁 아이폰'이라는 비아냥을 받으며 중국 시장에 나타났다. 디자인이 아이폰과 매우 흡사했기 때문인데, 거기에 샤오미의 창업자 레이쥔(雷軍)이 신제품 발표회에서 스티브 잡스와 유사한 스타일로 옷을 입고 유사한 방법으로 프레젠테이션을 진행해 짝퉁 스티브 잡스라는 별

샤오미 창업자 레이쥔

명까지 갖게 되었다.

오늘날 중국판 스티브 잡스라 불리는 샤오미의 창업자 레이쥔에 대해 알아보자.

무한대학교 컴퓨터과에 재학중이던 레이쥔은 4학년 때 3명의 친구와 함께 삼색회사(三色公司)를 창업했다. 그 당시 주요 프로젝트는 문장 편집 프로그램이었다. 하지만 뚜렷한 수익 모델이 없었던 그들의 창업은 1년도 채 되지 않아 망하고 말았다. 창업 실패의 쓴맛을 본 레이쥔은 1992년에 킹소프트에 입사했다. 킹소프트는 중국 IT 기업 1세대로, 사무용 소프트웨어로 유명한 기업이다. 킹소프트 설립 초기에 입사한 레이쥔은 16년간 킹소프트에서 일하며 최고 경영자 자리까지 올라섰지만, 2007년에 창업의 길을 걷겠다며 돌연 퇴사했다.

그리고 3년 후인 2010년에 샤오미를 출시했다. 샤오미(小米)는 중국 말로 '좁쌀'이라는 뜻으로, 레이쥔이 동업자와 함께 좁쌀죽을 먹으며 창업했다고 하여 붙여진 이름이다. 샤오미가 출시됐을 때 아이폰과 디자인이 비슷하여 사람들은 샤오미를 '짝퉁 아이폰'이라고 불렀다. 하지만 샤오미는 저가 스마트폰임에도 불구하고 우수한 품질과 세련된 디자인으로 2011년 미원(MI1) 출

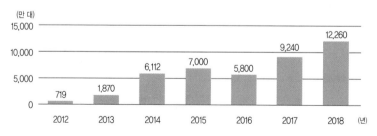

샤오미 휴대폰 판매량(출처: 중국 인터넷 기사 편집)

시 이후, 신제품을 출시할 때마다 대히트를 치며 경이적인 판매량을 기록해왔다.

샤오미는 독특한 마케팅을 시도하기도 했다. 미펀(米粉)이라고 불리는 샤오미 마니아들을 통해 2차, 3차 바이럴 마케팅을 하는 팬덤 마케팅이 바로 그것이다. 후에는 미펀이 제품 개발에도 참여할 수 있게 했다. 커뮤니티를 통해 제품의 문제점을 수렴하고 개선하여 새로운 제품을 출시할 때 미펀의 니즈를 반영시키고 있다.

샤오미는 한정된 수량만 시장에 공급하는 헝거 마케팅(Hunger Marketing)을 펼치기도 했는데, 제품은 출시된 지 단 몇 분 만에 초도 물량을 완판하는 기록을 세웠다. 샤오미는 소비자의 구매욕을 끌어올려 오히려 소비자들이 제품 출시를 기다리게 만들었다.

샤오미는 스마트폰뿐 아니라 체중계, 미밴드, 스마트 자전거, 공기청정기,

샤오미 제품들. Red Dot Design Award, IDEA, Good Design Award, iFDesignAward 등 세계적인 권위의 디자인 대회에서 수상했다.

나인봇 등을 비롯해 컴퓨터, TV, 냉장고와 같은 가전제품까지 정보통신기술(ICT)과 사물인터넷(IoT)을 접목한 다양한 제품을 출시하고 있다. 샤오미는 이 제품들을 직접 생산하지 않는다. 제조 업체들과의 협력을 통해 샤오미가 제품 기획, 디자인, 품질 검수를 담당하고, 협력 업체들이 제품을 생산한다. 이렇게 협력하는 업체가 300개 가까이 된다. 엄격한 샤오미 자체 품질 검수를 통해 판매된 샤오미 제품들은 가성비가 좋아 소비자 만족도가 상당히 높다. 비단 중국 소비자에게만 인기 있는 것이 아니다. 전 세계 소비자들이 가성비 좋은 샤오미의 제품을 환영하고 있다. 그동안 저가, 저품질을 상징했던 '메이드 인 차이나'의 인식이 점차 변하고 있다.

샤오미의 기업 철학은 스마트폰을 판매하는 기업이 아니다. 애플이 MAC, iPad, 애플워치, TV 등을 아이폰이라는 하나의 하드웨어로 일체화시켰듯이, 샤오미도 스마트폰을 컨트롤 타워로 하여 우리 생활 속에 자리 잡고 있는 여러 제품을 연결해 샤오미 생태계를 만들어나가고 있다.

주인의식을 가지고 일하는 화웨이

화웨이는 중국 개혁개방 초기인 1987년에 선전경제특별구에 설립된 통신 네트워크 장비 회사다. 화웨이는 중국보다 해외에서 인지도가 더 높았는데, 2000년대 초반부터 보다폰 등 8개 통신사와 전략적 제휴를 맺고 유럽에서 입지를 굳혔기 때문이다.

화웨이는 2003년에 휴대폰 회사를 설립한 이후 2010년에 중저가 스마트폰을 출시하며 스마트폰 시장에 진출했다. 화웨이는 중국의 중저가와 중고가로

화웨이 휴대폰(왼쪽)과 화웨이롱야오(오른쪽)

양분화된 시장을 공략하기 위해 고급 스마트폰 브랜드인 화웨이 휴대폰(华为手机)과 중저가 스마트폰 브랜드인 화웨이롱야오(华为荣耀, 이하 '롱야오')를 출시했다.

화웨이 휴대폰과 롱야오는 소비자 타깃에 따라 유통 전략도 각기 다르게 펼쳤다. 중고가의 화웨이 휴대폰은 소비자가 직접 매장에서 체험해보고 구매할 수 있도록 오프라인 위주로 유통하고, 중저가의 롱야오는 유통 마진을 줄이기 위해 온라인 위주로 유통했다. 또한 롱야오의 경우, 샤오미와 마찬가지로 온라인을 통해 헝거 마케팅을 진행함으로써 젊은 소비자들의 구매력을 높였다.

화웨이는 한때 뉴스에 자주 등장하기도 했다. 2013년에 화웨이가 영국군과 경찰이 사용하는 설비에 진출하면서 국가 안보에 치명적인 위협이 되었다는 것이다. 필자도 이 사건을 통해 화웨이의 존재를 기억하게 되었다. 어쩌면 이 사건은 전 세계인들에게 화웨이의 높은 기술력을 소개한 효과를 낳지 않았을까 싶기도 하다.

화웨이가 이처럼 발전할 수 있었던 데에는 적극적인 R&D 투자가 있었다.

화웨이는 매년 매출액의 10% 이상을 R&D에 투자하고 있다. 그동안 확보한 특허만 해도 8만 건 가까이 되고, 심지어 전체 직원의 절반 가까이가 엔지니어인 것만 보더라도 화웨이가 기술을 얼마나 중시하는지 알 수 있다. 이러한 화웨이의 자체 기술력은 화웨이 브랜드의 가치를 끌어올리는 데 큰 기여를 했다.

화웨이의 창업자 런정페이는 군인 출신으로, 조직력을 첫 번째로 강조한다. 런정페이는 회사의 조직력을 강화하기 위해 회사 지분의 1.4%만 자신이 소유하고 나머지는 모두 임직원에게 나눠주는 것으로도 유명하다. 말로만 '가족 같은 기업'이 아니라 실제로 임직원이 회사의 주인이 되도록 만드는 것이다.

이런 런정페이의 리더십 덕분일까? 화웨이 직원들은 사무실에 접이식 침대를 두고 야근을 한다고 알려질 정도로 열정적으로 일한다. 직원들이 주인의식을 가질 수밖에 없는 것은 어쩌면 당연해 보인다.

뿌뿌까오의 오포와 비보

중국 스마트폰 시장을 뒤흔들었던 샤오미가 시들해진 2016년, 그 틈을 비집고 오포(OPPO)와 비보(VIVO)가 혜성처럼 나타났다. 오포와 비보는 순식간에 중국 젊은층을 사로잡으며 스마트폰 시장을 점령했다. 많은 사람이 이 두 브랜드가 신생 기업의 스마트폰이라고 여길 만큼 그 태생에 대해 잘 모른다. 오포와 비보는 1995년에 설립된 뿌뿌까오 전자에서 분사한 자식들이다.

'점점 높아진다'라는 뜻을 가진 뿌뿌까오(步步高)는 오디오, 비디오·DVD 플레이어, 학습기, 유·무선 전화기 등을 생산하던 전자제품 기업으로, 회사 이름만큼이나 나날이 성장해왔다. 스마트폰이 보급되기 이전에 중국에서 유학했던 사람들은 200위안도 채 되지 않는 뿌뿌까오 학습기를 사용해본 경험이 있을 것이다. 뿌뿌까오 학습기는 중국인들도 많이 사용하는 학습기로, 가장 인기가 많은 브랜드였다.

뿌뿌까오 내에서 무선 전화기와 헤드폰, 블루레이 플레이어 등을 생산하던 오포 디지털 사업부는 사업 규모가 커지면서 2004년에 뿌뿌까오에서 분사했다. 중국에 오포 스마트폰 본사를 두고 미국 실리콘밸리에 '오포 디지털'이라는 자회사를 설립했는데, 미국 시장에서는 스마트폰보다 음향 기기로 더 유명하다. 그리고 2009년에 자회사 비보도 설립했다.

대부분의 스마트폰이 제품의 판매 가격을 낮추고 소비자의 접근성을 높이기 위해 온라인 판매 비중을 높이는 전략으로 접근했다면, 오포와 비보는 그와 정반대의 전략을 펼쳤다. 중국 전역에 35만 개가 넘는 오프라인 유통 영업망을 구축해 대도시는 물론 중국 전역의 중소 도시에서 오포와 비보 간판을 달고 있는 매장을 쉽게 찾아볼 수 있게 되었다. 소비자들은 인터넷을 통해 디자인과 성능을 사진과 텍스트로 체감하는 것이 아니라 직접 손으로 만져보고 조작해보는 직접적인 체험을 통해 제품과 스킨십을 하고 있다.

같은 배에서 나온 오포와 비보는 소비자 타깃에 맞춘 차별화 전략으로 소비자에게 다가가고 있다. 중저가의 오포는 셀카 촬영을 좋아하는 여성층을 겨냥해 고성능

허름한 동네에서도 오포와 비보 매장을 쉽게 찾아볼 수 있다.

카메라를 장착하고, 오포보다 상대적으로 고가인 비보는 전반적인 고스펙과 음향 기술을 내세워 남성층을 주요 타깃으로 잡았다. 오포과 비보는 론칭 초기에는 그다지 주목받는 브랜드가 아니었지만 송중기, 송혜교, 슈퍼주니어M, 전지현 등과 같은 최고의 한류 스타와 레오나르도 디카프리오, 이역봉(李易峰), 양미(楊冪) 등 국내외 최고 스타들을 활용한 스타 마케팅으로 젊은층의 관심을 끄는 데 성공했다.

10년 전만 하더라도 중국 국산 휴대폰은 유명 브랜드의 디자인을 베끼거나 OEM 공장에서 브랜드 로고만 바꿔치기한 짝퉁 제품들이 출시되어 '역시 메이드 인 차이나'라는 인식이 강했지만, 오늘날의 중국 스마트폰은 가성비가 좋은 제품들을 앞세워 글로벌 시장 공략에 성공하면서 과거의 오명을 벗고 있다.

■ 중국 IT 연대표

레노버(联想)

세계 최대 PC 기업으로, 모토로라를 인수하며 스마트폰 시장에 박차를 가하고 있으며, 클라우드 컴퓨팅, AI(인공지능) 등에 투자를 확대하고 있음

수닝(苏宁, Sunning)

· 중국 최대 민영기업으로, 중국 전역에 1천 6백여 개의 매장에서 전자제품을 유통하고 있으며, 2004년에 선전 증시에 상장

· 2011년에 론칭한 전자상거래 수닝이고우(苏宁易购)는 티몰, 징동에 이어 시장점유율 3위를 차지하고 있음

왕이(网易)

· 포털 사이트로 서비스를 시작했으며, 2000년에 나스닥에 상장

· 인터넷 웹 게임 분야에서 텐센트에 이어 2위를 차지하고 있음

신화왕(新华网)

· 중국에서 가장 영향력 있는 온라인 뉴스 포털 사이트로, 2016년에 상하이 증시에 상장

1984 **1987** **1990** **1997** **199**

화웨이(华为, Huawei)

· 글로벌 통신 네트워크 장비 제조사 1위 기업

· 2010년에 중저가 스마트폰을 출시하며 오늘날 오포, 비보, 애플 등과 중국 스마트폰 시장에서 1, 2위를 다투고 있음

텐센트(腾讯, Tencent)

· 마화텅이 설립한 인터넷 기업으로, 2016년에 홍콩 증시에 상장

· 1999년에 QQ를 출시하며 중국 내 국민 메신저로 자리 잡음. 메신저 플랫폼을 기반으로 다양한 게임을 운영함. 현재 중국 모바일 게임 1위 기업임

· 2011년에 론칭한 모바일 메신저 위챗(微信)은 출시와 더불어 단기간 내에 사용자를 확보하고 SNS, 모바일 간편결제 등을 추가하며 오늘날 약 9억 명(2017년)의 사용자를 보유함

징동(京东)

· CEO 류창둥이 중국의 실리콘밸리라 불리는 중관촌(中关村)에서 컴퓨터 부품 유통을 시작으로, 2007년에 징동상청을 론칭하면서 오늘날 중국에서 두 번째로 큰 전자상거래로 발전시킴

소후(搜狐)

· 중국 포털 사이트 중 하나로, 2006년에 출시한 중문 입력 시스템 Sogou(搜狗)의 보급률은 90%가 넘음

시나(新浪)

· 우리에게도 잘 알려져 있는 SNS 웨이보(微博)를 운영하는 검색 포털 사이트로, 2000년에 나스닥에 상장

· 2013년에 알리바바가 시나웨이보의 지분 18%를 인수하면서 알리바바의 타오바오와 웨이보는 타오바오 제품 홍보 및 왕홍 마케팅 등을 유기적으로 활용할 수 있는 서비스로 개선됨

알리바바(阿里巴巴, Alibaba)

- 중국 전자상거래를 대표하는 기업으로, 알리바바공급상(B2B 도매유통), 티몰(B2C 브랜드몰), 타오바오(개인 및 소규모 사업자 C2C) 운영
- 모바일 간편결제 알리페이, 물류 네트워크 차이니아오, 클라우드 컴퓨팅 알리윈 등 인터넷 영역뿐 아니라 물류, 유통, 시스템 등 다양한 분야에서 서비스하고 있음
- 2014년에 인터넷 기업으로서 최고 가치를 인정받으며 뉴욕 증시에 상장

시트립(携程, Ctrip)

- 항공권 예매, 호텔 예약 등의 서비스를 제공하는 중국 최대 온라인 여행사로, 2003년에 나스닥 상장

치후360(奇虎360)

- 창업자 저우훙이(周鸿祎)
- 중국의 대표 무료 백신 소프트웨어 기업으로, 2011년에 뉴욕 증시에 상장
- 앵그리버드, 크로스파이어2 등 각종 유명 게임을 퍼블리싱하며 사업 영역 확장

58통청(58同城)

- 취업 정보, 부동산 정보, 생활 정보 사이트로, 2013년에 뉴욕 증시 상장

신메이다(新美大)

- 소셜커머스 메이퇀(美团)과 식당 리뷰 사이트 다종뎬핑(大众点评)이 합병하며 탄생한 회사. 하지만 각 서비스는 이전과 같이 독립적으로 운영되고 있음
- 전국에 분포된 400만 개 이상의 오프라인 매장들과 협력하여 O2O 서비스를 제공하고 있음

1999 2000 2005 2010 2016

바이두(百度, Baidu)

- 리엔훙이 설립한 회사로, 창업 5년 만인 2005년에 나스닥 상장
- 구글과 유사한 종합 검색 포털 사이트로, 알리바바, 텐센트와 함께 중국의 3대 인터넷 기업으로 꼽히고 있음
- 바이두의 주 수입은 인터넷 광고 수익이었으나, 최근에는 AI(인공지능) 분야 연구 개발에 집중하고 있음

샤오미(小米, Xiaomi)

- 레이쥔이 설립한 기업으로, 고스펙 중저가 스마트폰으로 금세 중국 스마트폰 시장을 점령함
- 샤오미 스마트폰과 호환이 가능한 다양한 제품들을 출시하며 샤오미 생태계 구축을 시도하고 있음

중국, 역사와 문화를 알면 더 잘 보인다

52

중국에는 자기 땅이 없다

Common Sense Dictionary of China

중국은 공산주의 국가일까, 사회주의 국가일까

많은 사람이 중국의 사회 체제를 이야기할 때 공산주의 국가라고 말한다. 하지만 중국은 정확히 말하면 공산주의 국가가 아니라, 공산당이 집권하고 있는 사회주의 국가다. 공산주의와 사회주의는 이념에 있어서는 모두가 평등한 사회를 건설한다는 목적을 가지고 있지만 방식에 있어서는 노선이 전혀 다르다. 공산주의는 노동의 양과 질에 상관없이 모두가 똑같이 배분받는 방식이지만, 사회주의는 노동의 양과 질에 따라 차등적으로 배분받는 방식이다. 다시 말해 공산주의는 국가가 생산 기반부터 분배까지 통제하지만, 사회주의는 생산 기반만 통제하는 것이다.

국공내전에서 승리한 공산당은 1949년에 중화인민공화국을 건립하면서 모두가 평등한 사회를 만들기 위해 개인이 소유하고 있던 토지를 모두 몰수했다. 방대한 농토를 가지고 있던 부농들은 어쩔 수 없이 토지를 국가에 반환해야 했다. 그렇게 산과 강, 도시 등 중국의 모든 땅덩어리는 국가의 소유가 되었다. 농지는 농민들이 집단으로 소유하거나 향진⁶⁶의 농업 집단 조직에게 배분하는 형태로 나누어졌다. 마오쩌둥 이후 덩샤오핑이 집권하고 개혁 개방을 실시하면서 외국 자본과 해외 기업을 유치하기 위해서는 토지를 비롯해 노동력 등의 생산 기반을 외국 자본에 제공해야 했다. 생산 기반을 통제해야 하는 기존 사회주의 정책으로는 불가능한 방법이었다. 덩샤오핑은 사회주의 정치 체제에 손상을 주지 않고 토지를 외국 자본에 제공할 수 있는 방법을 모색했는데, 그것이 바로 토지사용권제도다.

토지사용권이란 기존 정책대로 토지는 국가가 소유하고 국가로부터 일정 기간 임대해 사용할 수 있는 권한을 주는 제도다. 우리의 경우 토지를 소유한다는 개념은 개인이 사용하고 수익 활동을 하며 처분까지 마음대로 할 수 있는 권리를 말하지만, 중국의 경우는 일정 기간 동안 임대하여 사용하거나 수익 활동만 할 수 있다는 것에서 차이가 있다.

토지사용권을 취득하기 위해서는 토지사용권을 가지고 있는 자에게 매입하거나 국가로부터 공개 입찰 방식으로 매입할 수 있는데, 토지사용권을 취득한 후 1년 이내에 해당 목적에 맞게 사용해야 한다. 이를 위반할 경우 매입 대금의 20%를 벌금으로 내야 하고, 2년 이후에도 사용하지 않으면 국가에 무상 회수되기도 한다.

---

66 향진(乡镇): 한국에서 인구가 적은 지역을 읍, 면, 리로 행정 구획을 나누는 것처럼 중국에서도 향(乡)과 진(镇)으로 나누는데, 일반적으로 작은 마을을 향진이라고 부른다. 중국에는 11,626개의 향과 20,117개의 진이 있다.

토지사용권의 임대 기한은
얼마나 될까

중국 정부가 1990년에 발표한 '국유토지사용권의 출양과 전양에 관한 잠정 조례'[67]에 따르면 토지사용권에 대한 사용 기한은 주거용지는 70년, 공업·교육·문화·체육·종합용지는 50년, 오락·상업용지는 40년이라는 최대 사용 기한을 두고 있다. 그러나 정부와 건설개발사가 토지 임대 계약을 체결하면서 주거용지를 종합용지로 설정하는 바람에 일부 아파트는 50년에 해당하는 경우도 발생한다. 이런 상황이 발생하는 이유는 상업과 주택이 결합된 주상복합형 주택이 생겨났기 때문이다. 주상복합형 주택은 종합용지로도 설정이 가능하고 주거용지로도 설정이 가능해 정부의 판단에 따라 임의대로 적용되곤 한다.

토지사용권의 임대 기한이 종료되면
어떻게 될까

중국 정부는 1990년에 시작된 정책이므로 토지사용권이 만료되려면 아직 몇 십 년의 시간이 남아 있어 그 안에 대책을 내놓겠다는 입장이다. 그러나 원칙적으로는 토지 사용 기한이 만료되면 토지는 물론 그 위에 지어진 건축물까지 모두 국고로 귀속된다.

---

67 출양(出讓)은 국가로부터 토지사용권을 양도받는 것을 말하고, 전양(轉讓)은 부동산 개발업자가 개인이나 기업에게 재양도하는 것을 말한다.

2007년에 시행된 물권법(物權法)은 '모든 물권이 법적으로 평등하게 보호받을 수 있고 누구도 이를 침범할 수 없음'을 명시하고 있는데, 이는 사유재산이 인정받고 보호받을 수 있다는 의미다. 우리와 같은 민주주의 국가에서는 당연한 이야기이지만 사회주의 국가에서는 매우 파격적인 법안이다. 그래서 물권법이 발표되었을 때 중국 내에서도 많은 논란이 있었고, 수차례 심사를 거쳐 어렵게 통과되었다. 물권법에는 개인이 취득한 부동산은 권리를 행사할 수 있고, 법적 보호를 받을 수 있다고 명시되어 있다.

단 조건이 있다. 물권법에 기록된 부동산에 대한 내용을 간략히 살펴보면, '주거용지의 경우 자동적으로 기한이 연장되어 토지 사용권자가 계속해서 권리를 보유할 수 있으며, 부동산이 징수되거나 소유권이 소멸되는 경우에는 상응하는 보상을 해야 한다'라고 되어 있다. 그러나 현재까지 보상 방법 및 사용 연장에 대한 세부 규정이 마련되어 있지 않다. 일부 지역에서는 임시적으로 토지사용권이 만료된 토지에 대해 추가 비용 없이 자동으로 연장해주는 정책을 시행하고 있기도 하다.

최근 토지사용권의 임대 기한 종료에 대한 것이 이슈가 된 사례가 있다. 토지사용권 기간이 짧으면 지방 정부에 납부해야 하는 양도금이 내려가기 때문에 소비자가 싼값에 주택을 구매할 수 있다. 일부 지방 정부는 이런 식으로 매매를 활성화시키기 위해 토지 사용 기한을 20년, 30년, 40년으로 쪼개기도 하는데, 대표적인 지역이 원저우, 선전, 칭다오다.

문제는 이렇게 팔려나간 건물들이 어느새 임대 기한 만료 시점이 되었지만, 토지의 사용 기한을 연장하려면 어떤 기준으로 추가 비용을 납부해야 하는지 중앙 정부에서조차 시행 세칙이 마련되지 않았다는 것이다. 토지 사용 기한 20년과 70년 건물은 양도금이 다르다. 토지 사용 20년 매입자가 추가 양도금을 내지 않고 기한을 연장하게 된다면 정부는 세금을 걷지 못해 손해를 보게 되고, 70년 매입자와 형평성에서도 문제가 발생하게 된다. 그렇다고 구매 당시 비용을 기준으로 추가 비용을 산정하면 비싸게 구매한 70년 매입자들과 또다시 형평성에 맞지 않게 되고, 현재 시세를 기준으로 추가 비용을 부과하면 20년 매입자들이 반발하게 될 것이 뻔하다. 결국 중앙 정부는 이러지도 저러지도 못하는 진퇴양난에 빠져버렸다.

이런 상황에서 중국 국토자원부는 2016년 12월 말에 이미 만기된 주택 토지 사용에 대해 관련 법률이 정비되기 전에는 추가적인 비용 없이 연기 신청을 할 수 있고, 정상적으로 매매도 할 수 있다고 발표했다. 이 파격적인 임시 정책은 원저우를 비롯해 선전, 칭다오 등과 같이 토지 사용 기한이 종료된 도시들에 적용하기로 했다.

치파오는 원래부터 허벅지까지 찢어져 있었을까

중국 전통 의상
치파오에 얽힌 이야기

실크 특유의 부드러움과 우아함으로 여성의 신체 곡선을 따라 자연스럽게 흘러내리는 치파오는 동서양을 막론하고 오늘날에도 많은 여성에게 사랑받고 있다. 치파오가 중국을 대표하는 전통 의상으로 알려져 있어서 많은 사람이 치파오가 인구의 90%가량을 차지하는 한족의 전통 의상이라고 생각한다. 하지만 치파오는 한족의 전통 의상이 아니라 16세기 중엽에 만주족 여성들이 입었던 전통 의상이다. 치파오에 얽힌 재미있는 이야기가 있어 간략히 소개해볼까 한다.

옛날 중국의 동북부 지역에 찡뽀후(镜泊湖)라는 작은 어촌 마을이 있었다. 그 마을에 한 어부와 딸이 살고 있었는데, 딸은 어릴 때부터 아버지를 따라 함께 고기를 잡아 생활했다. 매일 햇볕에 그을리고 염분이 많은 바닷물에 젖다 보니 여자의 피부는 항상 검게 그을려 있었다. 그래서 사람들은 그녀를 '까만 여자'라고 불렀다. 까만 여자는 얼굴도 예쁘고 손재주도 좋았다. 어느 날, 그녀는 전통 의상인 치마를 개조해 단추를 달고 긴소매 원피스로 만들어 입었다. 옷을 그렇게 만들면 옷감도 절약할 수 있고 몸에 딱 맞아 고기를 잡는 데 한결 수월했다.

당시 만주족 왕은 잠을 자며 꿈을 꿨는데, 꿈속에 선왕이 나타났다. 선왕은 머리에 평평한 검은 투구를 쓰고, 손에 팔각형의 백옥도장을 들고, 12개의 열쇠가 달린 옷을 입은 황후가 황제를 도와 나라를 다스릴 것이라고 했다.

잠에서 깬 왕은 대신들을 불러 자신의 꿈속에서 선왕이 말한 여자를 찾으라고 명령했다. 왕의 신임을 받던 흠차대신이 우연찮게 까만 여자를 보게 되었다. 그녀의 모습은 선왕이 이야기한 여자와 꼭 맞아떨어졌다. 그녀는 몸에 단추가 달린 원피스를 입고 있었고, 머리에 대야를 이고 있었으며, 손에 두부를 들고 있었다.

흠차대신은 까만 여자를 궁으로 데려가 황후의 자리에 앉혔다. 그런데 어부 생활만 했던 여자는 답답한 궁중생활에 적응하지 못했다. 여자는 땅에 질질 끌리는 치마를 평소 자신이 입던 긴소매 원피스로 고쳐 입었다. 이 사실을 알게 된 황제는 황후가 궁중 복장을 마음대로 고쳐 입은 것은 죄라며 그녀를 궁에서 내쫓았고, 그녀는 그 과정에서 급소를 가격당해 사망하게 되었다.

까만 여자가 죽었다는 소식을 전해 들은 고향 사람들은 삼일 밤낮을 울었고, 그녀를 추모하기 위해 긴소매 원피스를 만들어 입었다. 이 옷이 오늘날의 치파오라고 한다.

오늘날까지 명맥을
유지하고 있는 치파오

만주족이 언제부터 치파오를 입었는지에 대한 정확한 기록은 없다. 유목 민족인 만주족은 말을 타기 편리하게 긴 원피스 형태의 창파오(长袍)를 입었는데, 이 옷이 만주족을 일컫는 치런(旗人)과 결합되어 치파오라 불리게 되었다.

만주족이 청나라를 세우면서 청나라 초기에는 치파오와 한족의 전통 의상, 두 종류를 모두 입었지만 후에 청나라가 전국을 통일한 후 만주족의 지배 이념을 주입시키기 위해 변발을 하고 치파오를 강제적으로 입게 하면서 중국 전역에서 치파오를 입게 되었다.

만주족의 전통 의상 치파오

1911년 신해혁명으로 청조 시대가 막을 내리면서 억압되어 있던 중국의 의상은 더욱 자유로워졌다. 여성들은 치파오가 아닌 상의와 바지로 나눠진 옷을 입기도 했는데, 치파오의 편리함 때문이었는지 얼마 지나지 않아 여성들은 다시 치파오를 입기 시작했다.

한족의 전통 의상

신해혁명 이후 치파오도 많은 변화를 거치게 됐다. 특히 일찍이 항구가 개방되어 서양과 왕래가 잦았던 상하이는 서양의 영향을 많이 받아 그 변화 속도가 유독 빨랐다. 치파오의 치마 길이가 짧아지고 몸에 밀착되는 슬림한 스타일로 바뀌면서 여성미를 강조하게 되자 여성들은 패션적인 차원에서 치파오를 즐겨 입었다.

그러나 얼마 지나지 않아 국공내전과 일본 침략, 중화인민공화국 건립 등의 혼란기를 거치면서 치파오의 보급이 어려워졌고, 치파오는 일상생활에서 서서히 사라지게 되었다. 거기에 엎친 데 덮친 격으로 1966년부터 시작된 문화대혁명은 기존의 것을 모두 파괴했다. 치파오도 문화대혁명의 탄압 속에 완전히 사라질 위기에 처했다.

하지만 치파오는 문화대혁명이 끝나고 1980년대에 다시 화려하게 부활했다. 허리 품이 넓어지고 자수와 장식이 줄어든 대신, 색상의 조화로 아름다움을 추구한 디자인이 유행하기 시작하면서 치파오는 오늘날까지 그 명맥을 꾸준히 유지하고 있다.

중국의 퍼스트레이디 펑리위안은 공식석상에서 다양한 개량 치파오를 입는다.(출처: 바이두)

중국의 거상
호설암과 리자청

살아 있는 재물의 신,
호설암

장사꾼의 나라 중국에서 '살아 있는 재물의 신'이라 불리는 신화적인 장사꾼이 있다. 청나라 말기에 빈손으로 시작해 불과 10년 만에 청나라 최고 갑부가 된 호설암(胡雪巖)이 그 주인공이다. '사람에 투자한다'라는 그의 경영 철학은 오늘날에도 많은 사업가의 본보기가 되고 있다.

청나라 말기에 가난한 농민의 아들로 태어난 호설암은 12세의 어린 나이에 아버지를 여의고 생업전선에 뛰어들었다. 항저우의 신화전장[68]에 견습 사원으로 들어간 호설암은 청소, 빨래, 심부름 등 허드렛일을 했지만, 3년 동안의 성실함과 총명함을 인정받아 돈을 다루는 사환으로 승진했다.

호설암은 일을 마치고 찻집을 즐겨 찾곤 했는데, 그곳에서 떠돌이 선비인

---

68 전장(錢庄): 오늘날의 은행처럼 예금, 대출, 환전 등을 하던 사설 금융기관

호설암

왕유령과 친분을 쌓게 되었다. 부패할대로 부패한 그 당시에는 뇌물을 주고 관원이 되기도 했는데, 왕유령은 돈이 없어 관원이 되지 못한 것을 한탄했다. 그의 이야기를 들은 호설암은 선뜻 500냥을 왕유령에게 건네주며 관원에 도전해보라고 했다.

그러나 호설암이 건네준 500냥은 개인의 돈이 아니었다. 수금한 전장의 돈을 임의대로 아무 담보도 없이 왕유령에게 건네준 것이다. 호설암의 이런 행동은 명백한 횡령이었다. 전장에서는 그 사실을 금세 알아차렸고, 호설암은 전장에서 쫓겨나 떠돌이 생활을 하게 됐다.

그 사이 호설암에게 돈을 받아 베이징으로 떠난 왕유령은 중앙 정부 관리에게 줄을 잘 대어 절강성 재정을 관리하는 절강염대사 관직에 올랐다. 왕유령은 다시 절강성으로 돌아오자마자 자신을 믿고 돈을 빌려줬던 호설암을 만나기 위해 신화전장으로 향했다.

자신에게 빌려준 500냥 때문에 호설암이 신화전장에서 쫓겨난 것을 알게 된 왕유령은 마을을 샅샅이 뒤져 가까스로 호설암을 찾았다. 그리고 은혜에 보답하기 위해 호설암에게 절강성 정부 자금을 관리해줄 것을 부탁했다.

왕유령의 제안을 받아들인 호설암은 부강전장을 열어 본격적으로 금융업에 뛰어들었다. 그의 출중한 사업 수완에 부강전장은 금세 점포가 20개까지 확장됐다. 왕유령은 자신이 어려울 때 도움을 준 호설암에게 지원을 아끼지 않았다. 덕분에 호설암은 절강성 군량미, 병기 등을 독점으로 납품하여 부를 축적할 수 있었고, 사업을 확장하며 다양한 상점을 개업했다. 그의 사업 중에는 '호경여당(胡慶餘堂)'이라는 약방도 있었다.

왕유령을 등에 업고 승승장구하던 호설암에게도 위기가 찾아왔다. 태평천국혁명 당시 항저우를 지키던 왕유령이 태평천국군에게 포위되어 자살한 것이다. 왕유령이 세상을 떠나자 관(官)과의 끈이 끊겨버린 호설암은 태평천국군 진압을 위해 왕유령 대신 파견된 좌종당에게 군량미와 무기를 바치며 새로운 후원자를 만들었다.

좌종당의 든든한 후원 덕에 호설암은 프랑스로부터 기술 원조를 받아 해군을 강화하기 위한 조선소 건설 등 국가 사업에도 참여해 국내뿐 아니라 해외에도 인맥을 만들어나가며 청나라 최고의 부자로 떠올랐다. 좌종당은 호설암에게 사업거리를 제공해주고, 호설암은 좌종당이 반란 진압에 힘쓸 수 있도록 경제적 후원을 하면서 두 사람은 떼려야 뗄 수 없는 관계가 됐다. 좌종당은 중앙 정부에 호설암이 반란 진압에 큰 공이 있다고 추천했고, 그로 인해 호설암은 1품 관료임을 상징하는 붉은 산호가 박힌 모자를 수여받으며 홍정상인(紅頂商人)이라는 명예의 칭호를 얻었다. 일개 상인이 청나라 고관이나 쓸 수 있었던 모자까지 쓰게 되면서 부와 명예를 모두 얻은 것이다.

그러나 호설암의 사업이 무너지는 것은 한순간이었다. 당시 서양의 방직 공장은 중국에서 생사(누에고치실)를 수입해 사용했는데, 호설암은 이 생사값을 폭등시킬 계획으로 자신의 전 재산과 전장에 예치된 고객들의 돈까지 털어 전국의 생사를 모두 사들였다. 하지만 호설암의 작전과 달리 서양 상인들은 갑작스럽게 치솟은 생사 가격이 부담되어 구매를 거절하고 이듬해에 생산될 생사를 노렸다. 전 재산을 투자한 생사 사업이 실패로 돌아가면서 호설암은 막대한 부채를 떠안고 파산했다. 그 후 호설암은 1년가량 시름시름 앓다가 62세의 나이에 세상을 떠났다.

영화 같은 파란만장한 삶을 살았던 호설암은 따지고 보면 자신의 사업 수

완으로 부를 축적했다기보다는 왕유령과 좌종당 등 정치 권력자와의 유착관계를 통해 부를 축적한 것에 더 가깝다.

호설암은 이런 말을 남겼다.

"권리(權利)라는 것은 권세와 이득을 둘로 나눌 수 없으며, 세(勢)가 있으면 곧 이(利)가 있다. 따라서 세(勢)를 먼저 구하고 이(利)를 구하는 것이 순서다."

그가 얼마나 권력의 인맥에 공을 쏟았는지 충분히 예측되지 않는가. 호설암이 부를 축적한 과정은 오늘날 윤리적인 입장에서는 분명 옳은 방법이 아닐 수도 있다.

그렇다면 부도덕한 상인이었음에도 불구하고 중국인들은 왜 호설암을 존경하는 것일까? 권력을 좇는 장사꾼의 모습 이면에 호설암이 가지고 있었던 경영 철학 때문이다. 호경여당은 호설암이 자신의 아버지가 약 한 번 제대로 써보지 못하고 세상을 떠난 것이 한이 되어 개업한 약방이다. 호경여당의 겉모습은 일반 약방과 비슷하지만, 돈이 없는 빈민들에게는 무료로 약을 지어주었고, 지역 일대에 전염병이 돌면 무료로 약을 나눠주기도 했다. 오늘날의 방식으로 표현하면 사회 공헌 기업인 셈이다.

또한 호설암은 호경여당에 '계기(戒欺, 거짓을 경계한다)'라는 현판을 내걸었다. '장사에는 속임수가 개입되어서는 안 된다'라는 뜻이다. 약은 사람의 생명과 관련된 일이기 때문에 절대로 속임수가 개입되면 안 된다는 그의 경영 철학이 담겨 있다. 또한 빈민들에게 선행을 베풀고 정직하게 약을 팔자 사람들이 호경여당으로 몰려들었는데, 주변 약방들은 단합하여 가격을 인하했지만 호설암은 동요하지 않고 '가격을 낮추면 품질이 낮아진다'라며 최고의 품질을 가진 약재만을 고집했다.

호설암은 상해에서 발간되던 〈신보(申報)〉를 통해 호경여당을 광고하기도 했는데, 마케팅 개념이 전무했던 150여 년 전에 언론 매체를 이용해 홍보했다는 것이 비상할 따름이다.

'북쪽에는 동인당, 남쪽에는 호경여당(北有同仁堂南有庆余堂)'이라는 말이 있을 정도로 호경여당은 동인당과 함께 중국을 대표하는 약방이 되었다. 이 약방은 오늘날까지도 운영되고 있으며, 2006년에 국가급 문화유산으로 지정되었다.

아시아 최고 갑부, 청쿵그룹의 리자청 회장

세계 10대 재벌 중 한 명으로 손꼽히는 홍콩 청쿵그룹의 리자청(홍콩명 '리카싱'). 그는 홍콩 발전을 이끈 주역이자 신화적인 인물이다. '홍콩에서 1달러를 쓰면 그중 5센트는 리자청의 주머니로 들어간다'라는 말이 있을 정도다. 그럴 만도 한 것이 홍콩전력과 홍콩텔레콤뿐 아니라 홍콩에 상장된 기업의 상당수가 리자청의 소유다.

리자청

리자청은 가난한 집안에서 태어나 아시아 최고의 갑부가 되었지만 누구보다 근검절약을 하는 것으로 유명하다. 중국 언론 매체와 젊은 청년들이 공유하는 SNS 글을 통해 종종 그의 소식을 접할 수 있다.

리자청은 대기업의 총수이자 아시아 최고의 재벌이지만 우리가 알고 있는 재벌의 모습과는 사뭇 다르다. 리자청은 회사 구내식당에서 식사할 때 일반 사원들과 마찬가지로 줄을 서서 직접 음식을 담고 직원들과 앉아 함께 식사를 한다.

또한 중국의 부자들을 연구하는 후룬(胡潤)이 발표한 자료에 의하면 리자청은 '리자청 기금회'를 통해 총 2조 3,100억 원가량을 기부했으며, 다양한 교육 사업과 의료 자선사업을 계속해서 확대해나가고 있다. 스스로 일궈낸 부를 사회에 환원하는 그의 모습을 어찌 존경하지 않을 수 있겠는가.

1928년에 중국 광둥성의 시골 마을에서 태어나 중일전쟁 때 홍콩으로 이주한 리자청은 14세의 어린 나이에 아버지를 잃고 어머니와 두 동생을 보살펴야 하는 가장이 되었다. 그는 집안 환경 탓에 학업을 중단하고 삼촌이 운영하던 시계 공장에 들어가 돈을 벌었다. 리자청은 19세 때 삼촌의 공장에서 나와 플라스틱 회사에 취직했다. 그는 성실함과 탁월한 영업 능력을 인정받아 입사 1년 만에 우리의 CEO에 해당하는 총경리로 초고속 승진했지만, 회사를 그만두고 22세의 나이에 모아두었던 돈으로 플라스틱 회사를 창업했다.

처음에는 많은 돈을 벌지 못했다. 그러나 창업 7년 차, 그의 나이 29세 때 우연히 본 잡지가 그의 인생을 바꿔놓았다. 《Plastics》라는 잡지를 읽던 리자청의 눈에 플라스틱 조화(造花)에 대한 글이 들어왔다. 조화를 생산하는 이탈리아의 한 회사가 유럽과 미국 시장에 엄청난 물량을 공급하고 있다는 내용이었다. 당시 홍콩에는 플라스틱 조화가 없었다. 홍콩에는 크고 작은 축제가 많아 꽃 소비량이 많았지만, 습한 아열대 기후 때문에 꽃 유통이 쉽지 않았다. 플라스틱 조화는 홍콩에 딱 들어맞는 아이템이었다. 리자청은 곧바로 비행기를 타고 이탈리아로 넘어가 플라스틱 조화 시장을 돌아보았다. 그리고 확신을 가지고 돌아와 플라스틱 조화를 생산하기 시작했다.

리자청의 예측은 빗나가지 않았다. 홍콩에서 리자청이 생산한 플라스틱 조화는 불티나게 팔려 나갔다. 리자청은 더 나아가 다양한 플라스틱 조화를 직접 연구하고 개발했다. 내놓는 아이템마다 대박을 터트리면서 리자청의 회사는 조화 시장에서 독보적인 입지를 굳혔다. 리자청이 만든 제품은 품질이 좋으면서도 가격이 저렴해 유통상들과 큰 어려움 없이 공급 계약을 할 수 있었다. 일부 유통상은 리자청의 제품을 공급받기 위해 50%의 선수금을 내걸 정도였다. 리자청의 플라스틱 조화는 계속해서 새로운 트렌드를 만들어내며 급속히 성장했다.

리자청은 부동산 사업에도 관심을 가졌다. 1966년에 중국을 대혼란으로 몰아넣었던 문화대혁명이 시작되자 많은 자본가가 혼란을 피해 부동산을 팔고 홍콩을 떠났다. 부동산들이 매물로 나오면서 부동산 가격은 급격히 폭락했다.

혼란스럽고 불안정한 경제 상황이었지만 리자청은 이런 사회 분위기에 동요하지 않고 헐값에 나온 부동산을 사들이기 시작했다. 많은 사람이 잘못된 선택이라며 극구 말렸지만 그는 문화대혁명 기간 내내 돈이 생기면 계속해서 부동산을 사들였다.

1976년에 문화대혁명이 끝나고 중국 사회가 조금씩 안정을 되찾아가자 홍콩의 부동산 시장도 다시 회복되었고, 그동안 리자청이 사들였던 부동산들의 가격이 급격히 상승했다. 리자청은 결국 부동산으로 큰 차액을 남겨 홍콩에서 손꼽는 거부가 되었다.

리자청은 부동산으로 벌어들인 수익으로 주식까지 투자 영역을 확대했다. 1979년에 영국의 허치슨 왐포아 주식을 22% 매입하고, 5년 후인 1984년에 40%를 더 매입하면서 허치슨 왐포아의 대주주가 되었다. 그가 허치슨 왐포아의 대주주가 되자 전 세계 언론들은 리자청을 주목했다. 홍콩은 영국의 식민지였다. 그런데 홍콩 시민이 영국 대기업의 주인이 되었으니 홍콩 시민들은 얼마나 통쾌했을까. 충분히 상상이 된다.

그 뒤로 그의 사업은 통신, 건설, 유통 등 다방면에 걸쳐 전개되었고, 홍콩을 국제 무역의 허브로 발전시키는 데 큰 역할을 했다.

리자청의 리더십과 경영 철학은 '사람에 투자한다'라는 호설암과 닮은 면이 있다. 리자청의 경영 철학에도 항상 인재가 들어 있다. 그는 이렇게 말했다.

"성공을 유지하기 위해서는 파트너와 좋은 관계를 맺어야 하고, 성공의 관건은 같이 일할 수 있는 사람이 있는지에 달려 있다."

재미로 읽는 중국 상식

중국판 수능시험 까오카오와 짝퉁 대학교

한국에 대학수학능력시험이 있듯 중국에도 '까오카오'[69]라고 불리는 대학입학시험이 있다. 한국은 3월에 학기가 시작하여 11월에 수능시험을 보고 이듬해 3월에 대학교에 입학하지만, 중국은 9월에 학기가 시작하기 때문에 6월에 까오카오를 보고 9월에 대학교에 입학한다. 중국의 까오카오는 수능시험을 하루만 치르는 우리와 달리 6월 7일과 8일 이틀 동안 진행된다. 장쑤, 하이난 등 일부 지역의 경우 3일 동안 시험을 치르기도 한다.

까오카오 일정	시험 과목
4월: 대학별 모집 정원 발표	공통 과목: 국어, 수학, 외국어(각 150점 만점)
6월 초~중순: 시험 응시 및 성적 발표	문과: 정치, 역사, 지리(각 100점 만점)
6월 말: 대학 원서 접수	이과: 물리, 화학, 생물(각 100점 만점)
7월: 본과(학사) 합격자 발표	총 6과목
8월: 전문대 합격자 발표	까오카오 만점은 750점
9월: 입학	

중국에서는 베이징에 거주하면서 베이징 소재의 고등학교에 다니고 있다 해도 호적지가 상하이로 되어 있다면 상하이로 가서 까오카오를 응시하고 현지 학생들과 경쟁해야 한다. 한국은 같은 문제로 수능시험을 보지만 까오카오는 각 성(省)의 교육청에서 문제를 출제하기 때문에 시험 문제가 다르다. 고향으로 돌아가 까오카오를 응시해야 하는 자녀를 둔 중국 학부모들은 성마다 다른 교과 과정 때문에 부담을 느낀다.

중국은 호적에 대한 혜택과 불이익이 가장 명확한 나라다. 특히 대입시험에서는 그 차

---

69 까오카오(高考): '보통·고등학교초·생전국통·일고사(普通高等学校招生全国统一考试)'를 줄여 부르는 표현

이가 확연히 드러난다. 중국의 대학교는 지역별로 모집 정원이 할당된다. 일반적으로는 대학 소재지의 학생 모집 정원을 타 지역보다 많이 배정하며 그 비율은 대체로 입학 정원의 30%가량이다. 중국의 명문대인 베이징대학교가 베이징 학생 30%, 베이징 외 지역 학생 70%를 모집한다고 보면 된다. 그러다 보니 같은 신입생이라 하더라도 출신 지역이 어디냐에 따라 합격 점수가 제각각이다. 우리의 눈에는 이러한 제도가 불합리하게 여겨질 수도 있지만, 대도시로 몰려드는 인구를 분산하기 위한 방안이라고 한다.

2000년 이전에는 25세 이하 미혼자만 까오카오에 응시할 수 있었다. 하지만 2001년에 결혼 여부와 나이 제한이 없어졌다. 그 후 최고령 응시자는 80세, 최연소 응시자는 10세라는 재미있는 기록도 나왔다. 2019년에는 1,031만 명이 까오카오에 응시했다. 그러나 그

해 전국 2,595개 대학교의 신입생 모집 정원은 820만 명 정도로, 약 200만 명이 대학교에 진학할 수 없었다. 그래서 생겨난 것이 짝퉁 대학교다. 2019년 기준, 중국 내 짝퉁 대학교는 392개에 달한다. '없는 것이 없다'는 중국답다. 짝퉁 대학교들은 주로 인터넷을 통해 학교를 홍보하는데, 정식 대학교와 이름이 유사해 학생과 학부모를 혼동시키고 있다. 짝퉁 대학교가 가장 많은 지역은 대학교가 가장 많이 밀집되어 있는 베이징이다. 짝퉁 대학교들은 허름한 건물에서 혹은 사이버 강의로 수업을 진행한다. 가짜 졸업장까지 발급해 학생들은 학교를 졸업하고 나서도 자신이 짝퉁 대학교에 다녔다는 것을 모르는 경우도 있다. 짝퉁 대학교가 기승을 부리자 매년 언론사와 포털 사이트에서 그 명단을 공개하고 있다.

〈인민일보〉에서 공개한 짝퉁 대학교 명단 중 일부

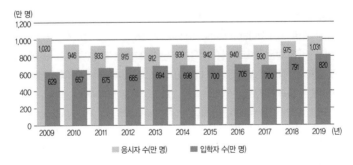

까오카오 응시자 수와 입학자 수

중국 게임의 흐름을 읽는 차이나조이

Common Sense Dictionary of China

중국 게임의 중심, 차이나조이

매년 5~6월이 되면 인터넷 커뮤니티에 차이나조이(China Joy)에 대한 이야기들이 올라오기 시작한다. 게임 업계에서는 올해 차이나조이에서 선보일 신규 게임에 대한 기대와 신기술에 대한 관심이 집중되고, 모델 업계에서는 차이나조이에서 어떤 쇼걸(Show Girl)이 주목을 받을 것인지에 관심이 쏠린다.

2004년부터 시작된 차이나조이는 매년 7월 상하이에서 개최되고 있다. 차이나조이는 신문출판총국, 교육부, 과학기술부, 국가체육총국 등 10여 개의 중국 정부기관이 연합하여 주관하고, 중국 국내외 게임 회사가 참여하는 국제적인 게임 전시회다. 중국에는 지방 정부나 정부기관에서 주도하는 박람회 같은 행사가 많은데, 기업들은 정부의 눈치를 보며 어쩔 수 없이 참가하는 경우가 많다. 차이나조이도 처음 시작할 당시에는 인지도가 없고 홍보가 부족해 게임 회사들이 억지로 참가했을 수도 있다. 하지만 오늘날의 차이나조이는 게임 회사들이 좋은 자리를 선점하기 위해 앞다퉈 참가하는 중국 최대의 게임 행사가 되었다.

세계에서 가장 큰 게임 시장인 중국에 진출하려는 세계 각국의 게임 회사들도 차이나조이에 참가한다. 각종 국내외 게임과 게임 관련 IT 기업들이 참가하는 행사이다 보니 차이나조이에서 게임의 퍼블리싱 및 판권 계약이 많이 이루어진다.

차이나조이는 자사의 게임을 일반인에게 홍보하기에 아주 좋은 기회다. 차이나조이에 참가한 게임 회사들은 관람객을 자사의 부스로 유입시키기 위해 관람객들에게 선물 공세를 하는 것은 물론, 수십 명의 쇼걸을 고용해 부스와 게임을 홍보한다. 부스들이 앞다퉈 경쟁하다 보니 더 푸짐하고 좋은 선물을 나눠주고, 시선을 사로잡기 위해 쇼걸들에게 노출이 심한 유니폼을 입혀 비난을 사기도 한다.

차이나조이는 매년 행사를 개최하기 전에 홈페이지를 통해 쇼걸들의 구체적인 복장 규정 등을 명시하지만 쇼걸들의 사진은 언론사와 행사장을 방문한 관람객이 인터넷에 올려 2차 홍보가 가능하기 때문에 쇼걸들의 유니폼은 여전히 논란이 되고 있다.

차이나조이는 중국 게임의 전반적인 이해와 더불어 게임 업계 트렌드를 읽기에 좋은 기회이기도 하다. 샨다, 왕이, 텐센트, 자이언트 게임즈, 완메이스제, 창요우, 진산 등 중국을 이끌어가고 있는 대표적인 게임 회사들이 전략을 발표하기도 하고, 신기술을 접목한 게임들을 직접 보고 체험해볼 수도 있다.

■ **중국의 게임 변천사**

콘솔게임 시대	PC게임 시대	인터넷 게임 시대	모바일 인터넷 시대	미래
1980~1994년	1994~2001년	2001~2008년	2008~2018년	2018년 이후

초창기의 차이나조이는 퀄리티가 떨어지는 중국 게임보다는 해외 게임들의 비중이 높았지만 중국의 게임 산업이 발전하면서 오늘날의 차이나조이는 중국 게임을 해외에 알리는 장이 되었다. 특히 온라인 게임 영역은 중국이 강국이다. 온라인 게임을 하는 유저가 많기 때문이다.

1990년대에 게임 중독이 사회 문제로 대두되면서 중국 정부는 게임이 청소년에게 해롭다는 이유로 2000년부터 중국 내 콘솔게임기[70] 판매를 금지시켰다. 2014년에 콘솔게임기 판매와 유통이 다시 풀리긴 했지만 과거 14년 동안 시행된 '콘솔게임기 금지령'은 콘솔게임 유저를 PC 온라인 게임으로 전환시켰고, 온라인 게임을 급속도로 성장시키는 역할을 하게 됐다. 거기에 스마트폰이 보급되면서 중국 온라인 게임 시장을 더욱 증폭시켰다.

중국의 게임 시장이 큰 만큼 경쟁도 치열하다. 텐센트, 왕이, 샨다 등 게임 대기업들이 막대한 홍보비를 들여 경쟁하고 있어 규모가 작은 게임 회사들은 게임을 출시하더라도 소비자에게 알리지 못하는 경우가 많다. 중국 게임 업계의 풍문에 의하면 90% 이상의 게임 회사가 적자 운영을 하고 있다고 한다.

---

70 콘솔게임기: TV 또는 컴퓨터 모니터에 연결하는 게임기로, 플레이스테이션, Xbox, wii 등이 콘솔게임에 해당한다.

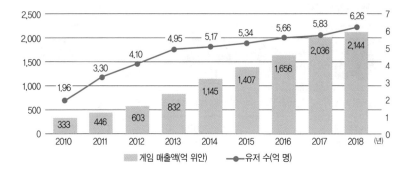

중국의 게임 매출액과 유저 수
(출처: iMedia Research, 〈중국 게임 산업 연구 및 발전 추세 분석 보고서〉)

설령 게임이 흥행한다 해도 수익이 높은 것도 아니다. 중국의 모바일 게임은 앱스토어 플랫폼 및 퍼블리싱 기업들이 시장을 주도하고 있다. 그래서 게임이 흥행하더라도 앱스토어 플랫폼 및 퍼블리싱 기업들이 대부분의 수익을 가져가기 때문에 정작 게임 회사는 수익이 많지 않다. 일반적으로 게임 회사는 매출의 20% 이하 정도만 분배받는 구조다.

중국 최대의 명절,
춘절

중국과 한국은 같은 한자 문화권에 있어서인지 대부분의 명절이 비슷하다. 한국의 가장 큰 명절은 설날이다. 설날은 중국에서도 가장 큰 명절에 속한다. 한국의 설날을 양력의 신정과 음력의 구정으로 나누듯이 중국도 신정과 구정을 나누고 있다. 중국에서는 신정을 '원단(元旦)'이라 부르고, 구정을 '춘절(春节)'이라 부른다.

춘절이 다가오면 학업을 위해, 돈을 벌기 위해 전국 각지로 흩어졌던 가족, 친지들이 고향으로 돌아간다. 많은 사람이 이동하기 때문에 춘절이 다가오면 기차표를 구하기 위한 전쟁이 시작된다. 춘절 연휴 기간에 승객을 실어 나르는 기차표는 매년 2억 장이나 판매된다고 한다. 기차표를 사기 위한 경쟁이 치열해 각 도시 기차역에는 밤새 줄을 서서 기차표를 구매하는 진풍경이 펼쳐지기도 하고, 기차표를 구하지 못한 사람들은 오토바이를 타고 며칠에 걸쳐 귀성길에 오르기도 한다. 춘절 기간에 이렇게 고향으로 돌아가는 사람이 전체 인구의 60%가량이라고 하니 얼추 8억 명 이상이 이동하는 셈이다.

외지에 나와 있던 사람들이 오랜만에 고향으로 돌아가기 때문에 춘절의 공식적인 휴일은 7일이지만, 많은 사람이 휴가를 더 붙여 2주가량을 고향에서 보내곤 한다. 지방 공장에는 고향으로 가서 다시 돌아오지 않는 직원들도 있어 춘절은 인구 이동과 더불어 대규모 이직이 발생하는 시기이기도 하다. 춘절이 지난 후 적지 않은 기업이 구인난에 시달린다.

또한 세계의 공장이라 불리는 중국이지만, 모든 업무가 중단되는 춘절 기간에는 중국 기업은 물론, 중국에서 제품을 생산하거나 수출입하는 해외 기업에도 비상이 걸린다. 중국의 춘절 문화를 모르고 생산을 의뢰하면 낭패를 볼 수도 있으므로 춘절 기간에는 각별히 주의해야 한다.

춘절 전날 밤에 녠예판을 먹으며 정오를 기다리는 사람들(출처: 바이두)

춘절 전날 밤에 온 가족이 함께 춘절연합만회(春节联欢晚会) 방송을 시청하며 녠예판(年夜饭, 춘절 전날 밤에 먹는 만찬)을 먹는다. 중국인들은 녠예판을 매우 중요하게 여기기 때문에 춘절 전날 저녁에 약속을 잡는 것은 예의에 어긋나는 행동이다. 중앙방송인 CCTV에서 4시간 가까이 진행되는 춘절연합만회 방송에는 한 해 동안 많은 인기를 받았던 연예인이나 특기를 가진 일반인이 출연한다.

우리가 구정 아침에 떡국을 먹듯 중국에도 춘절에 먹는 음식이 있다. 중국은 다민족 국가이고 지리적 특성도 있어 지역과 민족마다 조금씩 상이하지만, 대표적인 음식으로는 물만두(饺子)와 훈둔(混沌, 만둣국), 국수(长面), 찹쌀 알갱이 떡인 위엔샤오(元宵) 등이 있다. 북방 사람들은 춘절 아침에 대부분 물만두를

먹는다. 물만두를 뜻
하는 중국어 '쟈오즈
(饺子)'와 지난해와 새
해의 교차점을 뜻하
는 '쟈오즈(交子)'의 발
음이 같기 때문이다.

중국인들은 춘절
이 되면 대문이나 현

춘절 음식(왼쪽 위부터 시계 방향으로 물만두, 훈둔, 위엔샤오, 국수)

관에 '복(福)'이나 '희(囍)'라고 적힌 붉은색 종이를 거꾸로 붙이거나 새해 염원을
담은 글을 붙인다. 그래서 춘절에는 중국이 온통 붉게 물들곤 한다. 이렇게 대
문이나 현관에 붙이는 장식들을 춘리엔(春联)이라고 부르는데, 춘절에 붙인다
고 하여 춘티에(春贴) 또는 녠화(年画)라고 부르기도 한다.

'복', '희' 자를 거꾸로 붙이는 이유는 '거꾸로'의 뜻을 가진 중국어 '따오(倒)'와
'오다'의 뜻을 가진 '따오(到)'가 성조만 다르고 발음이 같아 '복이나 기쁜 일이
들어온다'라는 의미를 담고 있기 때문이다.

중국에서 처음 춘절을 보내는 외국인이라면 깜짝 놀랄 경험을 하게 된다.
춘절 연휴 내내 시끄럽게 터지는 폭죽 소리에 잠을 이루기가 힘들다. 필자도
베이징에 온 지 얼마 지나지 않아 춘절을 보내게 되었는데, 밤낮없이 터지는
폭죽 때문에 귀에 이어폰을 꽂고 큰 소리로 음악을 들으며 잠을 청해야 했다.

특히 정월 초하루가 시작되는 밤 12시가 되면 폭죽은 절정을 이루고, 온 동
네 하늘이 알록달록한 불꽃들로 장관을 이룬다. 이런 폭죽놀이가 하루 이틀
만 진행되면 좋으련만 정월 대보름까지 이어진다. 장장 15일 동안 시끄러운
폭죽 소리와 함께 지내야 하는 것이다.

이렇듯 중국인들이 춘절에 폭죽을 터트리는 이유는 시끄러운 폭죽 소리가 악귀를 쫓는다는 미신 때문이다. 중국의 전설 속에 '녠(年)'이라는 악귀가 있다. 녠은 1년 내내 잠만 자다가 그믐날 밤에 배를 채우기 위해 인간 세상으로 내려와 동식물은 물론 사람을 먹어 치우고 새벽이 오기 전에 사라진다고 한다. 사람들은 녠에게 해를 당하지 않기 위해 온 가족이 모여 음식을 먹으며 밤을 꼬박 지새웠다. 어느 날 녠이 마을로 내려왔는데, 대문에 붉은색 종이가 붙어 있고 촛불이 켜 있는 것을 보고 놀라 도망가려고 했다. 그때 갑자기 대나무가 시끄러운 소리를 내며 불꽃을 내자 녠은 더욱 놀라 다시는 그 마을에 찾아오지 않았다고 한다. 이것이 춘절에 가족들이 함께 모여 녠예판을 먹고, 밤새 불을 켜놓고, 폭죽을 터트리게 된 유래다.

춘절 기간 동안 폭죽으로 인해 화재와 안전사고가 많이 발생하자 몇 년 전부터 베이징, 상하이 등과 같은 대도시에서는 시내에서 폭죽놀이를 전면 금지했다. 이런 조치 때문에 예전만은 못하지만 정월 초하루와 정월 대보름에는 지정된 장소에서 폭죽놀이를 하기 때문에 집 안에서도 멋진 불꽃을 감상할 수 있다.

우리에게 세배가 있듯이 중국에도 바이녠(拜年)이라고 부르는 세배가 있다. 세배를 하면 집안 어른들이 세뱃돈을 주는데, 그 돈을 야쑤이첸(压岁钱)이라고 한다. 일반적으로 홍빠오(红包)라 불리는 붉은색 봉투에 담아 준다.

소황제와 소공주,
자녀 교육이 달라진다

Common Sense Dictionary of China

산아제한정책,
하나만 낳아 잘 키우자

1970년대에 중국 인구가 6억 명을 웃돌면서 식량과 자원 부족이 사회 문제로 대두되기 시작했다. 중국 정부는 급증하는 인구를 조절하기 위해 '아이 적게 낳기 운동'을 실시했다.

'一个不少, 两个正好, 三个多了(하나도 적은 건 아니고, 둘은 딱 좋고, 셋은 많다).'

이때까지만 해도 중국 정부가 출산에 직접적으로 개입하지는 않고 권고만 하는 수준이었다. 그러나 인구증가율이 감소하지 않자 1978년 전국인민대표회의에서 인구 조절 정책을 실시해야 한다는 주장이 제기되었고, 1980년부터 본격적으로 산아제한정책이 시행됐다.

'每对夫妇只生育一个孩子(부부는 1명의 자녀만 출산할 수 있다).'

'한 가구 한 자녀 정책'이 실시되면서 1명의 자녀만 낳은 가정에는 직장 승진 기회 부여, 급여 인상, 생필품 지원 등 사회적·경제적 혜택이 주어졌다. 만약 정책을 따르지 않고 2명 이상의 자녀를 출산하면 1년 소득을 기준으로 벌금을 책정해 납부해야 하는 제도도 생겨났다.

농어촌 지역과 같이 고정적인 수입이 없는 경우 집안의 경제력을 기준으로 판단하여 벌금을 납부하기도 했는데, 농민의 경우 소 3마리를 벌금으로 내거나 소가 없는 경우 소 3마리에 해당하는 양 10마리를 벌금으로 내야 했다. 2014년에 우리에게도 잘 알려진 중국 영화감독 장예모(张艺谋)가 3명의 아이를 낳은 것이 발각되어 748만 위안, 한화로 12억 원가량의 벌금을 내 국제적인 이슈가 되기도 했다.

농어촌 지역은 산아제한정책에 반발했다. 노동력이 필요한 농어촌 지역에서는 아이 하나만 낳아서는 일손이 턱없이 부족하기 때문이다. 그러나 중국 정부의 입장은 강경했다. 물론 산아제한정책을 피해간 대상도 있다. 일부 소수민족은 인구수가 적어 소수민족에 대한 지원 정책으로 5개 소수민족 자치구[71]에서는 2명의 자녀까지 허용했다.

시간이 지난 뒤 농어촌 지역 배려 차원에서 첫째 아이가 딸이면 1명을 더 낳을 수 있도록 제도를 완화했지만, 일손이 부족한 것은 마찬가지였다. 그래서 아이를 여러 명 낳고 후에 쌍둥이로 출생신고를 하거나, 벌금이 두려워 출생신고를 하지 않은 경우도 많았다. 이렇게 출생신고가 되지 않은 아이는 의무교육을 받을 수 없었고, 성인이 된 후에 신분증을 발급받지 못해 직장을 구하지 못했다. 그러다 보니 자연스럽게 범죄에 빠져 사회적으로 문제가 되기도 했다. 이렇게 출생신고가 되지 않은 사람들을 헤이후(黑户, 무호적자)라고 부른다. 중국에서는 헤이후를 중국 전체 인구의 1%가량으로 추산하고 있다.

---

[71] 내몽고자치구, 신장위구르자치구, 광시장족자치구, 닝샤회족자치구, 서장자치구

소황제·소공주,
한류에 빠지다

산아제한정책이 시행된 이래 중국에는 421가정(421家庭)이라는 신조어가 생겼다. 421은 4명의 조부모, 2명의 부모, 1명의 아이를 말한다. 어른 6명이 아이 하나만 바라보고 있으니 집안에서는 아이를 금이니 옥이니 하며 키웠다. 할아버지, 할머니가 아닌 손주가 집안의 가장 어른이 되는 것이다. 그래서 중국에서는 1980~1990년대에 태어난 아이들을 황제나 공주 같다고 하여 일명 소황제, 소공주라고 부르기도 한다.

출생 시기로 나누어 1980년 이후에 태어난 이들을 빠링허우(80后, 80허우), 1990년 이후에 태어난 이들을 지우링허우(90后, 90허우)라고 부른다. 빠링허우 계층은 현재 30대로, 중국에 2.28억 명가량 존재하고 있으며, 지우링허우는 1.7억 명가량 된다.

빠링허우는 한 가정의 외동딸, 외동아들이자 외동손주로 부모의 사랑은 물론 할아버지, 할머니의 사랑을 독차지하며 애지중지 극진한 보살핌을 받고 성장했다. 부모에게 떼를 써서 안 되면 할아버지, 할머니가 나서서 원하는 것을 다 해주었다. 집안에 자식이 하나뿐이고 양가에 손주가 하나뿐인데 무엇을 아끼겠는가.

그래서 빠링허우는 씀씀이가 크며 저축에 대한 욕구가 높지 않다. 여유로운 집안이라면 조부모나 부모에게 집을 물려받을 것이고, 가정 형편이 넉넉하지 않으면 어차피 월급을 모아 집을 구매할 엄두를 낼 수 없다. 게다가 중국에는 월세를 내고 임대할 수 있는 집이 많기 때문에 우리처럼 저축에 대한 압박을 크게 받지 않는다.

여학생들이 유덕화, 곽부성, 장학우, 여명을 '홍콩 4대 천왕'이라고 부르며 열광하던 시기가 있었다. 그 당시에는 집집마다 비디오가 있었는데, 비디오 테이프 대여점에서 4대 천왕이 출연하는 영화나 공연 영상 등을 빌려와 '오빠'를 외치며 시청하곤 했다. 중국은 비디오를 건너뛰고 바로 DVD가 보급됐다. 1990년대에 우리가 비디오를 통해 홍콩 4대 천왕을 만났던 것과 마찬가지로 불법 복제 DVD와 케이블 방송은 중국의 빠링허우와 한국 연예인을 이어주는 오작교가 되었다.

그들은 불법 복제 DVD와 인터넷 동영상 방송을 통해 소통했고, 한국 연예인과 방송 콘텐츠가 본격적으로 중국 시장에 진출하며 한류의 힘은 엄청난 파급력을 만들어냈다. 중국 대륙 옆에 붙어 있는 작은 나라 한국이 나의 왕자님이 살고 있는 궁전이 된 것이다. 우리는 그렇게 한류라는 콘텐츠로 중국 소비자들과 소통했다.

중국인들은 한국 연예인과 드라마를 시작으로 한국 여성들의 화장법, 패션 스타일에도 관심을 갖기 시작했다. 중국 전자상거래 패션 카테고리에 당당하게 '한국 스타일' 전용관이 자리 잡았을 정도다.

빠링허우의 소비력은 한류에서도 나타나기 시작했다. 미국과 유럽의 명품 화장품 브랜드가 즐비하지만, 중국 여성들은 명품 브랜드보다 아시아인의 피부에 맞는 화장품을 선호했다. 그래서 2015년 이후 중국 수입 시장에서 한국 화장품이 프랑스에 이어 2위를 차지했다. 비록 화장품에 있어서는 우리 기업이 큰 이득을 보았지만, 패션 분야는 '재주는 곰이 부리고 돈은 왕 서방이 번다'라는 말과 같이 중국 기업들이 벌어갔다.

중국 의류 기업들은 한국의 패션 디자이너를 대거 영입하여 한국의 인터넷 쇼핑몰에 판매되고 있는 디자인을 조사하고, 동대문에 유통되는 한국 의류 디자인을 본떠 옷을 생산해냈다. 어차피 패션은 명품 브랜드가 아니라면 디자인과 가격이 중요하기 때문에 한국 브랜드 제품은 중국 현지에서 생산되는 의류와 경쟁이 되지 않았다.

타오바오에서 한국 스타일 의류로 신화적인 매출을 올리며 브랜드가 된 HStyle(韓都衣舍), 한국인 디자이너를 채용해 한류 패션 브랜드로 성장하고, 한국 아가방까지 인수한 랑시그룹(朗姿集团) 등 한국 스타일로 시작한 중국 기업들이 이제는 한국 최고의 연예인들을 모델로 섭외하여 광고를 할 정도로 성장했다. 심지어는 중국에서 생산된 한국 브랜드의 짝퉁이 한국 시장으로 수입, 유통되어 원조 브랜드를 위협하는 일도 벌어지고 있다.

빠링허우와 마찬가지로 외동으로 자란 지우링허우도 빠링허우와 비슷한 환경에서 성장했고 한류 아이템을 소비했다. 그러나 빠링허우가 더 주목을 받고 있다. 30대를 살아가고 있는 빠링허우들이 이제 가정을 이루고 자녀를 가졌기 때문이다. 빠링허우는 2016년부터 실시된 1가구 2자녀 정책 시행으로 베이비붐을 일으킬 수 있는 주역이 되었다.

만약 중국에 산아제한정책이 없었다면 오늘날 중국 인구는 20억 명이 넘었을 것이라는 예측도 있다. 다행히 그런 일이 발생하기 전에 산아제한정책이 시행되어 그나마 현재의 14억 명을 유지할 수 있었다.

그런데 중국은 산아제한정책을 2013년에 부부 중 1명이 독자일 경우 둘째를 낳을 수 있는 '두 자녀 정책'으로 완화하더니, 2016년 1월부터는 전국적으로 두 자녀 정책을 시행했다. 1980년부터 2015년까지 35년간 유지해왔던 산아제한정책이 사실상 폐지된 것이다.

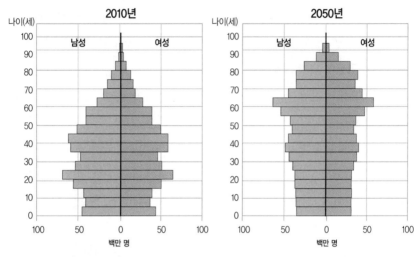

중국 인구 구조의 현재와 미래

산아제한정책 폐지,
그 이유는 무엇일까

중국의 경제 발전과 생활 수준의 상승, 의료 기술 발달 및 의료보험 보급 등으로 중국은 점점 늙어가고 있다. 2018년 기준, 중국의 60세 이상 노인 인구는 2.49억 명으로 중국 전체 인구의 17.9%를 차지하고 있다. 미래에는 의료과학과 복지가 더 발달할 것이기 때문에 산아제한정책이 지속된다면 노동 가능 인구는 더욱 감소하고 중국의 노령화는 더욱 가속화될 것이다. 경제를 발전시켜 세계 일류를 꿈꿔야 할 시점에 노인정이 되어버릴 형국이다.

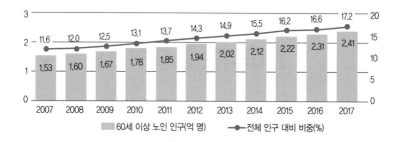

중국의 60세 이상 노인 인구(출처: 중국산업정보)

　　과거 산아제한정책이 시작된 시대는 먹고살기 힘든 시기였기 때문에 식량과 자원이 부족해 인구 조절이 필요했지만 지금은 상황이 다르다. 산아제한정책으로 인해 오히려 출산 인구가 줄어들어 미래 노동 인구가 부족하고, 사회가 고령화되면서 국가 예산은 늘어나지 않고 국민복지로 지출되는 비용이 더 커져 큰 사회 문제를 야기하게 될 것이다.

　　노동 인구 부족은 국가에 절대적인 손실이다. 지금이라도 산아제한정책이 폐지된 것이 다행이다. 중국은 산아제한정책 폐지로 2020년까지 1천 7백만 명의 신생아가 출생할 것으로 예측하고 있다.

늘어나는 중국의 1인 가구

Common Sense Dictionary of China

1인 가구의 증가,
소비 트렌드의 변화

필자는 텔레비전을 즐겨 시청하지는 않지만 스타들의 싱글 라이프를 소재로 한 예능 방송은 곧잘 챙겨보는 편이다. 지극히 평범한 스타들의 일상을 담은 방송이 시청자의 많은 사랑을 받고 있다. 그러한 방송이 시청률이 높은 이유는 혼자 사는 시청자들이 스타들의 싱글 라이프를 보며 공감하고 대리 만족을 느끼기 때문이 아닐까.

요즘 한국에는 '혼술(혼자 술 마시는 사람)', '혼밥(혼자 밥 먹는 사람)', '혼행(혼자 여행하는 사람)' 등 '나 홀로 족'을 겨냥한 서비스가 점점 많이 생겨나고 있다. 한국도 이제는 1인 소비 문화가 많이 보편화되었다. 2017년 기준, 한국의 1인 가구 수는 562만 가구라고 한다. 이미 인구의 10분의 1가량이 1인 가구인 셈이다. 1인 가구가 증가하는 주요 원인은 크게 미혼, 이혼, 사별로 볼 수 있다.

과거 대가족이 함께 모여 생활했던 농경사회에서 사회가 발전하면서 대가족은 점차 핵가족으로 전환되었다. 현대사회에서는 대대로 농사를 짓는 것도 아니니 '자녀=노동력'이라는 등가공식도 필요 없어졌다. 오히려 여러 명의 자녀를 낳으면 의식주, 교육 등으로 부담이 늘어나니 '하나 또는 둘만 낳아 잘 키우자'라는 주의로 바뀌었다. 1970~1980년대 세대는 이런 사회 풍조에서 태어났다.

자녀가 하나 또는 둘밖에 안 되기 때문에 부모로부터 많은 관심과 사랑을 받으며 비교적 여유롭게 성장한 그들은 성장 환경이 다른 탓인지 기성세대와는 또 다른 양상을 보였다. 가족 부양이 아닌 자신의 행복과 쾌락을 우선시하며 결혼을 기피하는 남성이 많아졌다. 이런 현상은 여성에게도 나타났다. 사회 진출 기회가 많아지면서 일과 취미생활을 즐기며 살 수 있게 되자 결혼 연령이 늦어지고 있다.

오늘날 젊은 청년들은 심각한 취업난 속에서 살아가고 있다. 행여 직장을 구한다 하더라도 경기가 안 좋고 고용이 불안정하여 다음 해를 예측하기 힘들기 때문에 누군가와 함께 미래를 설계한다는 것이 쉽지 않다. 그러다 보니 결혼해서 아등바등 힘들게 살 바에는 혼자 마음 편히 즐기며 살아야겠다고 생각하는 청년들이 늘고 있다.

중국의 결혼과 이혼 건수(출처: 중국 민정부, 〈2018년 4분기 사회 서비스 통계 지표〉)

1인 가구가 증가하는 원인이 비단 결혼 기피, 만혼 확산에만 있는 것이 아니다. 결혼을 하면 생활을 잘 유지해야 하는데, 요즘에는 이혼율이 참 높다. 2018년 한 해 동안 중국은 결혼 1,010만 쌍, 이혼 380만 쌍으로, 이혼율이 38%에 달한다.

물론 한국이 아시아에서 이혼율 1위인 것은 혼인신고율이 높은 이유도 있다. 이렇게 이혼해서 돌싱이 된 이혼 남녀도 1인 가구가 된다. 미혼과 이혼율 증가, 배우자가 먼저 세상을 떠난 노인 등 여러 가지 요소가 복합적으로 이어지면서 1인 가구는 계속해서 증가하는 추세다.

한국에서 1인 가구가 증가하는 것과 마찬가지로 중국도 미혼, 이혼, 사별 등으로 1인 가구가 증가하고 있다. 중국의 1인 가구는 2000년 이후 연평균 30%씩 증가했다. 2019년 기준, 싱글 성인은 2억 명 이상이고, 그중 혼자 거주하는 1인 가구 수는 약 7,700만 가구라고 한다. 중국 전체 가구 수의 16%가량이다. 2025년에는 1인 가구 수가 1억 가구를 돌파할 것으로 예측되고 있다.

중국의 1인 가구가 조금 다른 점이 있다면, 혼기가 차지 않은 청년들의 1인 가구가 많다는 것이다. 중국은 고등학교를 졸업한 뒤 대도시나 타지에 있는 대학교에 입학하기 위해 부모 곁을 떠나는 경우가 많다. 대학교를 졸업한 이들은 고향으로 돌아가지 않고 도시에 남아 구직 활동을 하거나 일자리를 찾아 다른 대도시로 이동하기도 한다. 꼭 대학교 진학이 아니더라도 20세가 채 되기도 전에 돈을 벌기 위해 대도시나 공장이 밀집되어 있는 지역으로 옮겨 생활하는 청년들도 상당히 많다.

결혼을 하더라도 부부 중 1명만 도시로 나와 돈을 벌기도 한다. 최근에는 이렇게 떨어져 지내는 부부가 사회 문제로 부각되기도 했다. 앞서 언급했듯 중국에서는 2018년 한 해 동안 380만 쌍의 부부가 이혼했다. 이는 10년 전과 비교해 2배나 늘어난 수치다. 중국의 한 매체에 따르면 부부 중 한 사람이 외지로 돈을 벌러 나가면서 혼인 관계가 불안정해져 이혼율이 증가하고 있다고 한다.

한국에 1인 가구 증가로 인해 나 홀로 족을 위한 서비스가 생겨나고 있듯 중국도 같은 이유로 소비 패턴이 바뀌고 있다. 혼자 생활하는 사람들은 낮에는 일하고, 퇴근 후에는 살림을 해야 한다. 즉 일과 살림을 모두 혼자서 해결해야 하므로 시간적인 여유가 없다. 그래서 식사도 간편히 주문해 먹을 수 있는 외식 배달 서비스(外卖, 와이마이)로 해결하고, 청소나 이사도 대행 서비스를 많이 이용하고 있다.

1인 가구 소비자들의 특성에 따라 시장도 변하고 있다. 혼자 생활하다 보니 주거 공간이 좁아 공간을 효율적으로 활용할 수 있는 소형화 제품과 일회성 소포장 제품의 수요가 높다. 중국의 마트 진열대에는 HMR(Home Meal Replacement, 가정식 대체 식품) 종류가 점점 늘어나고 있고, 채소와 과일, 반찬 코너에는 다양한 종류를 소량으로 묶어 판매하는 상품이 많이 출시되고 있다.

최근 중국에서는 우리의 비디오방과 같은 프라이빗 영화관(私人影院) 관련 뉴스를 종종 볼 수 있다. 아직은 시장 초기이기 때문에 정형화된 사업 모델이 있

중국의 마트 진열대. 채소, 과일, 반찬 코너에서 소량 판매 중인 상품

는 것은 아니지만, 중국 소비자의 소득과 소비 수준이 업그레이드되면서 혼족을 위한 프리미엄 서비스가 확대되고 있다는 것을 알 수 있다.

필자는 '경제 성장 과정의 소비 트렌드 변화'를 ①외식업, ②영화관과 공연, ③애완동물, ④아웃도어와 스포츠 순으로 정의하고자 한다.

1990년대 이후 중국은 외식 산업이 꾸준히 발전해왔다. 경제가 발전하면서 먹고살 만한 사회가 되자 외식은 더 이상 특별한 행사가 아닌, 평범한 일상이 되었다. 사람들에게는 신선한 놀이가 필요했다. 비교적 저렴하게 문화생활을 즐길 수 있는 곳이 바로 영화관이다. 사람들은 영화를 보면서 한층 업그레이드된 자신의 라이프 스타일에 만족감을 느낀다. 중국은 2005년을 기점으로 영화관 산업이 급속히 성장하기 시작했다.

자기 중심적인 행복과 삶의 질을 향상시키면서 1~2인 가구가 증가하고 있다. 인간은 근본적으로 누군가와 피부를 맞대고 교감하면서 행복을 느끼는 동물이다. 그래서 외동 자녀로 성장한 사람이나 혼자 생활하는 사람들은 외로움을 달래기 위해 애완동물을 많이 키운다. 아직 중국의 애완동물 시장은

중국의 애완동물 시장 규모(왼쪽)와 소비자 연령 분석(오른쪽)

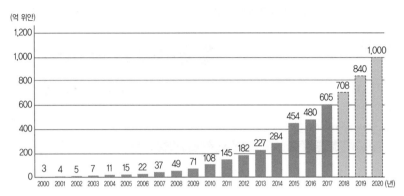

중국의 아웃도어 시장 규모(출처: 중국산업정보망)

규모가 크지 않지만 소비 트렌드 추세로 본다면 성장 잠재력이 있는 시장임이 분명하다.

라이프 스타일의 업그레이드는 실내에서 즐길 수 있는 서비스에서 건강을 추구할 수 있는 실외로 변하고 있다. 한국에서 웰빙과 함께 유행하기 시작한 운동과 캠핑이 바로 그러한 사례다. 중국에도 아웃도어 관련 상품들이 계속해서 개발·출시되고 있으며, 캠핑용품과 캠핑장도 조금씩 증가하며 시장을 개척해나가고 있는 추세다. 하지만 이런 실외 활동이 발전하기 위한 전제 조건은 좋은 공기다. 현재와 같은 환경오염 상황에서 앞으로 중국의 아웃도어 시장이 얼마나 크게 발전할 수 있을지는 외부 환경적인 리스크가 잠재해 있다.

중국의 당당한
동거 문화와 성 문화

회사에서 직원 채용을 위해 한 중국인 여성을 면접 본 적이 있다. 필자가 베이징에서 누구와 함께 살고 있느냐고 묻자 그녀는 "남자친구와 동거 중입니다"라고 대답했다. 보통은 동거를 하더라도 쉬쉬하며 숨기곤 하는데, 너무나 당당하게 동거 사실을 밝혀 오히려 필자가 당황했다. 면접이 끝난 뒤 곰곰이 생각해보았다. 이 넓은 중국 대륙에서 학업이나 취업 때문에 타지로 나가 혼자 거주하는 사람이 많다 보니 자연스럽게 동거 문화가 형성된 것이 아닌가 싶었다.

중국에서는 고향을 떠나 다른 지역의 대학교에 진학하는 경우가 많다. 물론 그 이유는 우리와 비슷하다. 서울에서 고등학교를 다녔다 해도 성적이 좋지 않으면 지방 대학교에 입학하기도 하고, 지방에서 고등학교를 다녔다 해도 성적이 좋으면 서울의 대학교에 입학하기도 하지 않는가. 중국은 국토가 크기 때문에 바로 옆의 지방이라 해도 이동하려면 몇 시간씩 걸리기 때문에 부득이하게 거주지를 옮겨야 한다. 대부분은 대학교 기숙사에서 생활하지만,

기숙사 수용 인원이 초과되어 입주하지 못하거나 제한적인 기숙사 생활이 싫어 나와 사는 경우도 있다. 중국의 대학교 주변에는 여러 명이 함께 거주할 수 있는 합숙(合住) 임대가 많이 발달해 있다.

합숙은 여러 명이 함께 집을 임대하는 경우도 있고, 여러 사람이 살고 있는 집에 방 하나, 침대 한 칸을 임대하는 경우도 있다. 이런 식으로 한 집에 적게는 2~3명, 많게는 10여 명이 생활하는데, 방세를 아끼기 위해 방 하나에 2~3개의 이층침대를 놓고 여러 명이 함께 거주하는 경우도 있다. 필자가 하얼빈에서 집을 구할 때 방 3개에 이층침대 10개가 놓여 있는 집을 보기도 했다. 부동산 관계자에게 물어보니 이전에 대학생들이 모여 살던 집이라고 했다.

대학생이 학교를 졸업한다 해도 크게 달라지는 것은 없다. 중국의 대학생들도 4학년 때 취업 준비를 하기 때문에 대부분 다니던 대학교 지역에서 사회생활을 시작한다. 직장을 구한다 해도 마찬가지다. 신입사원의 급여가 얼마 안 되다 보니 시내에서 멀리 떨어진 한적한 곳에 방을 구하거나 합숙을 하는 것이 일반적이다. 그들은 일면식도 없는 낯선 사람들과 함께 생활하는 것에 부담감이나 거부감을 느끼지 않는다. 낯선 사람과 같이 거주하는 것에 익숙해 연애를 시작하면 생활비도 아낄 겸 자연스럽게 동거로 이어지곤 한다.

부모가 주도적으로 자녀를 동거시키는 경우도 있다. 시골의 어린 여자가 돈을 벌기 위해 외지로 나가게 되면 여자의 부모는 같은 고향에 살고 있는 또래 남자와 짝을 지어 함께 보내기도 한다. 이렇게 부모의 의사에 의해 동거가 시작되는 것을 '시혼(試婚)'이라 부른다. 결혼생활을 한 번 시도해본다는 뜻이다. 우리의 눈에는 동거와 시혼이 큰 차이가 없어 보이지만, 시혼은 결혼이라는 명확한 전제가 깔려 있다는 것에 그 차이가 있다.

필자는 직접 경험해보기 전까지 중국을 공산주의 국가, 후진국, 잘 씻지 않는 나라, 범죄자들이 득실거리는 나라라고 생각했다. 과거의 모습만 상상하며 중국인들은 모두 인민복을 입고 생활하는 줄 알았다. 그런데 2004년에 막상 중국에 와보니 생각한 것과 정반대였다.

미니스커트를 입고 있는 여성들, 연예인처럼 화려하게 꾸민 청년들을 보고 얼마나 놀랐는지 모른다. 심지어 공원이나 대학교 캠퍼스 등에서 과감하게 키스하며 잔디밭을 뒹구는 커플들도 보았다. 눈앞에 펼쳐진 놀라운 광경들을 보고 머릿속에 자리 잡고 있던 중국에 대한 선입견이 완전히 깨졌다. 중국이 사회주의라는 꼬리표를 달고 있어서 표현의 자유가 제한적이라고 오해하고 있었던 것 같다.

버스에서, 공원 벤치에서, 심지어 대학교 강의실에서 진한 애정 행각을 벌이는 사람이 많다. 그런데 더 신기한 것은 행인들이 그런 모습을 보고도 아무렇지 않다는 듯이 받아들인다는 것이다. 우리 같은 외국인들에게만 신비로운 광경일 뿐이다.

중국은 한국처럼 젊은 남녀가 함께 놀 수 있는 공간이 많지 않고, 결혼증명서 없이는 남녀가 호텔이나 여관 같은 숙박 시설에 투숙할 수 없다. 물론 대부분의 숙박 시설이 결혼증명서가 없어도 신분증만 있으면 손님을 받아주지만 어린 남녀 커플은 주머니 사정이 녹록치 않아 이용하지 못하는 경우가 많다. 그러다 보니 젊은 청춘 남녀들은 공원이나 대학교 캠퍼스 등에서 데이트를 즐기며 사랑을 나눈다.

오늘날의 10대, 20대는 1979년부터 시행된 산아제한정책으로 인해 외동아들, 외동딸로 태어나 온 가족의 사랑과 관심을 한 몸에 받고 자란 소황제, 소공주가 아닌가. 자기중심적으로 성장한 탓에 타인에 대한 배려와 눈치가 부족하다.

중국이 원래부터 애정 행각이 자유로운 곳은 아니었다. 중국은 우리보다도 먼저 유교사상이 자리 잡고 있었고, 성(性)을 부끄러운 것으로 여겼다. 당연히 혼전 성관계도 금기시되었다. 그러나 1949년에 중국이 건국된 이래, 속된 말로 3가지 혁명이 일어났다. '마오쩌둥의 사회주의 혁명', '덩샤오핑의 개혁개방 혁명', '청소년들의 성 개방 혁명'이 바로 그것이다. 1970년대 말, 중국 개혁개방의 물결을 타고 서양 문물이 중국으로 들어오면서 서양의 개방적인 성문화도 함께 들어왔다. 중국에서 성이 상품화되기 시작했고, 여성들도 성에 당당해지기 시작했다. 그러나 성교육은 제대로 이루어지지 않고 있다.

중국 난징의 한 제약 회사는 2천 6백 명의 학생을 대상으로 '성 인식과 혼전 성관계'에 대한 설문조사를 실시했는데, 응답자의 70%가 '감정의 교감이 있다면 혼전 성관계는 얼마든지 가능하다'라고 답했다. '절대 안 된다'라는 답변은 7.2%밖에 되지 않았다.

또 다른 조사에 따르면 임신 중절 수술이 합법적인 중국에서 기혼 여성보다 미혼 여성의 낙태율이 높고, 낙태를 하는 대부분이 대학생이며, 낙태를 경험한 미혼 여성 중 23%가 '피임을 할 줄 모른다'라고 답했다고 한다.

성에 대한 몇 가지 조사 결과만 보더라도 교육 수준과 상관없이 중국의 성교육이 얼마나 부족한지 충분히 알 수 있다.

 중국에서는 남녀가 호텔에 투숙하려면 결혼증명서가 필요하다

중국의 '여행 호텔 치안 관리 조례(旅游宾馆治安管理条例)' 규정에 따르면 성별이 다른 남녀 내국인 또는 외국인과 동행한 내국인이 호텔에 투숙할 때는 신분증 이외에 결혼증명서를 제시하도록 되어 있다. 하지만 오늘날에는 호텔들의 경쟁이 치열해 암묵적으로 넘어가곤 한다. 이는 중국 내국인에게만 해당하는 법률이다.

불륜에도 등급이 있다

2018년에 중국에서 이혼한 부부는 자그마치 380만 쌍에 달한다. 같은 해 한국에서 결혼한 부부가 25만 7천 쌍이라고 하니 한국에서 결혼한 부부보다 중국에서 이혼한 부부가 14배 이상 많은 셈이다.

영국의 경제 전문지인 《이코노미스트》는 중국의 이혼율이 급증하는 가장 큰 원인을 '불륜'으로 꼽았다. 또한 일본의 '뉴스 포스트 세븐'은 중국의 GDP 성장 요인 중 하나가 중국의 불륜이라고 보도하기도 했다. 중국의 부유한 남성들이 불륜녀(二奶, 얼나이)에게 고급 화장품과 명품 가방, 심지어 고급 승용차나 집까지 사주기 때문이라는 것이다. 영국의 《선데이 타임즈》도 '중국의 명품 시장은 불륜녀에게 돈을 쏟아붓는 부유층 남성에 의해 견인되고 있다'라고 보도했다. 중국 관련 뉴스를 읽다 보면 불륜에 대한 기사를 심심찮게 접할 수 있다.

필자가 거주했던 곳은 한 달 월세만 200만 원 가까이 되는 고급 원룸 아파트였다. 이 아파트에는 신혼부부와 20대 여성이 많았다. 아파트 주차장에는 국제 모터쇼에서나 볼 수 있을 법한 고급 스포츠카들이 즐비했는데, 차 주인은 대부분 연예인 같이 아름다운 20대 여성이었다. 엘리베이터를 타면 종종 젊은 여성과 40대로 보이는 남성이 팔짱을 끼고 있는 모습을 볼 수 있었다. 말로만 들었던 중국의 얼나이가 결코 먼 이야기로 느껴지지 않았다.

중국의 경제를 움직인다는
얼나이는 어떤 존재일까

1978년 덩샤오핑의 개혁개방 정책 이래 중국은 급속한 경제 성장을 이뤄 왔다. 특히 개혁개방 초기에 선전에는 홍콩, 대만, 동남아시아 등 인근의 해외 투자자와 기업이 대거 진출했다. 갑작스럽게 돈이 몰리면서 이곳에는 졸부가 많이 생겨났다. 생산 공장들이 들어서고 산업이 발달하자 일자리를 찾아 전국에서 젊은 노동자들이 몰려들었다. 그중에는 여성도 많았다. 여성들은 공장에서 일하기도 했지만 화교나 외국인과 눈이 맞아 그들의 현지처가 되거나 현지 중국인의 정부(情妇)가 되기도 했다.

부자들은 능력에 따라 내연녀를 여러 명 거느리기도 했다. 선전과 광저우 등 산업이 발달한 남방 지역을 중심으로 시작된 이런 문화가 시간이 지나면서 점차 대도시로 확산되었고, 중국 전반적으로 축첩(蓄妾) 풍조가 생겨났다.

중국에서는 대가성 내연 관계를 '얼나이'라고 부른다. 얼나이는 두 번째를 의미하는 '얼(二)'과 여성의 유방을 의미하는 '나이(奶)'의 합성어다. '두 번째 가슴'이라는 의미만 보더라도 일반적인 관계가 아닌 '두 번째 여자' 혹은 '첩'이라는 것을 쉽게 예측할 수 있다. 그러나 얼나이는 일반적인 내연녀나 첩과 구분되는 명확한 차이가 있다. 따로 계약서가 존재하는 것은 아니지만 얼나이는 금전적 관계를 기초로 형성된 불륜 관계를 말한다.

즉 불륜의 조건이 금전적 거래를 기반으로 하기 때문에 우리로 비유하면 장기적인 조건녀인 셈이다. 얼나이는 부적절한 관계를 시작하기 전에 남성과 어느 정도 가격 흥정을 하거나 집, 자동차, 명품 선물 등을 요구하기도 한다. 일부 남성은 여성이 악의적으로 임신하거나 아이를 출산해 민사소송을 제기할 수 없도록 계약서를 작성해 안전장치를 만들기도 한다.

2011년 6월, 중국에서 얼나이 중매 사이트가 대거 적발되는 사건이 발생했다. 앞서 설명했듯 중국은 9월에 새 학기가 시작된다. 그래서 졸업 시즌도 우리와 달리 6~7월이다. 대학교 졸업 시즌에 맞춰 많은 여대생이 취업 대신 돈을 쉽게 벌 수 있는 얼나이를 선택하고 인터넷 중매 사이트에 자신의 정보를 등록했다. 그들은 결혼 중매 사이트로 가장한 인터넷 사이트에 자신의 사진과 스펙을 등록하고, 적게는 연봉 12만 위안에서 많게는 수십만 위안까지 얼나이 비용을 명시하기도 했다.

신입사원의 연봉은 보통 4~5만 위안이다. 회사에서 받는 급여만으로는 베이징과 상하이 같은 대도시에서 생활하는 것이 버겁다. 이런 불균형적인 사회 현실 속에서 여대생들은 얼나이의 유혹을 쉽게 뿌리치지 못한다.

불륜녀를 일컫는 단어 중에 '샤오싼(小三)'이라는 표현이 있다. 샤오싼은 얼나이와 달리 금전적인 거래로 형성된 관계가 아니라 사랑의 감정으로 얽혀 있는 순수한(?) 불륜 관계에 있는 여성을 말한다. 우리가 일반적으로 알고 있는 진정한 의미의 내연녀가 이에 해당한다. 샤오싼과 같은 뜻으로 '제3자(第三者)', '정부'라는 단어도 사용한다. 때로는 얼나이로 시작했다가 감정이 싹트면서 샤오싼으로 발전되는 경우도 있다.

중국의 한 인터넷 매체가 기혼 여성을 대상으로 진행한 여론조사에서 '남편이 경제적 능력이 있다면 남편의 불륜을 눈감아 줄 수 있다'라는 내용을 본 적이 있다. '남편이 돈만 가져다주면 불륜도 용인해준다'라는 그녀들의 의견을 수긍하긴 어렵지만, 댓글을 통해 합리를 우선시하는 중국인들의 생각을 엿볼 수 있었다. 적지 않은 여성이 '남편이 돈만 제대로 벌어다 준다면 나도 멋진 남자와 즐기며 살 수 있다'라는 댓글을 남겼다.

그러나 얼나이에 관대한 본처들도 인정해줄 수 없는 관계가 바로 샤오싼이다. 샤오싼은 사랑이라는 감정이 들어 있기 때문에 본처가 모든 것을 잃을 수 있는 상황에 처할 수도 있다. 그래서 인터넷 기사 중에 본처가 내연녀와 싸웠거나 폭행한 기사를 보면 헤드라인에 '샤오싼'이라고 써 있는 것을 볼 수 있다. 한글로는 얼나이와 샤오싼을 똑같이 내연녀로 표기하기 때문에 큰 차이를 느끼지 못하겠지만, 이 단어들의 속뜻을 알게 되면 완전히 다른 상황이라는 것을 이해할 수 있을 것이다.

중국인은 왜 빨간색에
열광하는가

Common Sense Dictionary of China

> 권력과 명예,
> 그리고 부를 상징하는 빨간색

한국에는 각 정당을 대표하는 색이 있다. 정치인부터 연예인까지, 그들은 왜 색으로 자신을 표현하는 것일까. 중국인들이 왜 빨간색을 좋아하는지 이해하게 된다면, 이에 대한 궁금증이 어느 정도 풀릴 것 같다.

중국인들이 처음부터 빨간색을 선호했던 것은 아니다. 중국 한나라 시기, 중국인들이 좋아한 색은 황색과 검정색, 흰색이었다. 그러나 한고조의 유방(劉邦)이 황제가 된 이후 그는 자신을 신적인 존재로 포장하기 위해 '적재지자(赤帝之子, 적색황제의 아들)'로 자칭하면서 빨간색을 숭배적인 이미지로 부각시켜 군중심리를 움직였다. 그 후로 빨간색은 황제의 색이라 인식되었다.

중국 문화 곳곳에서 빨간색이 권력과 명예, 부를 상징하는 것을 확인할 수 있다. 베이징 중심에 자리 잡고 있는 고궁(故宫)을 '자금성'이라고도 부른다. 자금성의 한자는 '紫禁城'으로, '자색(빨간색) 이외에는 들어갈 수 없는 성'이라는 뜻이 담겨 있다. 앞서 설명한 것처럼 빨간색은 황제를 가리키는 색으로, 관료들도 3품급 이상이 되어야만 자색으로 된 옷을 입을 수 있었다.

또 다른 의미도 있다. 빨간색은 귀신을 물리치고 가정의 안녕과 행복을 가져다주는 색이기도 하다. 중국의 젊은 여성들을 잘 살펴보면 손목이나 발목, 허리, 목에 빨간색 실을 두르고 있는 것을 볼 수 있다. 속옷 매장에도 빨간색 속옷이 유독 많이 진열되어 있다.

우리나라는 12간지에 따라 자신의 띠를 정하는데, 중국도 같은 이치로 띠를 따진다. 자신의 띠에 해당하는 해를 본명년(本命年)이라고 한다. 12년마다 돌아오는 본명년 그믐달부터

유방

빨간색 속옷을 입고 빨간색 허리띠를 두르면 화를 면할 수 있다는 속설이 있어 중국인들은 빨간색 속옷을 입거나 빨간색 실을 몸에 두르고 다닌다.

또한 중국인들은 춘절이나 결혼과 같은 경사가 있을 때 홍빠오라고 부르는 빨간색 봉투에 돈을 담아주곤 한다. 홍빠오는 운이 좋기를 바라는 것과 동시에 행여 귀신을 만나게 되더라도 홍빠오를 뇌물로 바쳐 화를 피하라는 의미를 가지고 있다.

재미로 읽는 중국 상식

중국에서 초록색 모자를 쓰면 안 되는 이유

빨간색과 대조되는 초록색은 상황에 따라 조심해야 할 색이다. 중국에서는 초록색 모자를 쓰지 말라는 말이 있다. 요즘 같이 개성을 중시하는 시대에서는 초록색 모자를 쓴다고 해서 이상하게 보는 사람이 없지만 왜 그런 말이 나왔는지 알게 된다면 초록색 모자를 쓰기 어려울 것이다.

당나라 때는 신분과 관직의 직급에 따라 입을 수 있는 옷의 색이 정해져 있었다. 관직 중에 등급이 낮은 6~7품급 관리들은 초록색 옷을, 8~9품급 관리들은 청색 옷을, 황제는 금색과 빨간색 옷을 입었다. 낮은 계급의 사람들이 청색과 초록색 옷을 입다 보니 청색과 초록색은 천함을 상징하는 색으로 인식되었다.

이것이 시간이 지나면서 천한 일을 하는 사람들은 초록색 옷을 입는 것으로 변질되었다. 몸을 파는 여인들, 즉 기생들이 초록색 옷을 입었는데, 기생집에서 일하는 일꾼이나 기생들의 서방들은 '내 부인은 기생입니다', '나는 기생집에서 일합니다'라는 의미로 머리에 초록색 두건을 두르게 하였다. 이 이야기가 지금까지 내려오면서 초록색 모자를 쓰면 '내 부인은 바람이 났다' 또는 '내 부인은 몸을 파는 여인이다'라는 의미가 되었다.

다른 버전의 이야기도 있다. 외지로 며칠씩 물건을 팔러 나가는 상인 남편을 둔 부인이 있었는데, 남편이 자주 집을 비우자 시장에서 천을 파는 남자와 내통하여 남편이 없는 틈을 타 사랑을 나누곤 했다. 부인이 잔머리를 굴려 남편이 장사를 하러 나갈 때면 초록색 모자를 씌워 내연남에게 남편이 집을 비웠다는 신호를 보냈다고 한다.

62

중국 식당에는 찬물이 없다

Common Sense Dictionary of China

중국인들이 찬물을 마시지 않는 이유

필자는 배낭여행으로 중국에 처음 왔다. 우리와 같은 문화권이라 여러 도시를 여행하는 동안 큰 이질감이 없었지만 가끔은 사뭇 다른 중국의 모습이 참 신비롭게 느껴졌다.

여행을 하면서 아쉬운 점도 있었다. 내몽고로 가는 길에 있는 작은 마을에서 식사를 한 적이 있다. 입안이 얼얼하게 마비될 정도로 매운 중국식 샤브샤브인 훠궈를 먹으니 자연스럽게 시원한 맥주가 생각났다. 그래서 종업원을 불러 차가운 맥주를 주문했는데, 식당에 차가운 맥주가 없다는 답변을 들었다. 가게를 둘러보니 맥주는 냉장고가 아닌 상온에 보관되어 있었다. 손님이 맥주를 시키면 냉장고 밖에 있는 맥주가 그대로 테이블로 올라왔다. 찬물이라도 마시면 조금 나아질까 싶었지만 식당에는 찬물도 없었다. 그 당시에는 중국에 대한 이해가 부족해 오해를 했다. 발달이 덜 된 나라라 냉장고 보급이 되지 않았거나 전기세를 아끼기 위함이라고 생각했다. 반대로 한국에 유학이나 여행을 온 중국인들은 한겨울에도 냉수를 벌컥벌컥 마시는 한국인을 보면 속이 괜찮냐고 물으며 놀라워한다.

그렇다면 중국인들은 왜 찬물을 마시지 않는 것일까? 가장 큰 이유는 찬물이 몸에 해롭다고 생각하기 때문이다. 소화기관은 온도에 매우 민감하다. 특히 식사 전에 마시는 따뜻한 물은 소화기관을 따뜻하게 만들어 소화, 영양분 흡수, 배설을 원활하게 도와준다. 그러나 찬물을 마셔 소화기관의 온도가 낮아지면 기능이 약화되어 소화 불량을 초래하기도 한다. 중국인들은 어려서부터 찬물은 몸에 좋지 않다는 교육을 받고 성장했기 때문에 따뜻한 물을 마시는 것을 당연하게 여긴다.

중국인들의 따뜻한 물 사랑은 생활 속에서도 찾아볼 수 있다. 물이나 차를 따뜻하게 마시기 위해 보온병을 가지고 다니는 사람이 많고, 무더운 여름에도 찬물을 마시는 일이 거의 없다.

중국 남방 지역에서 카페를 창업한 지인의 경험담을 통해 중국인들의 습관을 조금 더 이해할 수 있게 되었다. 지인의 말에 따르면 여름이면 아이스 아메리카노 또는 아이스티를 주문하는 고객이 많은데, 대부분 얼음을 넣지 말라고 요청한다고 한다. 최근 중국에서 한국의 팥빙수가 인기를 끌고 있다. 그런데 고객들이 문화 체험 목적 또는 재미로 먹어보는 것일 뿐, 우리처럼 자주 즐기지는 않는다고 한다.

중국에서 비교적 규모가 큰 카페 프렌차이즈의 커피 매출 비율이 이 이야기를 뒷받침해준다. 아이스 아메리카노의 매출 비율이 겨울에는 30%, 여름에는 37%였다. 아무리 더운 여름이라 해도 아이스 아메리카노를 찾는 고객은 생각보다 많지 않다.

중국의 모든 식당에 상온 맥주와 따뜻한 차만 있는 것은 아니다. 대도시의 음식점이나 지방의 괜찮은 음식점에서는 차가운 맥주와 생수를 판매한다.

요즘에는 시원한 음료를 찾는 젊은층이 늘어나고 있다. 언젠가 중국 SNS 에서 '중국인들은 왜 찬물을 마시지 않는가'라는 글을 본 적이 있는데, 댓글 중에 이런 내용도 있었다.

'한국인들은 항상 찬물만 마시는데, 왜 건강에 이상이 없는 거지?'

중국 식당에서 주는 따뜻한 물의 용도는 또 있다. 우리는 중국인들이 머리를 잘 감지 않고, 양치질도 잘 하지 않을 것이라는 선입견을 가지고 있는데, 중국인들은 몸과 관련된 위생을 매우 철저하게 생각한다. 특히 입으로 들어가는 것에는 상당히 민감하다. 캔 음료수를 그대로 마시는 우리와 달리 중국인들은 대부분 빨대를 사용한다.

중국 남방 지역의 작은 식당에서는 비닐로 포장된 일회용 식기를 사용한다. 손님이 오면 빈 큰 사발과 뜨거운 물이 담긴 주전자를 주는데, 중국인 테이블을 살펴보면 주전자의 뜨거운 물로 일회용 식기와 수저, 젓가락을 헹구는 모습을 볼 수 있다. 작은 식당들은 운영비 절감 차원에서 자체적으로 식기를 설거지하기도 하지만, 대부분의 식당은 외부 업체로부터 일회용 식기를 공급받는다.

사용한 식기들은 외부 업체가 다시 수거하여 식기세척기로 설거지하기 때문에 위생이 많이 떨어질 수밖에 없다. 그래서 포장된 식기들을 잘 살펴보면 간혹 이가 나가 있기도 있고 이물질이 묻어 있기도 하다. 식당에서 사용하는 식기들이 위생적이지 않다는 것을 손님들도 잘 알고 있기 때문에 뜨거운 물로 다시 한 번 소독하고 사용하는 것이다.

재미로 읽는 중국 상식

복(福)을 거꾸로 붙여놓은 이유

필자가 중국 생활을 시작한 지 얼마 되지 않았을 때의 일이다. 한 중국 음식점에서 식사를 하는데 한쪽 벽에 '복' 자가 거꾸로 붙어 있는 것을 보고 '식당 주인이 실수를 한 건가?'라고 생각했다. 그런데 다른 식당에도, 심지어 건물 입구에도 '복'이 거꾸로 붙어 있는 것이 아닌가. 그제야 중국인들이 일부러 거꾸로 붙인 것임을 알아차렸다.

중국에는 새해가 되면 '올해에도 좋은 일만 생기게 해주세요'라는 의미로 현관문이나 벽에 '복'이나 '길(吉)' 같은 한자들을 붙여놓는다. 그중 복은 특별히 거꾸로 붙여놓는데, 그 이유는 중국어의 '뒤집다'라는 뜻인 '倒(따오)'와 '도착하다'라는 뜻인 '到(따오)'의 발음이 같아 '복' 자를 거꾸로 붙여놓으면 '福到了(복이 왔어요)'라는 의미가 되기 때문이다. '복' 자를 뒤집지 않고 제대로 붙여놓으면 단지 복을 쳐다보는 것에 그치고, 거꾸로 붙여놓으면 '복이 왔어요'라는 의미가 되기 때문에 의미가 더 좋아진다.

그 외에 '복' 자를 거꾸로 붙여놓으면 복이 떨어진다는 말도 있다. 복이 하늘에서 내려오는 것이기 때문에 거꾸로 붙여놓아야 땅으로 떨어진다는 의미다. 우리도 대문이나 현관에 '복' 자를 거꾸로 붙여놓아 집 안 가득 복을 담아보는 것은 어떨까?

식당에 붙어 있는 복(福)

부록

중국에서 살아남기 위해 알아야 할 기초 상식

1 역사상 가장 갖기 어려운 중국의 영주권

해외에서 거주하는 사람들에게 여권과 비자(VISA)는 국적으로 인정받는 유일한 신분증이자 '체류 승인 허가증'이다. 한국인은 대부분의 국가에서 비교적 쉽게 비자를 취득할 수 있다. 해외 현지의 거주 기한이 길거나 해당 국가가 요구하는 자격을 갖춘다면 영주권을 취득할 수도 있다. 그러나 중국은 기타 국가와 달리 자격 조건이 매우 까다로워 영주권을 취득하는 것이 현실적으로 어렵다.

영주권을 취득하면 현지에 체류하거나 취업 활동이 자유롭기 때문에 외국인에게 있어서는 최고로 좋은 비자라고 할 수 있다. 필자도 중국에서 10년 이상 거주하면서 중국에 꼬박꼬박 세금을 내고 있지만, 영주권을 취득한 사례가 극히 드물어 감히 영주권을 신청할 엄두도 내지 못하고 있다.

참고로 영주권과 시민권은 다르다. 이 둘의 가장 큰 차이는 참정권에 있는데, 영주권은 해당 국가의 국적을 가지지 않고도 거주할 수 있는 권리를 가리키는 반면, 시민권은 투표와 같이 정치에 참여할 수 있는 참정권을 가지게 되는 것을 가리킨다. 통상적으로 영주권을 취득한 사람이 일정 자격을 갖추면 시민권을 취득해 이중국적을 가지게 된다. 그러나 중국의 경우, 외국인은 영주권만 취득할 수 있다.

2004년, 중국 공안부와 외교부가 '외국인 재중국 영주 거류 심사·관리 방법'을 발표하면서 외국인의 중국 영주권 취득이 가능해졌다. 중국 영주권은 그린카드를 중국어로 번역하여 '중궈 뤼카(中国绿卡)'라고 부른다. 중국 영주권을 취득하면 만 18세 미만 외국인은 5년, 18세 이상 외국인은 10년 동안 중국에서 자유롭게 거주할 수 있다. 그러나 중국 영주권은 '역사상 가장 취득하기 어려운 영주권'이라는 별명을 가지고 있을 정도로 발급이 제한적이다. 그래서 2004년부터 2013년까지 중국에서 영주권을 취득한 외국인은 7,356명에 불과하다. 참고로 미국이 1년간 발급하는 그린카드는 100만 장가량이다.

몇 년 전, 중국에서 장기간 체류하는 필자와 같은 사람들에게 좋은 소식이 들려왔다. 2015년 초에 리커창 총리가 해외 전문가와 회견을 하면서 '외자 도입 정책을 확대 · 개방하고 해외 인재의 중국 유입을 위해 관련 정책들을 완화하고 간소화하겠다'라는 의지를 내비친 것이다. 그리고 1년 뒤인 2016년 2월, 국무원은 '외국인 영구 거류 서비스 관리 강화에 관한 의견'을 발표했다.

외국인의 중국 영주권 취득 대상은 다음과 같다.

❶ 중국 직접 투자자로, 연속 3년간 투자 상황이 안정적이며 납세 기록이 양호한 투자자
❷ 중국에서 부총경리, 부공장장 직무 이상 또는 부교수, 부연구원 직함 이상 및 상응한 대우를 받는 외국인이 연속 4년 이상 재직 중이고, 중국 거주 기간이 누적 3년 이상이며 납세 기록이 양호한 외국인
❸ 중국에 중대하거나 특출한 공헌을 하거나 국가가 필요하다고 판단되는 외국인
❹ 위의 조건에 해당하는 외국인의 배우자 및 18세 미만의 미혼 자녀
❺ 중국 공민 또는 중국 영주권을 취득한 외국인의 배우자로서 혼인 관계가 5년 이상, 중국 연속 거주 5년 이상, 매년 중국 거류 기간이 9개월 이상이며 안정적인 생활과 주거지가 보장되는 외국인
❻ 위의 조건에 해당하는 부모에게 의탁하고 있는 만 18세 미만의 미혼 자녀
❼ 국외에 직계 친족이 없이 국내 직계 친족에 의탁하며, 만 60세 이상, 중국 연속 5년 이상 거주, 매년 중국 거류 기한이 9개월 이상이며 안정적인 생활과 주거지가 보장되는 외국인

영주권 취득 자격을 살펴보면 정확한 기준이 있는 것이 아니라 '안정적', '양호한', '특출한' 등과 같은 추상적인 말로 표현되어 있다. 즉 기관이 때와 상황에 따라 주관적으로 판단하여 발급하겠다는 의미로 볼 수밖에 없다.

외국인이 중국인과 결혼하는 경우가 아니라면 하늘의 별 따기 같은 조건이다. 중국 영주권 취득 완화는 중국에서 장기간 거주하는 외국인에게 혜택을 주는 것이 아니라, 외국인이 중국에 투자하여 중국 경제 성장에 도움이 되거나 외국 전문 기술자가 중국에 기술을 전수하라는 분명한 목적을 가지고 있다.

중국 영주권을 취득한 지인이 있어 그의 사례를 공유해보려 한다. 지인 N씨는 중국 국적 여성과 결혼한 한국 남성이다. 중국에서 9년 동안 직장생활을 했고, 결혼한 지 10년이 되었다. N씨는 앞서 언급한 영주권 발급 사례 중 '⑤ 중국 공민과 5년 이상 혼인 관계, 중국 연속 거주 5년 이상, 안정적인 생활과 주거지 보장'의 자격 조건에 부합하여 영주권을 신청했다.

그는 2015년 7월, 출입국관리소에 영주권 신청서를 제출했고, 2016년 10월에 영주권을 발급받았다. 15개월이라는 시간이 걸린 것이다. N씨가 상하이 공안국에 영주권을 신청하며 제출한 서류는 다음과 같다.

- 중국 국적 배우자 호적 등록 기록 원본 및 사본
- 외국인 당사자 여권 사본 및 5년간 취업 비자 원본 및 사본
- 5년간 세금 납부 기록 · 자격 요건 중 '안정적인 생활'에 대한 증빙
- 증명서: 신체검사 기록, 무범죄 기록, 중국 결혼증명서 및 한국 결혼증명서, 방산증(房产证), 자격 요건 중 '주거지 보장'에 대한 증빙

N씨의 경우, 영주권 신청부터 최종 발급까지 영주권 신청 비용 1천 8백 위안과 신체검사비 500위안을 납부했다고 한다.

정책 완화로 영주권 취득 문턱이 낮아진 이후 중국 영주권 취득자가 늘기는 했지만 2017년 취득자가 1,576명에 지나지 않는다. 매년 미국 영주권을 취득하는 100만 명과 비교하면 중국의 영주권 취득 문턱은 여전히 높은 편이다.

2 중국판 카스트제도, 베이징 호구의 가치

　중국에서는 베이징에 거주한다고 해서 모두 베이징 시민이라고 말하지 않는다. 일반적으로 베이징 시민을 이야기할 때는 베이징 호구를 가지고 있는 '베이징런(北京人)'과 임시 거주증을 가지고 살아가는 '외지인(外地人)', 두 부류로 나눈다.

　베이징의 면적은 16,808제곱킬로미터로, 서울 면적의 20배가 넘는다. 베이징시 통계국에 따르면 2017년 말 베이징 인구는 2,170만 명이며, 그중 베이징런은 전체 베이징 인구의 약 63%에 해당하는 1,376만 명이라고 한다.

　베이징런들은 외지에서 온 사람들을 가리켜 떠돌이라는 뜻인 '퍄오런(漂人)'이라고 부르거나 베이징 이곳저곳을 떠돌아다닌다고 하여 '베이퍄오주(北漂族)'

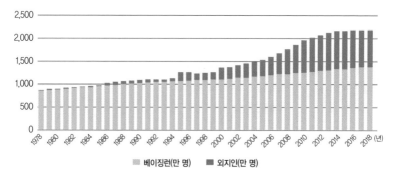

베이징 인구(출처: 베이징시 통계국)

라고 부른다. 외지인에 대한 이러한 수식어는 베이징 호구에 대한 우월감을 대변해준다.

중국은 우리와 다른 독특한 호구제도를 가지고 있다. 중국의 호구제도는 1958년부터 시행되었다. 당시의 호구제도는 중국 정부가 인구를 정확히 관리하여 경제 계획 체계를 잡고, 배급을 원활하게 하기 위한 조치였다.

1978년 개혁개방 이후 산업화와 도시화가 급속히 진행되면서 농민들은 일자리를 찾아 도시로 몰려들었다. 도시로 이주한 농민들은 도시에서 돈을 벌수는 있었지만 교육, 의료 등 고향에서 받았던 기본적인 사회보장제도를 받을 수 없었다. 호구제도로 인한 문제는 점점 심각한 사회 문제로 대두되었다.

더욱이 이런 차별대우는 부모에게만 해당하는 것이 아니라 자녀에게까지 영향을 미쳤다. 중국의 호구제도는 아기의 출생지와 상관없이 어머니의 호구

베이징 호구를 취득할 수 있는 방법은 다음과 같다.

❶ 공무원이 되거나 국영 중앙 기업의 중요 부서에 취업하면 국가 인사부에서 베이징 호구를 발급해준다.

❷ 베이징시 소재 회사는 베이징시 인사국에 당해 년도에 졸업하는 타 지역 학사, 석사, 박사 학생 채용을 신청할 수 있는데, 여기에 채용된 졸업생은 베이징 호구 신청 자격이 주어진다. 매년 그 인원은 한정되어 있으며, 2017년에는 1만 명으로 제한했다.

❸ 대학생 촌관(大学生村官)으로 2년 근무 기간이 만료되면 베이징 호구 신청 자격이 주어진다. 대학생 촌관이라는 것은 당해 년도 대학 성적 우수 졸업자가 촌민위원회에서 일하는 것으로, 정식 공무원은 아니지만 공무를 수행하는 업무다. 대학생 촌관 근무 기간을 모두 채우면 10~15%는 공무원에 특채로 채용된다. 베이징의 촌관제도는 2006년부터 시행되고 있다.

를 따른다. 자녀가 어머니의 호구를 따르게 한 이유는 도시로 집중되는 현상을 막기 위한 방안이었는데, 농촌 남성에게 시집가는 여성보다 도시 남성에게 시집가는 여성이 더 많았기 때문이다. 이렇게 종속적으로 따라다니는 신분제도로 인해 중국의 호구제도는 '중국판 카스트제도'라고 비난받고 있지만, 60여 년이 지난 오늘날까지 여전히 시행되고 있다.

베이징 호구를 얻을 수 있는 방법이 전혀 없는 것은 아니다. 호구제도에 대한 불만 여론이 거세지자 중국 정부는 2000년대 중반에 호구제도를 개혁해 지역에 따라 기존의 호구제도를 철폐하거나 점수제를 통해 제한적 호구 변경을 시행하고 있다. 그러나 베이징은 45세 미만, 베이징 거주증 소유, 7년 이상 연속 사회보험금 납부, 무범죄 기록 등의 까다로운 조건을 내걸고 있어 베이징 호구 취득의 장벽은 여전히 높다.

그렇다면 중국인들은 왜 베이징 호구에 욕심을 내는 것일까? 가장 큰 이유는 자녀의 교육 때문이다. 베이징런의 자녀는 베이징에서 초등학교부터 중학교까지 9년 동안 의무교육을 보장받지만, 외지인의 자녀가 베이징의 초·중학교를 다니려면 별도의 기부금이나 비싼 등록금을 내야 한다.

또한 중국의 대학입학시험에서도 차별대우를 받는다. 수험생은 출생지, 출신 학교와 상관없이 자신의 호구 지역으로 가서 시험에 응시해야 한다. 그런데 지역별로 대학 입학 경쟁률이 다르다. 특히 중국의 명문대가 밀집해 있는 베이징의 경우, 대학 입학 커트라인 점수가 타 지역보다 낮기 때문에 낮은 점수로도 명문대에 입학할 수 있다.

교육을 비롯해 생활 기본 권리에 있어서도 차별대우를 받는다. 국가 임내 주택에서 거주할 수 없음은 물론, 구매에도 제한이 있다. 2011년, 베이징 정부는 부동산 과열을 방지하기 위해 베이징 호구가 없는 외지인의 베이징 시내

주택 매입을 제한하는 조치로 '부동산투기억제정책'을 발표해 외지인은 5년 이상 세금 납부 기록이나 사회보험료 납부 증명서를 제출해야만 집을 살 수 있게 했다. 또한 외지인의 경우 1가구 1주택이지만, 베이징 호구를 가지고 있으면 1가구 2주택까지 구입할 수 있다.

자동차 구매에 있어서도 제한을 받는다. 베이징 정부는 자동차가 너무 많아지자 자동차 규제 정책으로 자동차 번호판 추첨제를 시행했다. 추첨을 통해 당첨된 사람만 차에 번호판을 달고 시내를 달릴 수 있는데, 이 번호판 신청은 베이징 호구의 경우 제한이 없지만, 외지인은 베이징에서 5년 이상의 임시 거주증 기록과 사회보험료 납부 기록 등이 필요하다.

이렇게 베이징 호구들만 누릴 수 있는 혜택들로 인해 외지 출신 노동자들은 베이징에서 직장을 구할 때 급여를 많이 주는 회사보다 베이징 호구를 취득할 수 있는 회사를 선호하기도 한다.

베이징에 설립된 회사는 근로자에게 베이징 호구를 신청해줄 수 있는 권한이 있지만 상대적으로 국유기업이나 대기업에 할당된 인원이 더 많다.

3 중국에는 퇴직금이 없다?

　　필자가 몇 년 전에 이직을 준비하면서 중국인 동료들에게 중국 노동법에 명시된 경제보상금제도에 대해 문의한 적이 있다. 그런데 일부 직원은 근무 기간 만 1년마다 1개월 치 급여를 경제보상금으로 받을 수 있다고 했고, 일부 직원은 우리의 근로계약서에 해당하는 노동계약서가 만기될 때까지 일해야만 경제보상금을 받을 수 있다고 했다. 또 일부는 근로자의 사유로 인해 회사를 그만둔다면 어떠한 경우라도 경제보상금을 받을 수 없다고 했다. 동료들의 상이한 답변에 호기심이 생겨 직접 중국 노동법을 살펴보았는데, 2008년에 중국 노동법이 일부 개정되면서 혼선이 생기고 어렵게 설명되어 있어서 해석하는 사람마다 의견이 달랐던 것 같다.

　　중국에는 과연 퇴직금이 있는 것일까, 없는 것일까? 한국의 근로기준법은 근로자가 1년 이상 근무하는 경우 회사는 근로자의 퇴직 사유와 관계없이 만 1년마다 1개월 치의 급여를 퇴직금으로 지급하도록 정하고 있다. 하지만 중국은 한국과 조금 다르다. 한국의 퇴직금을 중국에서는 경제보상금이라고 하는데, 이 단어에서 그 원인을 찾을 수 있다.

　　경제보상금, 즉 회사가 근로자에게 보상을 해줘야 한다는 것이다. 그렇다면 어떤 상황에서 보상해야 한다는 것일까? 근로자가 계속 일하고 싶은 상황임에도 불구하고 회사가 근로자를 원치 않을 때 그에 상응하는 보상을 하고 내보내야 한다는 말이다. 근로자가 먼저 회사를 떠나고자 할 때는 당연히 보상할 필요가 없다. 그래서 중국에서는 근로자가 퇴사할 때 모두에게 경제보 상금을 지급하는 것이 아니라 근로자의 퇴직 사유를 기준으로 지급 여부가 결정된다.

근로자가 회사로부터 경제보상금을 지급받을 때는 근무 기간 6개월 미만 의 경우 한 달 급여의 절반을 받을 수 있고, 6개월 이상 만 1년 미만의 경우 1개월 치 급여를 받을 수 있으며, 만 1년 이상 근무한 경우에는 매 1년마다 1개월 치 급여를 받을 수 있다.

퇴직 사유의 기준은 크게 근로자가 자발적으로 퇴사하는 것과 회사가 근 로자를 해고하는 것으로 나누어 볼 수 있는데, 근로자와 회사 중 누가 먼저 계 약 해지를 제의했는지가 관건이다. 근로자가 노동 계약 만기 유무와 상관없 이 자진 퇴사를 원하거나, 근로자의 과실로 인해 징계 해직되는 등 퇴직 사유 가 근로자에게 있다면 경제보상금 대상에 해당하지 않는다.

또한 우리에게는 다소 황당한 규정이기는 하지만 중국에서는 근로자가 정 년퇴직 연령(남자 60세, 여자 50세, 여자 관리직 55세)에 도달하여 퇴직하게 되는 경우에 도 경제보상금을 받을 수 없다. 근로자가 일을 할 수 있는 나이가 아니기 때문 에 회사가 미안해할 필요가 없다는 것이다.

반면 근로자에게 특별한 과실 및 퇴직 사유가 없지만 근로자가 회사의 부 당한 조건이나 처우 등으로 퇴사를 원한다면 회사는 근로자에게 경제보상금 을 지급해야 한다. 예를 들어 근로자가 야근을 했는데 회사에서 야근비를 지 급하지 않았거나 법으로 정한 규정보다 적게 지급하는 경우, 사회보험료를 미납했을 경우, 노동 계약 재계약 시 이전보다 낮은 조건을 제시했을 경우, 근 로자의 담당 업무와 직위를 일방적으로 변경하는 경우, 업무 능력 부족으로 해고했을 경우 경제보상금을 지급해야 한다.

경제보상금 지급 항목 중에는 특이한 조항도 있다. 한국의 경우 퇴사 후 일정 기간 동종 업계 경쟁사에 이직할 수 없다는 경업 금지(경쟁 업체 취업 및 동일 업종 창업 금지 조항) 조항을 근로계약서에 넣는 것이 일반적이지만, 중국 노동계약법에서는 경업 금지 약정을 맺으려면 그에 상응하는 경제보상금을 지급해야 한다. 만약 별도의 보상금이 없다면 경업 금지 조항은 효력이 상실된다. 또한 경업 금지 약정은 2년을 초과할 수 없도록 되어 있다.

경제보상금은 근로자 퇴직 사유를 기준으로 판단되기 때문에 때로는 회사와 근로자의 관계가 적과의 동침이 되는 경우도 있다. 회사는 근로자의 퇴직에 대비하여 과실에 대해 시말서를 요구하거나, 경고장을 발송하는 형태로 근거 자료를 확보해놓는다. 반대로 근로자는 회사의 위법 사항을 증거로 확보하기도 한다. 근로자가 자발적으로 사직하는 경우에도 회사의 규정과 관행을 문제 삼아 경제보상금을 요구하기 위해서다. 또한 회사가 경제보상금 지급을 거절해 노동소송으로 가게 되었을 때 근로자가 승소하게 되면 회사는 경제보상금의 2배에 해당하는 금액을 근로자에게 지급해야 하는데, 그에 대한 준비를 하는 것이다.

그렇다고 별일 아닌 일을 근거로 근로자를 임의대로 해고할 수는 없다. 노동계약법에 근로자가 중대한 과실이 없는 경우 해고하지 못하도록 규정한 조항이 있기 때문이다. 일부 근로자는 이를 악용하여 회사에 해고를 유도한 후 노동계약법 위반으로 기소하여 보상금을 타내려 하기도 한다. 실제로 중국 동관(東莞)에서 한 근로자가 2007년부터 2011년까지 28개 기업에 취업한 후 168건의 노동계약법 소송을 걸어 엄청난 배상금을 수령한 사례가 있다.

중국 노동계약법에서는 회사가 근로자를 고용한 날로부터 1개월 이상 노동계약서를 체결하지 않은 경우 근무 기간 동안의 급여를 2배로 지불해야 하며, 노동 계약을 하지 않고 1년이 경과하면 '무기한 노동 계약'을 체결한 것으로 간주하고 있다. 한국에 계약직과 정규직이 나뉘어 있듯 중국에도 계약직에 해당하는 고정기한노동계약(固定期限劳动合同, 이하 '계약직')과 정규직에 해당하는 무고정기한노동계약(无固定期限劳动合同, 이하 '정규직')이 있다. 중국에서는 보통 계약직으로 노동 계약을 체결한다. 하지만 한 회사에서 10년 이상 근속하거나, 연속 2차례 이상 계약직 노동 계약을 체결한 경우 회사는 반드시 근로자를 정규직으로 전환해야 한다. 근로자가 정규직 전환의 자격을 갖추었는데도 회사가 정규직 계약을 체결하지 않는다면 정규직 자격이 주어진 때부터 근로자에게 2배의 월급을 지급하도록 되어 있다.

우리와 상이한 중국의 노동계약법에 취약할 수밖에 없는 중소기업들의 경우 노동계약제도를 소홀히 하여 각종 분쟁에 휘말리기도 한다. 중국에 진출하는 기업들은 중국의 노무제도를 숙지하고 노동계약법에 맞는 노사 문화를 확립할 필요가 있다.

4 중국에서 집을 임대할 때 주의할 점

　　회사 파견 등의 이유로 중국에 건너오는 사람들은 회사에서 중국 생활에 필요한 전반적인 준비를 해주고 도움도 주니 그나마 괜찮지만 그렇지 않은 사람은 부동산 중개 업체를 통해 집을 구해야 한다. 이때 터무니없이 높은 임대료와 중개 수수료를 내는 상황이 발생하기도 한다.

　　집을 구할 때 중국 관련 인터넷 커뮤니티를 통해 집주인과 바로 소통하고 구두로 계약하는 경우도 있다. 집을 임대할 때는 반드시 부동산 임대 계약서를 작성하고 집 안에 비치된 가구와 가전제품, 시설의 이상 여부를 계약서에 꼼꼼히 기재하여 증거 자료를 만들어야 한다. 구두 계약이나 A4용지에 집주인이 손으로 쓴 임대 계약서는 법적 효력이 없으며 우리의 보증금에 해당하는 야진을 돌려받지 못할 가능성이 크다.

　　부동산 중개 업체를 통해 집을 구하면 중개인이 집주인과 흥정하여 임대료를 낮게 조정해줄 것이라고 생각하는 사람이 많다. 하지만 중개인이 자발적으로 나서서 임대료를 깎아주는 일은 절대로 없다. 집주인은 한 달 치 임대료를 중개 수수료로 그들에게 지불하기 때문이다. 중개인은 임대료를 깎기는커녕 세입자가 집을 마음에 들어 하면 집주인이 더 올려 받을 수 있도록 바람잡이 역할을 한다. 그러므로 부동산을 통해 집을 구해야 한다면 반드시 중국어 구사가 가능한 친구와 함께 집을 보러 다니는 것이 좋다.

　　임대료를 깎을 때는 중개인이 옆에 있더라도 반드시 집주인과 직접 소통하는 것이 좋다. 중개인은 집주인이 임대료를 깎아줄까 싶어 세입자가 집주인과 직접 얘기하지 못하게 막겠지만, 세입자가 집주인과 임대료를 홍정하는 것은 세입자의 당연한 권리다. 중개인을 무시하고 임대료를 적극적으로 상의하도록 하자.

임대료는 보통 3개월에 한 번씩 납부하지만, 6개월 또는 1년 치를 한 번에 납부한다면 임대료를 깎을 수도 있으니 자금이 여유가 된다면 일시불로 납부하는 것도 좋은 방법이다.

입주를 결정했다면, 계약서에 날인하기 전에 집 안에 있는 가구와 가전제품을 둘러보며 문제가 없는지 살펴야 한다. 문제가 있어 교체하고 싶은 것이 있다면 집주인과 상의하는 것이 좋다. 허름하고 낡은 가구나 오래된 가전제품이 있다면 집주인에게 새것으로 교체해줄 것을 요구하거나, 집주인이 교체해줄 의사가 없는 경우 임대료를 깎아보는 것도 좋은 방법이다. 집주인은 임대 계약서에 서명하고 돈을 받으면 더 이상 자신의 돈이 들어가는 것을 꺼리기 때문에 요구를 들어주지 않을 가능성이 농후하다.

임대 계약서에 날인하기 전에 반드시 살펴봐야 할 몇 가지 사항을 열거해 보겠다. 계약을 하고 나서 뒤늦게 발견하게 된다면 보증금을 받지 못할 확률이 높다.

1. 에어컨 가스를 언제 교체했는지 물어보고 계약서에 가스 교체에 대한 항목을 추가하자. 에어컨 가스는 최소 1~2년 정도 사용이 가능하므로 올해 가스를 교체했다면 한 해 동안은 별 문제없이 작동할 것이다. 에어컨 작동에 문제가 발생했다면 집주인이 가스를 교체하지 않았거나 에어컨 파이프에 구멍이 났을 수도 있다.

2. 중국에서는 케이블 방송을 위성TV라고 부르는데, 위성TV 시청료를 누가 납부하는지 명시하도록 하자. 위성TV 시청료는 한 달에 20여 위안 정도로, 부담되는 금액은 아니지만 중국 방송을 시청하지 않는다면 세입자가 시청료를 부담할 필요가 없다.

3. 샤워기와 수도꼭지를 모두 틀어보자. 중국의 아파트는 고층에서 사용하는 물과 저층에서 사용하는 물의 수도관이 따로 되어 있다. 그래서 아파트 중간에 있는 층은 수압이 약할 때도 있고, 오래된 아파트는 녹물이 나오기도 한다.

4. 아파트 관리비는 누가 납부하는지 계약서에 명확히 기재해야 한다. 아파트 관리비는 일반적으로 집주인이 내지만 간혹 계약서상에 명시되지 않아 세입자에게 미루는 경우도 있다. 관리비를 납부하지 않으면 겨울철 중앙난방으로 집 안을 따뜻하게 해주는 누안치가 끊긴다. 누안치는 집 안 곳곳에 설치되어 있는 중앙난방식 라디에이터로, 겨울이 되면 따뜻한 물이 공급되어 집 안이 따뜻해진다.

집 안에 설치된 누안치

5. 양변기에 휴지를 넣고 물을 내려보자. 양변기가 막히면 정말 막막하다. 중국어를 못하는 경우에는 자신이 직접 고치려고 해도 수리공을 구하기가 쉽지 않아 난처해진다. 싱크대와 욕조에도 물을 틀어 물이 잘 내려가는지 확인하고, 싱크대 밑을 열어 물이 새시 않는지도 확인해봐야 한다.

6. 모든 가구를 한 번씩 들어보자. 겉으로 보기에는 멀쩡하지만 막상 들었을 때 테이블 다리나 소파 다리가 떨어져 있는 경우도 허다하다. 처음에

제대로 확인하지 않고 나중에 발견하면 집주인은 그것을 빌미로 보증금을 깎으려 할 것이다.

7. 가전제품이 모두 정상적으로 작동되는지 확인해보자. 텔레비전, 세탁기, 냉장고, 전자레인지, 열수기, 냉온수기 등의 전원을 모두 켜봐야 한다. 특히 냉장고는 입주자가 없는 동안 콘센트를 빼놓기 때문에 고장 여부를 알기 어렵다. 집이 마음에 들었다면 전원을 꽂아두고 계약하기 위해 재방문할 때 정상적으로 작동하는지 확인해야 한다.

8. 비누 거품을 이용해 가스와 점화식 가스보일러의 연결 부위에 가스가 새는지 확인해본다. 한국에서는 정기적으로 가스 검사를 하기 때문에 문제가 되지 않지만 중국에서는 별도로 가스 검사를 하지 않아 가스 누출의 위험이 있다. 실제로 중국에서는 가스 누출로 인한 화재 사건이 많이 발생한다.

5 중국에는 절대 들어가지지 않는 인터넷 사이트가 있다?

처음 중국에 와서 생활하게 되면 한국과 다른 여러 가지 환경 때문에 불편한 점이 많다. 인터넷도 그중 하나다. 중국에서는 우리가 자주 사용하는 SNS인 페이스북, 인스타그램, 트위터, 카카오톡 등을 비롯해 유튜브, 구글과 같은 포털 사이트들이 접속되지 않는다. 비단 글로벌 사이트들만 접속이 안 되는 것이 아니다. Daum 블로그 같은 특정 사이트도 접속이 불가능하다.

비록 중국에서 막아놓은 사이트를 우회하여 접속할 수 있는 VPN(Virtual Private Network)이 존재하기는 하지만 이 또한 정부의 단속이 심해지고 있어 언제 차단될지 모르는 상황이다. 이러한 환경을 모르고 중국에 들어오는 사람들이나 중국 인터넷 관련 사업을 준비하는 사업자들은 나중에 이런 사실을 알고 당황하기도 한다.

엄격히 규제되는 중국의 인터넷 세상

사회주의 국가의 특성을 잘 반영해주듯 중국은 인터넷까지도 매우 엄격히 규제한다. 다양한 민족으로 구성되어 있고, 일부 소수민족은 중국 정부와 마찰을 빚고 있어서 중국은 국민들이 인터넷을 통해 자유롭게 소통하고 정보를 교류하는 것을 두려워한다. 행여나 반정부 세력들의 의견이 모아지고, 같은 정치적 이념을 가진 사람들이 모이기라도 한다면 인터넷은 언제 폭발할지 모르는 다이너마이트의 도화선 같은 역할이 될 수도 있다고 생각하는 것이다. 중국 정부는 인터넷의 확산과 위협에 대해 너무나도 잘 알고 있다.

그래서 중국 정부는 인터넷이 보급되기 시작한 1998년부터 인터넷을 감시하기 위해 공안부에 8억 달러에 달하는 막대한 비용을 투자해 대규모 보안 시스템을 구축했는데, 이 프로젝트가 바로 '금순공정(金盾工程, 황금 방패 프로젝트)'이다. 금순공정은 방대한 디지털 방화벽을 구축하는 프로젝트로, 진시황이 북방민족의 침략을 방어하기 위해 만든 만리장성과 비슷하다고 하여 '방화장성' 또는 '만리방벽(Great Firewall)'이라고 불리기도 한다.

금순공정은 정부 내부적으로 은밀히 이루어지고 있는 국가급 정보 보안 프로젝트이기 때문에 공식적으로 알려진 업무 내용은 극히 일부에 지나지 않는다. 일반 네티즌 입장에서 금순공정의 기본 기능은 정치적 성향이 강한 포털 사이트나 음란, 도박 사이트 등 유해한 특정 IP 주소에 접근하지 못하도록 막고, 검색 사이트에서 특정 검색어를 검색하거나 포털 사이트에 사회적·정치적 갈등과 선동 내용의 글을 쓸 수 없도록 막는 역할 정도다.

중국 인터넷 서비스 사업자(ISP, Internet Service Provider)들은 중국 정부의 통제와 규정에 따라 인터넷 서비스를 하고 있다. 기본적으로 불법적인 서비스는 ISP에 책임이 있으므로 사업자가 알아서 차단하고 있지만, 그 외에도 정부가 요청하는 내용에 대해 추가적인 관리를 해야 하는 의무가 있다. 즉 사회적·정치적 이슈들은 중국 정부가 관여하여 관리한다. 중국 최대 검색 사이트인 바이두에서 천안문 사태나 티베트 등과 같은 반사회적인 키워드를 검색해보면 반정부의 부정적인 내용들은 검색되지 않는다.

구글은 2006년에 '谷歌'라는 중문명으로 중국 서비스를 개시했다. 그러나 불과 4년 만인 2010년 4월에 중국에서 철수하고 홍콩으로 이전하는 선택을 했다. 많은 사람이 중국 정부가 중국 검색 엔진 바이두를 키우기 위해 구글을 강제로 철수시켰다고 이야기하지만, 사실은 구글과 중국 정부 간의 갈등이 존재했다. 구글이 중국 정부의 검열을 수용한다는 조건을 받아들이고 서비스를 시작하기는 했지만, 특정 검색어의 검색을 막거나 검색 결과에 반영하지 않겠다는 뜻은 아니었다. '세상의 모든 것을 검색할 수 있다'라는 모토를 가지고 있는 구글은 중국 정부가 금지하고 있는 검색어도 꾸준히 검색에 반영했고, 그로 인해 중국이 추진하고 있는 금순공정과 마찰을 빚었다. 구글은 중국 정부의 요청대로 검색어 제한을 둘 것인가, 말 것인가를 고민하다 후자를 선택했고, 결국 중국에서 철수했다.

간혹 중국 언론에서는 언급되지 않았지만 웨이보와 같은 개인 SNS나 커뮤니티 사이트를 통해 사회적·정치적 이슈가 등장할 때도 있다. 하지만 이튿날 관련 글들이 정부의 요청에 의해 일괄적으로 강제 삭제되는 경우가 있다.

2012년에 발생한 보시라이 사건이 대표적이다. 정치 세력 간의 대립으로 인해 베이징 시내의 도로 곳곳이 봉쇄되고 군용 차량과 경찰관이 대치하는 사건이 발생했다. 한 네티즌이 현장을 목격하고 웨이보에 관련 글을 게시했고, 그 글은 순식간에 공유되어 중국 전역은 물론 해외에까지 전해졌다. 그러나 며칠 후, 웨이보에 공유되었던 모든 내용이 하루아침에 사라졌다. 그리고 얼마 지나지 않아 공안국은 중국 내란설을 유포한 네티즌 6명을 구속하고 1천여 명 이상을 인터넷 범죄 혐의로 적발했다. 이 사건으로 인해 많은 사람이 SNS도 안전지대가 아님을 자각하게 되었다.

해외의 인터넷 사이트라고 해서 금순공정에서 자유로울 수는 없다. 해외의 사이트들은 모두 다음 그림과 같이 인터넷 서비스의 장거리 접속과 근거리 접속의 허브 역할을 하는 백본망(Backbone Network)을 통해 중국 네티즌에게 서비

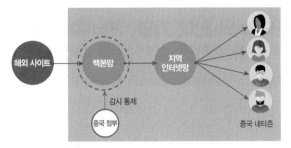

해외 사이트의 중국 인터넷망

스되고 있다.

중국 정부는 백본망을 통해 해외 사이트의 중국 진입을 직접 통제하기도 한다. 중국의 반사회적 정치 내용을 다루는 포털 사이트나 동영상 사이트들은 백본망에서 원천 차단되고 중국에 서비스가 되지 않는다. 국내외 네티즌들이 자유롭게 업로드하거나 SNS와 같이 글을 공유할 수 있는 유튜브, 페이스북이 백본망에서 직접 차단된 대표적인 사례라고 볼 수 있다.

인터넷 사업을 할 때 해외 서버를 이용해도 될까?

한국 사업자가 중국 관련 인터넷 사업을 준비할 때, 중국 현지 법인을 설립할 만큼 자금의 여유가 없고, 인터넷 관련 허가증(ICP)을 취득하기 어려워 한국에 서버를 두고 중국인을 대상으로 서비스하는 방법을 문의하는 경우가 많다.

중국에서 인터넷 관련 사업을 할 때는 여러 가지 사업성과 리스크를 고민해봐야 하겠지만, 해외에 서버를 두고 운영하는 경우에는 언제, 어떤 이유로 접속이 차단될지 예측하기 어렵다. 더욱이 2017년 6월 1일부터 '네트워크 안전법(网络安全法)'이 시행됨에 따라 해외에 서버를 두고 중국에 서비스를 하거나 중국인 회원의 정보를 수집하면 별도의 통보 없이 차단될 위험성이 더욱 높아졌다.

6 중국 속의 한국 기업, 기업 구조가 바뀌어야 살아남을 수 있다

중국에 진출하는 한국 기업은 규모가 크고 작음을 떠나 사업성에 대한 고려가 부족한 상태에서 들어오는 경우가 많다. '하루빨리 중국 시장에 진출하지 않으면 희망이 없으니, 일단 중국 시장에 진입하고 보자'라는 식이다. 어떤 전략으로 중국 시장에 진입할 것인지보다 어떻게 중국에 회사를 설립하고 빠른 시일 안에 정상적으로 영업을 시작할 수 있는지를 더욱 중요하게 생각한다. 그래서 중국 진출을 결심하면 TF팀[72]을 구성해 중국에 빨리 법인을 설립하는 것이 첫 번째 임무가 된다.

만약 당신이 CEO라면 TF팀을 어떻게 구성하겠는가? 당연히 한국 본사에서 일을 잘하고 믿을 만한 직원들을 주축으로 팀을 구성해 중국으로 파견 보낼 것이다. 그리고 최대한 빨리 사무실 임대와 법인 설립을 준비하고 인력 세팅을 할 것이다. 회사의 전반적인 운영과 관련된 경영 관리, 인사 관리, 재무 관리 등은 일단 급한대로 한국 본사의 담당자를 데려와 배치할 것이다.

그렇다면 중국에서 사업을 만들어나갈 영업, 영업 관리, 마케팅 관련 인력들은 어떻게 구성할 것인가? 외부 인력은 회사와 자사 제품에 대한 이해도가 떨어질 것이고, 혹시나 영업 기밀을 빼낼 우려가 있어 고민이 될 것이다. 그래

---

[72] TF팀: Task Force. 특정 임무 달성을 위해 임시적으로 구성되는 팀

서 결국 한국 본사에서 일하고 있던 사업 및 영업 인력들을 중국으로 파견 보내 일단 전반적인 사업 구색을 맞춘다.

비록 한국 본사의 업무에 대해서는 베테랑인 그들이 중국에 들어온다 한들, 일단 기본 소통 수단인 중국어를 구사하지 못하고 중국 시장에 대한 이해도가 부족하다. 하는 수 없이 중국어 구사가 가능한 한국인 또는 조선족, 한국 유학을 해봤거나 한국어가 가능한 중국인을 고용하고는 시장조사나 시키며 짧게는 1~2년, 길게는 3~4년 중국 시장에 대한 공부만 하며 시간을 허비한다.

중국 시장에 대한 이해도가 조금 생겼나 싶으면 주재원들의 주재 기한이 다 되었다며 그들을 다시 한국 본사로 불러들이고, 또다시 중국에 대한 이해도가 전혀 없는 인력을 중국으로 파견 보내 같은 사이클을 반복한다. 누가 봐도 우스운 꼴이지만, 실제로 적지 않은 한국 기업들이 이런 식으로 중국에 진출한다.

처음 파견한 직원들을 계속 주재시키면서 중국 사업을 개발하는 것은 그나마 다행인 경우다. 앞서 설명한 것과 같이 언제 한국으로 다시 발령 받아 들어갈지 모르는 상황에서 중국 시장에 올인해 일할 사람이 몇이나 되겠는가? '주재 기한 동안 적당히 버티고 안전하게 돌아가자'라는 마인드를 갖고 있는 사람이 생각보다 많다. 주재원의 문제는 여기서 발생한다. 한국 본사의 직원을 주재원으로 보낼 거라면, 주재원들이 중국에서 사업을 안정적으로 정착시킬 수 있도록 전제조건을 만들어줘야 한다.

누군가는 이런 질문을 할지도 모르겠다.

"중국 시장에 대해 잘 알지도 못하는 사람을 중국으로 파견 보낼 것이 아니라, 중국에서 날고 긴다는 전문가들을 고용하면 되지 않나요?"

맞는 말이고, 당연히 그래야 한다. 그런데 회사는 날고 기는 사람에게 얼마의 대가를 지불할 수 있을까? 능력 있는 인력은 당연히 그만한 가치를 가지고 있으므로 고용하려면 많은 비용이 든다. 한국 회사는 베테랑 전문가를 채용하기 위해 이력서를 고르고 골라 적합한 인재가 나타나면 면접을 진행한다. 그리고 면접자에게 이런 뻔한 말을 한다.

"당신의 능력을 높게 평가합니다. 당신은 우리 회사에 필요한 인재입니다. 그러나 저희 회사 규정상 처우는 회사 규정에 맞게……."

한국은 자본주의 사회임에도 불구하고 급여는 자본주의가 적용되고 있지 않다. 능력 있는 사람의 임금이 높은 것이 아니라 회사에 오래 있었던 사람의 임금이 높은 재미있는 구조다.

우리는 중국을 저임금 노동력 시장이라고 생각하곤 하지만 실상은 전혀 그렇지 않다. 중국인의 임금은 우리의 상상을 초월하기도 한다. 결국 한국 회사는 능력 있고 회사에 꼭 필요한 인재를 고용하지 못하고 적당히 심부름하며 정해진 일만 할 줄 아는, 인건비도 그다지 부담되지 않는 저임금 노동자들만 고용한다. 그렇다면 이 회사에 중국에서 전반적인 사업 구조를 그릴 수 있는 전문 인력은 어디에 있는가?

없다! 한국 본사에서 파견 나온 베테랑 직원은 단지 한국 본사와 원활히 연락할 수 있고, 자사의 제품에 대해서 잘 아는 사람일 뿐, 중국에서 사업을 전반적으로 기획할 수 있는 역량을 가지기는 힘들다. 단지 제품이 좋기 때문에 팔리고 저절로 브랜딩이 된다는 생각은 버려야 한다. 비즈니스에서는 눈에 보이지 않는 관계에서 만들어지는 것들이 상당히 많다. 그런 관계를 만들어주는 것은 제품이 아니다.

7 승승장구하는 모바일 차량 호출 서비스

필자가 중국에 살면서 조금 불편한 점이 있다면 택시가 잘 잡히지 않는다는 것이다. 구체적으로 이야기하면 도시에 비해 택시 수량이 적고, 같은 장소에서 택시를 잡으려는 사람이 많아 새치기를 당하기 십상이다.

베이징은 서울보다 면적이 27배나 크고 인구도 2배 이상 많지만, 택시는 서울의 7만 대보다 적은 6.6만 대밖에 되지 않는다. 택시가 잘 잡히지 않는 것이 물리적으로 당연한지도 모르겠다. 참고로 상하이는 인구 2천 4백만 명에 4.9만 대의 택시가 운행되고 있고, 광저우는 인구 1천 3백만 명에 2.2만 대의 택시가 운행되고 있다.

2013년 말에 인터넷 뉴스에서 반가운 소식을 접했다. 택시를 모바일 애플리케이션으로 예약할 수 있다는 내용이었다. 해외에서 인기 있는 아이템은 중국에서도 금방 유사 서비스가 생겨나곤 하는데, 중국의 차량 호출 애플리케이션 역시 미국에서 많이 사용하는 차량 호출 서비스 우버와 거의 비슷하게 만들어 서비스가 시작됐다.

중국에서는 디디다처와 콰이디다처, 두 회사가 처음으로 차량 호출 서비스를 시작했다. 여기서 '다처(打车)'는 한국어로 '택시를 잡다'라는 뜻이다. 이들 차량 호출 애플리케이션은 출시한 지 1~2년 만에 중국 인터넷 공룡기업 텐센트와 알리바바로부터 거액의 투자를 받았다.

텐센트와 알리바바가 이들 차량 호출 애플리케이션에 대규모 투자를 감행한 이유는 2013년에 때마침 알리페이와 위챗페이가 모바일 간편결제를 출시했는데, 택시 애플리케이션을 사용하는 소비자들이 자사의 결제 시스템을 쓰도록 유도하기 위함이었다.

텐센트와 알리바바의 투자 이후 디디다처와 콰이디다처의 경쟁은 곧 텐센트와 알리바바의 경쟁이 되었고, 두 공룡기업은 사용자를 확보하기 위해 천문학적인 마케팅 비용을 사용하며 출혈 경쟁을 시작했다. 덕분에 일반 소비자들은 많은 혜택을 받았다.

필자도 거의 하루에 한 번씩 쿠폰을 받았다. 택시비의 일부를 보조받기 때문에 평소보다 훨씬 싼 가격에 택시를 탈 수 있었다. 알리바바와 텐센트의 차량 호출 애플리케이션 경쟁에서 뒤늦게 바이두가 우버차이나에 투자하면서 중국 인터넷 공룡들 BAT는 O2O 영역에서 차량 호출 서비스 경쟁으로 또다시 만났다.

BAT의 출혈 경쟁은 그리 오래가지 않았다. 2015년 초에 디디다처와 콰이디다처가 합병하기로 한 것이다. 두 회사는 투자 구조와 기업 가치가 비슷하니 서로 경쟁하기보다는 합병하여 소비자에게 더 좋은 서비스를 제공하자는 것에 합의했다. 그렇게 디디다처와 콰이디다처는 디디추싱이라는 이름으로 새롭게 옷을 갈아입었다.

디디추싱으로 합병한 이후 차량 호출 애플리케이션은 디디추싱과 우버차이나의 경쟁으로 바뀌었다. 그러나 디디다처와 콰이디다처의 출혈 경쟁으로 혜택을 봤던 소비자가 대부분 디디추싱을 사용하고 있었기 때문에 우버차이나는 경쟁 상대가 되지 않았다. 결국 약 6개월 후에 디디추싱이 우버차이나를 인수하기로 했다. 이로써 디디추싱은 BAT가 모두 한 번에 투자한 1호 스타트업이 되었다.

중국 3대 차량 호출 서비스를 통합하고 합병한 배후에는 레노버의 창업자 류촨즈 일가가 있었다. 2014년에 디디다처의 최고 운영책임자로 합류한 류칭(柳靑)은 류촨즈 회장의 딸이다. 그녀는 디디다처와 콰이디다처를 합병하는 데 큰 역할을 하면서 디디추싱의 총재로 승진했다.

우버차이나의 총재는 류전(柳甄)이다. 공교롭게도 류전은 류촨즈 회장의 조카딸이자 류칭과 사촌지간이다. 류전은 미국 버클리대에서 법률을 전공한 후 실리콘밸리에서 스타트업 법률 자문을 했는데, 고객사 중 하나가 우버였다. 우버는 류전에게 우버의 중국 사업을 제안했고, 류전은 우버차이나의 CEO가 되었다.

모바일 간편결제를 활성화시킨 차량 호출 서비스

차량 호출 서비스는 중국 소비자들에게 O2O 개념을 알림과 동시에 모바일 간편결제를 친숙하게 사용할 수 있도록 사용자 습관을 형성했다. 한국도 네이버페이, 카카오페이, 페이코 등 모바일 간편결제 서비스를 시작했지만 확산이 더딘 이유는 모바일 간편결제를 사용했을 때 사용자들이 큰 메리트를 느끼지 못하기 때문이다. 오히려 신용카드를 사용했을 때 각종 할인 혜택과 더불어 금융 신용도 상승, 연말정산 혜택 등을 받을 수 있어 모바일 간편결제를 잘 사용하지 않는다.

중국 시장은 한국과 조금 다르다. 신용카드 사용자도 많지 않고 신용카드를 사용한다고 해서 특별히 할인이나 세금 환급 등의 혜택이 없기 때문에 소비자의 결제 습관을 바꾸는 데 한결 수월하다.

알리바바와 텐센트가 차량 호출 서비스에 거액을 투자하면서 자사의 모바일 간편결제를 사용해야만 할인 혜택을 받고 서비스를 이용할 수 있도록 했기 때문에 소비자들은 자발적으로 현금이나 은행카드가 아닌 모바일 간편결제를 사용하기 시작했다.

차량 호출 애플리케이션을 이용해 승객을 태우는 택시 기사들도 현금을 받을 수 없었다. 차량 호출 애플리케이션으로 유입된 승객에게 현금을 받으면 플랫폼으로부터 제재를 받았고, 다음 호출을 받을 수 없었다. 이렇게 서비스를 제공하는 택시와 승객 모두 모바일 간편결제를 사용할 수밖에 없는 환경을 조성함으로써 모바일 간편결제 사용은 급격히 증가했다.

합법적인 공유 경제로 재활용한 불법 택시

택시가 부족한 중국에서는 대도시뿐 아니라 작은 지방 도시까지 상상할 수 없을 정도로 많은 불법 택시가 난무하고 있다. 6.6만 대의 택시가 있는 베이징의 경우, 3~4만 대의 불법 택시가 있다고 한다.

중국에서는 이렇게 불법으로 운행되는 택시들을 '헤이처'[73]라고 부르는데, 헤이처는 개인 자가용으로 승객을 태우기 때문에 범죄가 많이 발생하여 사회 문제로 대두되고 있다.

디디추싱은 택시뿐 아니라 차량 공유 서비스도 제공하고 있다. 차량 공유는 크게 고급 승용차 '좐처(专车)', 일반 승용차 '콰이처(快车)', 카풀 서비스 '핀처(拼车)' 등이 있다. 승용차 소유자가 차량 공유 서비스를 제휴하기 위해서는 차

---

73 헤이처(黑车): 영업 허가증 없이 개인이 운영하는 불법 택시

량 소유자가 실명 인증은 물론, 차량의 모델, 연식 등 개인 및 차량과 관련된 증빙 자료를 제출해야 하고, 심지어 차량과 엔진 사진까지 제출해야 하는 등 까다로운 절차를 밟아야 한다.

2016년 말, 중국 교통부에서 '온라인 예약 임대 차량 경영 서비스 관리 임시 규정'[74]을 발표하면서 차량 공유 서비스는 합법화가 되었다. 기존의 헤이처 기사들이 디디추싱에 자신의 신분과 차량을 등록하면서 불법 택시가 합법적인 공유 자동차로 변신하게 된 것이다.

차량 공유 서비스의 출현으로 과거 불법 택시의 위험성을 알면서도 편의를 위해 어쩔 수 없이 헤이처를 이용했던 소비자들이 안전하게 서비스를 이용할 수 있게 되었다. 헤이처 기사도, 소비자도 그대로다. 다만 중간에 플랫폼이 생기면서 서비스 제공자와 소비자 간의 신뢰가 구축되고 사회적인 골칫덩이가 산업의 인프라로 변하게 되었다.

차량 공유에서 시작된 중국의 공유 경제는 비단 자동차에 그치지 않고 다양하게 응용되어 중국인의 생활 속으로 파고들었다. 대학교 캠퍼스에서 학생들이 자전거를 공유하는 모델로 시작해 오늘날 공유 자전거의 대표

거리를 가득 메운 공유 자전거(출처: 바이두)

74 '网络预约出租汽车经营服务管理暂行办法'

브랜드가 된 ofo(오포), Mobike, Blue gogo, U-Bicycle, Hellobike 등 수십 개의 공유 자전거가 있다.

공유 자전거가 지나치게 많이 생겨나면서 인도를 막거나 도시 미관을 해치는 등의 문제가 발생했지만 1위안이면 1시간을 이용할 수 있어 많은 사람에게 사랑받고 있다.

공유 자전거는 중국에 공유 경제에 대한 가능성을 보여주었고, 공유 자전거 이후 공유 우산, 공유 배터리, 공유 전기자동차, 공유 전동차 등 공유 경제의 종류가 점점 확대되고 있다.

때로는 오늘날의 중국 공유 경제가 함께 생산하고, 함께 향유하는 중국의 공산주의 정치 이념과 잘 맞아떨어져서 그런 것이 아닐까 하는 엉뚱한 생각이 들기도 한다.

부록

외상투자산업지도목록
(2017년 수정판)

본 〈외상투자산업지도목록〉은 중국에 진출하는 한국 기업들이 참고할 수 있도록 중국 현지 리서치펌 9K research에서 제공하였다. 여기서 칭하는 '이상', '이하'에는 기본 숫자가 포함되지 않고, '및 그 이상', '및 그 이하'에는 기본 숫자가 포함된다.

외상투자 장려 산업 목록

1. 농·임·목축·어업

1) 목본 식용유류, 조미료 및 산업 원료용 재배 및 개발, 생산

2) 친환경, 유기농 채소(식용균, 참외, 수박 포함), 건조 및 신선 과일, 차잎 재배 기술 개발 및 제품 생산

3) 설탕 원료, 과일나무, 목초 등 농작물의 재배 기술 개발 및 제품 생산

4) 화초 생산 및 육묘장 건설, 경영

5) 천연고무, 기름야자, 사이잘(Sisal), 커피 재배

6) 중약재(中藥材) 재배, 양식

7) 농작물 곡초(穀草) 자원의 활용, 유기비료 자원의 개발 생산

8) 수산 묘종 번식(중국 특유의 우량 품종 제외)

9) 사막화 및 수분/토양의 유실 예방 관리 관련 나무 심기, 풀 심기 등 생태환경 보호 건설, 경영

10) 수산물 양식, 가두리 양식, 공장화 수산 양식, 생태형 해양 증식 및 양식

2. 채광업

11) 석유, 천연가스(유혈암, 유사, 셰일가스, 석탄층 가스 등 비일반 오일가스 포함)의 탐사, 개발 및 탄광 갱내 가스 이용

12) 원유 채취율 향상(공사 서비스 형식) 및 관련 신기술의 개발 응용

13) 물리탐사, 시추, (지질학) 검층, (지질학) 검층 기록, 탄광 갱내 작업 등 석유 탐사 개발 관련 신기술의 개발과 응용

14) 광산 미광 이용률 관련 신기술 개발, 응용 및 광산 생태 복구 기술의 활용

15) 중국에 부족한 자원 종류(칼륨염, 크롬철광 등)의 탐사, 채굴 및 선광

3. 제조업

(1) 농산부산물 가공업

16) 고효율의 안전한 환경 보전 사료 및 사료 첨가제(메티오닌 포함)의 개발

17) 수산물 가공, 조개류 정화 및 가공, 해조(海藻) 보건식품의 개발

18) 채소, 건과류 및 신선 과일, 가축가금 제품의 가공

(2) 식품 제조업

19) 영아 처방 식품, 특별 의학 용도 처방 식품 및 보건식품의 개발, 생산

20) 삼림 식품의 개발과 생산

21) 천연 식품 첨가제, 천연 향신료 관련 신기술 개발 및 생산

(3) 주류, 음료 및 정제차(茶) 제조업

22) 과일/채소 음료, 단백질 음료, 차 음료, 커피 음료, 식물성 음료 등의 개발, 생산

(4) 방직업

23) 부직포, 기계식 직포, 편직포 및 그 복합 공예 기술을 도입한 경량, 고강도, 저온 및 고온에 대한 고내구성, 화학 물질에 대한 내구성, 광선에 대한 내구성 등 다기능화 산업용 방직물의 생산

24) 첨단 에너지 절약, 오염 배출 감소 기술과 장비를 사용한 고급 방직물의 염색 및 후처리 가공

25) 생태, 자원의 이용 및 친환경 요구에 부합되는 특수 천연섬유(캐시미어 등 특수 동물섬유, 마섬유, 잠사, 천연색 목화 등 포함)의 제품 가공

(5) 방직 의류, 장신구 업종

26) 컴퓨터 통합 제조 시스템을 사용한 의류 생산

27) 기능성 특별 의류 생산

(6) 피혁, 모피, 깃털 및 해당 제품과 신발 제조업

28) 피혁, 모피의 청결화 기술 가공

29) 피혁 후처리 신기술 가공

30) 피혁 폐기물의 활용

(7) 목재 가공과 나무, 대나무, 등나무, 종려나무, 짚 제품업

31) 임업 관련 3가지 잔폐물(채벌 잔폐물, 조재 잔폐물, 가공 잔폐물), '저질, 소형, 땔감' 목재와 대나무 재료의 활용 관련 신기술, 신제품의 개발 및 생산

(8) 문화교육, 공예미술, 스포츠 및 오락 용품 제조업

32) 고급 카펫, 자수, 드론워크(Drawnwork) 제품의 생산

(9) 석유 가공, 코크스 및 핵연료 가공업

33) 석탄산유 가공, 세정유 가공, 최신 콜타르 피치 사용(모디파이드 피치 제외)

(10) 화학원료 및 화학제품 제조업

34) 폴리염화비닐(PVC), 유기 실리콘 신형 하위 제품의 개발 및 생산

35) 합성재의 부록 원료: 과산화 수산화 프로필렌법, 나프탈렌 다이메틸에스테르(NDC), 1, 4–사이클로헥산 디메탄올(CHDM), 5만 톤/년 및 그 이상의 뷰타다이엔 공법의 아디포나이트릴과 에틸렌다이아민 생산

36) 합성 섬유원료: 나일론 66염, 1, 3–프로필렌 글리콜 생산

37) 합성고무: 우레탄 고무, 아크릴 고무, 클로로히드린 고무 및 불소 고무, 실리콘 고무 등 특별 고무의 생산

38) 공정 플라스틱 및 플라스틱 합금: 6만 톤/년 및 그 이상의 비포스겐 폴리카보네이트(Non phosgene PC), 호모폴리머 폴리옥시메틸렌, 폴리페닐렌 설파이드, 폴리에테르에테르케톤, 폴리이미드, 폴리설폰, 폴리에테르설폰, Polyarylester(PAR), 폴리페닐렌옥시드(PPO) 및 그 변성 재료, 액정 폴리머 등 제품의 생산

39) 정밀 화학공업: 촉매제 신제품/신기술, 염(안)료 상품화 가공기술, 전자 화학품 및 제지 화학품, 피혁 화학품(N–N 디메틸포름아미드 제외), 유전(油田) 보조제, 표면활성제, 수처리제, 접착제, 무기섬유, 무기나노 재료의 생산, 안료 외피처리의 정밀가공

40) 수성잉크, 전자빔 응고 및 자외선 응고 등 저휘발성 잉크, 환경친화형 유기 용제의 생산

41) 천연향료, 합성향료, 단일향료 생산

42) 고성능 페인트, 하이솔리드 페인트, 무용제 페인트, 수성 공업 페인트 및 부속 수성 수지 생산

43) 고성능 불소수지, 불소필름 재료, 의료용 불소 함유 중간체, 친환경 불소 함유 냉각제 및 청결제, 발포제의 생산

44) 인(Phosphorus) 화학공업, 알루미늄 제련 중에 불소자원 회수 관련 생산

45) 임업 화학제품의 신기술/신제품 개발 및 생산

46) 친환경 무기/유기 생체막 개발 및 생산

47) 신형 비료 개발 및 생산: 고농도 칼륨 비료, 복합형 미생물 접종제, 복합 미생물 비료, 농작물 곡초 및 쓰레기 부식제, 특수 기능 미생물 제제

48) 높은 효율성과 안전성을 갖춘 친환경 농약 신품종, 신제형, 전문용 중간체, 보조제의 개발과 생산 및 관련 청정 생산 공법의 개발 및 응용(메틴법, 아세터클로르 수상법, 클로르피리포스 공법, 글라이포세이트 염화메틸 회수 공법, 종합지향법, 키랄성 및 입체 구조 농약의 생산, 염화메틸 합성기술)

49) 바이오 농약 및 바이오 방제 제품의 개발 및 생산: 미생물 살충제, 미생물 살균제, 농업용 항생제, 곤충 페르몬, 천적 곤충, 미생물 제초제

50) 폐기 가스, 폐기 액체, 고형 폐기물의 활용 및 처리, 처치
51) 유기고분자 재료의 생산: 항공기 기체 페인트, 희토류 황화세륨 적색 페인트, 무연화 전자 패키징 재료, 컬러 플라스마 디스플레이 전용 계열의 포토에칭필르, 소직경이 표면적보다 큰 극세사 섬유, 고정밀 액체유 여과지, 리튬이온 배터리 분리막, 표면 처리 자가 복구 재료, 나노 코팅 재료

(11) 의약 제조업

52) 신형 화합물 약물 혹은 활성성분 약물의 생산(원료약, 제제 포함)
53) 아미노산류: 발효법을 이용한 트립토판, 히스티딘, 메티오닌 등의 생산
54) 신형 항암 약물, 신형 심뇌혈관 약품 및 신형 신경계통 약품의 개발 및 생산
55) 바이오 공법기술을 도입한 신형 약물의 생산
56) 에이즈 백신, B형 간염 백신, 피임 백신 및 자궁경부암, 말라리아, 수족구 등 신형 백신의 생산
57) 해양 약물의 개발 및 생산
58) 약품제제: 용해 완만, 통제 가능, 타깃 치료 가능, 피부 투과 흡수 등 신기술을 도입한 신형 조제 약제 및 신제품의 생산
59) 신형 약용 보조제의 개발 및 생산
60) 동물 전용 항균원료 약물의 생산(항생물질, 화학합성류 포함)
61) 동물용 항균제, 구충제, 살충제, 항구충제(Anti-coccidiosis agent) 신제품/신제형 생산
62) 신형 진단 시제의 개발 및 생산

(12) 화학섬유 제조업

63) 차별화 화학섬유 및 케블라, 탄소섬유, 고강도 폴리에틸렌, 폴리페닐렌 설파이드(PPS) 등 하이테크 화학섬유(비스코스섬유 제외)의 생산
64) 섬유 및 비섬유용 신형 폴리에스테르의 생산: 폴리트리메틸렌테레프탈레이트(PTT), 폴리에틸렌 나프탈레이트(PEN), 폴리사이클로헥실렌 디메틸렌 테레프탈레이트(PCT), 이가알코올 수식 폴리에틸렌 테레프탈레이트(PETG)
65) 신형 재생 가능 자원 및 친환경 공법을 이용한 바이오매스 섬유의 생산, 신용제법을 이용한 리오셀(Lyocell)과 대나무, 마 등을 원료로 하는 재생 리오셀, 폴리유산(PLA) 섬유, 키토산섬유, 폴리하이드록시알카노이드(PHA) 섬유, 동식물 단백질 섬유 등을 포함한 섬유 생산
66) PA11(밀도1.04g/㎤), 나일론 PA1414, 나일론 PA46, 긴사슬 나일론, 내고온 나일론 등 신형 폴리아미드 개발 및 생산

67) 레이디얼 타이어용 케플라 섬유 및 코드 생산

(13) 고무 및 플라스틱 제품업

68) 신형 광생태(photoecology) 다기능 광폭 농업용 필름의 개발 및 생산
69) 폐기 플라스틱의 회수 및 재활용
70) 플라스틱 플렉시블 패키징 신기술/신제품(고분리, 다기능 필름 및 원료)의 개발 및 생산

(14) 비금속 광물 제품

71) 에너지 절감, 친환경, 재활용 가능한 경량, 고강도, 고성능, 다기능 건축재의 개발 생산
72) 강재 대체용 플라스틱, 목재 대체용 플라스틱, 에너지 절약 및 고효율 화학 건축자재 제품 생산
73) 연간 생산량 1,000만㎡ 이상의 엘라스토머, 플라스토머수식 아스팔트 방수 롤자재, 광폭(2m 이상) EPDM 고무 방수 롤자재 및 부속자재, 광폭(2m 이상) 폴리염화비닐 방수 롤자재, 열가소성 폴리올레핀(TPO) 방수 롤자재 생산
74) 신기술 기능성 유리의 개발 및 생산: 전자파 차단 유리, 마이크로 전자용 유리기판, 적외선 투과 크라운 유리 및 전자 대규격 석영유리 제품(파이프, 패널, 도가니, 계측기 용기 등), 광학 성능이 뛰어난 다기능 방풍 유리, 정보기술용 극단자재 및 제품(도파 레벨의 고정밀 광섬유모재, 석영유리 케이싱 및 세라믹 기판 포함), 고순도(≥99.998%) 초순도(≥99.999%) 크리스탈 원료의 정제 가공
75) 박막 배터리용 전도 유리, 태양열 반사경 유리, 건축용 전도 유리의 생산
76) 유리섬유 제품 및 특수 유리섬유의 생산: 저유전 유리섬유, 석영 유리섬유, 고실리카 유리섬유, 고강도 고탄성 유리섬유, 세라믹 섬유 및 그 제품
77) 광학섬유 및 그 제품의 생산: 영상 전달 빔 및 레이저 의료 광섬유, 슈퍼 2세대 및 3세대 마이크로 채널 플레이트와 광학섬유 패널, 이미지 인버터 및 글라스 테이퍼
78) 세라믹 원료의 표준화 정제, 세라믹용 고급 장식재의 생산
79) 시멘트, 전자유리, 세라믹, 마이크로포어 탄소벽돌 등 용광로용 친환경 내화재료(크롬프리화)의 생산
80) 다공질 세라믹의 생산
81) 무기 비금속 신재료 및 그 제품의 생산: 복합재, 특수 세라믹, 특수 밀봉재(고속 오일 밀봉재 포함), 특수 마찰재(고속 마찰 브레이크 제품 포함), 특수 젤라틴 물질, 특수 라텍스 재료, 수중음파탐지용 고무제품(Sonar ruber), 나노 소재
82) 유기–무기 복합 포말 보온 재료의 생산

83) 하이테크복합자재 생산: 연속섬유 증강 열가소성 복합자재와 프리프레그, 내온>300℃ 수지기 복합자재 성형용 공정보조자재, 수지계 복합자재(고급 스포츠 용품, 경량 및 고강도 교통도구 부품 포함), 특수기능성 복합자재 및 관련 제품(심수 및 잠수 복합자재 제품, 의료용 및 재활용 복합자재 제품 포함), 탄소 및 탄소 복합자재, 고성능 세라믹 복합자재 및 관련 제품, 금속기 및 글라스기 복합자재 및 관련 제품, 금속층 복합자재 및 관련 제품, 압력≥320 MPa 초고압 복합호스, 대형 여객기 항공 타이어

84) 정밀 고성능 세라믹 원자재의 생산: 탄화규소(SiC) 초미세 분말체(순도>99%, 평균 입자 지름<1μm), 질화규소(Si3N4) 초미세 분말체(순도>99%, 평균 입자 지름<1μm), 고순도 초미세 산화알루미늄 분말(순도>99.9%, 평균 입자 지름<0.5μm), 저온 소결 산화지르코늄(ZrO2) 분말체(소결온도<1,350℃), 고순도 질화알루미늄(AlN) 분말체(순도>99%, 평균 입자 지름<1μm), 금홍석형 TiO2 분말체(순도>98.5%), 실리카에어로겔(입자 지름<100μm), 티탄산 바륨(순도>99%, 입자 지름<1μm)

85) 고품질 인공 크리스탈 및 크리스탈 필름 제품 개발과 생산: 고품질 인공합성 크리스탈(압전 크리스탈 및 자외선 투과 크리스탈), Superhard crystal(입방정질화 붕소 크리스탈), 내고온 고절연성 인공합성 절연 크리스탈(인공합성운모), 신형 전기광학 크리스탈, 고출력 레이저 크리스탈 및 대형 신틸레이션 크리스탈, 다이아몬드 필름 공구, 두께 0.3mm 및 그 이하의 초박형 인조 다이아몬드 톱날

86) 비금속광물 정밀 가공(초미세 분쇄, 고순도, 정제, 변성)

87) 초고성능 흑연전극의 생산

88) 펄라이트 운모의 생산(입자 지름 3~150μm)

89) 다차원 다방향성 편직물 및 모형직물의 생산

90) 신형 건식 시멘트 소성로를 이용한 고형 폐기물의 무해화 처리

91) 건축 폐기물의 재생 활용

92) 공업 부산물 석고 등 산업 폐기물의 활용

93) 비금속 광산 폐석을 활용한 신기술 개발, 응용 및 광산 생태 복원

(15) 유색금속 제련 및 압연 가공업

94) 직경 200mm 이상의 단결정질 실리콘 및 폴리싱 웨이퍼의 생산

95) 하이테크 기술의 유색금속 자재 생산: 화합물 반도체 자재(갈륨비소, 질화갈륨, 인화인듐, 갈륨니트라이드), 고온초전도자재, 메모리 합금자재(티타늄-니켈, 구리계 및 철계 메모리 합금자재), 초미세(나노) 탄화 칼슘 및 초미세(나노)결정 경량 합금, 초경도 복합자재, 귀금속 복합자재, 라디에이터용 알루미늄포일, 중고압 음극 전기 용량 알루미늄포일, 특수대형 알루

미늄 합금 성형 자재, 알루미늄합금 정밀 금형 단조물, 전기화철도 가공전선, 극박형 구리줄, 내부식성 열교환기 동합금재, 고성능 동–니켈, 동–철 합금줄, 베릴륨 구리줄, 와이어, 파이프 및 금속봉 가공재, 내고온성 항감쇠텅스텐와이어, 마그네슘합금 주조물, 무연땜납, 마그네슘 합금 및 응용 제품, 발포알루미늄, 티타늄 합금제련 및 가공, 원자력급 지르코늄스펀지, 텅스텐 및 몰리브덴 정밀가공 제품

(16) 금속 제품업

96) 항공, 우주, 자동차, 오토바이 경량화 및 친환경 신재료의 개발 및 제조(전용 알루미늄판, 알루미늄–마그네슘 합금재, 오토바이 알루미늄 합금 프레임 등)

97) 경금속 반고체 고속 성형재의 개발 및 제조

98) 각종 식량/식품, 과일/채소, 음료, 일용 화학제품 등 내용물의 포장에 사용되는 금속 포장 제품(두께 0.3㎜ 이하)의 제조 및 가공(제품의 내/외벽 인쇄/코팅 가공 포함)

99) 니켈 스테인리스 제품의 제조

(17) 통용설비 제조업

100) 고급 수치제어선반 및 중요 부품의 제조: 5축 연동 수치제어선반, 수치제어 좌표 절삭 착공 가공센터, 수치제어 좌표 그라인더

101) 1,000톤 및 그 이상의 멀티스테이션 단압 성형기 제조

102) 폐자동차의 해체, 분쇄 및 후처리 선별 설비의 제조

103) FTL 연성 생산라인의 제조

104) 수직 다관절 공업로봇, 용접로봇 및 그 용접 장치 설비의 제조

105) 마이크로 레벨의 초미세 분쇄기 제조

106) 400톤 및 그 이상 휠 타입/벨트 타입 기중기의 제조

107) 작동압력≥35㎫ 고압 플랜져 펌프 및 모터, 작동압력≥35㎫ 저속 대형 토크 모터의 설계 및 제조

108) 작동압력≥25㎫ 일체식 유압 멀티유닛 밸브, 전기유압 서브 부품 제조

109) 밸브터미널, 출력 0.35W 이하 에어솔레노이드 밸브, 200㎐ 이상 고주파수 전기제어 밸브 설계 및 제조

110) 정유압(Hydrostatic)식 구동 장치의 설계 및 제조

111) 압력 10㎫ 이상 비접촉식 가스 필름 패킹, 압력 10㎫ 이상 드라이 가스 패킹(실험장치 포함)의 개발 및 제조

112) 차량용 고분자 재료(마찰판, 개조형 페놀알데히드 피스톤, 비금속 유압 메인/서브 펌프 등)

설비의 개발 및 제조

113) 3세대 및 그 이상 승용차 허브 베어링, 중고급 수치제어 선반 및 가공센터 베어링, 고속 선 재 및 판재 압연 베어링, 고속철도 베어링, 진동값 Z4 이하 저소음 베어링, 각종 베어링의 P4, P2 레벨 베어링, 풍력발전기 베어링, 항공 베어링의 제조

114) 고밀도, 고정밀, 복합 형상을 가진 분말금속제련 부품 및 자동차, 공정기계 등에 사용되는 체인 제조

115) 풍력발전, 고속열차용 기어변속기, 선박용 가변 피치 기어전동 시스템, 대형 적재량 기어박 스의 제조

116) 내고온 절연재(절연 F, H레벨) 및 절연 몰딩의 제조

117) 축열기 캡슐, 유압 압축공기용(hydropneumatic) 고무 패키징 제품의 개발 및 제조

118) 고정밀, 고강도(12.9레벨 이상), 변형/조합류 고정 부품 제조

119) 소형 정밀 동력전달장치(클러치) 제조

120) 대형 압연기 연결축 제조

121) 선반, 건설 장비, 기관차 장비 등 기계 설비의 제조, 자동차 부품의 제조, 의학용 영상 설비 중요 부품의 제조, 복사기 등 사무 설비의 제조

122) 1,000만 화소 이상 혹은 수평 촬영각 120° 이상 디지털 카메라 및 그 광학렌즈, 광전모듈의 개발 및 제조

123) 사무용 기계(산업용 포함)의 제작: 다기능 복합 사무 설비(복사기, 프린터, 팩스, 스캐너), 컬 러 프린터 설비, 정밀도 2,400dpi 및 그 이상 고해상도 컬러 프린터 헤드, 감광 드럼

124) 영화 기계 제조: 2K, 4K 디지털 영화 영사기, 디지털 영화 카메라, 디지털 영상 제작 및 편 집 설비

(18) 전문설비 제조

125) 광산 무궤도 채광, 적재, 운수 설비의 제조: 200톤 및 그 이상 기계식 동력 전달 광산용 덤 프트럭, 이동식 크러셔, 5,000㎥/h 및 그 이상 버킷 굴착기, 8㎥ 및 그 이상 광산용 적재기, 2,500㎾ 이상 전동 견인 채탄기 설비 등

126) 물리탐사(중력, 자기력 측량 제외), 시추 설비의 제조: MEME 지진검파기, 디지털 원격측정 지진계, 디지털 영상기, 디지털 컨트롤 시추 시스템, 수평갱, 정방향갱, 시추기 장치 및 기 구, MWD 드릴장착 시추기

127) 석유탐사, 시추, 집중 운송 설비의 제조: 작업 수심 1,500 이상 부유식 탐사정 시스템과 부 유식 생산 시스템, 세트형 해저 원유 채취, 수집/운송 설비

128) 구경 2m 이상, 높이 30m 이상 대구경 회전 탐사정, 직경 1.2m 이상 파이프 잭킹 시스템, 항

력 300톤 이상 대형 비굴착 지하 파이프라인 세트 설비, 지하 연속 벽면 시공/시추기 제조

129) 520마력 및 그 이상 대형 불도저의 설계 및 제조

130) 100㎥/h 및 그 이상 규격의 준설기, 1,000톤 및 그 이상 준설선의 준설장치 설계 및 제조

131) 홍수 방지 댐용 콘크리트 침투 방지벽 시공 장비의 설계 및 제조

132) 수중 토목/석재 시공 기계 제조: 수심 9m 이하 불도저, 적재기, 굴착기 등

133) 도로 교량 보수, 자동 테스트 설비의 제조

134) 도로터널 운영 모니터링, 통풍, 재난 방지 및 구조 요청 시스템 설비의 제조

135) 철로 대형공사, 철로선로, 교량, 터널 유지보수 기계와 검사, 모니터링 설비 및 관련 중요 부품 설계 및 제조

136) (아스팔트) 루핑(Roofing) 설비, 아연도금 강판 등 금속 루핑 생산 설비 제조

137) 친환경에너지 절감 스프레이 코팅의 폴리우레탄 방수/보온 시스템 설비, 폴리우레탄 밀폐제 조제 기술 및 설비, 변성 실리콘 밀폐제 조제 기술 및 생산 설비의 제조

138) 고정밀도 띠강재 압연기(두께 정밀도 10μm)의 설계 및 제조

139) 초미세, 다원소의 선별이 어려운 금속제련 선광 장치 제조

140) 100만 톤/년 및 그 이상 에틸렌 세트 설비 중에 중요 설비의 제조: 연간 처리량 40만 톤 이상 혼합 조립기, 직경 1,000㎜ 및 그 이상 나선방출 분리기, 저유량-고양력 원심펌프

141) 금속제품 금형(구리, 알루미늄, 티타늄, 지르코늄 재질의 파이프, 봉, 형재 압출 금형)의 설계 및 제조

142) 자동차 차체 외부 중압 프레스 금형, 자동차 계기판, 범퍼 등 대형 사출성형 금형, 자동차 및 오토바이 홀더, 게이지의 설계 및 제조

143) 자동차 동력배터리 전문 생산 설비의 설계 및 제조

144) 정밀금형(정밀도 0.02㎜ 이상 프레스 금형, 정밀도 0.05㎜ 이상 주형강)의 설계 및 제조

145) 비금속 제품 금형의 설계 및 제조

146) 6만 Bottle/h 및 그 이상 맥주 주입 설비, 5만 Bottle/h 및 그 이상 음료수 중온 및 고온 주입 설비, 3.6만 Bottle/h 및 그 이상 무균주입 설비의 제조

147) 아미노산, 효소제, 식품 첨가제 등 생산기술 및 중요 설비의 제조

148) 10톤/h 및 그 이상 사료가공 세트 설비 및 중요 부품의 제조

149) 골판 두께 0.75㎜ 및 그 이상 경량 골판지 및 박스 설비의 제조

150) 싱글 시트, 멀티컬러 오프셋 인쇄기(폭≥750㎜, 인쇄 속도: 단면 멀티 컬러≥16,000장/h, 양면 멀티 컬러≥13,000장/h) 제조

151) 인쇄 속도 75,000반절지/h(787×880㎜) 이상의 싱글폭 단일시트 롤지 오프셋 인쇄기, 인쇄 속도 170,000반절지/h(787×880㎜) 이상의 더블폭 단일시트 롤지 오프셋 인쇄기, 인쇄 속

도 50,000반절지/h(787×880㎜) 이상의 상업용 롤지 오프셋 인쇄기 제조

152) 멀티 컬러 유연판 인쇄기(인쇄 너비≥1,300㎜, 인쇄 속도≥350m/초), 잉크젯 디지털 인쇄기(출판용: 인쇄 속도≥150m/분, 해상도≥600dpi, 포장용: 인쇄 속도≥30m/분, 해상도≥1,000dpi, 가변 데이터용: 인쇄 속도≥100m/분, 해상도≥300dpi)의 제조

153) 컴퓨팅 잉크 사전 세팅, 잉크 원격제어, 잉크 속도 추적, 인쇄 품질 자동 검사 및 추적 시스템, 무축 구동 전달 기술, 속도 75,000장 이상/시간, 고속 자동 종이 이음기, 급지기와 자동 원격제어 조절이 가능한 고속 접지기, 자동 컬러 인쇄 시스템, 냉각장치, 실리콘 첨가 시스템, 오프세트 장치 등의 제조

154) 전자총 자동 코팅기의 제조

155) 평판유리 심층가공 기술 및 설비의 제조

156) 신형 제지기계(펄프 포함) 등 세트 설비의 제조

157) 피혁 후처리 신기술 설비의 제조

158) 농산물 가공 및 저장 설비의 개발 및 제조: 식량, 연료, 채소, 신선 과일, 육류, 수산물 등 제품의 가공 저장, 신선도 유지, 등급 선별, 포장, 건조 등 신설비, 농산물 품질 검사기기 설비, 농산물 품질 비파괴 검사기기 설비, 유량계, 분말 품질계, 초미세 분쇄 설비, 고효율 탈수 설비, 고효율 과일즙 농축 설비, 분말체 식품 원료 살균 설비, 고체 및 반고체 식품 무균포장 설비, 디스크형 원심분리기

159) 농업기계 제조: 농업 시설 설비(온실 자동 관개 설비, 영양액 자동 공급 및 비료주기 설비, 고효율 채소 육묘 설비, 토양/양분 분석계), 엔진 출력 셋팅 200㎾ 이상 트랙터 및 농기구, 저연비, 저소음, 저배기량 디젤 엔진, 대형 트랙터의 잔여 미세 입자 휴대형 회수 기능 분무기, 고성능 벼 이앙기, 목화 채취기, 각종 줄 간격에 적용되는 독립형 옥수수 수확기(유압 구동 혹은 기계 구동), 땅콩 수확기, 유채씨 수확기, 사탕수수 수확기, 사탕무 수확기

160) 임업기기 신기술 설비의 제조

161) 농작물 줄기 수집, 묶기 및 활용 설비의 제조

162) 농업용 폐기물의 자원화 이용 설비 및 규모화, 가축/가금 폐기물의 자원화 이용 설비의 제조

163) 비료 절약, 농약 절약, 절수형 농업기술 설비의 제조

164) 기계식 전기 우물의 세정 설비 및 세정 약물 생산 설비의 제조

165) 전자 내시경의 제조

166) 안저(眼底) 촬영기 제조

167) 의학용 영상 설비(고장강도 초전도형 자기공명 영상설비, X-레이 컴퓨팅 단층촬영 설비, 디지털화 컬러 초음파 진단 설비 등) 중요 부품의 제조

168) 의학용 초음파전환기(3D)의 제조

169) 붕소 중성자 포획 치료 설비의 제조

170) 이미지 유도 적합형 강도 조절가능 방사능 치료 시스템의 제조

171) 혈액투석기, 혈액여과기의 제조

172) 전자동 바이오 모니터링 설비, 다분류 혈액세포 분석계, 전자동 화학 발광 면역분석계, 고중성 자속 유전자 서열 분석 시스템의 제조

173) 약물 품질 제어 신기술/신설비 제조

174) 천연약물 유효 물질 분석 관련 신기술, 프로세스, 설비의 개발 및 제조

175) 비PVC 의료용 링거팩의 다층 공압출/수냉식 박막 압출 장비 제조

176) 신형 방직기계, 중요 부품 및 방직 검사, 실험 기기의 개발 및 제조

177) 자카드(Jacquard) 방식의 컴퓨팅 인조모피 기계의 제조

178) 태양에너지 배터리 전문 생산 설비의 제조

179) 대기오염 방지 관리 설비의 제조: 내고온 및 내부식 여과지, 저질소산화물(NOx) 연소장치, 연기 탈질소 촉매제 및 탈질소 세트장치, 연기 유황제거 설비, 연기 먼지제거 설비, 공업 유기폐기 정화설비, 디젤 차량 배기정화 장치, 중금속 함유 폐기처리 장치

180) 물오염 방지관리 설비의 제조: 수평식 나선형 원심탈수기, 멤브레인 및 멤브레인재, 50kg/h 이상 오존발생기, 10kg/h 이상 이산화염소 발생기, 자외선 소독장치, 농촌소형 생활오수 처리설비, 중금속 함유 폐수처리 장치

181) 고체 폐기물 처리설비의 제조: 오수처리장 퇴적물 처리 및 자원 이용 설비, 일일 평균 처리량 500톤 이상 쓰레기 소각 세트 설비, 쓰레기 매립 삼투방식 처리기술 장비, 쓰레기 매립장 침투 방지 차수막, 건축 쓰레기 처리 및 자원화 이용 장비, 위험 폐기물 처리장치, 쓰레기 매립장 메탄가스 발전장치, 폐기철강 처리 설비, 오염토양 복원설비

182) 알루미늄 적조 처리 설비의 개발 및 제조

183) 폐석 처리 설비의 제조

184) 폐기 플라스틱, 전기제품, 고무, 배터리 회수처리 재활용 설비의 제조

185) 폐기 방직물 회수처리 설비의 제조

186) 폐기 기계전기 제품 제조설비의 제조

187) 폐기 타이어 활용 장치의 제조

188) 수생 생태시스템의 환경 보전 기술, 설비의 제조

189) 이동식 조합 정수 설비의 제조

190) 비상용 수질 처리, 반복 이용 설비 및 수질 모니터링 기기

191) 공업용수 파이프라인, 설비(기구)의 누수검사 설비 및 기기

192) 일일 평균 생산량 10만㎥ 및 그 이상 해수 담수화 및 순환냉각 기술, 세트설비의 개발 및 제조

193) 특수 기상 관측 및 분석 설비의 제조

194) 지진파 관측대, 유동 네트워크 지진 관측 기술 시스템의 개발 및 계기 설비의 제조

195) 3-4 드럼 및 그 이상 레이디얼(Radial) 타이어 성형기의 제조

196) 회전 저항력 테스트기, 타이어 소음 시험실의 제조

197) 열공급 계량, 온도 제어 장치 신기술 설비의 제조

198) 수소에너지 제조, 저장운송 설비 및 검사 시스템의 제조

199) 신형 아스팔트유 미세 기화 노즐, 누수율 0.5% 및 그 이상 고효율 스팀 트랩, 1,000℃및 그 이상 고온 세라믹 열교환기 제조

200) 해상 원유 유출 회수장치 제조

201) 저농도 탄광 가스 및 환기 이용설비의 제조

202) 청정 석탄 기술 제품의 개발이용 및 설비 제조(석탄 기화, 액화, 메탄액, 공업형 석탄)

203) 대형 인프라 시설, 고층건물, 석유화학 공업 시설, 삼림, 산악, 수역과 지하 시설 소방/방화 구조 기술의 개발 및 설비 제조

204) 지능화 긴급 의학 구조/요청 설비의 제조

205) 수문(Hydrology) 모니터링 센서의 제조

(19) 자동차 제조업

206) 자동차 엔진 제조 및 엔진 연구개발 기구의 건설: 리터당 효율성 70kW 이상의 가솔린 엔진, 리터당 소비전력 50kW 이상 배기량 3L 이하의 디젤 엔진, 리터당 소비전력 40kW 이상 배기량 3L 이상의 디젤 엔진, 연료 배터리 및 혼합 연료 등 신재생에너지 엔진

207) 자동차 중요 부품의 제조 및 중요 기술의 개발: 듀얼 클러치 변속기(DCT), 무단변속기(CVT), 자동변속기(AMT), 가솔린 엔진 터빈 압력 증폭기, 점성 연결장치(4륜 구동용), 자동변속기 액츄에이터(전자밸브), 유체식 감속기, 와전류 감속기, 자동차 에어백용 기체발생기, 커먼레일 연료분사 기술(최대 분사압력 2,000pA), 가변 형상 터보차저 기술(VGT), 가변 노즐 터빈기술(VNT), 중국 Ⅴ단계 오염물 배출 표준에 부합하는 엔진배기 제어장치, 지능화 토크관리시스템(ITM) 및 커플러 어셈블리, 전자제어 조향 시스템, 미립자필터, 저상 대형버스 전용 구동축, 에너지 흡수형 조향 시스템, 중대형 버스 가변 주파수 에어컨 시스템, 자동차용 특수 고무 부품 및 관련 중요 부속품

208) 자동차 전자장치의 제조 및 개발: 엔진과 차대 전자제어 시스템 및 중요 부속품, 차량탑재 전자기술(자동차 정보 시스템 및 내비게이션 시스템), 자동차 전자 모션 네트워크 기술, 전

자제어 시스템의 입력(센서 및 샘플링 시스템) 출력(액츄에이터) 부품, 전기식 동력조향 시스템 전자제어기, 임베디드 전자통합시스템, 전기제어식 에어스프링, 전자제어식 서스펜션 시스템, 전자밸브 시스템 장치, 전자조합계기, ABS/TCS/ESP 시스템, 전동브레이크 시스템(BBW), 변속기 제어 유닛(TCU), 타이어 공기압 검지 시스템(TPMS), 차량탑재 자동진단 장치(OBD), 엔진 도난방지 시스템, 자동 충돌 방지 시스템, 자동차와 오토바이 차종 시험 및 유지보수용 검사 시스템

209) 신재생에너지 자동차 중요 부속 제조: 배터리 격리막(두께 15~40μm, 공극률 40~60%), 배터리 관리 시스템, 모터 관리 시스템, 전동자동차 전자제어 통합, 전동자동차 드라이브 모터(피크전력밀도≥2.5kW/kg, 고효율구간: 65% 작업구간 효율≥80%), 차량용 DC/DC(입력전압 100V~400V), 고성능 전자부품(IGBT, 전압등급≥600V, 전류≥300A), 플러그인 혼합동력 전기-기계 결합 구동 시스템. 연료 배터리 저백금 촉매제, 복합막, 막전극, 가습기 제어 밸브, 컴프레서, 수소 순환펌프, 70MPa 수소

(20) 철로, 선박, 항공 우주비행 및 기타 운수설비 제조업

210) 중국 오토바이 4단계 오염물 배기 표준 도달 배기량(배기량>250㎖) 오토바이 엔진 배기제어 장치의 제조

211) 민용 항공기의 설계, 제조 및 유지보수: 간선/지선 비행기, 통용 비행기

212) 민용 항공기 부속품의 제조 및 유지보수

213) 민용 헬리콥터의 설계 및 제조

214) 민용 헬리콥터 부품의 제조

215) 지상/수상 효과 항공기 제조 및 드론, 비행기구의 설계 및 제조

216) 항공 엔진 및 부속품, 항공 보조동력 시스템의 설계, 제조 및 유지보수

217) 민용 항공기 탑재 설비의 설계 및 제조

218) 항공 지상 설비의 제조: 민용 공항시설, 민용 공항 운영 보장 설비, 비행시험 지상 설비, 비행시뮬레이션 및 훈련 설비, 항공 테스트 및 계량 설비, 항공 지상시험 설비, 비행기 탑재 설비의 종합 테스트 설비, 항공제조 전용 설비, 항공자재 시험 제작 전문용 설비, 민용 항공기 지상 수신 및 응용 설비, 로켓 운반 지상 테스트 설비, 로켓 운반역학 및 환경실험 설비

219) 민용 위성의 설계 및 제조, 민용 위성 유효 부하의 제조

220) 민용 위성 부품의 제조

221) 위성 제품 검사 설비의 제조

222) 호화 크루즈 및 심해(3,000m 이상) 해양공정 장비의 설계

223) 선박 중/저속 디젤 엔진 및 그 부품의 설계

224) 선박/선실 기계의 설계

225) 선박 통신 내비게이션 설비의 설계

226) 유람선의 설계

(21) 전기기계, 기자재 제조업

227) 100만kW 하이퍼급 화력발전기용 중요 보조기계 설비의 제조: 안전밸브, 조절밸브

228) 철강업 소결기 탈질산 기술 장비의 제조

229) 화력 발전 설비 밀봉재의 설계 및 제조

230) 석탄연소 발전소, 수력발전소 설비용 대형 주조단조품의 제조

231) 수력발전기용 중요 보조기계 설비의 제조

232) 송변전 설비의 제조

233) 신재생에너지 발전 세트 설비 혹은 중요 설비의 제조: 태양광 발전, 지열 발전, 조석 발전, 파력 발전, 폐기물 발전, 메탄가스 발전, 2.5mW 및 그 이상 풍력발전 설비

234) 스털링(Stirling) 발전기 제조

235) 리니어/평면 모터 및 그 구동 시스템의 개발 및 제조

236) 하이테크 친환경 배터리의 제조: 동력용 니켈수소 배터리, 니켈아연 배터리, 아연은 배터리, 리튬이온 배터리, 태양전지, 연료배터리 등(신재생에너지 자동차 에너지형 동력배터리 제외)

237) 모터에 직류 속도 조정 기술을 도입한 냉각 에어컨용 컴프레서, CO_2 자연유체를 응용한 냉각에어컨용 컴프레서, 재생가능 에너지(공기열원, 수원[水源], 지원[地源])를 응용한 냉각 에어컨 설비 제조

238) 태양에너지 에어컨, 난방 시스템, 태양에너지 건조장치의 제조

239) 바이오메스 건조 열분해 시스템, 생물질 기화장치의 제조

240) 교류 주파수 변조, 압력조절 견인 장치의 제조

(22) 컴퓨터, 통신 및 기타 전자설비 제조업

241) HD카메라, 디지털 음성재생 설비의 제조

242) TFT-LCD, PDP, OLED 등 평면 디스플레이, 디스플레이 자재의 제조(6세대 및 6세대 이하 TFT-LCD 유리기판 제외)

243) 대형 스크린 컬러 프로젝션 디스플레이용 광학엔진, 광원, 프로젝션 스크린, 고해상도 투사관, 마이크로 디스플레이 프로젝션 모듈 등 중요 부품의 제조

244) 디지털 오디오/비디오 코덱 설비, 디지털 방송TV 방송 스튜디오 설비, 디지털 유선TV 방송

시스템 설비, 디지털 라디오 방송 송출 설비, 디지털TV 상하 전환기, 디지털TV 지상방송 단일주파수 방송망(SFN) 설비, 위성 디지털TV 상향링크 스테이션 설비의 제조

245) 집적회로 설계, 라인 너비 28㎛ 및 그 이하 대규모 디지털 집적회로의 제조, 0.11㎛ 및 그 이하 시뮬레이터, 디지털/아날로그 집적회로의 제조, MEMS 및 화합물 반도체 집적회로의 제조 및 BGA, PGA, FPGA, CSP, MCM 등 최신 패키징 및 테스트

246) 대형/중형 전자 컴퓨터, 테라바이트 고성능 컴퓨터, 휴대형 소형 컴퓨터, 대형 시뮬레이션 모방 시스템, 대형 공업 제어설비 및 제어기의 제조

247) 컴퓨터 디지털 신호 처리 시스템 및 PCB기판 제조

248) 그래픽 이미지 식별 및 처리 시스템의 제조

249) 대용량 광/자기디스크 드라이브 및 그 부품의 개발, 제조

250) 고속 및 100TB 및 그 이상 용량의 저장 시스템 및 지능화 저장 설비의 제조

251) 컴퓨터 보조 설계(3D CAD), 전자설계 자동화(EDA), 보조 테스트(CAT), 보조 제조(CAM), 보조 공정(CAE) 시스템 및 기타 컴퓨터 응용 시스템의 제조

252) 소프트웨어 제품의 개발, 생산

253) 전자 전용 재료 개발 및 제조(사전 제작 광섬유모재 개발 및 제조 제외)

254) 전자 전용 설비, 테스트 계기, 공구금형의 제조

255) 신형 전자 소재/부품의 제조: 칩 부품, 감지 소재 및 센서, 주파수 제어 및 선택 소자, 혼합 집적회로, 전력 전자부품, 광전자 부품, 신형 전기기계 부품, 고분자 고체콘덴서, 슈퍼 콘덴서, 수동통합 부품, 고밀도 배선적층판, 플렉서블 전자회로판, 리지드—플렉스 인쇄회로기판 및 패키징 적재판

256) 터치 컨트롤 시스템(터치 컨트롤 스크린, 터치 컨트롤 부품)의 제조

257) 가상현실(VR), 증강현실(AR) 설비의 개발 및 제조

258) 발광효율 140㎖/W 이상 고휘도 발광 다이오드(LED), 발광효율 140㎖/W 이상 발광다이오드 에피웨이퍼(블루레이), 발광효율 140㎖/W 이상 또한 전력 200㎽ 이상 백색 LED 제조

259) 고밀도 디지털 CD 플레이어용 중요 부품의 개발 및 생산

260) 기록 가능 CD 생산

261) 3D 프린터 설비 중요 부속품의 개발 및 제조

262) 위성통신 시스템 설비의 제조

263) 광통신 측량계기, 속도 40Gbps 및 그 이상 광송수신기의 제조

264) 초광대역(UWB) 통신설비의 제조

265) 무선LAN(WAPI 지원 포함), 광역통신망 설비의 제조

266) 100Gbps 및 그 이상 속도 시분할 다중송신방식 설비(TDM), 고밀도 파장 다중 송신설비

(DWDM), 광대역 수동형 네트워크 설비(EPON, GPON, WDM-PON 등 포함), 차세대 DSL 칩 및 설비, 광스위치 설비(OXC), 자동 광교환 네트워크 설비(ASON), 40G/sSDH 이상의 광섬유통신 전송설비의 제조

267) IPv6 기반의 차세대 인터넷 시스템 설비, 단말 설비, 테스트 설비, 프로그램, 칩의 개발 및 제조

268) 4세대 및 후속 모바일 통신 체계 스마트폰, 기지국, 핵심네트워크 설비 및 네트워크 검사 설비의 개발 및 제조

269) 조립기기 처리력 6.4Tbps(양방향) 이상 고급 라우터, 교환용량 40Tbps 이상 교환기의 개발 및 제조

270) 항공 교통 관제시스템 설비 제조

271) 음성, 광선, 전기, 터치식 컨트롤 등 컴퓨터 정보 기반 중의약 관련 전자 시뮬레이션 설비, 인체 병리/생리 모형 설비의 개발 및 제조

(23) 측정기와 계량기 제조업

272) 산업 공정 자동제어 시스템 및 장치의 제조: 현장 제어 BUS 시스템, 대형 프로그래밍 가능 컨트롤러(PLC), 2상류 유량계, 고체 유량계, 신형 센서 및 현장 측량계기

273) 대형 정밀기구, 고해상도 현미경(해상도 200nm 이하)의 개발 및 제조

274) 고정밀도 디지털 전압계, 전류계의 제조(표시레인지 7.5bit 이상)

275) 무효전력 자동보상 장치의 제조

276) 안전/생산 관련 신기구 설비의 제조

277) VXI BUS 타입 자동 테스트 시스템(IEEE1155 국제표준 부합)의 제조

278) 탄광 갱도 내 모니터링 및 재해 사전 경보 시스템, 석탄 안전 검측 종합관리 시스템의 개발 및 제조

279) 공정 측량 및 지구 물리 관측 설비의 제조

280) 환경 모니터링 장치의 제조

281) 수문(Hydrology) 데이터 채집, 처리 및 전송과 홍수 방지 경보기기 및 설비의 제조

282) 해양탐사 모니터링 장치 및 설비의 제조

(24) 폐기자원 활용업

283) 석탄 세광 및 선광, 분말 연탄재(유황, 석고 제거 포함), 석탄 맥석 등 활용

284) 완전 생분해 재료의 생산

285) 전기전자 폐기 제품, 폐자동차, 기계전기 설비, 고무, 금속, 배터리의 회수 처리

4. 전기, 열에너지, 가스연료, 물 생산 및 공급업

286) 단위당 60만㎾ 및 그 이상 하이퍼 설비 발전소의 건설, 경영

287) 배압(Pull back)형 열병합 발전, 열에너지 다냉각 병합 발전을 적용한 30만㎾ 및 그 이상 열병합 설비 발전소의 건설, 경영

288) 물 부족 지역에 대당 60만㎾ 이상 대형 공기냉각 설비 발전소의 건설, 경영

289) 석탄 가스화 병합 순환 발전 등 청결 석탄 발전 프로젝트의 건설, 경영

290) 대당 30만㎾ 이상 유동 보일러를 사용하여 석탄 맥석, 중국 석탄, 석탄 슬라임 등을 이용한 발전 프로젝트의 건설, 경영

291) 발전 위주 수력 발전소의 건설, 경영

292) 원자력 발전소의 건설, 경영

293) 신재생에너지 발전소(태양에너지, 풍력에너지, 지열에너지, 조석에너지, 조류에너지, 파력에너지, 바이오매스에너지 등 포함)의 건설, 경영

294) 전력망의 건설, 경영

295) 해수 이용(해수의 직접 이용, 해수 담수화)

296) 급수장의 건설, 경영

297) 재생 수자원 공장의 건설, 경영

298) 폐수 처리장의 건설, 경영

299) 동력 엔진 차량 충전소, 배터리 교체소의 건설, 경영

300) 수소 주입소의 건설, 경영

5. 교통운수, 창고 저장 및 우정업

301) 철로 간선망의 구축과 경영

302) 도시 간 철로, 시내(교구) 철로, 자원형 개발 철로와 지선철로 및 그 교량, 터널, 페리와 역(장) 시설의 건설, 경영

303) 고속철로, 도시 간 철로 기초 시설의 종합적 유지보수

304) 도로, 단독교량, 터널의 건설, 경영

305) 도로 화물운송회사

306) 항구 공용부도 시설의 건설, 운영

307) 민용 공항의 건설, 경영

308) 공공 항공운송회사

309) 농 · 임 · 어업 통용 항공회사

310) 국제 해상운수회사

311) 국제 컨테이너 복합연계운송 업무

312) 송유(가스) 파이프라인, 유류(가스) 창고의 건설, 경영

313) 석탄 파이프라인 운송시설의 건설, 경영

314) 자동화 고도 입체 창고저장 시설, 포장, 가공, 배송 업무 관련 창고저장 일체화 시설의 건설, 경영

6. 도소매업

315) 일반 상품의 공동 배송, 신선 농산품과 특별약품 저온배송 등 물류 및 관련 기술 서비스

316) 농촌 체인점 배송

317) 팔레트 및 컨테이너 공용 플랫폼 건설, 경영

7. 임대 및 비즈니스 서비스업

318) 국제 경제, 첨단기술, 환경 보전, 물류 정보 컨설팅 서비스

319) 외주 서비스 수임 방식으로 시스템 응용 관리, 유지보수, 정보기술 지원 관리, 은행 백그라운드 서비스, 재무 결산, 프로그램 개발, 역외 콜센터, 데이터 처리 등에 종사하는 정보기술 및 업무 프로세스 외주 서비스

320) 창업 투자 기업

321) 지적재산권 서비스

322) 가정 서비스업

8. 과학연구 및 기술 서비스업

323) 바이오 공정과 바이오 의학공정 기술, 생물질에너지 개발 기술

324) 동위원소 방출 및 레이저 기술

325) 해양개발 및 해양에너지 개발 기술, 해양 화학자원 활용 기술, 관련 제품의 개발 및 정밀 가공기술, 해양 의약 및 바이오 제품의 개발 기술

326) 해양 모니터링 기술(해양 조석파, 기상, 환경 모니터링), 해저 및 대양 자원 탐사 평가 기술

327) 해수 담수화 후에 농축해수 제염 활용과 칼륨, 브롬, 마그네슘, 리튬 추출 및 심층 가공 등 해수 화학자원 고부가치 이용 기술

328) 해상 석유오염 제거와 생태복원 기술 및 관련 제품의 개발, 해수 부영양화 방지 관리 기술, 해양생물 폭발 성장에 따른 재해 방지 기술, 해안 생태 환경 복구 기술

329) 에너지 절감 환경 보전 기술의 개발 및 서비스

330) 자원재생 및 활용 기술, 기업의 생산 증대로 인한 배출물 재활용 기술의 개발 및 그 응용

331) 환경오염 관리 및 모니터링 기술
332) 화학섬유 생산 및 날염 가공의 에너지 소모 절감, 폐가스/폐수/폐기물 관리 신기술
333) 사막화 방지 및 사막 관리 기술
334) 목초 가축 균형의 종합 관리 기술
335) 민용 위성 응용 기술
336) 연구개발센터
337) 하이테크, 신제품 개발 및 기업 인큐베이터
338) IoT 기술 개발 및 응용
339) 공업 설계, 건축 설계, 의류 디자인 등 크리에이티브 산업

9. 수자원, 환경 및 공공시설 관리업
340) 도시 내 폐쇄형 도로의 건설, 경영
341) 도시 전철, 경전철 등 궤도 교통의 건설, 경영
342) 쓰레기 처리장, 위험 폐기물 처리장(소각장, 매립지) 및 환경오염 관리 시설의 건설, 운영
343) 도시 주차시설의 건설, 경영

10. 교육
344) 비공식 교육 훈련 기구

11. 위생 및 사회적 업무
345) 노인, 장애인, 어린이 서비스 기구
346) 양로기구

12. 문화, 스포츠 및 오락업
347) 공연장소 경영
348) 체육관 경영, 헬스, 경기 공연 및 스포츠 교육훈련 및 중개 서비스

외상투자 진출 허가 특별 관리 조치(외상투자 진출 허가 네거티브 리스트)

1. 외상투자 진출 허가 특별 관리 조치(외상투자 진출 허가 네거티브 리스트)는 주주권 요구, 임원 요구 등을 통일적으로 열거한 외상투자 진출 허가 관련 제한성 조치. 내·외자 제한 조치 및 진출 허가 범위에 속하지 않은 제한성 조치는 외상투자 진출 허가 특별 관리 조치(외상투자 진출 허가 네거티브 리스트)에 포함되지 않는다.
2. 해외 투자자는 자영업자, 개인 독자 기업 투자자, 농민 전문 합작사 멤버 자격으로 경영 활동에 종사할 수 없다.
3. 해외 투자자는 외상투자 진출 허가 특별 관리 조치(외상투자 진출 허가 네거티브 리스트) 중에 금지류 프로젝트에 종사할 수 없다. 제한류 종사에 외자 비율 요구를 가진 프로젝트는 외상투자 파트너 기업을 설립할 수 없다.
4. 국내 회사, 기업 혹은 자연인이 해외에 합법적으로 설립하거나 관리 및 통제하는 회사의 합병이 그 국내 회사와 연관 관계를 갖고 외상투자 프로젝트와 기업 설립 및 변경 사항에 관련될 경우, 현행 규정에 따라 수속을 한다.
5. 외상투자 격려류 목록과 외상투자 진출 허가 특별 관리 조치(외상투자 진출 허가 네거티브 리스트)에 겹치는 종목은 격려류 정책을 따르며, 동시에 관련 진출 허가 규정을 준수한다.
6. 〈내륙과 홍콩의 보다 긴밀한 경제무역 관계 설립에 관한 배치〉 및 그 보충 협의서, 서비스 무역 협의서, 〈해협 양안 경제 협력 프레임 협정서〉 및 그 후속 협의서, 중국과 관련 국가 간에 체결한 FTA 협정서 및 투자 협정서, 중국이 참여한 국제 조약, 중국 법률 법규에 별도의 규정을 가질 경우, 그 규정에 따른다.
7. 해외 서비스 제공자가 중국 경내에서 뉴스, 문화 서비스(인터넷 관련 뉴스, 문화 서비스 포함)를 제공 시 필히 관련 심사 허가 및 안전 평가, 임원 요구 이행에 따른 현행 관련 규정에 근거하여 집행한다.

1부분: 외상투자 제한 산업 목록
1) 농작물 신품종 선정 육성 및 종자 생산(중국 측 경영권)
2) 석유, 천연가스(석탄층 가스 포함/ 유혈암, 오일샌드, 셰일가스 등 제외)의 탐사, 개발(합자, 합작에 한함)
3) 특수 희토 석탄류의 탐사, 채굴(중국 측의 지분지배)
4) 흑연의 탐사, 채굴
5) 출판물 인쇄(중국 측 경영권)
6) 희토 제련, 분리(합자, 합작에 한함), 텅스텐 제련

7) 자동차 완성차, 전용 자동차의 제조: 중국 측의 주식 비율은 50% 이상, 같은 하나의 외국 업체가 중국 내에 하기 동종(승용차류, 상용차류) 완성차 제품을 생산하는 2개 이하 합자기업을 설립할 경우, 중국 합자 파트너와 공동으로 국내에 기타 자동차 제조 업체를 인수합병하거나 순수 전기 완성차 제품을 생산하는 합자기업을 설립 시, 2개 회사만의 제한을 받지 않는다.

8) 선박(분단 포함)의 설계, 제조 및 수리(중국 측 경영권)

9) 간선, 지선 비행기의 설계, 제조 및 유지보수, 3톤급 이상 헬리콥터의 설계 및 제조, 지상/수상 항공기의 제조 및 드론, 비행기구의 설계 및 제조(중국 측 경영권)

10) 통용 비행기의 설계, 제조 및 유지보수(합자, 합작에 한함)

11) 위성TV 방송 지상파 수신 시설 및 중요 부품의 생산

12) 원자력 발전소의 건설, 경영(중국 측의 지분지배)

13) 전력망의 건설, 경영(중국 측의 지분지배)

14) 도시 인구 50만 이상의 도시가스, 열력 및 배수 공급 파이프라인의 건설, 경영(중국 측 경영권)

15) 철로 간선망의 건설, 경영(중국 측 경영권)

16) 철로여객 운수회사(중국 측 경영권)

17) 국내수상 운수회사(중국 측 경영권), 국제해상 운수회사(합자, 합작에 한함)

18) 민영 공항의 건설, 경영(중국 측 상대적 경영권)

19) 공공항공 운수회사(중국 측의 지분지배, 또한 1개 외국 투자자 및 그 연관성 기업의 출자 비율은 25% 이하, 법인대표는 반드시 중국 국적이어야 한다.)

20) 통용항공회사(법인대표는 반드시 중국 국적을 가져야 하고 그중에 농 · 임 · 어업 통용항공회사는 합자, 합작에 한하며 기타 통용항공회사는 중국 측의 지분지배에 한한다.)

21) 통신회사: WTO 승인 개방한 업무, 가치 증대 가능한 통신 업무(외자 비율 50% 이하, 전자상거래 제외), 인프라 통신 업무(중국 측 경영권)에 한한다.

22) 벼, 조, 밀, 옥수수의 구매, 도매

23) 선박 대행(중국 측 경영권)

24) 주유소(같은 하나의 외국 투자자가 30개 이상 지점을 설립하여, 여러 공급 업체의 다양한 종류, 브랜드 완제품 석유류를 판매하는 체인점 주유소는 중국 측 경영권)의 건설, 경영

25) 은행: 단일 해외금융기구 및 그 통제를 받거나 혹은 공동으로 통제하는 관련 담당자를 발기인으로 하거나 전략 투자자가 단일 중국 자본 상업은행 투자자에 대한 출자 비율은 20% 이상일 수 없다. 여러 해외금융기구 및 그 통제를 받거나 혹은 공동으로 통제하는 관련자를 발기인으로 하거나 또는 전략 투자자의 출자 비율 합계는 25% 이상일 수 없다. 농촌 중소형 금융기구에 투자한 해외금융기구는 필히 은행류 금융기구로 제한한다. 외국은행 지점, 외상

투자 은행, 중외합자 은행을 설립한 외국 투자자, 유일 혹은 지분지배의 주주는 필히 외국 상업은행이어야 하며, 비지분지배 주주는 해외 금융기구일 수 있다.

26) 보험회사(생명보험회사의 외자 비율은 50% 이상일 수 없다.)

27) 증권회사(설립 시 RMB 일반 주식, 외자 주식과 정부 채권, 회사 채권의 수탁 판매 및 보증 추천, 외자 주식의 중개, 정부 채권 및 회사 채권의 중개 및 자체 운용으로 한정. 설립 2년 후 조건에 부합된 회사는 업무 범위 확장 신청 가능. 중국 측 경영권), 증권투자기금관리회사(중국 측 경영권)

28) 선물회사(중국 측 경영권)

29) 시장조사(합자, 합작에 한함. 그중에 라디오/TV 시청률 조사는 중국 측 경영권)

30) 측량제도회사(중국 측 경영권)

31) 예비 초등, 보통 중고등학교, 대학 교육기구(중외합작 학교 운영에 한함, 중국 측 주도: 교장 혹은 주요 행정 책임자가 중국 국적을 가져야 함/ 중외합작 학교 운영 기구의 이사회, 중역회 혹은 연합관리위원회의 중국 멤버는 1/2 이상)

32) 의료기구(합자, 합작에 한함)

33) 라디오TV 프로그램, 영화의 제작 업무(합작에 한함)

34) 영화관의 건설, 경영(중국 측 경영권)

35) 공연 중개기구(중국 측 경영권)

2부분: 외상투자 금지 산업 목록

1) 중국 내 희소, 특수, 진귀한 우량 품종의 개발, 양식, 재배 및 관련 번식재의 생산(재배업, 목축업, 수산업의 우량 유전자 포함)

2) 농작물, 가축가금 종자, 수산종묘 유전자 변형 품종의 선정 육성 및 그 유전자 변형 종자(종묘)의 생산

3) 중국 관할 해역 및 내륙 수역의 수산물 포획

4) 텅스텐, 몰리브덴, 주석, 안티몬, 형석의 탐사, 채굴

5) 희토류 탐사, 채굴, 선광

6) 방사능 광산의 탐사, 채굴, 선광

7) 중의약품의 증기/볶음/달굼 등 포제 기술의 응용 및 기밀 중약 제품의 생산

8) 방사성 광산의 제련, 가공 및 핵연료의 생산

9) 무기, 탄약의 제조

10) 화선지, 먹 생산

11) 항공 교통통제

12) 우정회사, 서신의 중국 내 택배 업무

13) 담뱃잎, 궐연, 다시 구운 담뱃잎 및 기타 연초 제품의 도소매

14) 사회조사

15) 중국 법률사무 컨설팅(중국 법률 환경 영향에 관한 정보 제공은 제외)

16) 인체 줄기세포, 유전자 진단 및 치료 기술의 개발, 응용

17) 대지 측량, 해양 측량제도, 측량제도 공중촬영, 지상 모바일 측량, 행정구역 변계선 측량제도, 지형도, 세계행정구역 지도, 전국 정치구역 지도, 성급(省級) 및 그 이하 정치구역 지도, 전국적 교학지도, 지방적 교학지도 및 3D 지도 작성, 내비게이션 디지털 지도 작성, 구역별 지질도 작성, 광산지질, 지구물리, 지구화학, 수문지질, 환경지질, 지질재해, 지질 원격탐사 등 조사

18) 국가에서 보호하는 중국산 야생동물, 식물 자원의 개발

19) 의무교육기관

20) 뉴스기관(통신사가 포함되지만, 이에 한하지 않음)

21) 도서, 신문, 정기간행물의 출판 업무

22) 음향영상 제품 및 전자출판물의 편집, 출판, 제작 업무

23) 각급 라디오 방송국, TV 방송국, 라디오TV 방송채널(주파수), 라디오TV 전송 커버망(송신국, 중계국, 라디오TV 방송위성, 위성 상향링크 스테이션, 위성 수신중계 스테이션, 마이크로파 스테이션, 모니터링 스테이션, 유선 라디오TV 전송 커버망), 라디오TV 영상요청 업무 및 위성TV 지상수신 시설의 설치 서비스

24) 라디오TV 프로그램 제작 운영(도입업무 포함) 회사

25) 영화제작회사, 발행회사, 방영회사

26) 인터넷 뉴스 정보 서비스, 네트워크 출판 서비스, 온라인 시청 프로그램 서비스, 인터넷 온라인 서비스 영업장소, 인터넷 문화경영(음악 제외), 인터넷 대중 정보 발표 서비스

27) 문물 경매를 경영하는 경매 기업, 문물 상점

28) 인문사회 과학연구기관

찾아보기

481

숫자 및 영어

경제와 친해지는 길벗 〈상식사전〉 시리즈

기초 이론부터 필수 금융상식,
글로벌 최신 이슈까지 한 권으로 끝낸다!

:: 교양, 취업, 재테크에 강해지는
살아있는 경제 키워드 174

:: 최신 경제 이슈 완벽 반영!
누구보다 빠르고 똑똑하게 경제를 습득하자!

:: 경제공부가 밥 먹여준다!
교양은 물론 취업, 재테크도 OK!

김민구 지음 | 548쪽 | 16,000원

세계경제 트렌드와 상식으로 키우는
경제를 읽는 힘

:: 경제 왕초보를 위한 세계경제 트렌드 & 상식 이야기

:: 금융업계 종사자이자 금융사관학교 강사인 저자가 알려주는
세계경제

:: 미국, 중국, 유럽, 일본의 세계경제 흐름은 물론 핫이슈까지!

신동원 지음 | 332쪽 | 16,500원

40만 독자가 열광했다!
세상에서 가장 쉬운 경제입문서!

:: 기초 경제상식부터 금융상식, 환율과 세계경제까지
경제에 대한 기본기를 다지기에 안성맞춤

:: 보다 알찬 개념과 최신 이슈로 업그레이드된 개정판

:: 연상작용과 학습효과를 높이는 3단 구성!
알짜 경제용어+핵심 개념 잡아주는 경제학자+자가진단 퀴즈

조립식 지음 | 320쪽 | 13,800원

명문대 4년 공부를 한 권으로 끝낸다!
머릿속에 지식을 꽉꽉 채우는 〈30분 시리즈〉

대학 4년 경제학 공부를
82개 개념으로 끝낸다!

이호리 도시히로 저 | 13,500원

도쿄대 25년 경영학 강의를
한 권에 모두 담았다!

다카하시 노부오 저 | 13,500원

삶을 이해하기 위한
46명 철학자의 이야기

누키 시게토 저 | 14,500원

비즈니스에서 살아남는
회계용어 151

가네코 도모아키 저 | 15,000원

도쿄대 20년 마케팅 강의를
한 권에 모두 담았다!

아베 마코토 저 | 13,500원

도쿄대학교 기초 통계학
강의를 한 권에 담았다!

구라타 히로시 저 | 15,000원